제
2
판

경영품질의 이해

Introduction to Management Quality

서창적 · 김희탁 · 김재환 · 곽영환

박영사

제2판 머리말

글로벌 경쟁이 더욱 심화되면서 세계 1위의 기업이라 할지라도 잠시 한눈을 팔다 변화와 혁신의 시기를 놓치게 되면 단기간에 쇠락하는 상황이 벌어지고 있다. "치열한 글로벌 경쟁시장에서 세계적 경쟁력을 지속적으로 유지하기 위해서는 어떻게 경영을 해야 할 것인가?" 하는 질문은 대부분의 경영자가 직면한 공통된 문제일 것이다.

글로벌 경쟁력을 갖추고 지속적으로 성장하기 위한 해답을 우리는 말콤 볼드리지 국가품질상(Malcolm Baldridge National Quality Award: 볼드리지 상)모델에서 찾을 수 있다.

1980년대 많은 미국 기업이 일본 기업에게 경쟁력을 상실한 어려운 상황에서 경쟁력을 회복하기 위해 많은 고민을 한 끝에 만들어진 것이 볼드리지 상이다. "일본이 할 수 있다면, 우리도 할 수 있지 않은가?"라는 사고로 볼드리지 모델을 통해 글로벌 경쟁력을 회복하였다.

볼드리지 심사기준은 경영 시스템에 대한 평가모형으로 글로벌 기업의 경영수준을 측정하는 체크리스트의 체계이자 글로벌 우수기업이 되기 위한 경영모델이다. 미국 정부에서는 이 심사기준을 지속적으로 개선하고 발전시켜 왔으며 최근에 와서는 세계 대부분의 국가에서 인정되는 경영품질의 글로벌 스탠더드가 되었다. 이에 영향을 받아 세계 여러 나라는 자국 기업의 경영품질 수준을 제고하여 글로벌 경쟁력을 향상시키려는 목적으로 볼드리지 경영모델을 도입하였다.

우리나라에서도 이러한 추세에 발맞추어 1993년부터 그 당시 정부와 한국표준협회가 주도적으로 볼드리지 모델을 '대한민국 국가품질상' 심사기준에 도입하여 적용해 오고 있다. 우리나라의 많은 대표적인 글로벌 기업이 국가품질상에 도전함으로써 글로벌 경쟁력을 확보하고 있다. 이들 기업은 세계 시장의 고객으로부터 우수하다고 평가받는 상품과 서비스를 제공하고 있다.

이와 같은 맥락에서 볼드리지 모델을 연구하는 것은 대단히 의미있는 일이다. 그러나 기존의 국가품질상이나 볼드리지 모델을 소개하는 서적이 다수 출간되었지만 주로 국가품질상 심사기준을 설명하는 수준에서 제조업을 중심으로 서술한 것이 대부분이었다.

본 저서는 기존의 서적들과 달리 제조업은 물론이고 최근 사회적인 이슈가 되고 있는 서비스산업까지 망라하고 있다. 서비스산업은 고용 창출효과가 제조업에 비해 월등히 높지만 제조업에 비해 생산성이 낮아 서비스업 선진화가 국가적인 중요과제가 되고 있다.

이러한 시점에서 이 책은 볼드리지 모델을 적용하여 범주별로 이론적인 설명을 하고 볼드리지 상을 수상한 기업과 국내 국가품질상을 수상한 기업의 사례를 통해 독자들이 보다 쉽게 이해할 수 있도록 하였다.

이 책은 탁월한 성과(performance excellence)를 내기 위한 경영을 공부하려는 학생에게 매우 유용할 것이다. 일반적으로 학생은 경영학원론 과목을 통해서 경영학의 기초 이론을 배우고 이후에 세부 전공과목을 심화학습한다. 하지만 학습한 이론을 기업경영 실무의 관점에서 통합하는 교과목과 교재는 전무한 실정이다. 이 책은 경영학을 전반적이고 통합적 시각으로 학습하는 데 큰 도움을 줄 수 있다.

또한 '국가품질상'이나 '한국서비스대상' 등 각종 정부나 공공기관의 시상제도에 도전하기 위해 준비하는 조직의 임직원에게도 탁월한 성과를 내려는 경영을 학습할 뿐만 아니라 우수한 현황보고서를 작성할 수 있는 기회를 제공할 것이다.

한편 기업컨설팅 전문가, 경영관련 시상제도의 심사위원 및 심사기준을 활용하여 조직의 수준을 진단하고 지속적으로 변화와 혁신을 통해 글로벌 경쟁력을 확보하고 유지하고자 노력하는 이들에게도 유익한 경영혁신 교과서가 되리라고 확신한다.

이 책은 독자들이 쉽게 읽고 이해하며 습득한 지식과 우수사례를 직접 실무에 적용하고 활용할 수 있도록 다음과 같이 구성되었다.

첫째, 이 책은 총 제10장으로 구성되었는데 제1장에서 제8장까지는 볼드리지 모델에 입각하여 서론, 리더십, 전략기획, 고객중시, 측정·분석 및 지식경영, 인적자원 중시, 프로세스 관리, 경영성과 범주에 대해 해설과 미국의 볼드리지 상 수상 기업과 우리나라의 국가품질상 및 한국서비스대상 수상 기업의 사례를 중심으로 기술하였다. 제9장은 기업의 임직원이나 전문가가 각 기업의 경영수준을 진단하여 현 수준을 파악하고 볼드리지 수준과 비교하여 개선 방향을 제시할 수 있도록 진단 체크리스트를 제공하였다. 제10장에서는 소그룹 개선활동에 대해 간단히 기법을 소개하고 사례위주로 기술하였다.

둘째, 각 세부 심사항목의 내용을 바로 해설함으로써 관련 경영학 서적을 참고하지 않아도 내용을 쉽게 이해할 수 있도록 하였다.

셋째, 각 세부 심사항목과 관련된 핵심적인 경영지식을 소개하였다. 볼드리지 모델의 심사항목은 조직경영에 대해 어떻게(how)와 무엇(what)을 질문하고 있다. 즉 최선(best)의 해결책(solution)을 주는 것이 아니라 어떤 요소가 탁월한 성과를 내는 경영에 필요한 조건인지를 체계적으로 알려준다.

넷째, 세부 심사항목별로 우수사례를 소개하여 벤치마킹을 할 수 있도록 하였다. 소개된 사례는 볼드리지 상 수상 기업, 우리나라 국가품질상과 한국서비스대상 수상 기업 및 단체의 베스트 프랙티스이다.

이상과 같이 저자는 장기간에 걸쳐 나름대로 독자의 입장에서 궁금한 부분을 해결해 주려고 노력하였다. 하지만 막상 출판하고자 하니 아직도 미흡한 부분이 있다고 느껴진다. 그럼에도 불구하고 이 책이 경영혁신을 학습하려는 학생과 조직의 임직원에게 큰 도움이 되리라 생각한다. 특히 서비스 생산성 향상을 통한 서비스산업 선진화를 추구하거나 국가품질상, 한국서비스대상, 각종 정부 및 단체 상 도전을 준비하는 모든 이에게 조금이나마 유익한 경영혁신 교과서가 될 것이다.

비록 완벽하지는 않지만 이 책의 발간을 허락하여 주신 박영사 안종만 회장님과 임직원 여러분께도 진심으로 감사를 드린다. 끝으로 지난 수년간 이 책 집필을 위해 주로 주말마다 집필미팅으로 가정 일에 다소 소홀히 하였음에도 큰 불평 없이 이해하고 성원해 준 저자의 가족에게 고마운 마음을 전한다.

2016년 10월
저자 일동

차 례

Chapter 1 경영품질의 개요

제 1 절 **경영품질의 배경**..5

제 2 절 **경영품질과 경쟁력**..6

제 3 절 **경영품질 모델**...8

   1. 조직의 개요: 환경, 관계, 전략적 상황 • 8

   2. 시스템: 범주 I, II, III 및 V, VI, VII • 9

   3. 측정, 분석 및 지식경영: 범주 IV • 10

제 4 절 **조직의 개요**... 11

   1. 조직환경 • 11

   2. 조직관계 • 13

   3. 경쟁환경 • 14

   4. 전략적 상황 • 15

   5. 성과개선 시스템 • 16

제 5 절 **(주)명왕성 낚시 사례**... 16

   1. 조직의 개요 • 16

Chapter 2 리 더 십

제 1 절 **경영진의 리더십**... 36

   1. 조직의 방향설정 • 37

   2. 커뮤니케이션 • 54

3. 조직성과 • 56

4. (주)명왕성 낚시 사례 • 65

제 2 절 **지배구조와 사회적 책임** 75

1. 조직의 지배구조 • 75

2. 합법적 및 윤리적 사업수행 • 81

3. 사회공헌: 지역사회와 사회공동체 지원 • 88

4. (주)명왕성 낚시 사례 • 89

Chapter 3 　전략기획

제 1 절 **전략의 개발** 103

1. 전략개발 프로세스 • 103

2. 전략목표 • 112

3. (주)명왕성 낚시 사례 • 115

제 2 절 **전략의 전개** 124

1. 실행계획 개발과 전개 • 124

2. 성과 추정 • 130

3. (주) 명왕성 낚시 사례 • 132

Chapter 4 　고객중시

제 1 절 **열성 고객 만들기** 144

1. 시장과 열성 고객 • 144

2. 상품관련 요소와 고객지원 • 150

3. 고객문화 구축 • 152

4. (주)명왕성 낚시 사례 • 156

제 2 절 **고객의 소리** 163

1. 고객의 소리 듣기 • 164

2. 고객만족과 고객열성의 결정 • 169

3. 고객자료의 분석과 활용 • 176

4. (주)명왕성 낚시 사례 • 182

Chapter 5 측정, 분석 및 지식경영

제 1 절 **개요와 실행절차** 195

1. 개요 • 195

2. 실행절차 • 196

제 2 절 **측정, 분석 및 조직성과 개선** 198

1. 성과의 측정 • 198

2. 성과의 분석과 검토 • 213

3. 성과개선 • 217

4. (주)명왕성 낚시 사례 • 218

제 3 절 **정보, 정보기술 및 지식관리** 226

1. 데이터, 정보 및 지식관리 • 227

2. 정보자원의 관리 • 232

3. (주)명왕성 낚시 사례 • 238

Chapter 6　인적자원 중시

제 1 절　인적자원 관리체계 248

　　1. 인적자원 충실화 • 248

　　2. 인적자원 개발 • 263

　　3. (주)명왕성 낚시 사례 • 270

제 2 절　인적자원 복지 및 근무환경 277

　　1. 인적자원 잠재력과 수용능력 • 277

　　2. 근무환경 • 281

　　3. (주)명왕성 낚시 사례 • 283

Chapter 7　프로세스 관리

제 1 절　업무 시스템 297

　　1. 업무 시스템 설계 • 298

　　2. 핵심업무 프로세스 • 304

　　3. 긴급사태 준비 • 312

　　4. (주)명왕성 낚시 사례 • 317

제 2 절　업무 프로세스 324

　　1. 업무 프로세스 설계 • 326

　　2. 업무 프로세스 관리 • 329

　　3. 업무 프로세스 개선 • 336

　　4. (주)명왕성 낚시 사례 • 339

Chapter 8   경영성과

제 1 절   **상품과 서비스 성과** 351

　　1. 상품과 서비스 성과의 수준과 경향 • 352

　　2. (주)명왕성 낚시 사례 • 352

제 2 절   **고객중시 성과** 362

　　1. 고객중시 성과의 수준과 경향 • 363

　　2. (주)명왕성 낚시 사례 • 364

제 3 절   **재무와 시장 성과** 369

　　1. 재무와 시장 성과의 수준과 경향 • 369

　　2. (주)명왕성 낚시 사례 • 371

제 4 절   **인적자원 중시 성과** 375

　　1. 인적자원 중시 성과 수준과 경향 • 375

　　2. (주)명왕성 낚시 사례 • 377

제 5 절   **프로세스 성과** 385

　　1. 프로세스 성과의 수준과 경향 • 385

　　2. (주)명왕성 낚시 사례 • 386

제 6 절   **리더십 성과** 402

　　1. 리더십 성과의 수준과 경향 • 402

　　2. (주)명왕성 낚시 사례 • 403

Chapter 9   경영품질 자가진단

제 1 절   **경영품질 자가진단의 개요** 415

제 2 절   **경영품질 자가진단 모델** 417

　　1. 과정 • 417

2. 결과 • 419

제 3 절 **경영품질 자가진단 채점 가이드라인** 420

제 4 절 **경영품질 자가진단 체크리스트** 423

1. 약식 진단 체크리스트 • 423

2. 경영품질 자가진단 체크리스트 • 424

제 5 절 **경영품질 수준의 분포** 433

Chapter 10 | 소그룹 개선활동

제 1 절 **소그룹 개선활동의 의의** 439

1. 의의 • 439

2. 목적 및 필요성 • 439

제 2 절 **소그룹 활동 단계별 추진방법** 442

1. 주제설정 • 442

2. 활동계획 수립 • 447

3. 현상파악 • 450

4. 원인 분석 • 452

5. 목표설정 • 455

6. 대책 수립 및 실시 • 456

7. 결과분석 및 효과파악 • 463

8. 표준화 • 463

9. 사후관리 • 468

10. 반성 및 향후계획 • 468

참고문헌 474

찾아보기 476

Introduction to Management Quality

Chapter **1**

경영품질의 개요

제 1 절   경영품질의 배경

제 2 절   경영품질과 경쟁력

제 3 절   경영품질 모델

제 4 절   조직의 개요

제 5 절   (주)명왕성 낚시 사례

Chapter 1

경영품질의 개요

제1절 경영품질의 배경

"급변하는 경영환경 속에서 지속가능한 기업이 되기 위해서는 어떻게 경영을 해야 할까?" 더 나아가 "글로벌 경쟁시대에서 세계적인 기업과 어깨를 나란히 할 수 있으려면 어떻게 경영을 해야 할까?" 하는 질문은 대부분의 경영자가 갖게 되는 공통된 물음일 것이다. 이러한 지속가능하고 글로벌한 경쟁력을 갖추기 위한 노력은 개별 기업뿐만 아니라 정부차원에서도 이루어지고 있다. 선진국을 비롯한 여러 국가에서 제정하여 운영하고 있는 국가품질상이 대표적이라 할 수 있다.

1980년대 많은 미국 기업을 위기의 수렁에서 건져 내어 다시 우량기업으로 탈바꿈시키는데 커다란 기여를 한 공로자는 말콤 볼드리지 국가품질상(Malcolm Boldridge National Quality Award)이었다. 1987년에 미의회는 글로벌 시장에서 미국 기업의 경쟁력을 회복시키는데 있어서 품질과 탁월한 성과의 중요성을 일깨우기 위해 국가품질상을 제정하였다. 볼드리지 기준으로 널리 알려져 있는 국가품질상의 심사기준은 경영시스템 평가모형으로 현대 기업의 경영수준을 진단하는 체크리스트이며 우량기업이 되기 위한 조건의 체계이다. 미국은 심사기준을 지속적으로 발전시켜 왔으며 오늘날에 이르러서는 자타가 인정하는 경영품질의 글로벌 스탠더드가 되었다. 이에 자극을 받은 많은 국가가 자국 기업의 경영품질 수준을 높여 글로벌 경쟁력을 향상시키려고 볼드리지 기준을 기초로 한 수상제도를 경쟁적으로 도입하였다.

우리나라도 이러한 추세에 발맞추어 1993년에 그동안 제조업 중심의 품질관리활동에 중점을 두었던 품질관리대상을 기업경영 전체의 품질을 중히 여기는 경영품질에 초점을 둔 품질경영상으로 그 명칭과 내용을 개편하였다. 정부가 전반적인 운영의 총괄책임을 맡고 있는 우리나라 국가품질상은 정부와 기업의 파트너십 개념 하에서 월드클래스 경영혁신의 구심점을 제공하고, 경영수준을 진단하고 운영성과를 높이는 계기를 마련하는데 그 목표를 두고 있다. 우리나라 국가품질상의 심사기준은 기본적으로 볼드리지 기준에 기초하여 개정되어 왔다.

볼드리지 모델은 처음에는 제조기업, 서비스기업 및 중소기업에 적합하게 개발되었으나 이후에 교육기관, 의료기관 및 정부기관과 같은 공공조직에도 적용되도록 확대되었다.

 제 2 절 **경영품질과 경쟁력**

품질이 경쟁우위 확보의 핵심이라는 인식이 확산되면서 우리나라 기업은 경쟁력 확보차원에서 품질경영 기법을 적극적으로 도입하였다. 그러나 기업의 품질향상활동은 품질경영의 세계적인 흐름에 따라 기존의 제조업과 현장분임조 중심의 품질관리에서 서비스업을 포함하는 보다 광범위한 경영자 주도의 경영품질로 전환되었다. 또한 근래 들어 개방화, FTA체결 등으로 세계시장의 글로벌화가 급속히 진행되는 경영환경 속에서 우리 기업은 국내 특수한 상황에서 벗어나 세계의 유수한 기업과 경쟁을 하게 되어 기업경영의 글로벌 스탠더드를 따를 수밖에 없게 되었다.

'경영품질'은 제품의 품질이 우수하다는 좁은 의미가 아니라, 리더십에서부터 프로세스에 이르기까지 경영 자체의 질이 우수하다는 넓은 의미를 뜻한다. 경영품질을 추진하면 기업은 제품과 서비스의 생산 및 유통을 지속적으로 개선하고, 효율적이면서 효과적으로 운영하며, 고객을 포함한 이해관계자를 적절하게 대응하게 된다. 이러한 경영품질의 추진은 그동안 품질과 생산성의 향상뿐만 아니라 기업의 질적 체질 개선을 유도하였다. 그 결과 기업은 품질향상, 비용절감, 생산성 향상, 수익증가, 직원 및 고객만족 등의 실현으로 경쟁력을 높일 수 있었다.

볼드리지 평가기준은 모든 경영요소를 설계하고, 실행하며, 진단하는데 활용되는 통합적이면서 결과지향적인 경영품질 모델이다. 경영품질 모델은 경쟁력 강화에 초점을 맞추고 있다. 특히 기업은 고객에게 지속적으로 향상된 가치를 전달하고, 전반적인 조직의 효과성과 역량을 높이고, 조직 및 개인의 학습을 강화함으로써 경쟁력을 제고시킨다. 이 모델은 고객만족과 열성, 고객인지 가치, 제품 및 서비스 성과, 재무 및 시장성과, 직원의 잠재능력, 수용력, 분위기, 만족, 열성 및 개발, 운영상의 효과성 등과 같은 사업성과를 강조한다. 여러 연구 결과에 의하면 성공적으로 경영품질을 추진한 기업은 궁극적으로 직원 사기를 진작하고 성장세를 이어가는 변화 및 탁월성을 지향하는 조직문화를 조성했고 지속적인 학습 및 개선 프로세스를 제도화한 것으로 나타났다.

경영품질은 제조 및 서비스의 모든 사업영역뿐만 아니라 공공기관, 의료 및 교육조직에서도 추진될 수 있다. 서비스 조직도 사업에 성공하려면 역시 효과적인 리더십, 전략기획, 고객열성 및 사업성과가 필요하다. 고객 및 시장중시는 서비스 조직의 성공에 핵심이 된다. 또한 주기적으로 수집된 데이터와 정보에 근거해서 측정되고 개선되는 프로세스도 성공에 영향을 미친다. 특히 서비스 환경에서 프로세스는 흔히 고객선호에 결정적인 영향을 미치기 때문에 주의 깊게 관리되어야 하며 프로세스 유연성의 확보가 중요하다. 서비스업에서는 고객과의 긴밀한 상호작용이 이루어지는 경우가 많기 때문에 직원의 채용과 훈련 시에 고객접촉의 관점을 고려해야 한다.

경영품질 모델은 규범적 기준이 아니기 때문에 중소조직에도 적용된다. 경영품질은 조직의 규모와 자원에 적합하게 경영될 수 있도록 돕는다. 중소조직이 잘 정리된 일련의 프로세스를 갖추도록 함으로써 상황에 맞는 계획 수립과 실행으로 탁월한 성과를 낳게 한다.

제 3 절 경영품질 모델

경영품질 모델은 경영수준 진단의 토대가 되지만 또 다른 중요한 역할을 한다. 그것은 모든 조직이 경영성과와 실행능력 향상을 도와주고, 최고의 경영관행에 관한 정보를 공유할 수 있도록 지원해줌으로써 궁극적으로 기업경쟁력을 높이는 것이다.

경영품질 모델은 다음과 같은 세 가지 목표에 초점을 맞춤으로써 기업의 경쟁력 강화에 도움이 될 수 있도록 설계되어 있다.

- 고객과 이해관계자에게 보다 개선된 가치를 제공해 줌으로써 조직의 지속가능성 제고에 기여한다.
- 기업의 전반적인 성과와 역량을 개선시킨다.
- 조직적이고 개인적인 학습을 가능하게 한다.

이 모델은 몇 가지 핵심가치와 개념을 기반으로 하고 있는데, 이들은 성과중심적 심사기준의 구조 내에서 사업의 중요한 요구사항을 통합시킬 수 있는 토대가 되고 있다. 경영품질 모델의 기본취지인 핵심가치는 비전형 리더십, 고객위주의 품질, 조직적·개인적 학습, 직원과 파트너 존중, 신속성, 미래지향, 혁신을 위한 관리, 사실에 근거한 관리, 사회적 책임, 결과중시 및 가치창조, 시스템 관점 등 11가지이다.

이러한 핵심가치와 개념은 리더십, 전략기획, 고객중시, 측정·분석 및 지식경영, 인적자원 중시, 프로세스 관리, 경영성과 등의 7가지 범주로 구체화된다. 이러한 범주를 연결하고 통합하는 구조는 〈그림 1-1〉과 같다. 이 구조는 다음과 같은 세 가지 기본요소로 구성된다.

1. 조직의 개요: 환경, 관계, 전략적 상황

〈그림 1-1〉의 맨 위에 있는 조직의 개요는 조직이 처해 있는 상황을 설명한다. 즉, 조직의 주변 환경, 업무상의 관계 및 전략적 상황은 조직의 성과관리 시스

| 그림 1-1 | 경영품질 모델 |

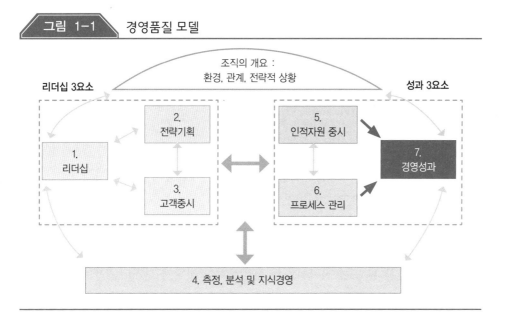

템의 길잡이 역할을 한다.

2. 시스템: 범주 Ⅰ, Ⅱ, Ⅲ 및 Ⅴ, Ⅵ, Ⅶ

시스템은 〈그림 1-1〉의 중앙에 있는 여섯 가지 범주로서, 조직과 운영 및 성과의 유기적 관계를 나타내고 있다. 이중 왼쪽에 있는 리더십, 전략기획, 고객중시의 세 가지 범주는 '리더십 3요소'로서, 이들은 전략과 고객에 초점을 맞춘 리더십의 중요성을 강조하기 위해 함께 자리 잡고 있다. 또한 우측에 있는 인적자원중시, 프로세스 관리, 경영성과는 '성과 3요소'이다. 기업의 구성원과 핵심 프로세스는 경영성과를 제고하기 위한 역할을 한다.

기업의 모든 활동은 경영성과를 지향하고 있다. 중앙의 큰 화살표는 리더십 3요소와 성과 3요소를 이어주는데, 이는 기업의 성공을 위한 핵심적 연결고리이다. 더욱이 이 화살표는 조직을 움직이는 추진 원동력이라고 볼 수 있는 범주Ⅰ 리더십과 최종 목적지라고 볼 수 있는 범주Ⅶ 경영성과 간의 핵심적 관계를 나타낸다. 개선을 이루기 위해서 리더십은 언제나 경영성과를 주시하고 있어야 한다.

3. 측정, 분석 및 지식경영: 범주 Ⅳ

기업의 성과와 경쟁력을 높이기 위해, 기업을 효과적으로 관리하고 사실에 근거한 관리 시스템을 구축하는 데 있어서 측정, 분석 및 지식경영은 핵심적 역할을 한다. 이는 성과관리 시스템 구축을 위한 토대가 된다.

범주별 핵심내용을 요약해보면 다음과 같다.

- 리더십: 경영진이 조직을 어떻게 이끌고 지속가능하게 하는지를 평가한다. 또한 조직의 지배구조를 평가하고, 조직이 어떻게 윤리적이고 합법적인 활동을 수행하며 사회공동체를 지원하고 있는지를 평가한다.
- 전략기획: 조직의 경쟁우위를 제고하기 위하여 전략목표를 어떻게 설정하는가를 평가한다. 또한 전략목표와 실행계획이 어떻게 전개되는지를 평가한다.
- 고객중시: 고객과 시장의 요구사항, 니즈, 기대 및 선호를 어떻게 분석하고 활용하는가를 평가한다. 또한 고객관계를 어떻게 구축하며 고객확보, 고객만족, 고객충성도 및 고객유지, 그리고 사업확장 및 유지를 위한 주요 요인을 어떻게 결정하는지를 평가한다.
- 측정, 분석 및 지식경영: 각 조직이 데이터, 정보, 지식자산을 어떻게 선정, 수집, 분석, 관리, 향상시키는가와 조직의 정보기술을 관리하는가를 평가한다. 이 부분에서는 조직이 이것을 어떻게 검토하고 조직의 성과를 향상시킬 수 있도록 이용하는가를 평가한다.
- 인적자원 중시: 인적자원의 잠재력을 활용하여 조직의 전사적 미션, 전략, 실행계획을 구현할 수 있도록 인적자원을 어떻게 관리하고 개발하는지를 평가한다. 또한 인적자원의 잠재력과 수용능력을 평가하고, 높은 성과달성에 도움이 되는 근무환경을 만드는 능력을 평가한다.
- 프로세스 관리: 조직이 핵심역량과 업무시스템을 어떻게 결정하고, 고객가치의 전달 및 조직의 성공과 지속성을 달성하기 위한 업무시스템과 주요 프로세스를 어떻게 설계, 관리, 개선하는지를 평가한다. 또한 긴급사태에 대한 조직의 준비성도 평가한다.
- 경영성과: 조직의 업무수행과 주요 사업영역(제품 및 서비스 성과, 고객중시 성과, 재무 및 마케팅 성과, 인적자원 중시 성과, 프로세스 성과, 리더십 성과)에

대한 조직의 성과와 개선에 대하여 평가한다. 또한 경쟁사와 대비한 상대적인 성과도 평가한다.

여기서 주목해야할 점은 경영품질 모델은 조직경영에 대해 어떻게(how)와 무엇(what)을 질문하고 있다는 것이다. 즉, 탁월한 성과를 위한 경영의 해결책(solution)을 제시해주는 것이 아니라 어떤 요소가 탁월한 성과를 위한 경영에 필요한 조건인지를 체계적으로 알려주는 것이다. 따라서 조직은 경영품질 모델의 경영요소에 대해 현재의 상황을 간단명료하게 답함으로써 경영수준을 진단함과 동시에 개선해야할 부분이 어딘가를 파악할 수 있다.

제 **4** 절 조직의 개요

조직의 개요는 조직의 전반적인 상황을 개략적으로 보여준다. 여기서는 조직, 운영환경, 주요 조직관계, 경쟁환경 및 성과개선 접근법을 기술한다. 이는 조직을 이해하기 위한 체제를 제공한다. 조직의 개요는 조직의 운영환경을 구체화하는 주요 내외적 요소를 간파하게 한다. 비전, 가치, 미션, 핵심역량, 경쟁환경, 전략적 도전 및 이점 등을 포함하는 이러한 요소는 조직의 운영방식과 의사결정에 영향을 미친다.

또한 조직의 개요는 조직의 운영맥락, 현재와 미래사업 성공을 위한 핵심 요구사항, 경영시스템상의 니즈, 기회, 제약조건 등을 더 잘 이해하는데 도움을 준다. 이러한 조직의 개요는 다음과 같은 이유로 매우 중요하다.

• 자가진단의 시발점이 된다.
• 주요 정보에서 잠재적 차이를 파악하고 핵심성과 요구사항 및 결과에 초점을 맞추는데 도움이 된다.

1. 조직환경

조직이 운영되는 환경으로 주요 상품관련 요소, 비전과 미션, 인적자원의 개요, 자산, 규제 요구사항 등이 이에 포함된다.

(1) 상품관련 요소

상품관련 요소는 조직이 시장에 내놓는 제품과 서비스를 말한다. 여기서는 각 상품관련 요소가 조직의 성공에 미치는 비중도 다루어진다. 상품을 고객에게 제공하기 위해서 사용하는 상품 배달 메커니즘은 조직이 직접 또는 공동으로 하거나 대리점, 유통업체, 채널 파트너를 통해 이루어진다. 공공조직의 경우 프로그램, 프로젝트 또는 서비스 등이 상품관련 요소이다.

(2) 비전과 미션

조직문화의 차별적인 특성, 조직의 목적, 비전, 가치 및 미션을 다룬다. 또한 조직의 핵심역량과 미션과의 관계 등도 여기에 포함된다. 핵심역량은 조직의 가장 전문성 있는 영역을 말한다. 조직의 핵심역량은 미션을 수행하는데 중심이 되거나 시장 또는 서비스 환경에서 우위를 제공하는 전략적으로 중요한 능력이다. 핵심역량은 흔히 경쟁자, 협력업체, 파트너가 모방하려고 하는 것이다. 조직의 핵심역량을 분명하게 파악하고 철저하게 이해하는 것은 조직의 지속가능성과 경쟁성과를 위해 매우 중요하다. 핵심역량을 잘 활용하면 흔히 시장에서 다른 경쟁자와 차별화 된다. 조직의 전략방향과 잘 조화를 이루도록 핵심역량을 가져가면 전략적 이점을 얻게 될 수 있다. 또한 핵심역량에 포함된 지적 자산을 잘 보호하다면 지속가능성도 높일 수 있다.

이러한 용어는 조직마다 약간씩 다르게 사용되며 일부 조직에서는 몇몇 용어를 사용하지 않는 경우도 있다. 그럼에도 불구하고 조직 구성원은 조직의 존재이유와 경영진이 조직을 어디로 이끌어가는지를 분명하게 이해해야만 한다. 이는 조직의 장래에 영향을 주는 전략적 의사결정을 내리고 실행하는데 도움을 준다.

(3) 인적자원의 프로파일

조직의 인적자원의 프로파일, 그룹 및 세분화를 묘사한다. 인적자원의 그룹과 세분화는 고용 유형, 계약관계, 위치, 업무환경 등의 요소에 근거하여 결정된다. 또한 교육수준, 직원이 미션과 비전을 달성하는데 몰입하게 하는 주요 요소, 인적자원과 직무의 다양성, 복지, 노사협의체, 건강과 안전 요구사항 등도 여기서 다루어진다.

(4) 자산

조직의 주요 시설, 기술 및 설비를 다룬다.

(5) 규제 요구사항

조직의 규제환경, 직업건강 및 안전 규제, 인가, 인증 및 등록 요건, 산업 표준과 환경, 재무 및 상품 규제가 다루어진다. 규제환경은 요구사항을 낳고 조직의 운영에도 영향을 미친다. 이 환경에 대한 이해는 일상적, 전략적 의사결정을 효과적으로 하는데 매우 중요하다. 더욱이 이는 조직이 관련 법규의 최소한의 요구사항을 단지 따를 것인지 또는 선도 조직으로써 그 이상을 수행할 것인지를 파악하는데 도움을 준다.

2. 조직관계

고객, 파트너, 이해관계자와의 주요 관계를 다룬다.

(1) 조직구조

조직의 구조와 지배구조뿐만 아니라 경영진, 이사회 및 지주회사 간의 보고체계 등을 기술한다. 선도 조직은 분명한 보고체계를 갖는 지배구조 시스템을 잘 정의하고 있다. 경영진, 이사회 및 지주회사가 각자 수행해야할 기능을 분명하게 파악하는 것이 중요하다. 흔히 이사회의 독립성과 책무는 지배구조에서 고려되어야할 중요한 사항이다.

(2) 고객과 이해관계자

조직의 주요 세분시장, 고객 그룹 및 이해관계자 그룹을 다룬다. 고객 그룹은 공통 기대사항, 행동, 선호 또는 프로파일을 근거로 분류된다. 한 그룹 내에서 상이점과 공통점을 근거로 고객 세분화가 이루어진다. 시장은 상품라인이나 특징, 유통채널, 사업 규모, 지역 등을 근거로 세분화가 된다. 시장 세분화는 관련된 시장의 특성을 정의하는데 활용된다.

조직의 상품, 고객지원서비스 및 운영에 대한 주요 요구사항과 기대를 기술하고 세분시장, 고객 그룹 및 이해관계자 그룹 간의 주요 요구사항 및 기대의 차이점을 설명한다. 고객 그룹과 세분시장의 요구사항은 적시 배달, 낮은 불량수준, 안전, 보안, 지속적인 원가 절감, 기술 레버리지, 신속한 대응 및 사후 서비스 등을 포함한다. 이해관계자 그룹의 요구사항에는 사회적으로 책임 있는 행위와 공동체서비스가 포함된다. 공공조직에 대한 요구사항은 행정비용 절감, 재택서비스 및 긴급 상황에의 신속한 대응 등이다.

(3) 협력사와 파트너

조직의 협력사, 파트너 및 합작사의 주요 유형을 기술한다. 또한 주요 상품의 생산과 배달에서 이들의 역할과 이들과의 주요 커뮤니케이션 수단도 여기에서 설명된다. 커뮤니케이션 수단으로는 개별적 접촉, 이메일, 웹기반, 전화 등이 활용된다. 이러한 수단은 시장, 고객, 이해관계자의 요구사항의 변화에 맞춰 바뀐다.

협력사에 대한 의존도가 높은 조직의 경우 협력사는 사업을 영위하거나 경쟁적 우위를 달성하고 유지하는데 매우 중요한 역할을 한다. 공급사슬(Supply-chain) 요구사항은 적시 인도, 유연성, 가변적인 인력운영, 연구 및 디자인 역량, 프로세스 및 상품 혁신, 개별화된 제조나 서비스 등을 포함한다.

3. 경쟁환경

여기서는 조직의 경쟁 포지션, 경쟁력 변화, 비교자료 등을 설명한다.

(1) 경쟁 포지션

조직의 경쟁 포지션(competitive position), 해당 산업과 시장의 상대적인 규모와 성장성, 경쟁자의 유형과 수를 기술한다. 조직의 개선과 성장을 위한 강점, 약점 및 기회의 지식은 조직의 성공과 지속가능성에 필수적이다. 조직은 이 지식으로 다른 조직과 차별화하고, 경쟁적 우위를 보전하며, 시장 포지션을 구축하고 유지하는데 기여하는 상품, 프로세스, 역량 및 성과 속성을 파악할 수 있다.

경쟁자가 누구이며 그 수가 얼마나 되고 그들의 주요 특성이 무엇인지를 이해하는 것은 해당 산업과 시장에서 경쟁적 이점을 결정하는데 필수적이다.

(2) 경쟁력 변화

조직의 경쟁 상황에 영향을 주고 있는 변화를 다룬다. 여기에는 혁신과 제휴의 기회 등이 포함된다. 선도 조직은 현재 경쟁환경과 주요 변화에 대해 심도 있게 이해하고 있다.

(3) 비교자료

조직이 속해있는 산업 내에서 활용가능한 비교 데이터와 경쟁 데이터의 주요 자료원과 해당 산업 외부로부터의 주요 자료원을 기술한다. 또한 이러한 자료를 습득하는데 장애가 되는 요소도 다룬다. 비교 데이터와 경쟁 데이터의 자료원은 산업간행물, 벤치마킹 활동, 공공조직의 연간보고서, 컨퍼런스, 지역 네트워크 및 산업협회 등을 포함한다.

4. 전략적 상황

조직의 주요 사업상, 운영상, 사회적 책임 및 인적자원의 전략적 도전과 이점에 대해서 기술한다. 여기에서 전략적 도전과 이점은 기술, 상품, 운영, 고객지원, 해당 산업, 글로벌화, 가치사슬, 사람 등과 관련된다. 전략적 이점은 가격선도, 디자인 서비스, 혁신율, 지리적 근접성, 접근성, 보증 및 상품 사양 등과 같은 차별화 요소를 포함한다. 공공기관 등의 비영리 조직의 경우 차별적 요소로 의사결정자에 대한 상대적인 영향력, 프로그램 공헌도 대비관리비용 비율, 프로그램 명성 또는 서비스 전달, 서비스 대기시간 등이 포함될 수 있다.

오늘날 치열한 경쟁시장에서 사업하는 조직은 성과를 유지하고 경쟁 포지션을 보존하는 역량에 영향을 미치는 전략적 도전에 직면한다. 이러한 도전은 재료, 노동, 지리적 입지 등과 관련된 운영비, 시장의 확대 또는 축소, 합병과 취득, 변동하는 수요 및 경기침체를 포함하는 경제 상황, 해당 산업의 순환 특징, 신상품이나 대체제의 출시, 빠른 기술 변화, 새로운 경쟁자의 출현 등을 포함한다. 추가적으로 조직은 자격을 갖춘 인력의 채용 및 유지와 관련된 도전에 직면하기도 한다.

특히 중대한 도전은 시장이나 경쟁 포지션을 위협하는 파괴적 기술에 대한 무방비이다. 예를 들어 타자기를 대체한 개인용 컴퓨터, 유선 전화기에 대한 휴대폰의 도전, 다른 모든 커뮤니케이션 수단에 대한 이메일과 소셜 미디어의 도전 등이 이에 속한다. 오늘날 조직은 그러한 도전을 가능한 빠르게 탐지하도록 인접 산업의 내외부 환경을 면밀히 관찰할 필요가 있다.

5. 성과개선 시스템

성과개선 시스템의 주요 요소를 설명한다. 여기에는 자가진단, 조직학습, 혁신 프로세스 등도 포함된다. 성과개선의 접근법은 조직의 니즈와 관련되어야 하며 린(Lean) 시스템의 실행, 식스시그마 방법론의 적용, ISO 9000 또는 14000 등의 표준 사용, 또는 다른 프로세스 개선과 혁신도구의 활용 등을 포함할 수 있다. 점차 많은 조직이 상품과 프로세스 혁신목표를 달성하기 위해 특정한 프로세스를 실행하고 있다.

제 5 절 (주)명왕성 낚시 사례

1. 조직의 개요

(1) 조직환경

1) 조직의 주요 상품관련 요소

(주)명왕성 낚시의 주요 상품관련 요소는 다음과 같다. 회사의 비전은 '전 세계 최고의 낚시용품 유통회사가 되는 것'이다. 이 회사의 주 사업은 낚싯대 및 낚싯대 부속품 등과 관련된 상품의 유통이다. 주로 최종소비자인 고객에게 소매로 판매하고 있다. 매출액 기준으로 보면 소매는 전체 사업의 90% 정도를 차지하고 있으며 이는 회사의 주요 사업분야이다. 전체 고객 중 딜러와 외국고객은 각각 8%와 2% 정도를 차지하고 있다. 회사는 700개 이상의 벤더로부터 생산된 95,000여 가지의 다양한 상품을 유통시키고 있다.

상품 배달 메커니즘

상품을 고객에게 제공하기 위해서 사용하는 배달 메커니즘은 다음과 같다.

회사는 카탈로그와 인터넷을 이용한 무점포 판매를 하고 있다. 전체 주문의 70% 정도는 웹사이트를 이용한 인터넷 판매이고 나머지 30%는 고객접촉센터(CC)를 통해 이루어진다. 주문배송방법으로는 전체 주문 중 택배가 56%, 우체국이 41%, UPS가 2%(국제 주문 전용)를 차지하고 있으며 1%는 고객이 직접 찾아간다.

회사는 매년 2회의 카탈로그, 12회의 월간 전단지, 고객 그룹에 대한 주간 선전 이메일, 텔레비전 광고, 웹사이트, 인터넷, 업계 박람회, 주요 후원그룹에 대한 스폰서, 업계 간행물과 인터넷 뉴스 사이트에 대한 홍보 등을 통해 고객과 커뮤니케이션을 행한다.

2) 조직문화의 특성

(주)명왕성 낚시 조직문화의 주요 특성은 다음과 같다. 회사는 1987년 이명왕씨에 의해 설립되었으며 현재 이명왕씨는 CEO이다. 이명왕씨 가족이 지분의 60%를 소유하면서 오너십을 행사하고 있으며 이사회에 의해 지배되는 주식회사이다.

회사의 조직문화에는 고객만족, 지속적 개선, 혁신과 현대적 경영혁신기법이 깊이 배어 있다. 1987년에 소매 낚시점으로 시작한 이후 업계 리더가 된 현재까지 회사는 열성적인 고객을 개발하였다. 회사의 조직문화는 미션선언문(표 1-1), 행동강령(표 1-2), 회사목표에 정의되어 있다. 회사목표로는 고객만족, 직원만족, 벤더만족, 주주만족과 현대적 경영혁신기법 실행을 들 수 있다.

조직문화의 또 다른 특징은 직원 중의 대다수가 보여주고 있는 낚시산업에 대한 열정과 지식이다. 이 회사는 취미산업에 관련된 사업을 하고 있기 때문에 회사 내의 주요 직책을 이 취미에 대한 열정과 지식을 가진 직원이 맡고 있다는 것은 대단히 중요하다. 주요 직책을 맡길 때 회사는 이러한 점을 고려하여 적절한 사람을 선발하고 있다. 이처럼 높은 문화적 적합성을 고수하고 있어 직원은 이해관계자를 위해 높은 부가가치를 창출하고 있으며 지극히 고객중심적이고 매우 열성적이어서 이직률은 현저히 낮다.

회사의 비전, 목표, 미션 및 가치

회사의 비전, 목표, 미션 및 가치는 〈표 1-1〉에 나타나 있다. 회사의 개인적 가치를 포함하는 행동강령은 〈표 1-2〉와 같다.

표 1-1 미션선언문

비 전
전 세계 최고의 낚시용품 유통회사가 되는 것

목 표
1. 장기적 주주가치의 최대화　　2. 산업관련 단체의 지원 3. 낚시산업의 지원　　　　　　4. 낚시산업의 롤 모델 확립

미 션
회사는 고성과 직원, 현대적 경영혁신기법, 최첨단 기술에 기반하며 낚시용품을 고객에게 판매한다.

가 치
1. 예지력이 있는 리더십　　　2. 고객주도의 수월성 3. 조직과 개인의 학습　　　　4. 직원 및 협력사의 가치존중 5. 민첩성　　　　　　　　　　6. 미래 강조 7. 혁신 지향　　　　　　　　8. 사실에 의한 경영 9. 사회적 책임　　　　　　　10. 결과와 가치창조에 초점 11. 시스템적 관점

회사는 Malcolm Baldrige National Quality Award Program 기준으로부터 회사의 가치를 채택하였다.

(2016년 1월 30일 이사회에서 개정됨)

표 1-2 행동강령

(주)명왕성 낚시 이사회의 모든 멤버 및 신입직원부터 CEO에 이르는 모든 직원은 직장내외에서 다음을 약속한다.

1. 항상 높은 수준의 진실성과 정직성
2. 모든 이해관계자에 대한 존경(고객, 직원, 벤더, 주주)
3. 모든 법, 규제 및 회사정책에 대한 엄격한 준수
4. 모든 거래의 공정성
5. 회사와 동료에 대한 충성심
6. 존경심에 기반한 공평무사
7. 참여를 통한 팀워크
8. 신뢰와 확신을 주는 행동
9. 다정하고 도움이 되는 예의바른 행동
10. 조치와 지시를 통한 안전의 증진

모든 위반사항은 인적자원부서에 알려주기 바랍니다.

(2015년 1월 29일 이사회에서 제공됨)

조직의 핵심역량

회사의 핵심역량은 미션에 다음과 같이 연계되어 있다. 회사는 미션을 달성하는데 중요한 프로세스를 핵심 프로세스라고 정의한다. 이것은 고객의 핵심 요구사항을 전달하는데 직접적으로 관련된 프로세스이다(표 1-7). 회사의 핵심역량은 회사의 핵심 프로세스 및 미션선언문과 정렬되어 있다. 그것은 상품구매, 마케팅, 주문처리, 물류 등이다. 핵심 프로세스에서의 프로세스 전략은 고객 핵심 요구사항에 역점을 두어 다루고, 전략적 우위를 제공하며, 경쟁자가 모방하기 어렵게 하는 것이다.

3) 인적자원의 프로파일, 그룹 및 세분화

회사 인적자원의 프로파일, 그룹 및 세분화는 다음과 같다. 회사의 인력은 243명의 정규직과 100명의 계약직으로 이루어져 있다. 전체 직원의 15%는 국가품질상 자체 진단 심사원으로 MB모델 전문가 과정의 훈련을 받았다. 총책임자 1명 아래 6명의 팀리더를 두고 있다(표 1-3). 직원 개발을 위해서 가능한 많은 자원자가 MB 모델 전문가 과정을 이수하도록 하는 것이 회사의 장기 전략계획이다.

직원의 교육수준은 〈표 1-4〉와 같다.

표 1-3 국가품질상 자체 진단 심사원 및 MB모델 전문가 수

연 도	국가품질상 자체 진단 심사원	MB모델 전문가 과정 이수자
2011	6	6
2012	16	16
2013	41	47
2014	43	60
2015	52	90

표 1-4 직원의 교육수준

교육의 유형	인 원(명)	비 율(%)
고졸	18	5.4
전문대졸	28	8.1
대학졸	251	73.2
대학원졸	46	13.3
전문자격증(예, CPA 등)	9	2.6

동기부여 요인

회사의 미션을 완수하는데 직원이 열성을 갖고 참여하도록 동기를 부여하는 주요 요인은 다음과 같다. 매년 실시하는 직원 만족도 조사에서 직원의 핵심 요구사항(표 1-7)이 파악된다. 이 조사에서 열성요인으로 여러 가지 요소가 규명되며 직원에 의해서 우선순위가 정해진다. 이러한 요소는 직원을 회사의 미션을 완수하는데 열성을 갖고 참여하도록 동기를 유발시킨다. 직원을 열성적으로 참여하게 하는 주요 동인은 '의미있고 만족스러운 직무 할당', '교육, 훈련 및 개발', '지속적으로 개선되는 업무 시스템' 및 '소속감' 등이다. 이러한 것은 제6장의 성과관리 시스템, 학습개발 시스템, 보상 및 인정 시스템과 제7장의 업무 프로세스 개선 등을 통해서 유지되고 강화된다.

인적자원과 직무다양성 및 복지

회사의 인적자원과 직무다양성, 조직화된 협상단체, 주요 수당, 건강 및 안전에 대한 요구사항은 다음과 같다. 가장 중요한 것은 모든 직원이 고객에게 가치를 두고 존중하여야 한다는 것이다. 직원은 교육적 배경, 기술, 업무환경, 성별, 개성 등의 측면에서 매우 다양하다. 그러나 고객에 대한 서비스와 낚시산업에 대한 회사의 열정은 변함이 없다. 이는 회사목표, 고객만족 및 고객 핵심 요구사항(표 1-7)과 부합된다. 또한 직무도 신입직원 수준에서 상위 리더와 부사장에 이르기까지 다양하다(표 1-5).

회사는 직무에 만족하면서 열성적으로 업무를 수행하는 직원들로 구성되어 있는 무노조 회사이다. 주요 복지혜택은 건강 및 치과보험, 유급휴가, 성과급 지급, 산업에 관련되어 보내는 시간, 상품과 한국프로낚시연맹 멤버십 할인, 복지포인트 카드, 학비보전 등이다. 건강과 안전 요구사항 척도는 전사재해율(그림 8-36)이다. 특별한 건강 요구사항은 없다.

4) 주요 시설, 기술 및 설비

회사의 주요 시설, 기술 및 설비는 다음과 같다. 회사는 충남의 서산에 위치하고 있으며 사무실, 고객접촉센터, 창고 및 유통기능을 가진 1만 3천 평방미터의 현대식 설비를 갖추고 있다. 회사는 이 산업에서 가장 정교한 컴퓨터 네트워크를 가지고 있으며 이해관계자의 핵심 요구사항을 가장 잘 충족시키는 시스템을 만들기 위해서 소프트웨어 개발을 전담하는 16명의 직원을 두고 있다.

표 1-5	인적자원과 직무의 다양성	
구 분	범 주	비 율(%)
성 별	남	72
	여	28
연 령	18~22세	28
	23~35세	49
	36~50세	17
	51세 이상	6
고용형태	정규직	70.8
	계약직	29.2
근무연한	1년 미만	35
	1~3년	40
	3~5년	10
	5년 이상	15
직 무 (인원)	지원	1
	상품구매	7
	마케팅	4
	고객접촉센터	23
	인수	11
	재포장	3
	창고	11
	선적	26
	재무	3
	인적자원	2
	정보시스템	6
	기술	2
	품질관리	1

회사는 정보기술 산업의 리더인 마이크로소프트, HP, 시스코, Symbol, Interactive Intelligence, Hytrol과 Metler Toledo와 같은 대형 물류장비 회사로부터 습득한 최첨단 기술을 활용하고 있다. 회사의 사내 소프트웨어 개발능력은 핵심 프로세스 내에서 부가가치를 혁신하는데 있어서 다수의 최첨단 기술을 통합한다. 이러한 부가가치 혁신의 예로써 주문처리 프로세스에서 발신자서비스가 가능한 전화로 연결된 고객전화에 대해 고객정보를 미리 스크린에 띄우게 하였다. 또한 물류 프로세스는 주요 물류회사의 표시시스템과 완벽하게 통합되었다. 상품구매 프로세스에서 구매주문은 온라인으로 상품 벤더에게 전달된다. 마케팅에서 회사는 지연이나 시스템 정보의 분리가 없이 실시간 주문처리를 제공하는 웹사이트를 개설하고 있다.

5) 규제환경

회사의 규제환경, 직업건강 및 안전 규제, 인가, 인증 및 등록 요건, 산업 표준과 환경, 재무 및 제품 규제는 다음과 같다. 회사는 환경부, 국토해양부, 지식경제부, 고용노동부, 국세청, 지방자치단체의 규제를 준수하고 있다. 이러한 규제 준수사항은 매달 검토되고 이사회와 상위 리더십 팀에 분기별 법규·윤리·규제 준수보고서로 제출된다.

회사는 2011년 10월에 ISO 9001 : 2008 인증을 받았고 그후 완전하고 성공적인 사후심사를 통해 최신 ISO 9001 : 2015 표준으로 갱신하였다.

(2) 조직관계

1) 조직구조와 지배 시스템

회사의 조직구조와 지배 시스템, 이사회, 상위 리더와 조직 사이의 보고관계는 다음과 같다. 회사는 부서, 분야 및 부문으로 구성되어 있다. 부서는 부사장, 분야는 상위 리더, 부문은 팀장이 이끌고 있다. 부사장은 사장에게, 사장은 CEO에게, CEO는 이사회에 보고한다. 이사회의 의장은 CEO가 맡고 있다. 이사회는 이해관계자의 이익이 보호되도록 회사의 재무 및 방향을 감독하고 있다(표 1-6).

표 1-6	조직의 지배구조

이 사 회

- 법규·윤리·규제 준수보고서의 분기별 검토
- 회사목표에 대한 성과검토
- 주요 이해관계자와 주주의 요구사항의 책정 및 검토
- 미션선언문, 회사목표 및 행동강령의 제공
- 전략계획과 예산의 검토 및 CEO의 선임과 평가

C E O

- 조직의 우선순위(전략목표)의 결정
- 전략계획과 예산의 승인
- 월별 회사성과의 감독
- 사장의 선임과 평가

사 장

- 조직의 우선순위(전략목표)의 책정
- 전략계획과 예산의 승인과 실행
- 회사정책과 부서 운영계획의 승인
- 회사목표에 대한 성과검토 및 일상 운영의 감독
- 상위 리더십 팀의 선발과 평가

상위 리더십 팀

- 법규·윤리·규제 준수보고서의 분기별 검토
- 회사목표에 대한 성과검토(성과검토회의)
- 전략계획과 부서 운영계획의 개발, 전개 및 실행
- 예산과 회사정책의 개발

(수단: 법규·윤리·규제 준수보고서)

2) 세분시장, 고객 그룹 및 이해관계자 그룹

회사의 주요 세분시장, 고객 그룹 및 이해관계자 그룹은 다음과 같다. 회사는 최종 사용자인 소비자에게 소매로 상품을 판매하고 있다. 사업의 90% 이상을 차지하고 있으며 성공의 핵심요소이기 때문에 소매 세분시장은 회사의 핵심 사업대상이다. 또 다른 세분시장은 딜러(8%)와 세계시장(2%)이다. 회사의 주요 고객 그룹은 각각 민물낚시와 바다낚시를 하는 사람들이다. 회사의 주요 이해관계자 집단은 고객, 직원, 상품 벤더 및 주주이다. 회사목표는 그들의 요구사항(표 1-7)을 충족시킴으로써 그들을 만족시키는 것이다.

| 표 1-7 | 이해관계자 · 회사목표 핵심 요구사항 |

고객 핵심 요구사항 회사목표 : 고객만족	가격경쟁력 상품가용성 정확하고 완벽한 배송 고객존중서비스[1] 상품 구색 접근용이성[2] 신속한 배송 지식 탁월한 커뮤니케이션[3] 관련 산업 지원
직원 핵심 요구사항 회사목표 : 직원만족	직원존중 환경[4] 업무분장의 만족 솔직한 쌍방향 커뮤니케이션 보상과 인정 승진 기회 적정한 급여와 복리후생 교육, 훈련 및 개발 안전하고 편안한 업무환경 업무 시스템의 지속적 개선 소속감
벤더 핵심 요구사항 회사목표 : 벤더만족	벤더존중 관계[5] 협업용이성[6] 적시 결제 솔직한 쌍방향 커뮤니케이션
주주 핵심 요구사항 회사목표 : 주주만족	재무성과 관련 산업 지원
현대적 경영혁신기법 핵심 요구사항 회사목표 : 현대적 경영혁신기법	국가품질상 수상 ISO 인증 6시그마 그린 벨트 자격증 취득

각주 1: 고객존중서비스란 "우호적이며 정중하고 공손하며 윤리적인 서비스"를 의미한다.
각주 2: 접근용이성이란 "함께 사업하기 쉬운" 상태를 의미한다.
각주 3: 탁월한 커뮤니케이션이란 "적시에, 유의미하며, 양질의 마케팅 커뮤니케이션"을 의미한다.
각주 4: 직원존중 환경이란 "우호적이며, 정중하고, 공손하며, 윤리적인 환경"을 의미한다.
각주 5: 벤더존중 관계란 "우호적이며, 정중하고, 공손하며 윤리적인 관계"를 의미한다.
각주 6: 협업용이성이란 "같이 비즈니스하기 쉬운" 상태를 의미한다.

상품, 고객지원서비스 및 운영의 요구사항과 기대

회사의 상품, 고객지원서비스 및 운영에 대한 세분시장, 고객 그룹 및 이해관계자 그룹의 주요 요구사항 및 기대는 〈표 1-7〉과 같다. 2015년의 핵심 요구사항 설문조사 결과에 의하면 회사의 고객 그룹(민물낚시와 바다낚시)은 현재 같은 핵심 요구사항을 갖고 있다.

3) 협력사의 유형

협력사는 회사의 업무 시스템 및 상품과 고객지원서비스의 생산과 배달에 있어서 다음과 같은 역할을 한다. 회사는 두 종류의 협력사를 가지고 있다. 하나는 상품 벤더이고 또 다른 하나는 운송업체이다. 회사는 700개가 넘는 상품 벤더와 관계를 맺고 있다. 회사는 물량에 근거하여 상위 20%를 주요 벤더로 간주한다. 업무시스템에서 그들의 역할은 고객에게 재판매되는 상품을 제공하는 것이다. 3개의 운송업체(택배, 우체국, UPS)와 관계를 맺고 있다. 이들의 역할은 고객에게 상품을 전달하는 것이다.

협력사와의 커뮤니케이션과 관계관리를 하는 주요 메커니즘은 다음과 같다. 협력사와 커뮤니케이션하는 주요 메커니즘은 산업 전시회에서의 면대면 미팅, 현장방문, 전화, 이메일, 계약문서, 벤더 파트너십 협약 및 회사의 웹기반 벤더 지원센터 등이다. 회사의 상품관련 요소는 3가지의 상품군(낚시장비, 낚시용품, 낚시의류·신발)으로 나뉘어져 있다. 각 상품군에는 해당 상품의 벤더와 커뮤니케이션하며 관계를 관리하는 책임을 맡고 있는 상품관리팀이 있다. 물류담당 부사장은 운송업체와 커뮤니케이션하며 관계를 관리하는 책임을 맡고 있다.

조직의 혁신 프로세스에서 협력사는 다음과 같은 역할을 한다. 회사는 체계적인 벤더 관리 프로세스와 벤더 만족도 조사를 통해서 벤더로부터 혁신 아이디어를 얻으려 하고 있다. 혁신 아이디어나 새로운 서비스를 획득하게 되면 회사는 이해관계자 핵심 요구사항에 미치는 영향력을 평가한다. 혁신 아이디어가 타당할 경우 그 아이디어는 실행을 위해서 전략기획 프로세스에 전달된다.

공급사슬의 요구사항

회사는 매일 주문을 받고 패키지로 배송한다. 최첨단의 주문시스템을 이용하여 벤더에게 창고에 상품을 보충하도록 시스템적으로 주문을 한다. 벤더의 핵심 요구사항 충족 정도를 파악하기 위해 벤더를 대상으로 설문조사를 실시한다. 또한 고객 핵심 요구사항의 충족정도를 파악하기 위해 고객을 대상으로 상품, 서비스 및 배송에 관한 기대와 관련된 핵심 요구사항에 대해 설문조사를 실시한다.

회사는 이해관계자 핵심 요구사항(표 1-7)에서 도출된 상품 벤더에 대한 성과 척도를 관리한다. 이러한 성과척도를 모니터하기 위해서 매주 상품 벤더 성과보고 서를 작성한다. 보고서에는 매출성장률, 마진율, 반품률, 재고회전, 재고율 및 주문품 정시도착률 등이 포함된다. 회사는 벤더를 평가할 때 이해관계자 핵심 요구사항 간의 균형을 맞춘다.

(3) 경쟁환경

1) 경쟁 포지션

회사의 경쟁 포지션은 다음과 같다. (주)명왕성 낚시는 매우 열성적인 고객 군을 확보하고 있는 낚시용품 유통업계의 리더이다. 고객만족은 첫 번째 회사목 표이고 '고객주도의 수월성'은 회사가치 중의 하나이다. 회사는 최고의 고객서비 스, 적합한 홍보, 최상의 상품 선택, 신제품의 최초 출시, 신속한 배송, 가격경쟁 력, 적절한 재고보유, 신속한 정보제공과 혁신(이 모든 것은 회사의 프로세스에 포함된 전략임)으로 유명하다. 회사는 상품 벤더와 원만한 관계를 유지하고 있으며 많은 벤더가 (주)명왕성 낚시를 함께 사업하기 쉬운 동반자로 간주하고 있다.

경쟁환경과 시장점유율

현재 낚시용품 시장은 포화 상태이며 관련업체의 수가 많아 업체간 경쟁이 매우 치열하다. 고객 그룹별로 분할된 세분시장에서의 주요 경쟁자는 〈표 1-8〉에

표 1-8   낚시용품업체의 시장점유율

순 위	민물낚시	시장점유율(%)	순 위	바다낚시	시장점유율(%)
1	(주)명왕성 낚시	30.0	1	서강실업	26.2
2	수성사	21.3	2	성우조침	22.5
3	서강실업	16.6	3	(주)명왕성 낚시	19.8
4	성우조침	12.1	4	수성사	14.9
5	여명어구	9.8	5	여명어구	8.6
6	자강조구	7.3	6	혜명작수	5.3
7	혜명작수	2.9	7	자강조구	2.7

시장점유율 순으로 표시되어 있다. 각 시장에 작은 낚시용품점으로부터 인터넷 전용 소매점에 이르기까지 많은 경쟁자가 있는데 회사의 주된 관심대상은 상당한 시장점유율을 가진 경쟁자이다. 경쟁자의 유형은 카탈로그/인터넷 기반의 소매상, 다채널의 소매상(오프라인과 카탈로그/인터넷 기반을 가진 소매상), 인터넷상에서만 운영되는 소매상 및 오프라인만 운영하는 소매상 등이다.

2) 경쟁 성공요인

경쟁자에 대비하여 회사의 성공을 결정짓는 주요 요인은 다음과 같다. 고객만족은 제일의 회사목표이고 조직문화의 중심이다. 경쟁사에 대비하여 회사의 성공요인은 '고객만족', '직원만족', '상품벤더만족' 및 '주주만족'이라는 회사목표를 충족시킬 수 있는 능력, 전략계획을 실행시키는 능력 및 현대적 경영혁신기법을 통해서 지속가능성을 성취할 수 있는 능력이다(표 1-7). 회사는 많은 성과척도 및 프로세스 척도를 가지고 있으나 가장 높고 중요한 성과는 회사목표에 대한 직접 척도인 회사 핵심지표에 의해서 측정된다. 이러한 12개의 회사 핵심지표는 〈표 1-9〉에 나타나 있으며 회사가 성공을 어떻게 정의하는지를 보여준다.

'전 세계 최고의 낚시용품 유통회사가 되는 것'이라는 회사의 비전을 달성하기 위해서 회사는 지속적으로 현대적 경영혁신기법을 개발하고 전개해야 한다고 믿고 있다. 이에 대한 회사의 척도는 매 5년 마다 국가품질상 수상, 매 2년 마다 국가품질상 자체 진단 심사수행, 지속적인 ISO 인증 유지 등이다. 이는 회사목표인 현대 경영혁신기법과 회사 핵심지표 9와 부합된다.

낚시산업에 발생하는 가장 큰 변화는 특정 유해물질이 함유된 낚시도구 및 미끼의 사용제한에 대응하여 회사가 제공하는 대체 낚시용품에 대한 수요의 급증이다. 고객은 그 대체 상품의 구매가 어려워지지 않을까 하는 우려 때문에 이런 상품을 급히 구매한다. 이러한 수요의 급증은 이들 상품에 대한 벤더의 공급능력을 훨씬 초과하는 수요를 창출하여 제한된 상품 이용가능성에 대한 전략적 도전을 야기하고 있다. 이 경우 한정된 수량을 고객에게 적절하게 할당하는 것이 필요한데 이러한 서비스 혁신을 하는데 있어서 회사는 벤더와의 관계를 활용하였다. 또 다른 주요 변화는 고객의 소리의 피드백 결과로 나온 것으로 고객의 핵심 요구사항인 '가격경쟁력'을 더 잘 충족시킬 수 있도록 낮은 가격 옵션을 제공하는 배송방법인 '단일배송요금제도'를 추가한 것이다.

표 1-9	회사 핵심지표
순 위	회사 핵심지표
1	고객만족-전반(그림 8-15) 회사목표 : 고객만족
2	회사목표성과(그림 8-39) 회사목표 : 고객, 직원, 벤더 및 주주만족
3	총매출-전반(그림 8-22) 회사목표 : 주주만족
4	순매출이익률(그림 8-23) 회사목표 : 주주만족
5	이익배분(그림 8-24) 회사목표 : 주주만족
6	재고회전(그림 8-25) 회사목표 : 주주만족
7	직원만족 및 열성(그림 8-28) 회사목표 : 직원만족
8	벤더만족(그림 8-40) 회사목표 : 벤더 만족
9	국가품질상 자체 평가점수(그림 8-42) 회사목표 : 현대적 경영혁신기법
10	전략계획 실행(표 8-5) 회사목표 : 고객, 직원, 벤더 및 주주만족
11	주요 공동체에 대한 기여(그림 8-56) 회사목표 : 주주만족
12	한국프로낚시연맹 회합 기여금 회사목표 : 주주만족

3) 비교 및 경쟁자료원

　회사가 속해있는 산업 내에서 활용가능한 비교 데이터와 경쟁 데이터의 주요 자료원은 다음과 같다. 회사가 속해있는 산업 내에서 활용가능한 주요 비교자료와 경쟁자료는 산업관련 전문잡지의 시장점유율 조사 및 고객만족도 실문조사와 벤더 등으로부터 수집한다. 또한 회사는 상장된 시장지배적인 경쟁사의 경영공시를 활용하여 재무 비교자료의 대부분을 수집한다. 국가품질상 수상기업의 경영성과도 역시 벤치마킹 자료로 활용한다.

자료수집의 제약

회사가 소속 되어있는 산업은 소규모라서 산업 내의 기업으로부터 자료를 수집하고 유지하는 관련 조직이 없다. 그러므로 회사는 원하는 어떤 비교 데이터라도 회사 스스로 얻을 수밖에 없다. 또 다른 어려움은 이 산업에 속해있는 대부분 업체가 개인 기업이며 관련 정보를 기밀로 취급하기 때문이다. 이러한 정보의 부족을 극복하기 위해서 회사의 비교자료는 산업의 외부, 상장된 경쟁기업, 또는 벤더에게서 수집한다.

(4) 전략적 상황

회사의 사업, 운영 및 인적자원의 주요 전략적 이점과 도전은 〈표 1-10〉과 같다. 각각의 전략적 이점과 도전은 조직의 지속가능성에 영향을 미치고 있으며 특히 현대적 경영혁신기법에 대한 회사의 약속에 기여하고 있다. 핵심역량과의 관

표 1-10 전략적 이점과 전략적 도전

분 야	전략적 우위	전략적 도전
사 업	성장을 위해 기꺼이 재투자하려는 주주를 가진 수익성이 있는 회사	산업은 환경적 규제에 의해 크게 영향 받음
	설립자의 명성	인터넷 소매업체와의 경쟁
	산업에 대한 지원	
	현대적 경영혁신기법	
운 영 (프로세스)	완벽한 상품구색 전략 (고객 핵심 요구사항 : 상품선택)	상품에 대해 증가하거나, 변화하거나, 알려지지 않은 규제
	'절대로 품절없는' 상품전략을 포함하는 재고관리(고객 핵심요구사항 : 상품가용성)	규제로 인한 특정 상품의 부족 (고객 핵심 요구사항 : 상품가용성)
	인기상품의 집중광고전략(고객 핵심 요구사항 : 가격경쟁력과 상품선택)	벤더의 최소 판촉가격 책정 (고객 핵심 요구사항 : 가격경쟁력)
	벤더관계 관리 (고객 핵심 요구사항 : 상품 선택과 가용성)	신시장 진입
인 적 자 원	산업에 대한 열정을 가진 직원	산업에 대한 열정을 가진 고성과 직원 채용의 어려움

계는 〈표 3-1〉의 전략목표 통합에 나타나 있다.

(5) 성과개선 시스템

평가, 조직의 학습 및 혁신 프로세스를 포함하는 성과개선 시스템의 주요 요소는 다음을 포함한다.

- 전사 및 부서수준의 월례 성과검토회의
- 전사 및 부서수준의 월례 프로세스 관리회의
- 전사 및 부서수준의 월례 전략기획회의
- 국가품질상 범주회의(표 2-1)
- 계획, 조직, 충원, 실행 및 통제(POSEC)를 활용하는 전략목표 개발 및 실행계획 수행을 포함하는 전략기획 프로세스
- 분기 사업보고회와 부서 지식공유회의를 포함하는 전략계획 전개 프로세스
- 프로세스 성과를 역점을 두어 다루기 위한 시정조치 및 예방활동 보고서를 포함하는 프로세스 관리 프로세스와 ISO
- 체계적 직원 성과평가
- 혁신 프로세스와 지속적 개선 프로젝트 목록

회사는 프로세스를 평가, 개선 및 혁신하는 광범위한 성과개선 시스템을 가지고 있다. 각 부서는 직원, 벤더 또는 고객으로부터 획득한 프로세스를 혁신하는 데 이용되는 아이디어가 수록된 지속적 개선 프로젝트 목록을 유지하고 있다. 프로세스 관리 프로세스는 ISO 인증 유지를 포함한다. 또한 이 프로세스는 프로세스 전략 및 업무지시서의 체계적 검토를 포함한다. 업무지시서는 모든 프로세스에 존재하며 문서화되어 있다. 프로세스 성과는 ISO 심사의 대상이다. 회사는 모든 프로세스를 설계, 개선 및 혁신하는데 뿐만 아니라 프로세스를 개선하는 실행계획을 개발하는데도 POSEC 모형과 린 사고(Lean Thinking)를 사용한다. 회사는 미국의 볼드리지 수상업체로부터 베스트 프랙티스를 배우기 위해 볼드리지 컨퍼런스에 매년 참가하고 한국의 국가품질상에 도전하여 심사원 피드백을 개선에 활용한다.

토의 문제

(주)명왕성 낚시 사례의 다음 사항에 대한 강점과 약점은 무엇인가?

1. 회사의 목표, 비전, 미션 및 가치
2. 조직의 핵심역량
3. 상품, 고객지원서비스 및 운영의 요구사항과 기대
4. 회사의 핵심지표
5. 전략적 도전과 전략적 우위
6. 성과개선 시스템

Introduction to Management Quality

Chapter **2**

리 더 십

제 1 절 경영진의 리더십

제 2 절 지배구조와 사회적 책임

리더십 기준체계

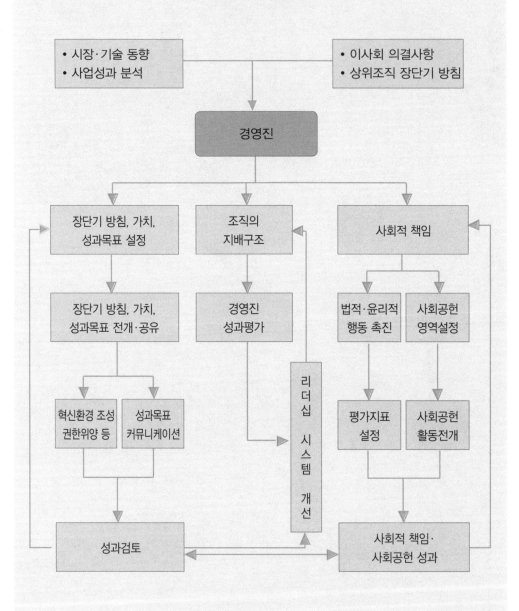

- 시장·기술 동향
- 사업성과 분석

- 이사회 의결사항
- 상위조직 장단기 방침

경영진

장단기 방침, 가치,
성과목표 설정

조직의
지배구조

사회적 책임

장단기 방침, 가치,
성과목표 전개·공유

경영진
성과평가

법적·윤리적
행동 촉진

사회공헌
영역설정

혁신환경 조성
권한위양 등

성과목표
커뮤니케이션

리더십 시스템 개선

평가지표
설정

사회공헌
활동전개

성과검토

사회적 책임·
사회공헌 성과

Chapter 2 리 더 십

최고경영자를 포함한 경영진은 조직을 지속적으로 성장·발전하도록 이끌어 나가야 한다. 이를 위해 경영진은 효율적인 리더십 시스템을 구축하고 리더십을 발휘하여야 한다. 리더십이란 조직이 지향해야 하는 비전과 목표를 설정하고 이를 달성할 수 있게 하기 위하여 조직구성원과 의사소통하고 그들이 의욕적이면서 즐겁게 일하도록 동기를 유발하고 분위기를 조성하는 과정이다. 즉, 리더십은 비전과 목표를 설정하고, 이를 주지시키고 일깨우기 위해 의사를 전달하며, 의욕을 불어넣기 위해 동기를 유발하는 역할을 수행한다. 또한 경영진은 리더십 스킬을 향상시키고 차세대 리더를 발굴하여 육성하며, 윤리적 행동과 높은 성과를 북돋우는 환경을 조성해야 한다.

리더십은 조직의 구성원이 조직목표 달성에 헌신적으로 기여할 수 있게끔 사기를 진작시키고 그들의 잠재능력을 활성화시키는 원동력이다. 현대 조직에서는 조직의 성패를 효과적인 리더십 발휘 여부와 직결시킬 만큼 리더십의 중요성이 인정되고 있다. 현대 조직은 구성원의 다양성과 욕구의 다분출 현상 등 실로 관리하기가 매우 어려운 특성을 가지고 있기 때문에 조직의 효과적 운영은 곧 리더십을 통한 조직목표 달성과정으로 이해되고 있다.

조직의 나가야할 방향으로 설정한 비전이나 목표가 합리적이려면 첫째, 달성가능하면서도 도전적이어야 하며, 둘째, 일단 결정되면 명문화되어야 하고, 셋째, 융통성이 있어 상황변화에 대처할 수 있어야 한다. 마지막으로 비전과 목표의 설정과정이 참여적이어야 이상적인 목표설정이 가능하다. 훌륭한 리더십을 가능하게 만드는 또 하나의 요인은 조직 내의 원활한 의사전달이다. 이것을 위해서 리더는 물론 조직구성원 모두가 의사전달의 기본틀을 이해하는 것이 중요하다. 구체적으로 발신자의 신뢰를 높이고, 설득력 있는 문안을 준비하며, 수신자의 상태를 살펴 발신자효과, 문안효과, 수신자효과를 각각 제고하는 지혜가 필요하다. 훌륭한 리더가 지휘하는 조직은 하향식 의사전달, 상향식 의사전달, 수평적인 의사전달 등 사통팔달의 의사전달이 이루어지며 나아가 비공식 의사전달까지도 활용한다.

조직을 리드하는 데는 납득할 만하고 도전적인 비전과 목표를 설정하고 지휘과정 전반에 걸쳐 구성원을 이해시키고 설득시키는 효과적 의사전달도 중요하지만 그에 못지않게 중요한 것은 일에 대한 적극성과 의욕을 불어넣는 동기유발이다. 동기유발은 구성원의 욕구를 만족시켜 줌으로써 가능하기 때문에 우선 구성원이 만족하고자 하는 욕구가 무엇인지를 파악하고, 이 욕구가 동기로 그리고 궁극적으로 행동으로 옮겨지는 과정을 이해하여 이 과정을 따라 구성원을 단계적으로 이끌어 가야 한다.

또한 조직은 이해관계자의 이해가 균형을 이루도록 건전한 지배구조를 확립하여야 하고, 합법적, 윤리적 및 사회적 책임을 충실히 수행하며 지역사회 및 사회 공동체에 대한 충분한 지원을 하여야 한다.

제 1 절 경영진의 리더십

경영진은 조직을 어떻게 이끌 것인가? 이는 경영진의 가장 중요한 임무이다. 경영진은 지속가능하며 높은 성과를 창출하는 조직을 만들어야 한다. 여기에서 경영진의 핵심역할은 조직의 가치와 방향을 설정하고, 의사소통하며, 모든 이해관계자를 위한 가치를 창출하고 균형을 이루게 하는 것이다.

경영진이 먼저 해야 할 일은 조직이 지향해야 할 올바른 방향을 찾아내는 것이다. 미래를 중시하고 예견하는 경영을 하기 위해서 주기적인 경영방침의 수립은 필수적이다. 경영방침은 가치, 비전, 방침, 전략, 목표 등을 포함한다. 경영방침을 수립하는 것은 본질적으로 경영진의 임무이다. 하지만 보다 효과적인 경영방침을 도출하기 위해서는 관련 조직이 참여하는 경영방침 혹은 전사적 전략 수립 시스템을 구축하고 주기적으로 경영방침을 설정하는 것이 필요하다. 또한 경영방침의 계획기간이 중장기적이라고 하더라도 몇 년 주기마다 환경변화에 맞추어 조정해나가는 것이 바람직하다.

경영진은 조직에게 요구되는 변화에 능동적으로 대응하면서도 조직이 추구하는 비전, 미션, 혹은 방침을 추구할 수 있도록 경영여건을 선도해야 한다. 효과적인 리더는 조직의 전반적인 업무수행 능력을 향상시킬 뿐만 아니라 직원이 고객의 가치를 증진시키는 각종 활동에 참여하도록 하여 지속적인 학습문화를 조성한다. 또한 각종 교훈을 조직적인 차원에서 파악하고 공유하도록 리더십 시스템이 선도해야 한다. 리더십 시스템을 통한 커뮤니케이션은 조직의 성과에 필수적인 요소이다. 커뮤니케이션은 각 단위 부서와 업무 프로세스의 일관성과 초점을 제시하는 데 필요한 성과목표와 척도를 포함한다.

오늘날 경영진은 리더십을 발휘하여 고객의 열성을 키우는 조직문화를 조성할 책임을 가진다. 조직의 평가 및 보상 시스템은 구성원의 가치관, 신념, 행동체계인 조직문화를 결정하는 핵심동인이다. 구성원이 조직에 참여하는 궁극적인 이유는 직장으로부터 보상을 얻기 위해서이다. 평가 및 보상 시스템은 뚜렷한 의도를 가지고 설계되어야 하고, 그 메시지가 명확히 전달되어야 한다. 경영진은 평가 및 보상 시스템이 의도한 조직문화의 변화를 유도하는 데 효과적으로 작동하고 있는지를 그 성과로서 확인하고, 적절한 시스템을 구축하는 것이 바람직하다. 평가 및 보상 시스템은 기존의 조직문화에 대한 올바른 이해를 바탕으로 해서 설계되어야 한다.

경영진이 리더십을 성공적으로 발휘하려면 미래지향적이어야 하며, 개선, 혁신 및 조직의 지속가능성에 몰입하여야 한다. 그 전제조건으로는 권한위임, 민첩성 및 학습을 위한 환경을 조성하는 것 등이다.

1. 조직의 방향설정

(1) 비전과 가치의 정립

리더십은 크게 방향설정 능력과 통솔력으로 구분된다. 따라서 경영진은 방향설정과정에 적극적으로 참여해야 하고 이는 현대 경영의 핵심 경쟁력이며 조직의 성과를 좌우한다. 모든 구성원이 아무리 열정적으로 업무를 수행한다고 하더라도,

올바르지 못한 방향으로 역량을 집중한다면 성과가 좋을 수 없다. 특히 변화의 속도가 빠르고 불확실성의 수위가 높아지는 경영환경에서는 더욱 그러하다. 흔히 조직의 방향설정은 미션, 가치, 비전 및 목표를 수립하는 것으로 이루어진다.

조직의 미션(mission)은 조직의 '존재이유' 또는 '임무나 사명'을 의미한다. 미션은 조직의 전반적인 기능을 표현한다. 특히 미션은 사회의 한 구성원으로서 조직이 고객, 국가, 사회, 인류에 기여하고 봉사하는 관점, 예를 들어, 사업보급, 인류봉사, 고객만족 등에 대한 사회적 기능을 강조한다. 조직이 무슨 일을 하는 것인지, 보다 구체적으로는 조직의 업(業)이나 사업영역을 의미하기도 한다. 미션은 조직이 성취하고자하는 것이 무엇인가를 나타낸다. 또한 미션은 목표고객이나 시장, 차별화 또는 핵심역량, 기술의 선택에 결정적인 영향을 미친다.

가치(values)란 어떠한 활동이나 사물에 부여하는 가치체계를 의미한다. 조직의 가치는 경영이념, 사시·사훈, 방침, 경영원칙은 물론이고 조직이 추구하는 조직문화, 즉 가치, 신념, 행동까지 포함한다. 가치는 조직의 운영과 구성원의 행동을 지배하는 원칙으로 조직이 원하는 문화를 반영하고 강화한다. 또한, 조직구성원의 의사결정을 지원하며, 조직이 미션을 성취하고, 적절한 방법으로 비전을 달성하도록 돕는다. 여기서 의미하는 가치란 경제적 가치, 예를 들어 고객을 위한 가치창조만을 의미하는 것이 아니라 비경제적 가치도 포함하는 개념이다. 가령 성실, 정직, 공정성, 개인 및 다양성 존중, 환경보호, 우수한 성과 창출을 위한 노력 등이 이에 포함된다.

우수성과를 내는 조직이 추구하는 공통적인 가치를 보면 '비전있는 리더십, 고객중시, 지속적 개선·혁신, 조직과 개인의 학습, 직원과 파트너 존중, 미래지향, 사실에 근거한 관리, 환경변화에 대한 유연한 대응, 시스템 관점, 결과중시 및 가치창조, 사회적 책임과 시민정신의 준수' 등이다.

비전(vision)이란 조직이 전략적으로 지향하고자 하는 미래상을 의미한다. 막연한 꿈이나 희망과는 다른 개념으로서, 장기적 안목에서 현실과 미래목표를 연결시키는 전략구상이다. 따라서 비전을 통하여 미래의 이상과 목표가 명확하게 제시되어야 하며 조직구성원이 그것에 스스로 몰두할 수 있어야 한다. 비전 아래에서 인적 혹은 물적자원의 배분도 일관성 있게 이루어져야 한다. 고객, 경쟁자, 정부, 지역사회 등 조직 외부의 의견을 반영함으로써 보다 바람직한 형태의 비전을 형성할 수 있다.

비전설정 과정에서는 경영진이 주도적 역할을 해야 하지만 직원 등 내부 이해관계자의 판단과 열망 등을 고려하는 것도 바람직하다. 비전은 장기적인 것이므로 그 생명은 경영진의 임기보다 길수가 있다. 따라서 경영진이 바뀔 때마다 비전이 바뀌는 것은 바람직하지 않다.

비전은 크게 다섯 가지 요소로 구성되어 있다. 즉, 사업영역, 사업구조와 기능, 경쟁관계, 경영이념, 경영자산 등이다. 구체적인 내용은 〈그림 2-1〉과 같다.

조직이 비전을 수립하는 과정에서 고려해야 할 특징과 내용은 다음과 같다.

- 내부 참여범위: 비전 설정과정에는 경영진, 직원 등 내부 이해관계자의 의견이 반영되어야 한다.
- 외부 참여범위: 고객, 경쟁자, 정부, 지역사회 등 기업 외부의 의견을 반영하여야 고객지향적 비전을 설정할 수 있다.
- 경쟁요소: 전략적 성공요인의 핵심을 반영해야 한다.
- 경쟁기간: 장기적이고 가능하면 변하지 말아야 한다.
- 실행선도: 구성원의 자발적 참여와 몰입을 유도할 수 있는 목표를 제시할 수 있어야 한다.

그림 2-1 비전 수립시 고려사항

사업영역	목표고객의 선택과 공급하는 상품·서비스의 조합	종합주의가 아니라 어떤 사업을 핵심으로 삼을 것인가
사업구조와 기능	사업을 구성하는 요소와 그들을 상호관련되어 유기적으로 움직이게 하는 기능	자사 또는 그룹에서 어디까지 할 것인가, 어떤 요소를 사전에 확정할 것인가
경쟁관계	현재 또는 잠재(이업종 등) 하는 경쟁기업과 그 질적 수준	어떤 기업을 경쟁상대로 삼을 것인가, 자사 또는 경쟁기업은 무엇으로 격차를 두고 있는가
경영이념	기업의 존재증명과 사업운영의 가치기준	해야 할 일과 해서는 안 되는 일은 분명히 할 것
경영자산	경영 노하우의 개발과 인력 조직의 능력개발 수준	전략에 근거해 얼마만큼 자기 혁신을 할 것인가, 사람과 조직의 활력을 얼마만큼 높일 것인가.

| 그림 2-2 | 비전 수립 성공조건 |

참여성	➡	조직의 목표를 달성하기 위해 개인의 적극적 참여유도
실현가능성	➡	실질적으로 실현가능한 목표 제시
방향성	➡	모든 조직구성원에게 나아가야 할 방향을 명확히 제시
간결성	➡	쉽고 간결하여 모든 조직구성원이 이해하기 쉽게 제시
공감성	➡	조직구성원 간에 공감대를 형성하도록 제시

대표적인 비전 수립 성공조건은 〈그림 2-2〉와 같다.

• 참여성: 개인의 노력이 조직의 목표와 연결되고 목표달성을 위해 적극적인 참여와 의욕을 고취할 수 있어야 한다.
• 실현가능성: 막연한 꿈이나 희망이 아니라 도전적이면서 실현가능성이 있는 목표가 제시되어야 한다.
• 방향성: 모든 이해관계자에게 조직이 나아가야 할 방향을 명확히 제시할 수 있어야 한다.
• 간결성: 모든 조직구성원이 공감하고 따라갈 수 있도록 간결하고 쉽게 이해할 수 있어야 한다.
• 공감성: 경영진과 조직구성원 간에 비전에 대한 공감대가 형성될 수 있는 내용이어야 한다.

목표는 설정한 비전을 실현하기 위한 수단이다. 비전은 목표의 상위개념이기 때문에 목표설정을 제약한다. 따라서 비전은 중장기적인 반면, 목표는 단기적 성격을 띤다. 또한 비전은 매우 포괄적이고 이념적인 반면에 목표는 구체적이고 실질적이다.

비전과 목표는 조직구성원이 지향할 방향을 제시함으로써 구성원의 행동을 일사불란하게 하나로 묶는 역할을 할 뿐 아니라 잘 설정된 비전과 목표는 구성원 스스로 달성하고자 하는 의욕을 낳는 효과를 가져 오기도 한다. 따라서 합리적인 목표의 설정이 중요하며 합리적인 목표는 다음과 같은 특성을 갖는다.

첫째, 목표는 적당히 도전적인 수준에서 설정되어야 한다. 즉, 달성가능하지만 상당한 노력을 경주하지 않고는 성취할 수 없어야 한다. 그러나 달성이 불가능한 목표는 조직구성원의 불만과 갈등을 불러올 가능성이 높을 뿐 아니라 궁극적으로 자포자기하는 분위기를 낳게 되기 쉽다.

둘째, 목표가 합리적인 수준에서 설정되면 그것을 글로 명시해야 한다. 목표는 모든 조직구성원이 달성하고자하는 지향점이기 때문에 애매하거나 불분명해서는 안 된다. 애매하거나 불분명한 목표는 자의적인 해석의 여지를 허용하게 되어 구성원을 같은 곳으로 가도록 하는 구실을 제대로 못 해낼 수 있다. 그렇기 때문에 목표는 가급적 구체적이고 선명해야 하며 명문화하는 것이 중요하다.

셋째, 목표는 융통성이 있어야 한다. 목표는 사전에 의욕적인 수준에서 설정하는 것이 바람직하다. 목표를 설정할 때는 많은 정보를 수집하고 이를 바탕으로 미래를 예측하여 실현가능한지를 판단하게 되지만 막상 이를 위한 과업을 추진하는 과정에서 예측했던 바가 빗나갈 수 있다. 여건이 예상보다 더 나아질 수도 있고, 반대로 악화될 수도 있는데 둘 중 어느 경우가 되든지 목표를 조정하지 않으면 안 될 것이다. 상황의 변화가 없는 경우에는 설정한 목표를 일관되게 유지해야 하지만 상황의 변동이 있을 때는 이를 수정할 수 있는 유연성을 가져야 한다.

넷째, 목표를 설정하고 이를 수정하는 과정은 참여적(participative)이어야 한다. 조직구성원이 폭넓게 참여해서 목표를 세우면 목표가 무리하게 높거나 낮게 수립되는 것을 막을 수 있다. 상위계층의 참여는 내·외적 환경요인 등 큰 문제에 대한 점검효과가 있고, 하위계층의 참여는 실무적인 문제에 대해 확인하는 효과를 가져오므로 목표가 보다 합리적으로 수립되는 것을 도울 수 있다. 뿐만 아니라 참여적 목표설정은 조직구성원으로 하여금 세운 목표에 대해 책임의식을 갖도록 하는데 이는 누구나 스스로 결정한 사안에 대해서는 책임을 지는 성향이 있기 때문이다.

조직의 비전과 목표의 설정에 경영진이 참여하는 방식은 다양하다. 자신의 직감과 통찰력을 제시하여 의견개진을 할 수도 있고, 아니면 핵심구성원과 브레인스토밍 토의를 주도할 수도 있다. 경영진이 이해관계자 그룹을 차례로 만나면서 그들의 현재, 혹은 잠재적 요구사항을 파악하는 것도 좋은 접근방식이 된다. 또한 경영전략위원회나 확대간부회의를 구성하여 직접 주기적으로 전략회의를 주도하는 것은 가장 보편적인 접근방식이다. 여기서 중요한 것은 미션, 가치, 비전, 목표를 수립하는 과정에서 경영진으로서의 역할을 체계적으로 이행하고 있는가 하는 점이다.

비전 및 가치의 설정과 관련된 실례를 들어보기로 한다. A사는 쇼핑뿐만 아니라 문화, 엔터테인먼트까지 한번에 즐길 수 있는 고품격 복합생활 문화공간을 추구하고 있다. 당사는 즐거움과 가치, 개성을 중시하는 현대인의 새로운 소비문화를 형성하여 새로운 삶의 가치와 미래를 창조하고자 하는 "Life Innovation"의 기업이념 아래 "INNOVATION VISION-2020(이하 IV-2020) : 21세기 신생활 문화 창조기업"의 비전을 수립하였다. 비전의 실현을 위해 조직구성원이 실천해야 할 핵심가치로 고객만족(Customer), 기업의 지속적인 성장(Company), 누구나 함께 일하고 싶은 기업(Co-worker), 사회적 책임을 다하는 기업(Community)이 되는 4C Happiness를 설정하고, 실행 결과를 정기적으로 모니터링 및 평가하여 지속적인 경영개선활동을 추진해 나가고 있다.

4C Happiness

- Customer Happiness: 우리는 언제나 고객의 입장에서 생각하고, 행동하며 고객에게 최고의 가치를 제공하는 고객행복을 최우선으로 한다.
- Company Happiness: 우리는 최고의 품질과 서비스를 제공하여, 최고의 고객만족을 제공하는 고품격 복합쇼핑몰이자 유통산업을 이끄는 선두기업으로서 최고의 글로벌 경쟁우위 확보를 위해 노력한다.
- Co-worker Happiness: 우리는 상호신뢰와 존중으로 화합하여 협력회사, 계약주·영업주, 구성원 모두가 일하는 보람을 누릴 수 있는 기회를 제공한다.
- Community Happiness: 우리는 적극적인 사회책임활동을 통하여 사회에 이익을 환원하며, 윤리경영으로 사회에 신뢰로서 사랑받고, 행복으로서 공헌하는 기업이다.

A사 고객행복경영, 품질경영, 인화경영, 협업경영 전략을 토대로 21세기 새로운 트렌드인 감성적 문화공간으로서, 쇼핑뿐만 아니라 문화를 통해 고객의 삶의 질을 높여주는 고품격 복합쇼핑몰로서 자리잡아가고 있다. 〈그림 2-3〉은 A사의 비전체계도를 보여주고 있다.

A사는 〈그림 2-4〉와 같이 경영방침으로 창의경영, 수익경영, 열린경영, 인프라 경영을 설정하고, 이를 토대로 3가지 기대되는 성과를 운영목표로 설정하였다.

첫째, 회원확대와 CRM 및 CS강화, 효율적인 판촉, 홍보활동을 통하여 매출

그림 2-3 비전 체계도

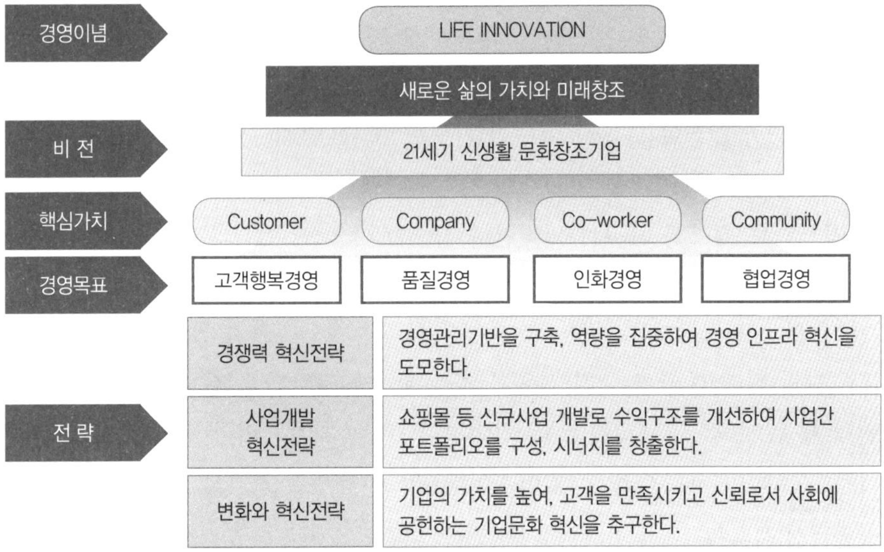

경영이념		LIFE INNOVATION		
		새로운 삶의 가치와 미래창조		
비 전		21세기 신생활 문화창조기업		
핵심가치	Customer	Company	Co-worker	Community
경영목표	고객행복경영	품질경영	인화경영	협업경영

전 략	경쟁력 혁신전략	경영관리기반을 구축, 역량을 집중하여 경영 인프라 혁신을 도모한다.
	사업개발 혁신전략	쇼핑몰 등 신규사업 개발로 수익구조를 개선하여 사업간 포트폴리오를 구성, 시너지를 창출한다.
	변화와 혁신전략	기업의 가치를 높여, 고객을 만족시키고 신뢰로서 사회에 공헌하는 기업문화 혁신을 추구한다.

그림 2-4 장단기 방침과 기대되는 성과수준

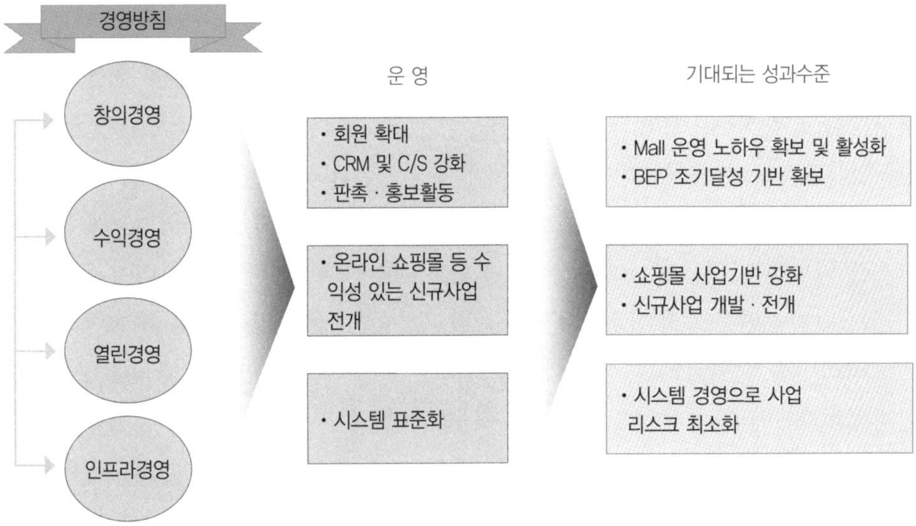

경영방침

경영방침	운 영	기대되는 성과수준
창의경영	• 회원 확대 • CRM 및 C/S 강화 • 판촉 · 홍보활동	• Mall 운영 노하우 확보 및 활성화 • BEP 조기달성 기반 확보
수익경영	• 온라인 쇼핑몰 등 수익성 있는 신규사업 전개	• 쇼핑몰 사업기반 강화 • 신규사업 개발 · 전개
열린경영	• 시스템 표준화	• 시스템 경영으로 사업 리스크 최소화
인프라경영		

확대를 위한 부문별 미진부분 활성화 및 역량강화를 함으로써 매출활성화를 이룩하여 당사의 BEP[1] 조기달성 기반을 구축하고자 한다.

둘째, 온라인 쇼핑몰, 프리미엄 수퍼마켓 및 휴게소, 여행레저산업 등 자사 확대·발전을 위한 수익성 있는 신규사업을 전개하여 신규매출기반을 확보하고자 한다.

셋째, 운영표준화를 통한 경쟁력 강화와 전산·회계 시스템 표준화, 교육훈련 시스템 강화 등 체계적이고 과학적인 관리 시스템 구축을 통한 효율성을 바탕으로 사업 리스크를 최소화 하고자 노력한다.

(2) 비전과 가치의 전파

조직의 비전과 가치는 전 직원과 파트너에게 전달되고 전개됨으로써 모든 구성원의 행동방향을 구체화하는 데 기여한다. 비전과 가치의 전개는 리더십 시스템이라는 구조적 메카니즘을 통해 이루어진다.

리더십 시스템

리더십 시스템이란 리더십이 조직 전체에 걸쳐 공식적으로나 비공식적으로 어떻게 행사되는가를 말한다. 리더십 시스템은 주요 의사결정이 이루어지고 의사 전달되며 수행되는 방식이자 기초가 된다. 여기에는 의사결정의 구조와 메커니즘, 쌍방향 커뮤니케이션, 리더와 경영진의 선발과 개발, 가치, 윤리적 행위, 방침 및 성과 기대치의 강화 등이 포함된다.

효과적인 리더십 시스템은 조직구성원과 그밖의 이해관계자의 잠재력과 요구사항을 존중하며, 성과 및 성과 향상의 기대치를 높인다. 이것은 조직의 비전과 가치 그리고 공동목표의 추구에 기반한 충성심과 팀웍을 형성한다. 또한 이것은 선제적이면서 적절한 모험을 부추기고, 조직의 구조보다 목적과 기능을 중시하고, 긴 의사결정 경로를 요하는 결재단계를 배격한다. 효과적인 리더십 시스템은 리더가 자가진단을 수행하고, 피드백을 받고, 개선하는 메카니즘을 포함한다.

리더십을 발휘하려면 리더 개인도 중요하지만 조직적인 대응체계를 구축해야 한다. 효과적인 리더십을 발휘하는데 필요한 주요 기능의 역할을 정립하는 것이 리더십 시스템이다.

리더십 시스템은 〈그림 2-5〉와 같은 세 가지 요소를 갖추어야 올바른 기능을

---

1 break even point(손익분기점)

그림 2-5　리더십 시스템의 3대 구성요소

할 수 있다.

- 리더십 역할의 정립: 경영진의 역할과 의무를 정립하여 핵심리더의 영향력을 공식적으로 확보한다. 회사의 명령체계, 방침, 비전, 전략, 목표가 어떻게 설정되고 전파되는지에 대한 구체적인 접근방법이 공유되어야 한다. 경영진은 이해관계자를 정의하고 그들의 성과에 대한 기대를 파악하여 조직의 비전, 전략 및 목표를 설정해야 한다.
- 리더십 방향의 제시: 리더십의 전개 방향을 제시하는 것으로써 권한부여, 효율성, 임직원 만족에 대한 방향설정과 이를 위한 리더의 역할을 제시하는 것이다.
- 리더십 조직의 구축: 조직의 방향을 공유, 전개 및 성과관리를 효율적으로 할 수 있는 조직구조를 확보하는 것이다.

(3) 윤리적 사업수행

윤리적 사업수행(ethical behavior)이란 조직이 의사결정, 활동 및 이해관계자 간 상호작용을 그 조직의 도덕적이고 전문적 원칙에 어떻게 일치시키는가에 관한 것이다. 이러한 원칙은 적용되는 모든 법률과 규제에 부합되어야 하며, 그 조직의 문화와 가치의 토대가 된다.

경영진은 이 원칙의 수행을 위한 역할 모델이 되어야 한다. 이 원칙은 임시직 직원부터 이사회 멤버에 이르기까지 모든 조직구성원에게 적용되고, 정기적으로 커뮤니케이션하여 강화할 필요가 있다. 윤리적 사업수행의 보편적 모델은 존재하지 않지만 경영진은 조직의 미션과 가치를 윤리적 원칙에 정렬시켜야 한다. 직원, 주주, 고객, 협력업체, 공급업체 및 지역사회를 포함한 모든 이해관계자는 윤리적 사업수행을 실행해야 한다.

일부 조직에서는 윤리적 원칙을 사업수행을 제한하는 한계 조건으로 보는 견해를 갖고 있지만 잘 설계되고 명확히 표현된 윤리적 원칙은 강한 자신감을 갖고 효과적인 의사결정을 할 수 있게 한다.

윤리적 사업수행의 판단기준은 고정되어 있다기보다는 시대나 상황에 따라 다소 유동적인 성격을 갖고 있기 때문에 시간이나 장소를 초월한 보편적 기준을 설정하기가 어렵다. 그러나 사회 속에서는 특정 문제에 대한 기본적인 합의가 존재하며 그러한 합의가 일반사회인의 경험, 믿음과 일치된다는 점에서 사회의 기본적인 윤리기준이 될 수 있다.

- 법률적 판단기준: 법률이란 사회적으로 널리 공포되고 일반적으로 수용되며, 사회적으로 강제되는 보편적 규범의 집합체라고 할 수 있다.

  일반적으로 기업은 국가가 정한 법률적 기준을 준수하는 것을 기업윤리의 중요한 행동규범으로 삼아왔다. 그러나 법률을 준수한다는 것 자체가 기업활동의 윤리성을 보장해 주지는 않는다. 왜냐하면 합법성은 기업윤리의 필요조건이지 충분조건은 아니기 때문이다.

- 사회적 판단기준: 사회적 판단기준은 각 나라의 역사적 및 문화적 특성에 따라 차이가 있다. 한국사회는 집합주의와 유교적 특성을 밑바탕으로 하고 있다. 한국의 집합주의가 가족 또는 혈연을 중심으로 한 폐쇄적 우리 의식의 특성을 갖고 있어, 자신이 속한 집단의 뜻을 무시하고 개인적인 성공이나 이익을 추구하는 것에 대해서는 상당한 거부감을 보이고 있다. 이와 같이 전체 사회 속에서 기업이나 개인이 자신만의 이익을 극대화하는 행동을 할 때 사회는 상당한 거부감을 보이게 된다. 그러나 집단적 명분을 내세우면서 그 속에서 이익을 추구할 때는 큰 반론이 제기되지 않는다.

조직이 윤리적 사업수행을 제고시키는 방안으로는 다음과 같은 것이 있다.

- 경영진의 리더십: 조직의 최고 의사결정자로서 윤리경영에 미치는 영향은 절대적이다. 경영진이 기업윤리의 중요성을 인식하고 솔선수범하며 구성원이 스스로 윤리적으로 행동하게끔 여건을 만들어 유지하는 것이 기업윤리를 전사적으로 확산시킬 수 있는 최선의 길이다.

- 제도적 장치: 기업에 윤리적 풍토를 조성하는 것은 조직차원에서 추진해야 한다. 방안으로는, 첫째, 윤리적 리더십을 지원할 수 있도록 윤리위원회를 설치하여 운영하는 것이다. 둘째, 조직이 구성원의 윤리적 풍토를 조성하는 제도적 장치로서 평가제도를 확립하여 실시하는 것이다. 이 평가항목을 정식 인사평가항목에 포함시켜 활용한다.
- 기업윤리강령 및 실천매뉴얼: 기업윤리경영체계의 핵심인 윤리강령 및 실천매뉴얼을 작성한다.
- 기업윤리경영 교육: 기업의 윤리경영 담당직원에 대하여 전문적인 교육뿐만 아니라, 전 구성원이 기업윤리강령과 실천매뉴얼을 이해하고 실행할 수 있도록 교육을 확대한다.

조직의 윤리적인 사업수행과 관련된 실례를 들어보기로 한다. A사는 합법적이고 윤리적인 사업수행을 위하여 〈그림 2-6〉과 같이 윤리위원회를 두어 윤리경영을 위한 환경을 조성하고 있다. 현업부서에서 문제가 발생하게 되면 인터넷을

그림 2-6 윤리위원회 운영체계

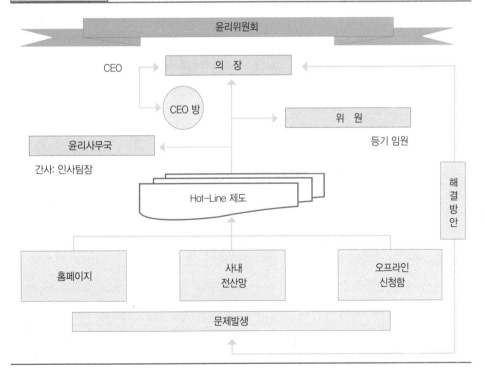

이용하여 당사 홈페이지나 사내 전산망에 문제점을 신청하고 오프라인으로도 지정된 신청함에 신청하는 신문고제도를 운영하고 있다. 핫라인 제도를 이용하여 윤리위반 사항이 접수되면 윤리위원회가 소집되고 의장은 CEO, 위원은 등기임원으로 하며 인사팀장이 윤리사무국의 간사임무를 수행한다.

또한 당사는 협력사 및 직원 등 내부관계자의 업무 내·외적인 부문에서 발생되는 문제점에 대해서 고충처리상담위원을 두어 보다 안락하고 편안한 분위기에서 일을 할 수 있는 여건을 마련해 주고 있다. 각 현업부서에서 문제점이 발생하게 되면 사내 전산 프로그램인 I-NET을 통하여 개인 메일로 상담을 요청하거나 직접 해당 고충처리상담위원을 찾아가서 면담을 신청할 수도 있고 지정된 고충처리신청함에 신청서를 제출 후 면담을 할 수도 있는 등 다양한 방법으로 신청을 한 후 상담위원과 상담을 거쳐 해결방안을 모색해 내부관계자의 문제점들을 해결하는 환경을 조성하고 있다. 그리고 쇼핑몰의 특성상 여직원의 비율이 높아 성희롱상담위원도 두고 있으며 방법은 고충처리와 동일하나 문제의 특수성으로 여성 2명을 담당위원으로 두고 있다.

(4) 조직의 지속가능성

지속가능성(sustainability)이란 현재의 비즈니스 니즈를 소화할 조직의 능력과 미래의 비즈니스와 시장환경에 성공적으로 대처하기 위한 민첩성과 전략적 경영능력을 말한다. 산업 및 조직의 특수한 구성요소를 포함한 내·외적 요소가 고려되어야 한다.

지속가능성 항목은 직원잠재력과 수용능력, 자원가용도, 기술, 지식, 핵심역량, 업무 시스템, 시설과 장비 등을 포함한다. 지속가능성은 시장 및 고객 선호, 금융시장, 법규 등에서의 변화에 영향을 받는다. 또한 지속가능성은 비상사태에 대한 실시간 혹은 단기적인 대응력과도 관련된다.

조직의 제품, 서비스 및 운영이 사회에 미치는 영향과 환경, 사회 및 경제시스템에 대한 긍정적인 조직의 기여는 전반적인 조직의 사회적 책임의 일부이다. 조직이 이러한 항목을 어떻게 다루느냐 하는 것도 지속가능성에 영향을 준다.

조직의 지속가능성 확보를 위한 접근방법과 관련된 실례를 들어보기로 한다. 〈그림 2-7〉에서 볼 수 있듯이 A사는 기존사업과 신규사업의 확대를 통해 지속가능성에 대한 창출을 꾀하고 있다.

그림 2-7 사업전개 방향

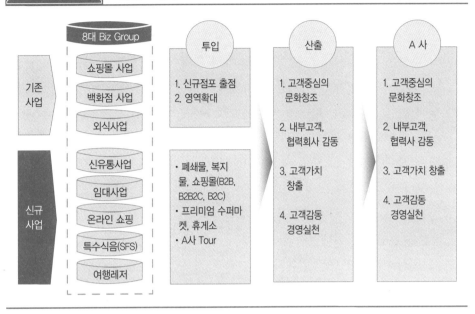

궁극적인 사업전개 방향은 8개 Biz Group으로의 확대를 통해 시너지 효과를 극대화 시키는 것으로서 국내 최초로 도입한 쇼핑몰 사업은 전국적 다점포화 전략을 추진하며 기존의 백화점 사업은 신규점포 출점을 통한 다점포화 전자전문점 특화 및 직영매장을 추진하고, 외식사업은 Park Deli와 Leistoria를 프렌차이즈화 하고 단체급식사업을 넓히는 등 사업영역 다각화 및 확대를 도모하고 있다.

이와 동시에 신규사업으로 법인기업 대상의 폐쇄몰과 복지몰(B2B2C)을 운영하고, 일반 소비자를 대상으로 쇼핑몰을 개발·운영하며, 몰 내에 프리미엄 수퍼마켓 및 고속도로상에 휴게소 운영과 여행레저사업으로 A사 Tour에 지분참여를 통한 지배력을 강화하고 영업활성화를 도모해 복합쇼핑몰로서 고객에게 다양한 서비스를 제공하여 고객에게 보다 편리한 삶을 제공하는 고객중심의 문화를 창조하고자 한다.

(5) 환경조성

경영진은 조직의 성과향상, 전략목표의 달성, 혁신 및 학습을 위한 환경을 조성해야 한다. 혁신과 창의성은 지속적인 발전의 원동력이다. 혁신의 개념은 미래의 성공을 위한 기술적 및 조직적 혁신을 의미한다. 여기서 혁신이란 상품, 프로세스 또는 조직의 효과성을 개선하기 위한 의미있는 변화를 만드는 것을 말한다. 혁신은 새로운 아이디어, 프로세스, 기술, 상품 또는 비즈니스 모델의 채택을 포함한다. 혁신은 성과, 상품 또는 프로세스에서 획기적인 변화를 가져온다.

성공적인 조직의 혁신은 개발과 지식의 공유, 실행을 위한 의사결정, 실행, 평가 및 학습을 포함하는 다단계 프로세스를 거쳐 이루어진다. 흔히 혁신은 기술적 혁신과 연관되지만 획기적인 개선이거나 접근방법 또는 산출물의 변화이건 간에 변화가 혜택을 주는 조직의 모든 주요 프로세스에도 적용된다. 혁신은 조직의 업무를 보다 효과적으로 달성하도록 하는 조직구조나 사업 모델의 근본적인 변화를 포함한다.

혁신을 촉진하기 위해서는 혁신지향적 조직구조, 예를 들어 R&D 조직, 경영연구소, 혁신추진조직 등을 설계하고, 직원의 직무정의에 혁신에 대한 책임을 명시할 필요가 있다. 또한 혁신팀, 가령 프로젝트 팀, TFT 등의 제도와 개인별 혁신제도, 가령 제안제도, 지식 마일리지 등을 활성화시키는 것도 고려해 볼 수 있다. 이와 같이 혁신을 직접 수행하게 하는 제도와 함께 그러한 행동을 유도하는 인센티브 시스템이 동반되어야 한다.

직원의 참여란 주로 혁신활동과 같이 창의적인 일이나 활동에 대한 참여를 의미한다. 소수 엘리트 중심의 혁신활동만을 가지고 조직의 경쟁력을 높이는 것은 쉽지 않다. 다수 직원이 잠재적 능력을 충분히 발휘하도록 하는 제도 마련이 필요하다. 이를 위해서는 계층별, 부문별로 전체 조직을 커버하는 혁신제도의 운영이 바람직하다.

조직의 성과향상 및 전략목표의 달성을 위한 환경조성과 관련된 실례를 들어보기로 한다. A사는 당해 년도 CEO의 경영방침 및 경영전략을 기반으로 사업전략을 수립하면 사업부, 팀별로 전략맵을 확정한 후 경영개선팀, 영업기획팀, 인사팀이 협의하여 팀별 KPI를 확정하고 목표치를 설정한다.

또한 A사는 조직과 구성원의 혁신 및 학습을 위한 환경을 조성하기 위하여 〈그림 2-8〉과 같이 주기적으로 포럼(forum)을 실시하고 있으며, 주요 안건에 대하여 수시로 워크숍을 실시하고 있다. 그 밖에도 고객만족을 위한 역할연기(role play)를 연 2회 실시하면서 조직의 활성화와 부서 간의 대화와 이해, 학습의 환경을 조성하고 있다.

그림 2-8 포럼 체계도

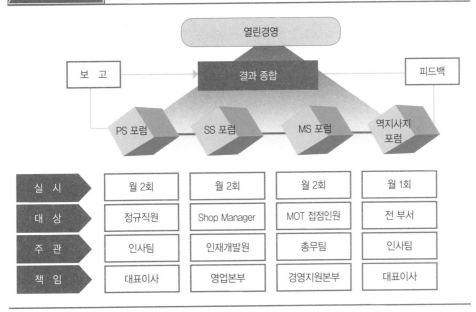

실 시	월 2회	월 2회	월 2회	월 1회
대 상	정규직원	Shop Manager	MOT 접점인원	전 부서
주 관	인사팀	인재개발원	총무팀	인사팀
책 임	대표이사	영업본부	경영지원본부	대표이사

그 중 포럼은 매장 현장에서 발생하는 사내 전반적인 문제점, 개선점, 요구사항을 수렴하여 이에 대한 해결 및 조치를 통하여 내부고객을 만족시킴으로써 명랑한 회사분위기 조성은 물론 매출극대화를 기하고, 열린 대화의 장을 통하여 내부고객의 의견수렴 뿐만 아니라 회사의 주요 정책을 올바르게 전달하는 것을 목적으로 정규직원을 대상으로 실시하는 PS포럼, Shop Manager를 대상으로 하는 SS포럼, 주차, 보안, 미화, 시설, 안내 등 MOT 접점을 대상으로 하는 MS포럼, 그리고 모든 부서를 대상으로 하는 역지사지 포럼을 실시하고 있다.

이런 포럼을 통해 각 부서별로 표출되거나 잠재되어 있는 문제점을 취합하여 대책 수립 및 사후관리를 하고, 경영층의 방침 전파 및 교육을 실시하여, 중장기 회사발전을 위한 제언을 통해 21세기를 향한 변화주도자의 역할을 수행하는 환경을 조성하고 있다.

이렇게 설정된 사업목표치를 바탕으로 영업을 실행하고, 그에 대한 성과 및 실적을 지속적으로 모니터링하며 실적이 나쁜 경우에는 그 원인에 대한 분석 및 해결방안을 제시하며, 평가된 성과에 대해서는 보상과 패널티를 부과함으로써 동기부여를 한다. 이런 일련의 과정은 피드백을 통하여 체계적이고 투명하게 지속적으로 관리되어 신뢰성을 확보하고, 또한 평가에 대한 보상은 전략목표 달성을 위한 동기부여를 극대화시켜 조직의 변화관리를 위한 환경을 조성하고 있다.

권한위임(empowerment)은 조직구성원에게 자신의 일과 관련해 의사결정을 하고 조치를 취할 수 있는 권한과 책임을 부여하는 것을 말한다. 작업현장이나 고객을 직접 상대하는 판매 및 서비스 현장은 조직의 부가가치 창출과 고객만족에 직접적으로 관계되는 접점이다. 이 접점에서는 중요한 현안 문제가 시시각각 발생하고 있다. 그러한 문제를 가장 먼저 인지하고 해결할 수 있는 사람은 담당직원이다. 그러므로 그들이 현장에서 부딪치는 문제를 직접 해결하고 결정할 권한을 가지는 것이 가장 효과적인 대응방법이다. 그러기 위해서는 그들에게 그러한 일을 처리할 수 있는 충분한 권한이 주어져야 한다. 즉, 권한위임은 일선에서 발생하는 문제에 대해서 신속하게 대응하고 문제를 해결할 수 있는 최적의 방법인 셈이다.

권한위임은 또한 직원에게 동기를 부여하고, 직원을 육성하는 매우 효과적인 방법이기도 하다. 권한을 갖게 되면 그만큼 책임이 커지기 때문에 자발적 참여가 높아진다. 자율적인 의사결정은 문제해결과 개선활동을 통해 그들의 능력을 키워주는 효과적인 방법이 된다. 이러한 권한위임이 잘 안 되는 첫 번째 이유는 상위자가 하위자에게 하는 위임 자체에 대해 거부감을 갖는 데 있다. 이를 없애기 위해서는 경영진의 권한위임에 대한 올바른 인식이 필요하다. 또 상위자는 일상업무를 하위자에게 위임하고 보다 예외적이고 전략적인 업무, 예를 들어 조직이 나아가야 할 방향의 설정 등에 자신의 역량을 집중시켜야 한다. 두 번째 이유는 부하의 능력과 신뢰에 대한 의구심이다. 능력이 향상되기 위해서는 권한위임이 우선되어야 한다는 것을 인식할 필요가 있다. 신뢰의 문제에 대해서는 별도 측면에서의 보완이 필요하다.

이와 같이 권한위임은 직원이 접점에서 고객을 만족시키고, 프로세스를 개선하며 생산성을 향상시키고, 조직의 성과를 높이게 만드는 것을 겨냥한다. 권한위임을 받은 직원이 의사결정을 합리적으로 하려면 정보가 필요하다. 따라서 조직은 적시에 유용한 방식으로 그 정보를 제공해야 한다.

조직의 권한위임과 관련된 실례를 들어보기로 한다. A사의 가장 대표적인 권한위임 방법으로는 〈그림 2-9〉와 같은 위임전결지침으로 이를 통해 실행책임자에게 동기를 부여하는 것이다. 위임전결지침은 각 조직단위별 업무분장 및 부서장의 보직변경을 토대로 직무권한의 위임내용에 대한 결재권의 원칙적인 기준을 정해

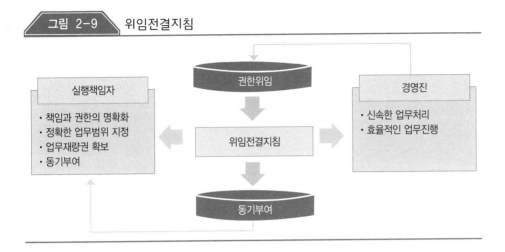

그림 2-9   위임전결지침

놓은 것이다.

각 부서는 위임전결지침에 의거하여 불필요한 의사결정과정을 생략하고 신속한 업무처리와 효율적인 업무진행을 위하여 경영진의 권한을 실행책임자에게 일부 위임하였다.

(6) 차세대 리더의 양성

경영진은 미래조직 리더의 양성과 개발에 적극적으로 참여해야 한다. 우수한 조직에서는 경영진이 차세대 리더의 육성에 몰입한다. 경영진은 승계계획을 수립하고, 미래 리더를 육성하는 일에 개인적으로 참여한다. 미래 리더를 육성하는 활동에는 개인적인 멘토링을 한다든가 리더십 개발과정에 참여하는 것 등이 있다.

조직의 차세대 리더양성과 개발에 관련된 실례를 들어보기로 한다. A사는 미래 인재양성을 위하여 사외 교육 프로그램을 운영하고 있다. 사외 교육 프로그램은 인재개발원의 교육 프로그램에 의해 진행되며, 개인의 교육욕구 충족과 교육성과의 증대 및 활용을 위해 검증된 교육기관에 교육을 위탁하고, 교육 후 지속적인 피드백을 통하여 관리하고 있다.

또한 사내 교육 프로그램은 인사팀의 주관으로 운영되고 있으며, 현재 유통영어 포럼, 트렌드 연구회, 서비스 포럼, 독서토론회, 유통연구회 등 5개 프로그램이 진행 중에 있다. 이런 사내 교육 프로그램을 통해 내부의견을 수렴하고 지속적으로 확대 편성하여 학습을 위한 분위기와 인재양성을 꾀하고 있다.

2. 커뮤니케이션

경영진은 추구하는 바를 구성원에게 공감시켜야 한다. 이를 위해 구성원과의 커뮤니케이션이 필요하고 커뮤니케이션은 하향식과 상향식이 병행되는 쌍방향 접근방식으로 이루어져야 한다.

(1) 커뮤니케이션 방법

탁월한 리더는 커뮤니케이션 능력이 뛰어나다. 여기서 말하는 커뮤니케이션 능력이란 언변이 좋다는 의미가 아니라 리더가 추구하는 바를 구성원에게 공감시키는 능력으로 해석되어야 한다. 성실과 열정이 경영자의 필수조건이라면, 커뮤니케이션과 도덕성은 탁월한 리더의 충분조건에 해당된다고 볼 수 있다. 그만큼 효과적인 커뮤니케이션 능력은 리더십에서 중요한 역할을 하고 있다.

커뮤니케이션은 하향식이나 상향식이 병행되는 쌍방향 접근방식으로 이루어져야 한다. 즉, 구성원의 의견을 들을 수 있는 공식적, 비공식적인 다양한 커뮤니케이션 채널을 구축해야 한다. 원활한 커뮤니케이션은 직원의 잠재능력을 활용하고 직원참여를 이끌어내는 중요한 조건이 된다.

직원의 의견을 청취하는 제도가 있다면, 이것을 반영하는 장치도 아울러 마련되어야 한다. 예를 들어 직원의 소리(VOE: Voice of Employee)에 대한 개념이 통용되고 있다면 제도적 틀에 의해서 VOE가 반영되어야 한다. 건설적이고 수용가능한 의견은 가능한 한 조직의 업무와 의사결정에 적극적으로 반영하고, 반영이 어려운 것도 최대한 미반영 사유를 설명해주는 노력이 필요하다. 직원은 그들의 의견이나 아이디어가 중시되고 있다고 느껴야 활발한 표현을 하기 때문이다. 비록 커뮤니케이션 채널이 있다고 하더라도 의견이 무시당한다고 느끼면 입을 다물어 버리게 된다.

〈그림 2-10〉과 〈그림 2-11〉은 각각 효율적인 커뮤니케이션의 요소와 커뮤니케이션의 태도와 행동 측면을 보여주고 있다.

(2) 직원의 보상과 포상

우수한 조직에서는 경영진이 높은 성과를 달성하는데 기여한 직원에 대한 인정과 보상에 몰입한다. 경영진은 높은 성과를 달성한 직원을 축하하고 격려하는

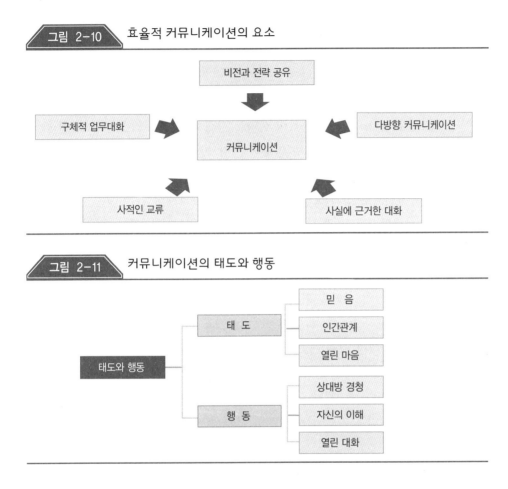

그림 2-10　효율적 커뮤니케이션의 요소

비전과 전략 공유

구체적 업무대화　→　커뮤니케이션　←　다방향 커뮤니케이션

사적인 교류　　　사실에 근거한 대화

그림 2-11　커뮤니케이션의 태도와 행동

태도와 행동

태 도
- 믿 음
- 인간관계
- 열린 마음

행 동
- 상대방 경청
- 자신의 이해
- 열린 대화

인정행사에 적극적으로 참여한다.

　구성원이 조직에 참여하는 궁극적인 이유는 조직이 제공하는 보상이기 때문이다. 성과란 직원의 능력, 의욕 및 노력의 상호작용에 의해서 얻어진다. 동일한 능력을 지녔다고 하더라도 얼마나 의욕을 갖고 열심히 노력하느냐에 따라서 성과가 달라진다. 직원의 의욕은 그들의 노력에 대해서 주어지는 보상과 포상에 만족할 때 고취된다. 그들이 거둔 성과에 대해서 적절한 보상과 포상이 주어지지 않는다면 노력해야 할 이유가 없다. 또한 보상과 포상이 주어진다고 하더라도 그것이 성과와 비례하지 않는다면 구태여 높은 성과를 올려야할 이유가 없다. 그들은 성과에 따라서 조직이 주는 보상을 얻고 싶어 하는 정도에 맞춰 투입하여야 하는 노력을 조정하게 된다.

　보상이란 직원이 받기를 원하는 것을 제공하는 것이다. 사람은 서로 욕구가 다르므로 원하는 것이 다를 수 있다. 따라서 보상이란 급여와 승진 같은 눈에 보이는 물질적인 것인 외부적 보상은 물론 인정, 칭찬, 성취감과 같은 비물질적 것인 내부적 보상을 포함한다.

높은 성과를 달성하고 고객과 비즈니스 중시를 강화하기 위한 방향으로 보상 및 인정 시스템을 만드는 것은 조직의 성과를 향상시키는 데 가장 중요한 일 중의 하나이다. 따라서 경영진은 직원의 인정과 보상 시스템에 깊은 관심을 갖고 직원을 치하하는 인정 프로그램을 개발하고 적극적으로 참여해야 한다.

경영진이 직원의 보상과 포상에서 수행하는 역할과 관련된 실례를 들어보기로 한다. A사의 보상체계는 크게 실적평가와 추천으로 나누어져 있다. 실적평가는 인사팀에서 포상대상을 요청하면 영업기획팀에서 분기별 매출액과 사업계획 대비 매출달성률을 토대로 정성적 기여도를 종합하여 상위 5개의 브랜드를 선정하고 인사팀의 검토 및 경영진의 승인을 거쳐 해당 분기의 월례조회시 포상을 실시한다. 협력사뿐만 아니라 이와 동일하게 내부구성원에게도 영업부서의 경우 해당 부문의 매출액과 사업계획 대비 매출달성률을 기준으로 분기마다 포상을 수여한다.

실적평가 이외에도 추천포상제도를 실시하고 있으며, 이 제도는 수시로 발생하는 현장성과를 기준으로 해당 부문의 임원을 통하여 추천된 인원에 한하여 인사팀의 검토와 경영진의 승인을 거쳐 발생한 달의 월례조회에서 포상을 수여한다.

3. 조직성과

(1) 비전과 목표달성의 주요 활동

경영진은 조직의 목표와 성과향상을 성취하고 비전을 달성하기 위한 중요한 활동을 효과적으로 실행해야 한다. '실행'은 직원, 업무 시스템 및 조직의 자산을 두루 고려한다. 이것은 낭비의 제거나 사이클 타임의 단축을 통해 성취될 수 있는 생산성 향상을 포함하며, 식스시그마와 린 같은 기법을 사용하기도 한다. 또한 조직의 전략적 목표를 달성하기 위한 실행을 포함한다.

비전과 가치가 정신적인 것이라고 해서 조직문화의 변화를 주로 구호나 교육 같은 의식적 차원의 수단에만 호소하는 것은 효과적이지 못하다. 기본적으로는 연관된 각종 경영관리 시스템, 특히 평가·보상 시스템의 변화가 병행되어야 한다.

비전과 목표를 전파하는 대표적인 접근방식은 설명회를 갖는 것이다. 연초에 확대간부회의나 경영전략회의에서 수립된 경영방침을 설명하고 현업조직을 순방하면서 구체적인 설명회를 갖는 것이 대표적인 사례이다. 물론 지역적인 특성으로 인해서 직접적인 방문설명이 어려운 경우에는 사내방송 매체, 책자, 혹은 이메일 등을 통해서 전파할 수도 있다. 컴퓨터 기능을 적극적으로 활용하는 기업에서는 경영방침을 시작화면에 팝업으로 띄워놓아 항상 구성원이 볼 수 있도록 하는 가시적인 전파를 선호한다.

보다 구체적인 경영방침과 목표의 전개는 조직의 기능을 활용하는 것이다. 대부분의 조직단위, 예를 들어 부문·부서·팀은 당해 연도 활동계획에 의거하여 업무를 수행해 나가고 그 결과에 대해서 검토를 한다. 따라서 수립된 경영방침과 중장기 활동계획이 실행되도록 하는 가장 중요한 장치는 매년 연도별 활동계획으로 전개되도록 하는 것이다. 경영진은 이 과정에서 활동계획 수립내용과 경영방침이나 목표와의 연계성을 검토함으로써 경영방침 전개수준을 직접 혹은 간접적으로 평가하고 지원할 수 있다.

경영진이 조직의 목표와 성과향상을 성취하고 비전을 달성하기 위한 중요한 활동을 효과적으로 실행하는 것과 관련된 실례를 들어보기로 한다. A사는 이해관계자에 대해 비전을 전파하여 공유하는 노력을 하고 있는데 내부 직원을 대상으로는 각종 회의시 의견교환, 경영방침과 전략에 대한 공유 등을 통한 방법과 사내 게시판, 액자게시 등을 통해 언제 어디서나 공유하는 방법, 사내 네트워크인 I-Net을 통해 CEO의 관심 및 지시사항, 비전 등을 등록하여 사용자가 언제 어디서나 확인할 수 있도록 진행하고 있다.

협력사에게 비전을 공유·전파하는 방법으로는 입점교육시 CEO와의 대화, 내재된 교육 프로그램을 통해 이루어지는 것과 월 1회 실시되는 경영정보설명회시 협력사 직원에게 현황 및 추진계획 설명을 통해 비전을 공유하는 방법도 있으며, 일 1회 이상 실시되는 CEO의 점내 현장경영을 통해 이루어지고 있다.

A사의 리더십에서 가장 두드러진 부분은 CEO의 현장경영을 통해 비전의 공유·전파가 이루어지는 부분이다. CEO는 1일 1회 이상 지속적으로 몰내 각종 실등을 전반적으로 순회하면서 직접 협력사의 숍(shop)이나 매니저 등을 방문하여 영업시 문제점, 수정해야 할 부분, 영업현황 등을 살피고, 이에 대한 피드백을 통하여 고객만족, 영업활성화를 도모할 뿐만 아니라 현장지도를 통해 당사의 비전과 경영방침, 목표, 전략 등에 대해서 전파하여 전직원과 협력사까지도 비전을 공유

할 수 있도록 지원하고 있다.

(2) 경영성과의 검토와 분석

1) 주요 성과척도의 검토

경영진은 전략수립 단계에서 설정된 중장기 성과목표와 전략, 전략을 구체화한 활동계획의 달성도, 전략의 궁극적인 목적인 조직의 성공과 경쟁성과를 주기적으로 점검해야 한다. 연도계획의 경우는 성과점검 시스템이 잘 되어 있는데 반하여 전략계획에 대해서는 성과점검을 하지 않는 경우가 많다. 전략계획의 달성에 대한 성과점검을 바탕으로 전략계획을 경신하게 된다.

활동계획은 전략이나 성과목표를 달성하기 위한 개선활동을 의미한다. 활동계획은 조직이 혁신·개선을 해나가는 활동 그 자체이다. 계량화가 용이하여 측정이 쉬운 성과지표와 달리 활동계획의 경우에는 진척도를 점검하는 것이 어렵다. 특히, 활동계획 자체가 구체적이지 않으면 평가가 더욱 어렵다. 많은 경우 관리시스템이나 전략실행의 실패가 활동계획 수립과 점검의 문제와 관련되어 있을 정도로 효과적 활동계획의 수립과 진도관리 시스템은 중요하다. 또한 활동계획은 업무중심으로 되어 있기 때문에 부·과·팀 단위의 계획이 주종을 이룬다.

활동계획의 달성은 특정한 성과지표의 향상에 기여한다고 볼 수 있다. 그러나 그 관계가 명확하지 않은 경우가 많다. 성과지표가 충분히 개발되지 않아서 연계할 만한 측정가능한 계량적 성과지표가 없을 수도 있고, 여러 성과지표에 광범위하게 영향을 미치기도 한다. 또는 성과지표에 다른 많은 활동과 합해져서 효과가 측정되기도 한다. 활동계획의 성과를 직접 측정할 수 있도록 하는 성과지표의 개발은 올바른 활동계획의 수립과 진도관리에 중요하다. 활동계획의 직접적인 성과지표 개발을 위해서는 관리점의 하위 개념으로서 점검점이라는 개념을 도입하여 운영하기도 한다.

경영진은 기업의 방향과 계획을 정하고, BBP(Balanced Business Plan)와 같은 성과측정 항목에 대해 목표치를 작성한다. 〈표 2-1〉은 BBP의 한 예를 보여주고 있다. 전략목표는 첫해의 계획이나 둘째 연도의 계획이 될 수 있다. 모든 목표는 양적으로 측정가능해야 하고, 한 개의 목적을 달성하기 위해서는 몇 개의 목표를 수립할 수 있다. 기업체 특성에 따라 다소 차이가 있으나, 조직원과 팀 개발 목표와 이에 대한 다년간의 측정지수, 고객가치 목표와 이에 대한 측정지수, 프로세

표 2-1	BBP(Balanced Business Plan)의 예	
	BBP 목표	**측　정**
조직원과 팀 개발	• 조직원과 팀을 개발하고 교육 　시키며 동기부여를 한다.	• 이직률 • 교육 및 훈련율
파트너와 고객가치	• 고정고객에 의한 매출액 증가 • 파트너십 개발에 따른 기업 성장 • 파트너십 유지	• 고객만족도 • 매출액 • 고객충성도 • 파트너십 유지율
프로세스와 협력사 관리	• 폐기물 절감 • 핵심 협력업체의 성과 향상 • 생산성 향상 • 재고율 절감 • 품질 향상	• 협력사와 공동 신제품 • 신서비스 개발 • 생산성 향상률 • 재고율 • 불량률
주주와 공공 가치	• 재정성과 향상 • 사회공헌기업으로 인정받음 • 투명한 기업으로 인정받음	• 주가 • 사회공헌을 위한 재정적 및 참 　여 정도

스와 협력사 관리목표와 측정지수, 주주와 공공가치 목표 그리고 이에 대한 측정지수 등을 작성한다. 이를 바탕으로 연도별 BSC(Balanced Score Card)와 KPI(Key Performance Indicators)를 작성한다. 수립된 전략계획을 경영진의 관리 하에 실행에 옮기고 지속적으로 평가하고, 실적을 목표와 비교 분석하여 효율적인 업무가 이루어지도록 한다. 〈표 2-2〉와 〈그림 2-12〉는 각각 BSC의 한 예와 KPI의 한 예를 보여주고 있다.

다년간의 전략적 목표에 근거하여 BBP(Balanced Business Plan)를 세우고, 이에 대해 연도별 전략목적에 근거하여 연도별 실행계획(Action Plan)과 핵심성과지표(KPI)를 작성한다.

경영진은 업무성과를 평가하고 조정하며, 다양한 분석과 평가를 통해 필요할 때는 연간계획이나, BSC 혹은 KPI를 수정 보완하기도 한다. 또한 업무평가의 공정성을 위해 외부 및 내부 진단을 활용한다.

핵심성과지표에 수록될 수 있는 항목은 기업의 특성에 따라 다르나 직원만족도, 고객불만도, 사고발생률, 인당 매출액, 인당 교육시간, 제조생산시간, 불량률

표 2-2   BSC(Balanced Score Card)의 예

구 분	전략목표	실행계획	측 정
고 객	• 고객욕구 충족	• 지역창고 운영 시스템 구축	• JIT 배달률 • 물류비용 • 고객만족도지수
직 원	• 신서비스 시스템을 위한 핵심능력 배양	• 서비스 요원 교육 및 훈련 프로그램 구축 및 실시	• 신서비스 시스템에 종사할 수 있는 직원 비율 • 신서비스에 대한 고객만족도지수
주 주	• 신사업 진입	• 신사업 투자 및 진입을 위한 분석 및 연구	• ROA: Return-on Assets
프로세스	• 통합적 서비스 사이클 타임 단축	• 서비스 프로세스 시스템 재설계	• 온라인 서비스율 • 품질비용 • ROPI

그림 2-12   KPI(Key Performance Indicators)의 예

KPI

- 직원만족도
- 고객불만도
- 사고발생률
- 직원당 매출액
- 직원당 교육시간
- 제조생산시간
- 불량률
- 가동률

및 가동률 등을 포함할 수 있다. 폐쇄회로(Closed-loop)에 의한 측정과 성과검토는 모니터링 기능을 포함하는 것이 바람직하다.

주요 성과척도의 검토와 관련된 실례를 들어보기로 한다. A사의 주요 경영성

그림 2-13   경영성과 관리체계

과 관리체계는 〈그림 2-13〉과 같다. 기업이념, 비전, 중장기 전략, 당해 연도 경영방침 등을 근간으로 하여 전략을 수립한 후에 BSC에 의거하여 전략에 맞는 목표를 설정한 다음 당해 연도의 사업계획과 예산을 수립하고 해당 부서는 집행하게 된다. 이후 경영개선팀은 주기적으로 해당 기간별 실적을 I-RIS를 통해 확인하고, 그에 대한 성과와 보상을 인사팀에서 집행하고 그 내용을 다시 피드백하여 익년도 전략수립에 반영하게 된다.

당사는 전략실현 수단으로서의 성과관리 체계를 구축하고 지속적인 성장을 위한 BSC관점의 성과지표를 근간으로 하여 전사-부서-팀-개인 간의 목표 및 성과 보상을 체계화하는 것에 초점을 맞추고 있다.

주요 성과지표를 살펴보면 〈그림 2-14〉와 같이 재무관점에서는 성장성, 수익성, 활동성을, 고객관점에서는 시장점유율 및 고객·서비스 만족도를, 프로세스 관점에서는 MD 적기 개발, 결품, 학습과 성장관점에서는 구성원 만족도, 교육훈련시간 등을 정기적으로 관리하고 있다.

그림 2-14   주요 성과지표

표 2-3			경영진 주요 성과검토 회의체		
구 분	회의체	주 기	점검내용	참석대상	평가항목
전사	영업실적/ 분석회의	월간	• 사업부별 손익 실적 • Cost Center별 계획 대비 실적	팀장급 이상	• 매출실적 • 영업이익 등
	경영전략회의	주간	• 영업관련 사업부별 매출관련 실적 • 각 부서별 주간 추진 현황 및 계획	팀장급 이상	• 영업실적 • 변화와 혁신 • 차별화 전략
영업부서	영업전략회의	주간	• 영업전개 진도현황	영업부서 SM급 이상	• 영업전개 진도율 관련 실적
	판촉회의	주간	• 광고, 판촉 진행현황 및 대책	영업부서 FM급 이상	• 판촉 이벤트 계획 • 판촉효과
사업개발	신규사업 TFT회의	주간	• 신규사업 추진현황	TFT 팀원	• 신규사업 달성률
지원부서	경영지원회의	주간	• 팀별 추진현황 및 계획	해당 팀장	• 지원진행률
	CFO 회의	주간	• 팀별 추진현황 및 계획	재무관련 팀장	• 진행률

그 밖에도 경영진은 〈표 2-3〉과 같은 회의체를 통해 다양한 성과를 주기적으로 검토하고 있다. 검토한 결과 실적이 미진한 부분에 대해서는 대책을 마련하고 평가한 후에는 해당 부서에 피드백을 통해 관리하고 있다.

2) 성과검토의 피드백

경영진은 성과를 분석한 결과를 피드백 시스템을 통하여 혁신의 기회와 개선의 계기로 전환시키는 것이 필요하다. 그 내용을 어떻게 조직에 적절하게 전개할 것인지와, 조직 전체의 일관성 확보를 위해서 주요 협력사에게도 전달해야 한다. 리더십 팀은 기업의 방향과 계획을 정하고, 성과측정 항목에 대해 목표치를 작성한다.

3) 성과검토 결과의 활용

지속적인 성과개선 시스템을 구축하는 것은 성공적인 조직이 되기 위한 필수 조건이다. 지속적인 성과개선 시스템은 주기적으로 실시되는 체계적 진단에서 출발한다. 진단은 계획달성과 성과중심으로 보다 짧은, 예를 들어 월 단위, 주기로 행해지는 성과검토회의와는 차이가 있다. 진단은 성과는 물론 전반적인 조직의 능력과 그 강점과 약점을 대상으로 한다.

경영진과 계층별 리더는 성과검토 결과에 근거하여 부진부문에 대해서는 대책을 강구하여 시정조치를 취하거나, 계획 자체의 타당성에 문제가 있다고 판단될 때는 계획 자체를 수정할 수 있다. 진단에 의하여 도출된 문제점이나 개선사항에 대해서는 장단기 개선활동 계획을 수립하여 실행한다.

성과검토 결과의 활용과 관련된 실례를 들어보기로 한다. A사는 조직성과의 극대화를 위하여 평가결과를 〈그림 2-15〉와 같은 프로세스로 혁신의 기회로 삼고

그림 2-15   혁신과제 도출 프로세스

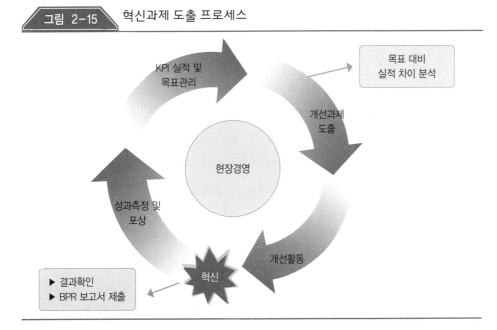

이를 활용하고 있다. CEO 및 경영진의 현장경영활동을 통해 성과지표의 목표 대비 실적을 주기적으로 관리하고 실적이 목표에 미달한 경우 원인 분석을 통해 중요도, 시급도, 경영성과 등을 고려한 우선순위에 입각하여 개선과제를 선정하여 수행한다.

(3) 이해관계자 가치의 창출과 균형

경영진은 조직의 성과 기대치에서 고객과 이해관계자를 위한 가치를 창출하고 균형을 맞추어야 한다. 경영진은 우선 고객의 요구와 기대를 이해하기 위해서 직접 그들과 접촉하는 시간을 갖는 것이 바람직하다. 또한 일부 고객과의 파트너십을 개발하여 그들을 제품개발, 품질개선, 서비스 개선 등 각종 제품·서비스 개선활동에 참여시키는 제도를 만들어 활용하는 것도 효과적이다.

특히 경영진은 조직의 미래를 결정하는 전략의 수립이나, 주주와 직접적인 이해관계에 있는 자본조달 정책, 그리고 배당정책에 대해서는 주주의 이해관계가 크므로 그들의 요구와 기대를 잘 이해하는 것이 중요하다.

공급자·파트너는 특정한 제품·서비스의 가치를 창출하는 데 있어서 가치사슬(value chain)의 일부를 구성한다. 그들의 관계는 전체 가치를 창출하는 데는 협력적 관계이지만 창출된 가치를 배분하는 데 있어서는 경쟁적 관계에 놓여있다. 그러므로 경쟁력 있는 공급자·파트너와의 협력적 관계는 조직의 차별적 역량이 되기도 한다. 그들과의 관계에 있어서 궁극적인 목적은 협력적 관계를 구축함으로써 서로의 경쟁력을 높이고 시너지를 만들어내어 더 큰 가치를 창출하는 데 있다.

주주, 고객, 직원, 파트너, 사회 등 제반 이해관계자는 조직이 가치를 창출하는 데는 협력하고 기여하지만, 창출된 가치의 배분에 대해서는 이해관계가 상충된다. 주주는 더 많은 이익, 직원은 더 많은 임금, 복리후생 및 승진과 발전의 기회, 고객은 더 좋은 품질에 저렴한 가격의 제품·서비스를 원한다. 한편 파트너는 공정한 거래를, 사회는 사회적 책임을 요구한다. 이러한 것의 이해관계는 창출된 가치를 서로가 나누는 단계에서 제로섬(zero-sum)적인 관계에 놓이게 된다. 경영자의 중요한 임무 중의 하나는 이러한 이해관계를 균형 있게 조정하는 것이다.

조직의 성과 기대치에서 고객과 이해관계자를 위한 가치를 창출하고 균형을 맞추는 일과 관련된 실례를 들어보기로 한다. A사는 고객과 이해관계자를 위한 가치창출을 〈그림 2-16〉과 같이 고객에게는 '플러스 원' 서비스를 실시하여 차별화

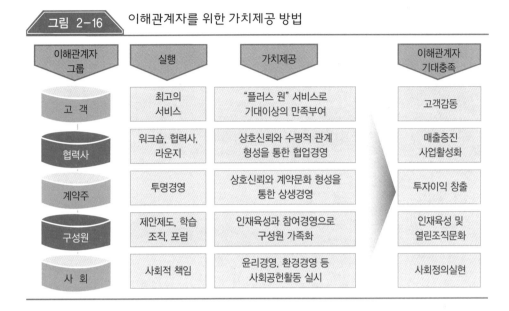

그림 2-16 이해관계자를 위한 가치제공 방법

이해관계자 그룹	실행	가치제공	이해관계자 기대충족
고 객	최고의 서비스	"플러스 원" 서비스로 기대이상의 만족부여	고객감동
협력사	워크숍, 협력사, 라운지	상호신뢰와 수평적 관계 형성을 통한 협업경영	매출증진 사업활성화
계약주	투명경영	상호신뢰와 계약문화 형성을 통한 상생경영	투자이익 창출
구성원	제안제도, 학습 조직, 포럼	인재육성과 참여경영으로 구성원 가족화	인재육성 및 열린조직문화
사 회	사회적 책임	윤리경영, 환경경영 등 사회공헌활동 실시	사회정의실현

를 추구하는 동시에 고객에게 한발 더 다가가는 서비스로 고객에게 기대이상의 만족과 최고의 품질 및 서비스를 제공하여 기대를 충족시키고자 한다. 협력사에게는 투명성과 건전성을 확보하여 상호신뢰와 공감대를 형성함으로써 Win-Win 상생기반을 구축해 자원의 공유와 공동창출로 매출증진을 통한 사업활성화에 기여해 협력사가 이익을 창출할 수 있도록 하고 있다.

구성원은 변화와 혁신을 통한 인재육성과 책임과 권한부여 등을 통한 참여경영으로 구성원 가족화를 추구하여 열린경영, 인화경영으로 구성원을 만족시키고 있다. 그리고 기본에 충실한 경영을 토대로 윤리경영, 투명경영, 사회공헌활동 등에 적극 참여함으로써 사회의 기대를 충족시킴과 동시에 사회정의 실현에 앞장서고 있다.

4. (주)명왕성 낚시 사례

(1) 경영진의 리더십

1) 비전과 가치

비전과 가치의 설정

경영진은 조직의 비전과 가치를 다음과 같이 설정하고 있다. 비전은 〈그림

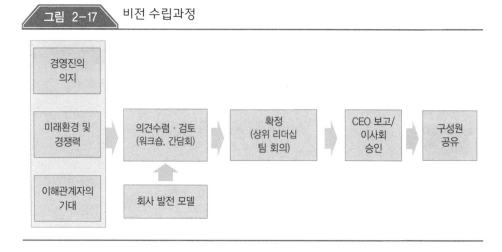

그림 2-17   비전 수립과정

2-17〉과 같은 과정에 의해 수립된다. CEO의 의지, 미래환경 분석, 설문·인터뷰 결과로 파악한 이해관계자의 기대 등을 반영하고, 경영진이 워크숍 및 간담회에서 구성원의 의견을 수렴하여 초안을 작성하고 상위 리더십 팀 회의에서 최종 비전을 확정한 후 이사회의 승인을 받는다. 이후 이사회는 비전과 가치를 포함하는 미션 선언문을 매분기 검토한다. 그 결과는 연 단위로 또는 변경이 있을 때 마다 상위 리더십 팀에 전달된다. 상위 리더십 팀은 필요시 변경을 건의한다. 사장은 변경된 사항에 대해 이사회에게 승인을 요청한다. 전략기획 프로세스에서 미션선언문은 전략목표 및 실행계획의 내용과 방향이 회사의 전반적 방향과 일치하도록 하는 역할을 한다. 회사목표에 현대적 경영혁신기법과 볼드리지 기준의 추구를 추가함에 따라 2014년에 이사회와 상위 리더십 팀은 회사가치를 국가품질상의 핵심가치 및 개념에 맞추어 미션선언문을 수정했다.

비전과 가치의 공유 및 확산

경영진은 조직의 비전과 가치를 리더십 시스템을 통해 직원, 주요 구매·협력 사, 고객과 이해관계자에게 다음과 같이 전달한다. 미션선언문은 〈표 2-4〉의 커 뮤니케이션 전개계획을 통해 체계적으로 공유·확산되고 있다. 비전과 가치도 미 션선언문의 일부이기 때문에 같은 방법으로 공유·확산되고 있다. 경영진은 매분 기 사업보고회와 부서 지식공유회의를 통해 모든 직원에게 미션선언문을 전파한 다. 미션선언문은 인터넷을 이용해 고객과 벤더에게도 전달된다. 또한 미션선언 문은 벤더를 위한 벤더 지원 센터와 벤더 파트너십 협약에도 포함된다. 주주는 이

표 2-4	커뮤니케이션 전개계획				
	전략기획 게시판*	미션 선언문	목 표	행동강령	전략계획 전개 및 개발
내부 게시 위치					
입구		×	×	×	
회의실		×	×	×	
사무실·휴게실	×	×	×	×	×
복도					
기타 인쇄물					
뱃지(1)			×	×	
벤더 계약서(1)		×	×	×	
구두					
오리엔테이션(2)		×	×	×	×
부서 지식공유(2)		×	×	×	×
사업보고회(2)		×	×	×	×
* 전략기획 게시판 내용	(1) 일방 의사소통				
	(2) 쌍방향 의사소통				

사회의 일원으로 미션선언문의 검토와 개정에 참여한다. 상위 리더십 팀은 분기 리더십 회의에서 〈표 2-4〉의 커뮤니케이션 전개계획을 통해 미션선언문의 전개를 검토하고 개정한다.

가치와 활동의 부합

경영진 개개인의 활동은 조직의 가치에 다음과 같이 부합한다. 경영진은 오랫동안 명왕성 낚시의 주요 관련 단체(예를 들어, 한국프로낚시연맹, 낚시협회, 지역 교육기관 등)에 대한 지원, 지도, 학습기회를 제공하는 활동을 함으로써 회사가치를 실천하고 있다. 이러한 지원활동은 회사의 핵심역량과 회사가치에 부합되고 개별 단체의 요구사항을 가장 잘 지원하도록 이루어지고 있다. 회사가치는 국가품질상 기준에서 도출되었다. 모든 상위 리더십 팀은 국가품질상 추진과정에 참여함으로써 이 가치를 실천한다. 경영진이 '고객중시경영'에 적극 참여하는 한 예가 매주 1회 이상 또는 직원이 기상악화로 인해 업무에 임하지 못할 때 위기대응그룹의 일원으로 전화주문을 받는 일이다. 회사설립자는 낚시기금을 만들어 기금수익금의

표 2-5	국가품질상 범주회의: 안건	
회의	**회의 목적**	**빈도**
리더십	• 리더십 시스템 검토: 회사의 지속가능성 유지를 위한 경영진의 접근방법 포함 • 법적·윤리적 사업수행 보고서 검토 및 핵심 사회공동체 지원	연 4회
전략기획	• 전략계획의 수립 및 관리 프로세스 제공: 차기 연도 및 중장기 (2~3년) 전략계획 수립, 완료된 실행계획의 결과와 현재 연간계획의 진척도 점검 • 프로세스 관리회의의 참고사항 검토	연 12회
고객중시	• 상품 제공물 결정방법의 평가 및 타당성 검토, 상품 사용의 고객지원 메카니즘 개발 • 고객중시 문화 구축 및 고객의 소리 청취 • 고객만족, 불만족, 열성 결정 • 시장 성공을 높이기 위한 고객 정보의 활용	연 4회
지식경영	• 조직성과 측정시스템, 데이터, 정보, 지식경영의 실행가능성 검토 및 평가	연 4회
인적자원중시	• 경쟁환경 대비 핵심 인적자원 프로세스의 체계적 검토 • 직원만족, 헌신을 유도하고 직원 핵심 요구사항을 만족시키는 프로세스 검토	연 4회
프로세스관리	• ISO 품질경영체제 인증관리 점검수행, 프로세스 관리, 프로세스 유효성 검토 • 회사의 핵심역량 결정, 핵심 및 지원 프로세스의 성과검토 • 성과검토회의의 참고사항 검토, 전략계획회의의 참고사항 도출	연 12회
성과검토	• 회사목표, 이해관계자 핵심 요구사항 및 프로세스 대비 성과검토 • 지표·척도와 정보의 유효성 및 적절성 분석 • 프로세스 관리회의의 참고사항 도출	연 12회

전부를 낚시와 관련된 교육 및 안전 등의 관련 프로그램에 기부하고 있다. 회사설립자인 CEO는 몇몇 대학에서 학생에게 국가품질상 기준과 가치에 대해 특강하고 있다.

윤리적 사업수행 환경조성

경영진은 합법적이고 윤리적인 사업수행을 위한 조직의 환경을 다음과 같이 조성한다. 회사는 공정하고 투명한 기업경영을 실천하기 위하여 2013년부터 임직원 윤리규범을 제정하여 모든 경영활동에 적용하고 있으며, 정기적인 윤리규정 준수 서약, 지속적인 윤리경영 교육, 자정 시스템 도입, 윤리경영 레터(Letter) 발행 등 윤리경영 실행력 제고를 위한 여러 가지 활동을 전개하고 있다. 나아가 윤리경영을 조직문화화 하기 위해 윤리경영 제보 채널을 운영하고 있다.

또한 상위 리더십 팀은 회사 내에서 윤리적 행동을 유도하고 장려하기 위해 행동강령을 만들었다. 상위 리더십 팀원은 행동강령대로 수행하여 모범이 되고 있다. 상위 리더십 팀은 분기 리더십 회의에서 행동강령과 법·윤리·규제 준수를 검토하고 있다. 상위 리더십 팀은 모든 직원과 함께 분기 사업보고회와 부서 지식공유회의에서 행동강령 준수 여부를 점검한다. 경영진은 행동강령과 회사가치에 부합하지 않는 직원을 파악하려고 경력개발팀에 참여하기도 한다. 회사는 신입직원 오리엔테이션 과정에서 행동강령과 회사가치를 전파한다. 행동강령을 정착시키기 위하여 직원은 행동강령이 적혀있는 배지를 달고 다닌다. 또한 행동강령은 각 부서 사무실에 게시되어 있고, 인터넷을 통해 고객과 벤더에게도 공지되고 있다. 특히 벤더에게는 벤더 파트너십 협약을 통해 전파되기도 한다. 윤리경영 제보 센터를 활용하여 명왕성 낚시 임직원, 협력사 직원 및 고객 등 이해관계자는 행동강령 위반뿐만 아니라 명왕성 낚시 임직원의 불공정한 업무처리, 부당한 요구, 금품 향응의 제공·수수 및 부정·비리행위 등에 대한 신고를 할 수 있는데, 2009년부터 총 30건의 제보가 접수되었다. 접수된 사항은 비공개로 직원 불평 고충 및 부정행위 처리 프로세스에 따라 처리한다. 회사는 어떠한 경우라도 안심하고 신고할 수 있도록 제보자 보호 프로그램을 운영하고 있다. 신고내용은 1주일 내에 처리되며, 결과는 메일과 전화로 통보된다. 한편 상위 리더십 팀은 즉시 이메일을 통해 이를 공지하며 주례 회의에서 다룬다. 또한, 윤리경영 제보 센터는 윤리규범과 실천지침의 해석 또는 적용 등에 대한 문의사항과 직무수행과 관련된 윤리적 갈등을 상담하고 있다.

조직의 지속가능성 창출

경영진은 조직의 지속가능성을 다음과 같이 창출한다. 지속가능성은 회사의 상위 리더십 팀에서 비롯된다. 상위 리더십 팀은 사장과 8명의 모든 부서장으로 구성된다. 상위 리더십 팀은 명왕성 낚시에서 평균 11년 동안 재직하고 있다. 경영진은 정규직으로 볼드리지 범주회의에 참가할 뿐만 아니라 여러 업무도 함께 수행하기 때문에 개별 부서가 아니라 전사차원에서 사업을 수행하는 데 익숙해져 있다.

회사의 지속가능성을 확보하는데 가장 선행해야할 일은 국가품질상, ISO 품질경영체제 인증 및 린(Lean) 혁신을 포함하는 현대적 경영혁신기법을 엄격하게 실행하는 것이다. 상위 리더십 팀은 전략기획 프로세스, 국가품질상 정렬 프로세스와 연간 마스터 플래닝 캘린더 등으로 지속가능한 회사를 만들기 위해 노력한다. 연간 마스터 플래닝 캘린더는 주간 부서 볼드리지 범주회의를 포함하는데 이 회의는 지속가능성을 위한 프로세스를 개별 부서로 전개한다. 상위 리더십 팀은 미션선언문 및 회사목표와 일관성 있는 전략목표 달성의 실행계획을 추진한다. 지속가능성을 창출하기 위해 사용되는 기타 도구에는 부서 미션선언문, SWOT 분석, 승계계획, 그리고 해당 산업에 대한 열정을 갖고 있으며, 회사문화에 적합한 주요 보직 인재를 고용하고 멘토링하는 것 등이 있다.

회사는 조직의 지속가능경영을 위해 경제, 환경, 사회적 관점의 전략 과제를 선정하여 실행하고 있으며, 핵심역량, 자원 및 수용능력 확보 프로세스를 활용하고 있다. 또한 업무를 통한 교육에 의해 자발적 학습조직을 확대해 왔고, 차세대 리더를 양성하고 있다. 차세대 리더양성은 기존에는 멘토링, 교육 위주로만 진행되었다. 그 결과 실제 경영현안을 다루고 이것을 해결하기 위한 아이디어 도출 및 의사결정을 하는 등의 실질적인 프로그램 부족이 문제점으로 지적되었다. 이에 대한 해결책으로, 2014년에는 주니어 보드 위원회(junior board committee)를 구성하여 매월 활동내용을 상위 리더십 팀 회의에 보고하고, 제안사항에 대한 실행 여부를 결정한다.

성과향상, 전략목표 달성 및 혁신환경 조성

경영진은 조직의 성과향상, 전략목표의 달성 및 혁신을 위한 환경을 다음과 같이 조성하고 있다. 상위 리더십 팀은 분기 사업보고회, 부서 지식공유 및 주간 부서별 볼드리지회의를 통해 현대적 경영혁신기법, 전략계획 및 전략기획 프로세스를 전개한다. 상위 리더십 팀은 회사목표 대비 조직성과를 평가하기 위해 성과검토회의에서 회사성과를 검토하며, 프로세스 관리회의에서는 핵심 프로세스 성과를 검토한다. 회사성과와 핵심 프로세스 성과는 모두 주주 핵심 요구사항이기도 하다. 회사목표가 달성되도록 성과를 유지하고 향상시키기 위해 회사는 전략기획 프로세스를 통해 전략목표와 실행계획을 설계한다. 〈표 3-1〉은 전략목표 통합을 보여주고 있다. 더불어 경영진은 보상 및 인정, 성과검토, 그리고 시정 및 예방 조치 보고서(CAR·PARS)를 포함하는 ISO 품질경영체제 인증심사에 참여한다.

학습환경 조성

회사는 조직과 직원의 학습을 위한 환경을 다음과 같이 조성하고 있다. 경영진은 직원 헌신을 촉진하고, 보상 및 인정을 강조하며, 볼드리지 범주회의에 엄선된 직원을 초빙하고, 인건비의 2.23%를 연간 훈련비로 배정함으로써 회사가치인 '조직과 개인 학습'을 지원한다. 상위 리더십 팀은 2015년에 직원의 별도 교육을 위한 등록금 지원정책을 승인했다. 상위 리더십 팀은 사업보고, 부서 지식공유, 부서 볼드리지회의, 모니터링 세션, 몇몇 비공식 학습방법을 통해 연중 학습기회를 제공한다. 예로써 지원부서 직원의 35%는 현재 국가품질상 심사기준에 대한 교육을 받고 있으며, 두 명의 경영진은 국가품질상 심사위원으로 참여하고 있다. 회사는 두 명의 관리자를 개발계획의 일환으로 전일제 MBA 프로그램에 파견하였고, 졸업 후 그들은 모두 부사장으로 승진했다. 모든 경영진은 직원을 멘토링하고 모든 'A'급 직원은 한사람 이상의 경영진으로부터 멘토링을 받는다.

리더십 스킬의 개발과 향상

경영진은 리더십 스킬을 다음과 같이 개발하고 향상시키고 있다. 상위 리더십 팀의 리더십 스킬은 국가품질상 심사위원 참여, 해당 부서장의 성과검토, 전면 평가 및 성과검토, CEO, 사장 및 다른 경영진과의 멘토링 세션을 통해 개발된다.

회사의 비전을 더욱 효과적으로 달성하기 위해 사장과 CEO는 '리더십 스킬의 향상'이라는 2017 전략목표를 설정했다. 이 전략목표는 체험 훈련, 독서, 강의실 활동 등을 포함하는 리더십 개발 프로세스를 개선하기 위한 실행계획으로 전개된다.

차세대 리더의 양성과 개발

경영진은 미래조직 리더의 양성과 개발활동에 다음과 같이 참여한다. CEO를 포함하여 경영진과 엄선된 직원은 12개월 및 24개월 기간의 후계자를 두며, 각 부서는 3개년 조직도를 유지한다. 각 부서는 연간 멘토링, 훈련 및 경력개발계획을 갖고 있다. 분기 인석사원 중시 회의에서는 훈련 및 개발의 우선순위를 결정하기 위해 개별 직원에게 ABC로 등급을 부여한다. 인력부서는 각 부서장과 함께 경력개발계획을 수립하고 상위 리더십 팀은 그 계획을 승인한다. 한 예로 영업 및 마케팅담당 부사장은 5개년 승계계획을 거쳐 사장으로 승진하였다. 2016년 1월 사장에 취임할 때까지 그는 이 직위에 적합하도록 설립자와 CEO의 심도있는 멘토링과 단계별 리더십 육성 프로그램을 통해 역량이 개발되었다.

2) 커뮤니케이션과 조직성과

커뮤니케이션 방법

경영진은 전 직원과 다음과 같이 커뮤니케이션하고 있다. 상위 리더십 팀은 표준화된 일정표에 따라 분기 부서 지식공유와 사업보고회의를 통해 커뮤니케이션하고 있다. 매 사업보고회가 끝난 후 CEO, 사장 및 상위 리더십 팀의 절반 이상이 중간 리더십 팀에게 사업보고회 관련 내용을 전달한다. 각 경영진은 적어도 일 년에 두 차례 이상 중간 리더십 팀의 질문에 답변한다. 매 부서 지식공유회의 시마다 CEO나 사장은 부서 경영진의 발표에 추가하여 질문에 답하고 의견을 발표한다. 회사는 어느 직원이든 관심사나 아이디어를 상위 리더십 팀원에게 제시할 수 있는 '개방정책'을 채택하고 있다. 상위 리더십 팀은 직원이 사용하는 인트라넷 상에 자신의 자택전화번호와 휴대폰번호를 공개하고 있다. 회사는 부서의 지속적 개선 프로젝트 목록, 신입 전문직 직원의 개별 경영진과의 미팅을 포함하는 신입 직원 오리엔테이션 프로세스, 인트라넷 사이트, 부서 볼드리지회의, 월간 뉴스레터, 각 부서의 전략기획 게시판을 통해 혁신을 독려한다(표 2-6). 상위 리더십 팀은 멘토링 세션, 회사 순회, 부서간 소통을 활성화하는 회사 이벤트를 통해 직원과 커뮤니케이션한다.

쌍방향 커뮤니케이션

회사는 다음과 같이 전 조직에서 솔직한 쌍방향 커뮤니케이션을 독려하고, 주요 의사결정을 커뮤니케이션하고 있다. 행동강령 항목인 '존중하면서 솔직함'과 직원 핵심 요구사항인 '솔직한 쌍방향 커뮤니케이션'을 강화하기 위해 상위 리더십 팀은 '개방정책', 부서 지식공유, 사업보고회, 멘토링 세션, 주간 부서 볼드리지 회의, 이메일, 인트라넷, 직접적인 매니저 성과검토, 전면평가 프로세스, 쌍방향 커뮤니케이션을 장려하고, 주요 의사결정을 전개하는 성과검토 등 다수의 커뮤니케이션 방법을 이용한다. 또한 주니어 보드는 대리 이하 사원으로 구성된 회의체로 젊은 직원의 다양한 의견을 여과없이 경영진에 전달하는 대화의 장으로 활용되고 있다. 주니어 보드는 월 2회 정기회의를 진행되며 생생한 현장의 소리 및 창의적인 아이디어 반영의 계기가 되고 있다.

보상과 포상에서의 경영진 역할

높은 성과를 달성하고 고객과 비즈니스 중시를 강화하기 위하여 경영진은 직원의 보상과 포상에서 적극적인 역할을 다음과 같이 수행하고 있다. 경영진은 사

표 2-6	상위 리더십 팀 커뮤니케이션			
커뮤니케이션	전달내용	빈 도	대 상	형 태
사업보고회	전사 전략기획 프로세스 및 전략계획	분기	중간 리더십	Q&A
부서 지식공유	전사 전략기획 프로세스 및 전략계획, 부서 전략계획	분기	모든 직원	Q&A
부서 볼드리지회의	전략기획, 프로세스 관리, 성과	주간	부서 리더십 팀	쌍방향
부서회의	과업 목록 및 부서 실행계획	주간 또는 격주간	부서별 변동	쌍방향
성과검토	직원성과	연간	상위 리더십 팀 직접 보고	쌍방향
멘토링	전문적·개인적 개발	회사 순회 및 멘토링	선정된 직원	쌍방향
실행계획 회의	실행계획 개발 및 관리	격주간 또는 필요시	실행계획 담당자, 이해관계자	쌍방향
마스터 플래닝 캘린더 회의	전사 성과검토회의, 전략계획, 프로세스 관리회의, 볼드리지 범주에 기반한 성과 수월성에 대한 접근방법 검토	월간 및 분기	상위 리더십 팀, 선정된 직원	Q&A
회사 순회	멘토링, 지식공유	연간 9~12회	상위 리더십 팀, 선정된 직원	쌍방향
카풀 (오프사이트 이벤트)	멘토링, 지식공유	연간 마스터 플래닝 캘린더 회의	상위 리더십 팀, 선정된 직원	쌍방향

업보고회와 부서 지식공유회의 등 기회가 있을 때마다 보상 및 인정 프로세스를 강조한다. 보상 및 인정은 매 사업보고회의 공식적인 의사일정 항목이며, 이 회의에서 평균 16번의 공식적인 표창이 이루어진다. 축제파티에서 설립자와 CEO는 근속기간이 5년 이상인 직원을 표창한다. 설립자, CEO 및 사장은 'A'등급의 직원과 멘토링 세션을 갖는다. 경영진은 여러 가지의 보상 및 인정방법을 이용하여 혁신, 안전, 신뢰성, 충성도 및 성과를 유도한다. 이러한 보상 및 인정방법에는 점심식사 초대, 부가적 책임을 갖는 직원 선발, 사업보고회나 부서 지식공유회의에서의 인정 등이 있다. 보상 및 인정의 한 예로 억원대 클럽이 있다. 사장은 1억 원 이상의 수주를 올린 직원에게 그들의 이름이 새겨진 트로피를 주어 표창한다. 또한 회사는 직원 생일, 기념일, 승진, 성취 및 주요 비즈니스 이정표를 인트라넷과 뉴스레터를 이용하여 인지시킨다.

성과검토

경영진은 조직의 목표와 성과향상을 성취하고 비전을 달성하기 위한 중요한 활동을 다음과 같이 실행하고 있다. 개선기회는 성과검토회의, 전략계획회의, 프로세스 관리회의 및 혁신 프로세스에서 파악된다. 상위 리더십 팀원은 사업보고회, 부서 지식공유 및 부서 볼드리지회의를 주재한다. 모든 부서 볼드리지회의와 볼드리지 범주회의에는 혁신과 지식 공유 아젠다 항목이 있다. 상위 리더십 팀은 사내대학을 개설하고, 회사 비전을 달성하는 활동에 초점이 맞춰진 국가품질상, ISO 품질경영체제 인증 및 린(Lean) 혁신 등의 현대적 경영혁신기법을 지원한다. 전략목표는 회사목표에 대한 현재 및 미래성과와 회사목표를 충족시킬 회사의 역량을 강조한다. 개별 경영진은 회사의 전략계획에 맞춘 각자의 부서 전략계획을 수립하도록 한다. 그 결과는 주간 부서 볼드리지회의에서 검토된다. 주간 실행계획이 개정될 때는 상위 리더십 팀에게 알리고 전략계획은 계획 대비 실행을 나타내는 척도로 측정된다.

핵심 성과척도

경영진이 주기적으로 검토하는 핵심 성과척도는 다음과 같다. 회사는 12개의 전사 핵심지표(표 1-9)를 설정하고 있다. 이것은 회사의 성공을 추정하는데 사용되는 등 회사에게 있어서 매우 중요한 척도이다. 이 척도는 성과범주에서 '핵심'으로 표시된다. 상위 리더십 팀은 성과검토회의에서 회사목표와 핵심 프로세스 척도로 성과를 검토한다. 성과검토회의에서 수용할 수 없는 추세나 목표미만의 성과가 보고되면 그것은 곧 프로세스 관리회의에 회부된다. 또한 상위 리더십 팀은 프로세스 관리회의에서 핵심 프로세스 척도를 포함하는 핵심 프로세스 BSC를 검토한다. 만약 전사 실행계획이 필요하다면 그 항목은 전략계획회의에 회부된다. 또한 상위 리더십 팀은 부서 볼드리지회의에서 월간 부서성과와 프로세스 척도를 검토한다.

고객과 이해관계자를 위한 가치창출

회사는 조직의 성과 기대치에서 고객과 이해관계자를 위한 가치를 다음과 같이 창출하고 균형을 맞추고 있다. 이해관계자를 위한 가치는 성과검토회의와 프로세스 관리회의를 통해 조직의 성과 기대치에 흡수된다. 성과검토회의는 회사목표와 이해관계자 핵심 요구사항에 대한 성과를 검토한다. 여기에는 설문조사 결과와 프로세스 척도를 포함한다. 만약 이해관계자 핵심 요구사항이 충족되지 못한다면 회사목표는 달성될 수 없다. 핵심 프로세스 BSC의 프로세스 관리회의는 이해관계자 핵심 요구사항을 전달하는 프로세스 척도를 중점적으로 다룬다.

제 2 절 지배구조와 사회적 책임

1. 조직의 지배구조

오늘날 사회는 조직이 보다 투명하고 책임 있는 지배구조와 주주를 포함한 주요 이해관계자의 이해를 보호할 수 있는 자문기구를 갖도록 요구하고 있다. 이 기구는 조직 및 경영진의 성과평가 기능뿐만 아니라 감사기능을 독립적으로 수행할 수 있어야 한다. 이와 관련하여 조직은 다음의 사항을 검토하고 완수해야 한다.

- 경영활동과 재무에 대한 책무
- 이사회 멤버에 대한 운영, 선발 및 공개방침에 있어서의 투명성
- 내부와 외부 감사의 독립성
- 이해관계사와 주주의 권익 보호

(1) 기업의 이해관계자

현대사회는 다양한 이해관계를 가진 사람들로 구성되어 있고 이들은 기업에 대해 다양한 요구를 하고 있다. 과거에는 이러한 요구를 하는 사람도 많지 않았고 설사 이러한 요구가 있었다고 하더라도 무시하면 되었다. 그러나 이제 이들의 요구를 무시했다가는 기업의 존립 자체가 어렵게 되었다. 그만큼 이해관계자나 이해관계자집단의 목소리가 커진 것이다.

원래 영어로 이해관계자(stakeholder)란 말은 주식소유자(stockholder)라는 개념에서 나왔다. 주식소유란 그 회사 주식의 일부를 가지고 있는 것이므로 주식소유자라는 말이 이해관계자라는 말과 같은 의미로 사용되었다.

그러나 이제 이해관계자란 말은 〈그림 2-18〉과 같이 기업의 다양한 내용에 대해 이해관계를 가진 사람이나 단체를 의미하게 되었다. 즉, 기업의 활동, 의사결정, 정책 등에 의해 영향을 받는 이해관계자는 반대로 기업의 활동, 의사결정, 정책 등에 영향을 미칠 수 있게 된 것이다. 다시 말하면 이해관계자란 '기업의 활동, 의사결정, 정책, 목표 등에 의해 영향을 받거나 또는 영향을 줄 수 있는 사람이나 단체'를 말한다.

그렇다면 누가 기업의 이해관계자인가? 우선은 일차적 이해관계자와 이차적 이해관계자로 나눌 수 있다. 일차적 이해관계자에는 기업의 주주, 직원, 고객 및

그림 2-18   기업의 이해관계자

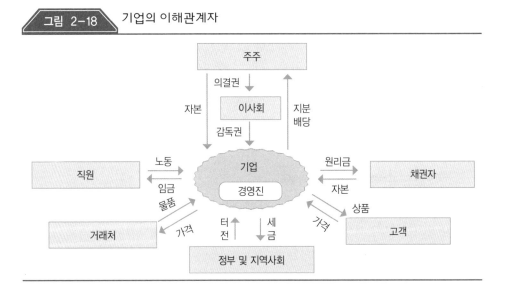

원재료공급자를 포함시킬 수 있다. 이차적 이해관계자로는 지역사회, 언론, 환경 단체, 소비자단체 등을 들 수 있다. 그러나 이차적 이해관계자는 상황에 따라 얼마든지 일차적 이해관계자로 바뀔 수 있다.

(2) 지배구조 시스템

기업의 지배구조(corporate governance)는 기업 내에서 이러한 이해관계자 간의 견제와 균형시스템을 의미한다. 즉, 지배구조란 기업의 책무를 행사하는 관리 및 통제의 시스템을 말한다. 지배구조는 기업의 소유주나 주주, 이사회 및 경영진의 책무를 포함한다. 기업의 설립강령, 정관, 정책 등은 각 이해관계자의 권리와 책임을 담고 있으며, 소유주·주주와 기타 이해관계자에 대한 책무, 운영의 투명성, 모든 이해관계자를 공정하게 대우하도록 조직이 어떻게 감독·관리되는가를 기술한다. 지배구조 프로세스는 전략 방향의 승인, 최고경영자(CEO)의 성과에 대한 모니터링 및 평가, 경영진 보상의 책정, 승계계획, 재무감사, 리스크 관리, 공시 및 주주보고 등을 포함할 수 있다. 효과적인 지배구조를 확보하는 일은 이해관계자와 사회의 신뢰 및 조직의 효과성에 매우 중요하다.

우리나라의 기업지배구조는 1997년의 외환위기 이후에 주총의 활성화, 사외이사제도와 감사위원회의 도입, 임원책임보상제도와 집단소송제의 도입 등의 중요한 제도개혁을 마무리한 단계에 있다. 그러나 우리나라 기업의 지배구조는 이러한 제도개혁만으로는 성과를 거둘 수 없는 특수성이 있다. 그것은 대주주의 지배라는 한국적 특수 환경이다. 소위 오너라고 불리는 총수가 아직도 많은 계열사를 거느리고 전권을 행사하는 구태를 벗어나지 못하고 있다.

지배주주는 매우 적은 지분을 보유하고 있으면서도 계열사간 상호출자에 따른 계열사 지분을 통해 거대한 그룹을 지배하고 있다. 그러므로 경영의 투명성을 확보해서 지배주주가 자신의 투자에 대한 유일한 수익확보방법이 주가극대화를 통해서만 이루어지게 기업을 둘러싼 법적·제도적 환경을 개선해야 할 것이다.

우수한 기업은 소유와 경영이 분리되어 있어서 전문경영의 가능성이 확보되어 있고, 경영의 견제 역할을 수행하는 사외이사, 소액주주보호제도가 활성화되어 있다. 또한 우수한 기업은 투자자가 합리적으로 의사결정을 진행할 수 있도록 회계정보의 투명성이 확보되어 있다. 즉, 제공된 회계정보를 바탕으로 시장의 감시장치가 제대로 작동됨으로써 부실기업의 덩어리가 커지기 전에 구조조정이나,

퇴출 또는 정리의 단행 여부를 투자자가 시장논리에 의하여 자율적으로 결정할 수 있다.

회계정보 투명성이 결여된 원인의 내용을 측정하여 기업의 회계 투명성 수준에 대한 제도적, 실행적 수준을 파악한다. 구체적으로 회계감사 활동에 대한 투명성 확보방침, 투명성 확보를 위한 제도적 장치, 상설감시기구, 회계정보의 공개를 위한 커뮤니케이션 방안, 보고서심사제도 등을 측정한다.

조직의 지배구조 시스템과 관련된 실례를 들어보기로 한다. B사는 전문경영인 체제와 독립적인 이사회를 중심으로 글로벌 스탠다드에 부합하는 기업지배구조 모범규준 권고안을 대부분 채택하고 있으며, 기업지배구조 헌장을 제정, 선포하였다.

B사의 이사회는 총 10명의 이사(상임이사 3명, 사외이사 7명)로 구성되어 있으며, 사외이사의 비율은 70%이다. 사외이사 임기는 3년이며, 조사전문기관-인선자문단-사외이사후보 추천위원회의 3단계 프로세스를 거쳐 선임된다. 이사회 의장은 CEO와 분리되어 사외이사 중에서 선출되며, 임기는 1년이다.

이사회 내 전문위원회는 〈표 2-7〉과 같이 5개를 두고 있으며, 감사위원회, 평가 및 보상위원회, 내부거래위원회는 사외이사로만 구성되어 있다.

B사는 집중투표제와 서면투표제 도입을 통해 소액주주의 권익을 보호하고 있으며, 매년 당기순이익의 50% 이상을 주식소각과 배당 등으로 주주에게 환원하고 있다. 또한 의사결정의 책임성과 주주가치를 높이기 위한 노력의 일환으로 사외이

표 2-7 전문위원회 구성 및 역할

구 분	구 성	역 할
감사위원회	사외이사 4명	회계 및 감사업무, 내부통제시스템 평가
사외이사후보 추천위원회	사외이사 전원, 상임이사 1명	사외이사후보 추천에 필요한 사항 심의
평가 및 보상위원회	사외이사 5명	CEO 경영계약 및 평가, 경영진 보상에 관한 사항
내부거래위원회	사외이사 5명	대규모 내부거래 이사회 의결 및 대상거래항목 사전 심의
상임위원회	상임이사 3명	지점의 설치, 이전 및 폐지, 사채모집에 관한 사항

그림 2-19 | 지배구조원칙

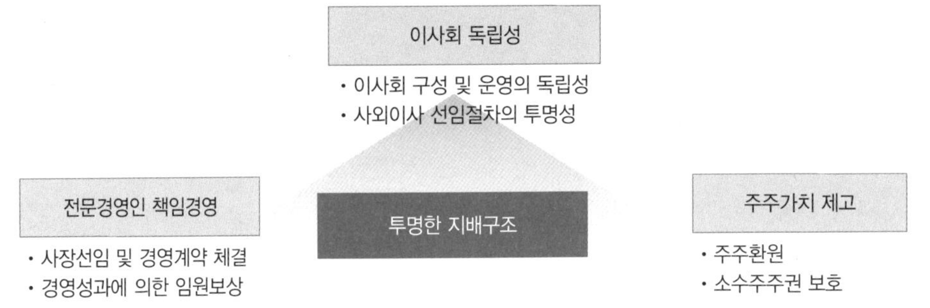

이사회 독립성
- 이사회 구성 및 운영의 독립성
- 사외이사 선임절차의 투명성

전문경영인 책임경영
- 사장선임 및 경영계약 체결
- 경영성과에 의한 임원보상

투명한 지배구조

주주가치 제고
- 주주환원
- 소수주주권 보호

사가 자발적인 합의를 통해 매월 활동비로 회사주식을 매입하고 있다.

〈그림 2-19〉는 B사의 지배구조원칙을 보여주고 있다.

B사는 재무정보의 신뢰성을 높이고 투명경영을 실현하기 위하여 주요 업무 프로세스에 대한 내부통제 평가체제를 구축하여 운영하고 있다. B사의 내부통제 평가체제는 업무의 효과성과 효율성 확보, 재무보고 내부통제는 거래의 적절한 승인과 기록, 규정에 의한 업무처리, 회사자산의 보호, 부정방지 등과 관련한 활동뿐만 아니라 임직원의 윤리의식, 이사회 활동 등 투명한 기업지배구조에 관련한 사항도 포함하여 회사의 모든 구성원이 수행하는 제반 프로세스의 적절성을 감독하고 평가한다.

B사는 재무보고와 관련된 전사 업무 프로세스를 세분하여 약 1천 개의 통제 활동을 문서화하고 설계 및 운영의 효과성에 대한 평가를 시행하며, 그 결과를 외부감사인의 감사를 받아 국내외 감독기관에 제출한다.

본사·사업부서는 재무제표에 영향을 미칠 수 있는 주요 활동을 문서화하여 관리하고 있으며, 매 평가 시마다 본사·사업부서에서 선발된 통제평가자가 테스트를 수행하고 본사·사업부서의 평가단위 부서장이 평가결과에 대하여 인증한다. 재무실의 내부통제 전담부서에서는 평가 결과의 정확성에 대한 검증을 수행하여 내부통제의 유효성을 점검하고 있다. 경영진은 내부통제 평가결과를 매 반기마다 감사위원회 및 이사회에 보고하고 있다.

평가 결과 발견된 업무 프로세스상의 미비점에 대해서는 즉각 개선 조치가 이루어지며, 향후 동일한 문제가 재발되지 않도록 재무실, 윤리경영실 및 통제주관부서에 의하여 수시로 모니터링이 이루어진다.

(3) 경영진과 이사회의 성과평가

경영성과는 경영진의 리더십 효과를 파악하는 가장 중요한 기준이 된다. 경영진의 성과평가는 공식적인 성과정보뿐만 아니라 동료에 의한 다면평가, 직원과 기타 이해관계자의 설문조사나 피드백 등을 통해 수집된 정보에 의해 이루어질 수 있다. 이러한 평가 결과를 토대로 경영진은 경영활동의 개선점을 찾아 전개한다. 이사회 멤버도 그들의 성과를 평가받아야 한다. 그 결과는 그들의 개인적인 리더십은 물론이고 이사회 구성과 운영의 개선에 반영되어야 한다.

최고경영자를 포함한 경영진 및 이사회의 성과평가와 관련된 실례를 들어보기로 한다. B사는 이사회의 효율적인 운영을 위해 매년 이사회 평가를 실시하고 있으며, 아울러 이사의 책임성 제고를 위한 이사 개인평가도 시행하고 있다. 〈표 2-8〉은 최근 3년간 이사회 활동의 평가 결과를 보여주고 있다.

전문경영인의 책임경영체제를 확립하기 위해 이사회는 CEO와 경영계약을 체결하며, CEO의 성과연봉은 평가 및 보상위원회에서 결정한 정량평가와 정성평가를 종합한 전사 경영실적에 따라 지급된다. 정량평가는 영업이익 등의 항목에 대하여 이사회에서 정한 경영목표 및 비교 대상기업과 대비한 성과달성 정도를 바탕으로 이루어지며, 정성평가는 중기 경영전략, 혁신 및 대외 경쟁력 등의 주요 사업별 추진 노력도를 평가하여 산출된다. CEO를 제외한 상임이사와 집행임원에게는 전사 경영성과 평가 및 담당부서의 조직평가 결과 등에 따라 성과급이 지급되며, 이밖에 보상에 대한 일체의 세부사항은 평가 및 보상위원회에서 결정된다.

표 2-8   이사회 활동 평가 결과

구 분	D-2년	D-1년	D년
이사회 개최횟수(회)	9	10	12
이사회 평균참석률(%)	94	94	97
상정안건(건)	36	47	40
수정의결비율(%)	11.1	10.6	10.0
사외이사 발언비중(%)	56	72	79
이사회 평가 결과(점)	4.25	4.48	4.55

＊이사회 평가 결과 점수는 5점 만점 기준

(4) 리더십의 효과성과 리더십 시스템의 개선

경영진과 이사회는 성과검토 사항을 리더십의 효과성과 리더십 시스템을 개선하는데 활용해야 한다. 경영진의 리더십 유효성에 대한 평가 및 개선은 급변하는 경쟁환경에서 매우 중요한 부분이다. 리더십의 결과는 조직성과로 나타난다고 볼 수 있다. 경영진은 리더십 유효성의 평가를 통하여 새로운 요구와 기회에 적응하여 쉽게 변할 수 있는 유연하고 반응이 빠른 조직을 구축하여야 한다. 즉, 전략개발과 성과검토 과정에서 그들의 역할을 통해 경영진은 변화하는 기회와 요구에 맞는 리더십과 조직을 정렬할 필요가 있다.

2. 합법적 및 윤리적 사업수행

(1) 환경 및 안전관리

환경문제에 대한 범세계적 논의가 기업성과에 결정적 영향을 미칠 변수로 부각됨에 따라 기존의 환경에 관한 관리, 기술개발 및 투자활동이 더 이상 충분한 수준이 될 수 없다는 위기감이 고조되고 있다. 따라서 새로운 환경경영 패러다임에 입각한 경영전략의 수립이 강력히 요구되고 있다.

지금까지 기업이 추구해 온 '이윤극대화'만으로는 안정적 성장이 보장되지 않을 것이므로 '경제적 수익성'과 '환경적 지속가능성'의 조화를 새로운 기업경영의 목표로 삼아야 한다. 따라서 우수한 기업은 환경관리, 기술개발 및 투자활동 등의 경영전략을 새로운 환경경영 패러다임에 입각해서 수립한다. 이러한 환경경영은 경영성과상에서의 수익이 될 뿐만 아니라 지역사회에 대한 공익성 수준으로 발전하고 있어서 기업 이미지 제고에 간접적인 촉진 역할을 맡게 되었으며 기업의 사회적 책임이라는 측면에서도 그 중요성이 커지고 있다.

(2) 윤리경영

기업경영의 궁극적인 목적이 단순히 창출되는 이윤의 극대화를 넘어서 기업이 지속적인 성장을 통해 유지 존속할 수 있는 지속가능경영이 중요한 관심사로 대두되면서 기업윤리의 확립을 통한 윤리경영의 실천이 기업의 전략적 주요 과제로 대두되고 있다. 윤리경영이란 기업의 경영 및 경영과 관련한 활동에 있어 윤리를 최우선 가치로 인식하고 모든 업무활동의 기준을 윤리규범에 두고 투명하고 공정하게 업무수행을 하는 것이다. 즉, 기업의 윤리경영은 경제적으로 생존가능하고 법적으로도 투명하며 사회적으로도 균형을 유지하는 지속가능경영을 의미한다.

기업이 윤리경영을 추진하기 위해서는 윤리경영에 대해 정확한 이해를 하고 확고한 윤리기반을 수립하여 이를 바탕으로 한 윤리경영 시스템을 구축하는 것이 필요하다. 더불어 다양한 실천활동으로 윤리경영을 기업문화로 정착하여 전사적으로 체질화 하는 것이 중요하다. 또한 고객·임직원·협력사·주주 등 기업의 이해관계자와 윤리강령에 대한 공감대를 형성한 후에 적극적인 동참과 지지로 실천되어야 한다. 윤리강령은 기업윤리를 달성하기 위한 실천사항으로 '어떻게 올바른 일을 행해야 하는가'를 제시하며, 이해관계자별로 회사와 직원이 지켜야 할 기본정신과 원칙에 따른 구체적인 행동기준을 포함한다.

전경련이 제시하고 있는 효과적인 기업윤리의 관리를 위한 체계는 〈그림 2-20〉과 같다.

기업윤리 추진에서 선행되어야 하는 것은 최고경영자의 확고한 윤리관의 수립과 이에 대한 실천 의지이며 이를 바탕으로 한 공표와 명시가 중요하다. 이는

그림 2-20 기업윤리 관리체계

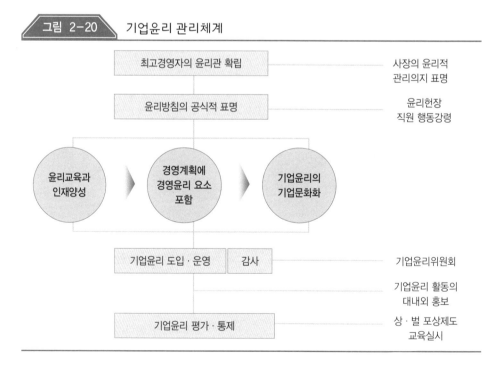

공식적으로 규정되고 문서로 표명됨을 의미한다. 이러한 기업윤리는 직원을 포함하는 기업의 모든 이해관계자에 대한 교육과 공유가 이루어지고 기업의 경영계획에 포함됨으로써 기업의 문화로서 자리매김을 해야 한다. 이러한 기업윤리의 실행은 지속적인 평가를 통해 개선되고 보완됨으로써 기업의 의사결정에 최우선 가치로서 기준이 되고 경영활동에 준거가 되어야 한다.

2005년에 국가 청렴위원회는 해외의 글로벌 스탠다드와 국내의 평가 모델의 단점을 보완하고 종합하여 국내 경영환경에 맞는 윤리경영의 지침을 제공하기 위해 공기업 윤리경영 모델을 제시하였다. 이는 CEO의 강력한 의지를 바탕으로 명확한 방침의 공표 아래 조직 및 시스템을 구축하고 다양한 기업 이해관계자에 대한 실천 프로그램을 제시함으로써 공기업뿐만 아니라 일반 기업의 경영에도 적용하기에 적합한 모델이라고 할 수 있다. 공기업 윤리경영 모델의 구성은 〈표 2-9〉

표 2-9 공기업 윤리경영모델

구 분		항 목	세부 항목
방 침		윤리방침	윤리강령·실천지침 제정, 기업문화 정착 등
		윤리경영의지	윤리경영 선포, 윤리경영 네트워크 참여 등
조직 및 시스템		추진조직	윤리경영 전담조직, 윤리경영위원회 등
		추진전략	윤리경영 전략수립, 윤리경영의 경영전략화 등
		성과관리	윤리경영 교육, 윤리경영 성과평가 및 보상 등
실행·프로그램	고 객	고객만족	고객만족 시스템 구축, 고객 의견수렴 채널 확보 등
		고객보호	제품(서비스)의 신뢰성·안전성 제고, 고객정보보호 등
	임직원	노사관계	노사협의회 구성·운영, 임직원 의견수렴 등
		인적자원관리	임직원 다양성 확보, 공정한 성과관리 등
		보건안전	보건안전 인프라 구축, 성과관리 등
	협력사	계약투명성	불공정 거래 배제, 입찰·거래과정의 투명화 등
		협력사 관계	협력사 자금·기술 지원, 교육 및 모니터링 등
	일반사회	사회공헌	사회공헌 조직 구축, 사회공헌 프로그램 시행 등
		정보공개	정보공개체제 확립, 외부 커뮤니케이션 확대 등
	환 경	환경경영	환경경영 조직 구축, 환경성과 관리 등
		환경위험관리	자율규제 준수, 환경위험요인 제거 등

| 그림 2-21 | 윤리경영 모델 |

기업 이해관계자로부터의 지속적 신뢰와
자율성을 바탕으로 한 지속가능경영

고 객	임직원	협력사	일반사회	환 경
• 고객만족 – 고객만족 시스템 구축 – 고객 의견 수렴 채널 확보 • 고객보호 – 제품/서비스의 신뢰성·안정성 제고 – 고객정보 보호	• 노사관계 – 노사협의회 – 임직원 의견수렴 • 인적자원관리 – 임직원 다양성 확보 – 공정한 성과관리 • 보건안전 – 보건안전 인프라 구축	• 계약투명성 – 불공정 거래 배제 – 입찰·거래의 투명화 • 협력사 관계 – 자금·기술지원 – 교육 및 모니터 링	• 사회공헌 – 사회공헌조직 구축 – 사회공헌 프로그램 시행 • 정보공개 – 정보공개 체제 확립 – 외부 커뮤니 케이션 확대	• 환경경영 – 환경경영 조직 구축 – 환경성과 관리

윤리경영 추진조직 및 시스템

CEO의 강한 확신과 의지

와 같다.

조직이 모든 이해관계자와의 상호활동에서 윤리적인 사업수행을 촉진하고 보장하는 것과 관련된 실례를 들어보기로 한다. 〈그림 2-21〉은 C사가 실행하고 있는 윤리경영의 틀을 보여주고 있다.

1) 윤리경영을 위한 CEO의 강한 확신과 의지

C사의 윤리헌장인 'C사의 길'은 다음과 같이 명시하고 있다. 첫째, 우리는 신뢰와 존중을 바탕으로, 임직원의 보람과 행복을 중시한다. 둘째, 우리는 법과 원칙을 준수하고, 투명한 경영활동을 실천한다. 셋째, 우리는 투명하고 공정한 거래를 통해 협력사와의 동반성장을 실현한다. 넷째, 우리는 환경보호와 사회공헌에 대한 기업의 사회적 책임을 다한다. 다섯째, 우리는 고객을 최우선으로 생각하고, 고객이 원하는 참된 가치를 제공한다. 여기에는 임직원과 고객, 협력사와 주주, 국가와

표 2-10	윤리강령	
구 분	목표가치 및 비전	주요 내용
사원존중 경영	• 상호발전을 위한 책임 완수 • 합리적인 기업문화 조성	• 인재 발굴·양성, 차별금지, 쾌적한 근무환경 • 공정한 평가, 합리적 보상, 경영현황 공유 • 윤리적 가치관 유지, 협력적 문화
고객존중 경영	• 고객존중 정신의 실천 • 풍요로운 생활문화 창조	• 고객의 소리 경청, 참된 가치 제공 • 안전과 품질, 약속의 준수, 정보보호, • 합리적 가격정책, 고객의 행복 추구
협력사 존중경영	• 투명한 거래문화 정착 • 합리적 상호발전 추구	• 상호존중, 협력사 발굴 및 육성 • 평등한 기회, 공정한 절차, 합리적 계약 • 부당행위 금지, 윤리경영 공동실천
주주중시 경영	• 투명하고 합리적인 경영 활동 • 부단한 가치창출과 성과 공유	• 주주의 권리존중, 효율경영 추구 • 이사회 독립성, 회계투명성, 적극적 공시 • 기업가치 향상, 장기적 이익 보장
사회책임 경영	• 자유시장 질서존중과 사회공헌 • 지속가능한 성장 추구	• 국가, 사회질서 존중, 기본책무 수행 • 건전한 기업활동, 정치활동 금지, 공정경쟁 • 환경보호, 사회봉사, 미래사회 번영 기여

사회를 포함하는 이해관계자에 대한 존중과 배려가 포함되어 있는 것이다.

이와 같이 윤리헌장을 명문화하여 공표함으로써 모든 임직원은 기업이 지향하는 바를 공유하고 있다. 추가적으로 윤리적인 의사결정과 행동기준에 대한 판단 근거를 제시하는 기준으로서 윤리강령을 제정하여 공표하고 있다. 구체적인 윤리강령은 〈표 2-10〉과 같다.

2) 윤리경영 추진조직 및 시스템 구축

C사는 기업이 윤리경영을 효과적으로 관리하고 수행하기 위해 윤리경영 전담 부서인 기업윤리 사무국을 두어 윤리경영에 관련된 제도를 수립하고 운영하며, 전 임직원에게 교육하고 평가하는 업무를 수행하고 있다. 기업윤리 사무국은 백화점의 기업윤리팀을 신설하고 점포별로 윤리파트를 두어 각 사업부별 윤리경영 실천을 관리하고 있다.

C사는 전사적인 공감대와 호응을 통해 윤리경영 실천의 추진력을 발휘하기 위해 CEO 경영철학에 맞는 윤리적 리더십 모델을 개발하고, 계층별 역할에 맞는

윤리경영 교육 실시를 위한 전 과정을 기업 자체적으로 개발하여 시행하고 있다. 연 1회 사내 임원을 대상으로 윤리경영 워크숍을 통해 전년도 윤리경영의 실천 결과를 리뷰하고 당해 연도 주요 추진계획을 수립하고 공유함으로써 평가를 바탕으로 향후 방향에 대한 일치성을 모색하고 있다. 또한 직급별 입문교육 과정 프로그램으로서 윤리적 리더십, 윤리적 매니지먼트, 직무윤리 워크숍, 윤리경영 입문 등의 주제로 연수원 교육을 진행하고 있다.

또한 C사는 윤리경영 성과에 대해 대표이사에 대한 평가를 비롯하여 임원평가, 팀장평가 등 평가대상과 방법을 세분화하여 평가한 후, 인사고과에 반영하고 윤리대상 시상제도를 도입, 운영함으로써 구체적이고 실질적인 윤리경영 실천활동이 이루어질 수 있도록 노력하고 있다. 대표이사 윤리경영 평가는 연 1회 실시되는 대표이사 인사고과 평가에 소속회사 내 윤리경영지수 평가를 통해 그 결과를 인사고과에 20% 반영하고 있다. 임원 및 팀장의 윤리경영은 윤리실천도를 평가하여 그 결과를 인사고과에 10% 반영하고 있다. 이와 같이 윤리경영 성과 평가가 반영된 인사고과는 그 등급에 따라 임원 인사와 팀장 연봉 책정 및 승격 전형에 반영된다. 또한 매년 10월 개최되는 회사 창립 기념일 행사에서 1년간의 윤리경영 실천성과가 우수한 사업장, 개인, 협력사를 선정하여 시상하는 '윤리대상'제도를 시행하여 포상함으로써 윤리경영 실천에 대한 특별한 보상과 격려를 통해 이해 관계자의 적극적인 참여를 유도하고 있다.

3) 윤리경영 수준 측정 및 피드백

C사는 윤리경영을 보다 내실 있게 추진하기 위해 윤리경영지수를 자체적으로 개발하였다. 윤리경영지수는 윤리경영 실천의 핵심이었던 윤리경영 6대 테마(고객 존중 경영, 준법경영, 협력사 존중경영, 청결경영, 인재중시 경영, 사회봉사 경영)와 경영투명성을 중심으로 개념을 정리하고 이를 바탕으로 각 개념에 부합하는 항목을 개발하여 7개 실천 테마, 29개 평가지표, 74개 평가항목으로 구성되어 있다. C는 윤리경영지수를 윤리경영의 실천력 향상을 위한 자료로 활용하기 위해 연 1회 평가를 실시하여 그 결과를 1월 윤리경영 임원 워크숍에서 발표하고 회사의 윤리경영 중점 추진전략에 반영하고 있다. 또한 각 회사별 임원평가와 윤리대상 선정을 위한 윤리경영 평가항목의 기초자료로 활용하고 있으며, 경영환경 변화를 고려하고 평가의 신뢰 향상을 위해 매년 수정 및 보완해 나가고 있다.

| 그림 2-22 | 이해관계자별 윤리지수 평가의 구성 |

윤리경영

실천과정	종합적 계획 – 실무에 적용 – 실천가능영역의 업무 개선 – 피드백			
	임직원	협력사	고 객	주 주
종합 평가	임직원 종합 평가지수 E-TEI Employee-Total Ethics Index	협력사 종합 평가지수 F-TEI Family-Total Ethics Index	고객 종합 평가지수 C-TEI Customer-Total Ethics Index	주주 종합 평가지수 S-TEI Stockholder-Total Ethics Index
영역별 평가	임직원 영역별 평가지수 E-CEI Employee-Total Ethics Index by Category	협력사 영역별 평가지수 E-CEI Family-Total Ethics Index by Category	고객 영역별 평가지수 C-CEI Customer-Total Ethics Index by Category	주주 영역별 평가지수 E-CEI Stockholder-Total Ethics Index by Category
인프라	경영이념, 윤리경영 규범, 실천지침, 윤리경영 추진방향에 대한 이해도			

추가로 이해관계자별 윤리지수 평가를 주기적으로 실시함으로써 협력사를 포함하는 이해관계자에 대한 윤리경영을 중점적으로 수행하고 있다. 〈그림 2-22〉는 이해관계자별 윤리지수 평가의 전반적인 구성을 보여준다.

(3) 공정경쟁 및 협력업체 관계

기업관계 투명성은 크게 독점규제(공정경쟁)와 공정거래로 나눌 수 있다. 따라서 우수기업은 기업 간에 자유롭고 공정한 경쟁을 보장하고 상대적으로 약자인 소비자를 보호하는 기업이다. 즉, 상대방에 대한 차별, 경쟁 사업자를 배제하는 행위, 부당한 거래 강요 행위, 지위 남용 행위, 허위 과장광고, 경쟁사에 대한 비방 등을 행하지 않는다. 기업관계 윤리성은 경쟁사뿐만 아니라 협력사에 있어서도 그 중요성이 커지는 추세이므로, 여기에서는 자체적으로 통제할 수 있는 상설화된 내부 감시장치와 부당광고 감시기구, 기업간 부당거래 수준을 통하여 기업관계 투명성을 파악하고 있다.

기업관계 투명성이 공정한 거래 및 경쟁의 측면이라고 한다면 협력사 관계에 대한 윤리성은 협력사와의 거래관행에 대한 측면이다. 우수한 기업은 기술적, 관리적 측면에서 협력사를 육성하기 위해 지원하고, 합리적인 납품가격의 결정과 대금지불 관행을 통하여 공정한 관계를 형성해 나간다. 따라서 모기업과 협력사 간에는 상생적 관계를 가져가는 것이 필요하다. 이를 위해 협력사를 위한 기술적, 관리적 지원수준과 협력사의 만족도 등을 측정한다.

(4) 윤리적 사업수행의 척도 · 지표

윤리적 사업수행의 척도·지표로는 독립적인 이사회 멤버의 비율, 윤리적 사업수행 위배 및 대응 사례, 조직윤리에 대한 직원 인식 조사결과, 윤리 핫라인 사용, 윤리검토 및 감사의 결과 등을 포함할 수 있다. 또한 방침, 직원 훈련 및 모니터링 시스템이 이해상충 및 자금의 적절한 사용에 관해서 제대로 구축되어 있다는 증거를 포함할 수 있다.

3. 사회공헌: 지역사회와 사회공동체 지원

조직은 지역사회와 사회공동체를 파악하여 참여와 지원을 위한 중점대상을 결정하고, 경영진과 직원은 주요 지역사회와 사회공동체를 지원하는 활동을 해야 한다. 조직의 지역사회와 사회공동체 지원은 실질적인 사회와의 관계 형성을 위한 조직의 노력이 조직의 사회에 대한 역할수행이라는 측면에서 사회적 책임의 중요 요소로 여겨지고 있다. 여기에서 적절한 지원 사회공동체의 분야는 지역 사회공동체 서비스, 교육 및 보건, 환경 및 직업, 비즈니스 또는 전문가 단체의 실습 등을 강화하기 위한 조직의 노력을 포함할 수 있다.

우수한 조직은 기업에게 요구되는 법적, 경제적 역할 수행의 범위를 넘어서 사회의 한 구성원(시민)으로서 사회와의 바람직한 관계를 형성하기 위해 다양한 분야에서 지역사회와 사회공동체의 발전을 위한 활동에 참여하고 기여한다. 사회단체에 대한 지원, 지방자치단체에 대한 지원, 장애인에 대한 고용수준 등을 통하여 재정적 지원과 관련된 사항으로 측정한다.

4. (주)명왕성 낚시 사례

(1) 조직의 지배구조

1) 지배구조 시스템
조직은 지배구조 시스템의 주요 사항을 다음과 같이 검토하고 완수하고 있다.

경영활동에 대한 책무

CEO는 매분기 회사성과 뿐만 아니라 윤리 및 규제 준수를 이사회에 보고한다. 이사회는 미션선언문과 행동강령을 제시한다. 현재까지는 어느 경영진에게도 위반건수가 없었다.

재무에 대한 책무

회사는 재무예산의 합리적 집행과 예산관리의 평가 및 개선을 실시하여 재무 리스크의 대응방안을 마련하고 재무구조의 안전성과 건전성을 유지하고 있다. 연도별로 이사회는 잘 정의되어 있고, 측정가능하며, 달성가능한 회사의 재무목표를 설정하고 검토한다. 매분기 이사회에서 목표 대비 성과를 검토한다. 독립기관이 회사의 재무제표를 감사한다. 이해관계자의 목표가 달성되지 못한 연도에는 보고서가 이사회에 제출된다. 또한 적자 개선을 위한 실행계획도 이사회에 보고된다. 이같은 상황은 이익분배 때문에 회사목표와 이해관계자 요구사항을 충족시키지 못한 2015년에 발생했다. 학습 사이클을 통해 적자를 시정하는 실행계획이 수립되었고, 그 결과는 매우 성공적이었다.

이사회 멤버에 대한 운영, 선발 및 공개방침에 있어서의 투명성

명왕성 낚시는 이사회의 독립성 확보 노력으로 2015년 3월 정기총회에서 이사회의 사외이사 비율을 50%까지 높이기로 결정하였다. 그리고, 이사회 중심 경영을 활용하여 경영투명성 제고를 목적으로 하는 이사회 회의 소집 및 개최 프로세스를 수립하여 이사회 운영효율성을 높이고 있다.

이사회는 법·윤리·규제 준수 보고서를 통해 매분기 모든 법·윤리·규제 이슈를 완전 공개할 것을 요구한다. 이사회는 회사의 모든 정보에 항상 접근할 수 있다.

내부와 외부 감사의 독립성

감사의 독립성은 외부 감사기관의 선정 및 감사대상 부서 이외의 내부 자원 활용으로 이루어진다. 회사는 ISO 품질경영체제 인증과 재고감사를 위해 내·외부 자원을 이용하며, 재무감사를 위해 외부 감사자를 활용한다. 상위 리더십 팀은 프로세스 관리회의에서 외부 ISO 품질경영체제 인증심사 결과뿐만 아니라 ISO 내부 감사 결과, 연간 재고감사 결과를 검토한다.

감사는 경영의 투명성과 경영진에 대한 견제기능을 강화하기 위해 독립된 감사기능을 수행하고 있다. 감사위원회는 사외이사 3명으로 구성되어 있으며 회사의 회계 및 업무감사, 영업에 관한 보고 요구, 회사의 업무와 재정상태를 조사하는 역할을 수행하고 있다. 내부 감사는 36개 감사대상 중 리스크와 감사주기를 고려하여 매년 6개 대상을 선정하여 경영감사팀에서 독립적으로 수행한다. 감사기구는 리스크를 사전에 예방하기 위한 내부통제 시스템을 운영하는데, 내부회계관리제도 평가 및 결과 피드백, 공시서류 사전 확인 및 사후 점검, 예산 집행 사전감사, 주요 사고조사, 거래업체 불편신고에 의한 부조리 개입 방지 등 다양한 형태의 감사정보를 분석하고, 위험요소를 발굴하여 리스크 발생을 사전에 예방하고 있다. 또한, 외부 감사인의 매분기 재무제표에 대한 검토와 회사경영 전반에 대한 업무수행 적정성을 검증받고 있다.

이해관계자와 주주의 권익 보호

명왕성 낚시는 주요 사항에 대한 안내공시 및 자진공시를 활용하여, 회사의 주요 경영사항을 수시로 전달하고 있으며, 정기적인 IR활동으로 경영성과 및 재무정보를 투명하게 공개함으로써 이해관계자와 주주로부터의 신뢰를 지속적으로 확보하려는 노력을 하고 있다. 또한 거래업체 탐방과 현장 기업설명회 시행 등 다양한 IR활동으로 외부 이해관계자 및 주주에게 정확한 경영정보를 제공하고 있다.

상위 리더십 팀은 성과검토회의에서 회사목표에 대한 성과를 검토한다. 회사목표는 모든 이해관계자의 핵심 요구사항 간에 균형을 맞추는 것이다. 이사회는 매분기 회사목표와 주주 핵심 요구사항을 검토한다.

2) 경영진의 성과평가

회사는 최고경영자를 포함한 경영진의 성과를 다음과 같이 평가하고 있다. 이사회는 경영진 및 CEO 성과의 효과성을 측정하기 위해 매분기 회사목표와 법·윤리·규제 준수에 대한 성과를 검토한다. CEO는 회사목표, 전략계획 실행, 예산집행 등의 성과로 사장을 평가한다. 사장은 부서 프로세스 성과, 부서 전략계획(전사 실행계획 포함) 및 운영계획, 부서 예산집행으로 상위 리더십 팀을 평가한다. CEO와 사장은 성과를 검토하기 위해 매주 만난다. 사장은 상위 리더십 팀을 개별적으로 만나고, 프로세스 관리회의에서 그룹으로 만난다. 성과검토 결과는 CEO가 사장에게, 사장은 경영진에게 전달한다.

3) 이사회의 성과평가

회사는 이사회의 성과를 다음과 같이 평가하고 있다. 이사회는 조직의 비전을 달성하고 지속가능성을 확보하는데 초점을 맞추고 있다. 따라서 회사의 성과와 성장을 유지하고 향상시키기 위해 이사회의 성과는 회사목표와 주주 핵심 요구사항의 효과성으로 평가된다.

4) 성과검토의 피드백

경영진과 이사회는 성과검토 사항을 리더십의 효과성과 리더십 시스템을 개선하는데 다음과 같이 활용하고 있다. 전면 평가와 함께 성과검토 사항은 전략목표, 실행계획 및 경영진의 개발계획에 반영되어 성과를 향상시키는데 활용된다.

(2) 합법적 및 윤리적 사업수행

1) 사회에 미치는 부정적 영향에 대한 대응

회사는 상품, 서비스 및 운영이 사회에 미치는 부정적 영향을 다음과 같이 인식하여 대처하고 있다. 회사는 법령과 규제의 요구사항을 확고히 지키는 프로세스를 만들고 전개하며 지속적으로 개선한다.

회사는 법과 규제 준수를 다룰 전담 관리자와 국제 세일즈 관리자를 채용하여 국내외 상품 규제를 관리한다. 또한 회사는 행동강령 항목인 '활동과 훈련을 통한 안전 촉진'을 강화하기 위해 안전 전문가를 채용했다. 회사는 포장에 사용되었던 모든 골판지를 재생 이용한다. 2015년에 VOC 프로세스를 통한 고객의 피드백으로 포장재료를 개선할 수 있었는데 스티로폼 포장재를 재생 프라스틱으로 만든 공기 팽창식의 베개부목으로 대체한 것이다. 회사는 이러한 시도로 연간 포장재 사용량을 줄였다.

2) 대중의 우려에 대한 예상 및 대처

명왕성 낚시는 현재와 미래의 자사 상품, 서비스 및 운영에 대한 대중의 우려를 다음과 같이 예상하고 있다. 상위 리더십 팀은 대중의 우려를 다루기 위한 분

기 고객중시회의에서 고객의 소리 청취소로부터 얻은 정보를 체계적으로 검토한
다. 회사는 한국프로낚시연맹(이하 KPFA) 등과 같은 주요 산업 단체와 제휴하고
있으며, 벤더나 낚시산업 전시회를 통해 정보를 얻는다. 낚시 규제 관련 사항은
주무부서인 농림수산식품부의 자원환경과와 기초단체의 공시 등을 통해 얻는다.
이것은 회사가 사업에 영향을 줄지 모르는 주요 산업 뉴스나 현안에 뒤처지지 않
도록 한다. 사업의 환경적 특성 때문에 산업 내의 특정 사안에 대한 고객의 반응
은 매우 민감할 수 있다. 불과 몇 년 전에 사업에 영향을 끼친 두 가지 사안이 산
업 내에서 발생했다. 하나는 한 회사의 홍보 실수였고, 다른 하나는 저명한 TV인
사의 논란이 많은 발언이었다. 회사는 즉각적으로 조치를 취하고 이들 사안에 대
한 입장을 밝혔다. 그 결과 명왕성 낚시에 대한 고객의 부정적 반응을 제거할 수
있었다. 이는 고객의 소리 청취소를 통해 회사의 대응에 대한 반응을 모니터링을
함으로써 알 수 있었다. 대중의 우려는 또한 부서별 SWOT 분석과정을 거쳐 파악
되고 평가되기도 한다.

　　명왕성 낚시는 대중의 이러한 우려에 대해 천연자원 보호와 효과적인 공급사
슬경영 프로세스 사용 등을 포함하여 적절하게 다음과 같은 능동적 방법을 준비하
고 있다. 회사는 변화하는 법적 및 사회적 우려에 대처하도록 유연성을 갖는 프로
세스를 설계한다. 상품배달 제한 프로세스는 규제 변화에 빠르게 대응하도록 한
다. 전국에 걸쳐 어느 상품의 판매도 즉시 제한될 수 있다. 새로운 개발 기획단계
에서 시설책임자는 적용될 수 있는 모든 규제 및 판결을 준수한다는 것을 확인시
키기 위해 중앙부처 및 기초단체에 종합입지계획을 제공한다. 이 계획은 현재의
요구사항뿐만 아니라 잠재적인 미래의 규제 및 판결까지도 충족되도록 설계된다.
회사는 수질 요구사항을 매월 점검한다. 회사는 농수산식품부와 기초단체에서 실
행 중이거나 제안 중인 규제를 주기적으로 모니터링하고 있다.

3) 법규 대응 프로세스, 척도 및 세부목표

　　명왕성 낚시의 규제 및 법적 요구사항에 충분히 대응하기 위한 핵심 준수 프
로세스, 척도 및 세부목표는 다음과 같다. 회사의 핵심 준수 프로세스는 상품배달
제한 프로세스이다. 이 프로세스는 중앙정부 규제 준수, 기초단체 규제 준수 등의
관련 척도를 포함한다. 이것은 상위 리더십 팀과 이사회에 법·윤리·규제 준수에
서 매분기마다 보고된다. 각 척도는 100% 준수를 목표로 삼는다.

4) 위험 및 제조물 책임 대응 프로세스, 척도 및 세부목표

제품, 서비스, 운영에 관련된 위험 및 제조물 책임에 대한 회사의 주요 대응 프로세스, 척도 및 세부목표는 다음과 같다. 상품, 서비스, 운영에 관련된 위험을 관리하기 위한 핵심 프로세스는 규제 준수, 물리적 위험관리, 법적 위험관리 및 보험 위험관리 프로세스 등이다. 이러한 부문 프로세스 하에서 위험관리 활동은 반드시 법규 준수를 하도록 수행된다. 예를 들어 모든 자산, 상품, 운영을 보호하기 위해 보험에 가입하고 있다. 떡밥과 찌 등과 같은 높은 위험 상품을 공급하는 모든 벤더는 상품의 유형에 따라 적용 액수를 달리하는 보험에 가입하도록 하고 있다. 회사의 척도와 목표는 100% 법규 준수이며 법·윤리·규제 준수보고서를 통해 이사회와 상위 리더십 팀에 매분기마다 보고된다. 경영진은 행동강령을 실천함으로써 솔선수범하고 있다.

5) 윤리적 사업수행

명왕성 낚시는 모든 이해관계자와의 상호활동에서 윤리적인 사업수행을 다음과 같이 촉진하고 보장하고 있다. 회사는 공정하고 투명한 기업경영을 실천하기 위한 임직원 행동강령을 제정하여 모든 경영활동에 있어서 행동과 가치판단의 기준으로 삼고 있다.

예비 채용단계에서 배경검토, 건강검진, 회사가치와 행동강령에 적합한지를 선별하는 신입사원 면접 프로세스는 윤리적 사업수행을 촉진한다. 회사는 부서와 전사 차원에서 게시, 부서 지식공유회의, 사업보고회, 신입사원 오리엔테이션을 통해 행동강령을 전달하며 벤더 파트너십 협약으로 벤더에게까지도 행동강령을 전파한다. 위반에 대한 조치와 이사회에 대한 매분기 법·윤리·규제 준수보고

그림 2-23 윤리경영 촉진활동

윤리경영 실천력 강화활동	윤리경영 교육 실시
매년 CEO을 포함한 전 구성원의 윤리 규정 준수 서약을 실시하고, 그룹웨어 내에 윤리경영 메뉴를 설치하고 윤리경영 레터 발행 등 커뮤니케이션을 강화함으로써 전 구성원의 윤리경영 의식을 제고하고 실천력을 높이고 있다.	2015년부터 전 구성원을 대상으로 온라인 윤리경영 교육이수제를 도입하였고, 신입사원과 승진자에게는 추가로 1시간의 워크숍 교육을 실시하여 윤리경영에 대한 마인드 제고 및 실천력을 강화하고 있다.

는 윤리적인 사업수행을 보장한다.

2015년에는 〈그림 2-23〉과 같이 윤리경영 실천력 강화활동과 윤리경영 교육 실시를 진행하여 윤리경영 환경을 지속적으로 개선하였다.

6) 모니터링 프로세스 및 지표

회사의 윤리적 사업수행을 모니터링 할 수 있는 주요 프로세스, 척도·지표는 다음과 같다. 명왕성 낚시는 윤리경영 자정 시스템을 운영하여 임직원의 권한남용 및 이권개입을 모니터링한다. 또한 구매에서 규정 준수, 임직원과 협력사와의 유착, 업무와 무관한 비용 사용 여부, 비정기적 자금실사 담당자 이동관리 등을 잘 준수하고 있는지 5월과 11월에 연 2회 점검하고 있다.

또한 윤리경영 위반사항은 위반 보고 프로세스를 통해 핵심 이해관계자(고객, 직원, 벤더, 주주)에게 전달된다. 척도와 지표의 목록을 확인하려면 법·윤리·규제 준수를 참조하라. 회사는 벤더에게 연 1회 정기적으로 윤리경영 실천과 관련한 설문조사를 실시하여 피드백하고 있다.

7) 위반의 감시 및 대응

회사는 윤리적 사업수행의 위반을 다음과 같이 감시하고 대응하고 있다. 상위 리더십 팀과 이사회는 매분기마다 행동강령과 법·윤리·규제 준수를 검토한다. 즉시 대응해야 하는 잠재적 행동강령 위반사항은 인사부서와 상위 리더십 팀에게 보고된다. 위반자는 사안별로 징계위원회 심의를 거쳐 상응하는 신분상의 불이익 조치를 받는다. 만약 위반사항과 관련해서 개선 기회를 포착하면 개선을 위한 실행계획이 수립된다. 일례로 직원 절도 사건이 발생했는데 그 사건으로 인해 직원 주문의 처리를 업무지시서에 포함하도록 프로세스를 개정하였다.

(3) 사회공헌: 지역사회 및 사회공동체 지원

명왕성 낚시의 주요 지역사회 및 사회공동체는 한국프로낚시연맹(KPFA), 주요 낚시단체, 한국낚시채널(FTV), 각종 낚시대회, 해당 지역사회 및 각 광역자치단체 등이다.

회사는 지역사회와 사회공동체를 다음과 같이 파악하여 참여와 지원을 위한 중점대상을 결정하고 있다. 이사회는 미션선언문을 제정하고, 상위 리더십 팀은 분기 리더십 회의에서 미션선언문의 적용대상이 되는 주요 사회공동체와 영역을 결정한다. 상품구매, 마케팅, 주문처리 및 물류의 핵심역량은 주요 사회공동체에 가치를 제공한다. 예를 들어 기금모금을 위해 KPFA가 낚시 관련 서적을 판매했는데 이때 회사는 서적 선적을 돕는데 물류 핵심역량을 이용했다. 회사는 KPFA 후원 낚시대회에 기부하는 모금 프로세스에 주문처리 핵심역량을 이용했다. 또한 회사는 주요 낚시단체의 스폰서십을 유지하는데 마케팅 핵심역량을 이용했다.

회사의 임직원은 주요 지역사회 및 사회공동체를 다음과 같이 지원하고 강화하고 있다. 미션선언문에 정의된 바와 같이 회사의 전략과 문화는 KPFA와 낚시산업을 포함하는 주요 사회공동체를 지원하는 것이다. 회사가 주요 사회공동체를 적극적으로 지원하고 개선한 예는 다음과 같다. 전문가 수준의 낚시강좌 개설, 지역주민과 함께 하는 '낭만의 낚시여행' 이벤트 개최, 한국낚시채널(FTV)의 '낚시터에서의 토요일' 프로그램 개발, 각종 낚시대회 지원, KPFA 및 낚시단체에 대한 기부, 헌혈, 지역 자선 바자회 주도, 고교 운동팀 지원, 청소년 낚시기금재단 설립, 청소년 낚시체험 프로그램 개발, 하천 정화활동, 복지시설 자원봉사 활동, 지역주민 단체활동 지원 등이다. 회사는 설립된 이래 10억 원 이상을 KPFA, 환경보호기금재단 등에 기부하였다.

회사의 임직원은 지역사회와 사회공동체를 발전시키기 위한 공헌활동을 다음과 같이 하고 있다. 산업과 사회공동체에의 상위 리더십 팀 참여는 분기 리더십 회의에서 검토되고 개정된다. 직원의 절반 이상이 KPFA회원이고, 모든 상위 리더십 팀원은 KPFA의 평생회원이다. 특히 상품을 선정하고 관리하는 업무를 수행하는 상품구매 부서의 직원은 모두가 KPFA 회원으로 봉사하고 있다. 이것은 개인적인 선택이며 회비는 각자 부담한다.

토의 문제

(주)명왕성 낚시 사례의 다음 사항에 대한 강점과 약점은 무엇인가?

1. 비전 수립 프로세스
2. 비전과 가치의 공유 및 확산방식
3. 윤리적 사업수행 환경조성
4. 조직의 지속가능성 창출
5. 성과향상, 전략목표 달성 및 혁신환경 조성
6. 차세대 리더의 양성과 개발
7. 커뮤니케이션 방법
8. 보상과 포상에서의 경영진 역할
9. 성과검토 체계
10. 내부와 외부감사의 독립성
11. 경영진과 이사회의 성과평가
12. 합법적 및 윤리적 사업수행
13. 지역사회 및 사회공동체 지원

Introduction to Management Quality

Chapter **3**

전략기획

제 1 절   전략의 개발

제 2 절   전략의 전개

전략기획 기준체계

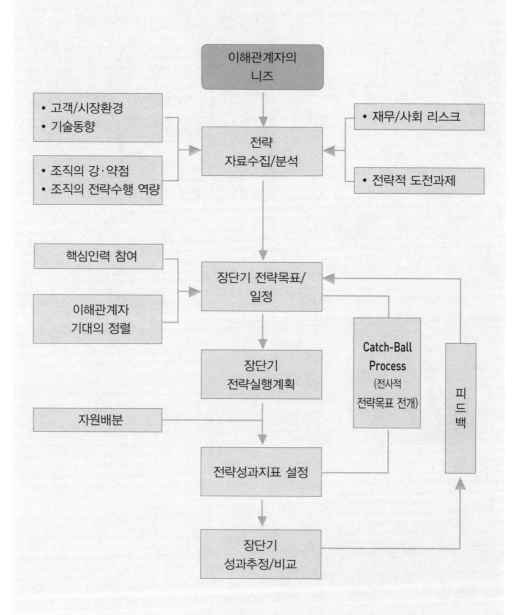

Chapter 3 전략기획

기업은 경영전략에 따라 신속하게 목표를 향해 나아갈 수도 있고, 경쟁에서 밀려날 수도 있으며 전략의 방향을 올바로 설정하지 못할 경우 경영위기에 직면할 수도 있다. 특히 불확실한 시대에는 미래를 예측하여 대담한 전략을 실행하는 기업이 성공하고, 뚜렷한 전략을 세우지 못한 기업은 점차 도태되어 간다. 새로운 방향을 모색하기 어려운 시기일수록 전략을 제대로 수립하고 실행에 옮기는 기업만이 생존한다.

전략기획은 전략 및 실행계획 수립, 계획의 실행, 계획실행에 필요한 자원의 확보, 실행성과의 측정과 유지, 환경변화에 따른 계획의 수정 등을 다룬다. 여기서는 장기적인 조직의 지속가능성과 경쟁환경이 주요 전략적 쟁점임을 강조한다. 조직의 핵심역량에 대한 의사결정은 조직의 지속가능성에 있어 필수적인 부분임으로 주요 전략적 쟁점이다.

많은 조직이 점차 전략기획에 익숙해지고 있지만 계획실행은 여전히 중요한 도전과제이다. 특히 예기치 않은 변화에 기민하게 대응해야 하는 기존 시장의 경우 더욱 그렇다. 예를 들어 급변하는 경제상황 또는 빠르게 변하지만 보다 예측가능한 시장을 뒤흔들 수 있는 와해기술 등이다. 전략기획에서는 계획의 개발뿐만 아니라 계획을 실행할 능력도 중요하게 다룬다.

탁월한 성과를 지향하는 경영품질 모델은 전략기획에 있어서 중요한 다음의 세 가지 측면을 강조한다.

- 첫째, 전략적 관점에서 고객주도의 탁월성을 추구한다. 경쟁력, 수익성 및 지속가능성의 주요 요인인 고객열정, 신시장, 시장점유율의 동인(動因)에

게 초점을 맞춘다.

- 둘째, 운영성과의 개선과 혁신은 장단기 생산성 향상과 원가/가격경쟁력에 기여한다. 신속성, 반응성 및 유연성을 포함한 운영능력의 구축은 조직의 합목적성을 강화하는 투자를 나타낸다.
- 셋째, 조직 및 개인의 학습은 오늘날 빠른 템포의 환경에서 필요한 전략적 고려사항이다. 경영품질 모델은 개선과 학습이 업무 프로세스에 내재화되는 것을 강조한다. 전략기획은 업무 시스템과 학습활동을 조직의 전략방향에 정렬시키는 역할을 한다.

전략기획에서는 조직이 다음과 같은 사항을 어떻게 수행하는가를 검토한다.

- 첫째, 조직의 주요 강점, 약점, 기회, 위협과 전략을 실행할 능력을 어떻게 결정하는가?
- 둘째, 자원의 활용을 어떻게 극대화하는가? 숙련된 인력의 가용성을 어떻게 확보하는가? 자본지출, 기술개발 또는 획득, 협력업체 개발 및 새로운 파트너십이나 제휴를 수반할 수도 있는 장·단기 요구사항의 간격을 어떻게 메우는가?
- 셋째, 실행이 효과적일 것이라고 어떻게 보장하는가? 즉, 요구사항을 커뮤니케이션하고 조직과 상위수준, 주요 업무 시스템과 업무 프로세스 수준 및 업무단위와 개별 직무수준의 정렬성을 달성하는 메카니즘이 있다는 것을 어떻게 보장하는가?

전략기획에서는 시장에서 차별화된 경쟁적 위치를 확보하는 토대를 개발하기 위한 전략적 사고와 실행을 요구한다. 이는 공식적인 기획부서나 특정한 기획주기를 의미하지 않는다. 또한 모든 조직의 개선이 사전에 계획되어야 하는 것을 의미하지도 않는다.

전략기획의 수립은 조직의 규모에 따라 그 접근방법이 다를 수 있다. 즉, 대규모 조직의 경우에는 체계화된 절차가 수립되어 있는 경우가 대부분이지만 소규모 조직의 경우는 공식적인 전략기획 수립과정이 없을 수도 있다. 여기서 중요한 점은 전략기획 수립의 접근방법이 얼마나 더 정교하게 구성되어 있는가 보다는 해당 조직의 특성에 맞게 갖추어져 있는가이다. 예를 들어, 직원 수가 30명 규모인 작은 회사가 조직을 여러 계층으로 구분하고 각 계층마다 목표와 전략을 수립하도록 하고 있다면 그 규모에 비해서 적절하지 못한 접근방법을 구사하고 있는 것이다.

제1절 전략의 개발

전략의 개발은 조직의 총체적인 전략에 관련된다. 여기에서는 조직의 전략적 도전과 우위를 어떻게 결정하고 이들을 위해 어떻게 전략적 목표를 설정하는지를 검토한다. 전략개발의 목적은 전반적인 성과와 경쟁력, 그리고 미래의 성공을 확고하게 하는 것이다.

1. 전략개발 프로세스

(1) 전략 및 전략개발의 의미

'전략'이란 단어는 광범위하게 해석되어야 한다. 즉, 신제품·서비스·신시장, 인수·양도 및 기증을 포함한 다양한 방법에 의한 매출 증대, 매각, 새로운 파트너십과 제휴, 신입 직원이나 자원봉사자와의 관계 등이 모두 관련된다. 전략은 우량 공급업체, 최저가격 생산업체, 시장선도업체, 고급형 또는 맞춤형 제품·서비스 공급업체 등이 되기 위한 방향으로 설정될 수 있다. 또한, 지역사회나 일반 대중의 니즈를 충족시키는 내용일 수도 있다.

일반적으로 전략은 의사결정이 이루어지는 기업 내부의 수준에 따라 〈그림 3-1〉에서 볼 수 있듯이 전사적 수준의 전사전략(corporate strategy), 사업부(SBU: Strategic Business Unit) 수준의 사업전략(business strategy), 기능별 전략(functional strategy)의 세 가지로 구분된다. 기업에 따라서는 하나의 사업이 전사적 수준과 일치할 수도 있다. 이러한 전략의 위계관계에서 중요한 점은 상위전략과 하위전략 간에 일관성이 유지되어야 한다는 것이다.

전사전략의 핵심은 우선 사업진출 여부이다. 즉, 전사전략은 기업 전체가 직면하는 기회와 위협을 파악하여 경영목표를 설정하고 사업활동의 범위를 결정한다. 사업전략은 특정 산업이나 제품 및 세분시장에서 어떻게 경쟁할 것인지에 관

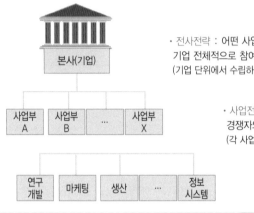

그림 3-1 기업전략의 세 가지 단계별 유형

• 전사전략 : 어떤 사업을 할 것인가?
  기업 전체적으로 참여할 사업영역을 결정하는 것
  (기업 단위에서 수립하는 전략)

• 사업전략 : 이 사업에서 어떻게 경쟁할 것인가?
  경쟁자와 경쟁하기 위한 관점
  (각 사업단위(SBU) 별로 수립되는 전략)

• 기능별 전략 : 기능별 효율성
  (마케팅 전략, 재무전략, 생산전략, ⋯)

련된다. 즉, 사업전략은 사업의 경쟁전략이라는 관점에서 논의된다. 따라서 경쟁 전략에서 가장 중요한 전략요소는 사업부문의 자원 전개를 통해서 사업부문만의 차별화된 능력과 경쟁우위를 확보하는 데 있다. 기능별 전략은 연구개발, 생산, 마케팅, 재무 및 인사 등의 하위기능에 관한 부문별 운영전략을 말하며, 각 부문 별로 자원생산성의 극대화를 달성하는 것을 목표로 한다.

'전략개발'은 미래를 준비하기 위한 조직의 접근방법을 말한다. 전략개발에 서는 예측, 추정, 대안, 시나리오, 지식 또는 의사결정과 자원배분을 위해 미래를 계획하기 위한 기타의 접근방법이 활용될 수 있다. 전략개발에는 공급업체, 유통 업체, 협력업체 및 고객이 참여할 수도 있다.

(2) 전략계획 수립 프로세스

조직은 전반적인 전략 수립 프로세스를 갖추어야 한다. 여기에는 전략적 맹 점의 보완대책, 전략적 도전과 우위, 전략수립의 주요 단계, 핵심참여자 및 장단 기 계획기간 범위를 포함한다.

전략계획 수립 프로세스에서는 "조직이 어떻게 계획을 수립하는가"를 알고자 한다. 즉, 여기에서는 조직이 어떻게 전략을 수립하는지 그 과정을 설명해야 한 다. 또한, 전략수립 과정에의 주요 참가자, 주요 단계, 계획기간을 제시해야 한다. 이는 수립 프로세스에서 거치는 단계와 사용된 데이터를 이해하는데 도움이 된다.

이를 가장 적절하게 표현하는 방법은 그래프나 흐름도를 활용하여 계획과정에서의 주요 단계를 설명하는 것이다. 이러한 방법을 통해 계획과정이 효율적이며 체계적으로 이루어지고 있음을 보여줄 수 있다.

전략계획 수립 프로세스에 대한 규정이나 매뉴얼이 작성되어 있고 그에 따라 전략이 수립되고 있다면 전략계획 수립 프로세스가 조직에 정착되어 있다는 증거가 될 수 있다. 또한 전략계획 수립 프로세스에 대한 업무흐름도가 작성되어 있다면 그 프로세스가 전체적으로 체계화되어 있다고 할 수 있다. 업무흐름도의 작성은 현재 업무 프로세스를 정비하는 데 도움이 될 뿐만 아니라 프로세스 개선을 위한 기초를 제공한다.

〈그림 3-2〉는 전략계획 수립 프로세스의 주요 단계를 보여주고 있다. 전략계획 수립은 크게 4단계로 나누어진다.

- 1단계 : 거시적 방향 개발 – 미션, 비전, 핵심가치, 목표
- 2단계 : 상황 분석 – 내외부 환경 분석(강점, 약점, 기회, 위협)
- 3단계 : 계획 수립 – 핵심성공요인, 측정지표 및 목표치, 전략
- 4단계 : 계획의 실행 – 정렬, 자원배분, 의사소통

그림 3-2 전략계획 수립 프로세스

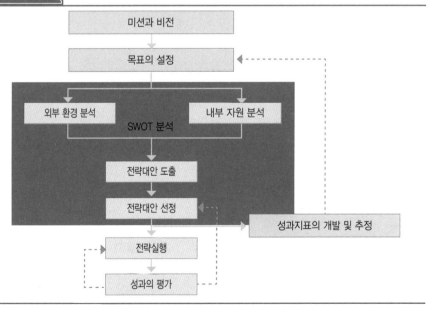

전략계획 수립에는 경영진, 기획팀, 기술·영업·생산·인사·재무 등의 기능별 부서, 공급자·구매자 등과 같은 사업 파트너, 주요 이해관계자 등이 참여할 수 있다. 흔히 전략계획 수립 프로세스의 초기 수준에서는 경영진과 기획팀이 주도적으로 계획을 수립한다. 그러나 수립 프로세스가 정착되어 갈수록 관련 당사자가 모두 참여하는 형태로 진화된다. 조직은 전략계획 수립 프로세스의 각 단계에서 참여해야할 부서나 사람을 결정할 필요가 있다.

전략수립시에 염두에 두어야 할 점은 전략이 갖는 잠재적 맹점이다. 전략이 갖는 맹점을 소홀히 다루면 전략의 실행이 실패로 이어질 가능성이 높고 나아가 전략수립에 대한 부정적인 인식을 갖게 할 수도 있다. 전략의 잠재적 맹점에는 다음과 같은 것이 있다. 비전과 목표는 적절한가? 전략이 비전을 실현시켜 줄 수 있겠는가? 전략은 실현가능성이 있는가? 전략은 연도 실행계획으로 연계되어 실행되는가? 큰 상황변동이 발생할 때 이에 맞게 전략을 수정하는가? 전략의 실행결과는 점검되고 피드백되어 비전과 전략의 달성도를 파악하는가? 이러한 전략적 맹점을 검토하여 보완할 수 있는 대책을 마련해야 하며, 이때 리스크 분석이나 다양한 상황전개에 따른 시나리오 접근법 등이 적용될 수 있다.

전략을 수립할 때 또한 고려되어야 할 사항은 전략적 도전과 우위이다. 전략적 도전은 미래 조직 성공의 가능성에 결정적 영향을 미치는 압력을 의미한다. 이러한 도전은 흔히 경쟁자와의 경쟁에서 장래 조직의 위치에 의해 생겨난다. 일반적으로 전략적 도전은 외부에서 만들어진다. 하지만 외부의 요인으로 발생한 도전이라 할지라도 이에 대응하는 과정에서 조직은 내부의 전략적 도전에 직면할 수 있다.

외부의 전략적 도전은 흔히 고객과 시장의 니즈나 기대, 상품이나 기술의 변화, 재무·사회·기타 리스크나 니즈 등과 관련된다. 반면에 내부의 전략적 도전은 대개 조직의 역량이나 인적 및 기타 자원과 관련된다.

전략적 우위는 미래 조직 성공의 가능성에 결정적 영향을 미치는 시장에서의 우위를 말한다. 이러한 우위는 흔히 경쟁자와 경쟁에서 조직 성공의 근원이 된다. 일반적으로 전략적 우위는 다음의 두 가지 원천에서 나온다. 첫째는 조직의 내부 역량을 구축하고 확대하는데 초점을 둔 핵심역량이고, 둘째는 주요 외부관계 및 파트너십을 통해 형성되고 배가되는 전략적으로 중요한 외부 자원이다.

이러한 전략적 우위의 두 가지 원천을 깨닫게 되었을 때 조직은 다른 조직의 보완역량을 이용하여 차별화된 내부 역량을 확대시킬 수 있다.

조직의 계획은 기간에 따라 단기, 중기, 장기로 나누어진다. 단기계획은 보통 1년 이하, 중기계획은 2~3년, 장기계획은 5~10년으로 수립된다. 전략계획은 일반적으로 중장기 계획에 해당한다. 대상기간은 기술 및 시장·상품 변화 속도, 상품의 라이프사이클, 산업특성, 생산 사이클타임, 상품개발 소요기간, 불확실성 및 위험도 등과 조직의 의도에 따라서 달라질 수 있다.

조직의 전반적인 전략 수립 프로세스에 관한 실례를 들어보기로 한다. S사는 수자원을 종합적으로 개발, 관리하여 국민생활의 향상과 공공복리의 증진에 이바지함을 목적으로 하는 공기업으로 '세계 최상의 물 종합 서비스 기업'이라는 비전을 위해 〈그림 3-3〉과 같은 전략개발 프로세스를 구축하고 있다. S사의 전략개발

그림 3-3 S사의 전략개발 프로세스

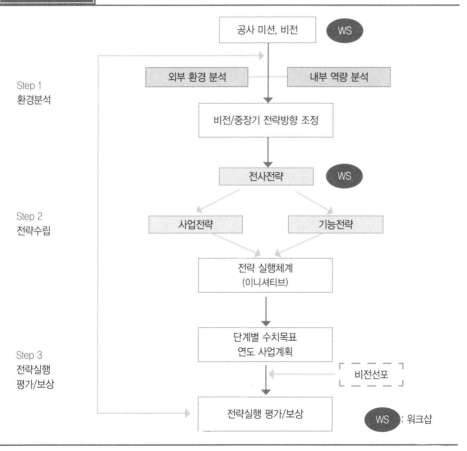

프로세스는 환경 분석, 전략 수립, 전략실행 평가 및 보상이라는 세 단계로 이루어져 있으며 각 단계별로 각종 분석도구가 활용된다.

(3) 전략 고려사항

전략계획 수립에 있어서 조직의 미래에 영향을 미치는 주요 요소는 반드시 고려되어야 한다. 이들 요소에는 다음과 같은 것이 있다.

- 조직의 강점, 약점, 기회, 위협 요인
- 기술, 시장, 고객선호도, 경쟁 및 규제환경의 미래 주요 변화
- 중장기적 관점에서의 조직의 지속가능성
- 전략수행을 가능하게 하는 조직의 역량

'조직의 강점, 약점, 기회, 위협 요인'은 조직의 장래에 중요한 모든 요인을 포함해야 한다. 즉, 고객과 시장의 니즈·기대 및 기회, 혁신 및 역할 모델의 기회, 핵심역량, 경쟁환경 및 경쟁업체와 비교대상 업체에 대한 상대적 성과, 제품수명주기, 제품과 서비스에 영향을 미칠 수 있는 기술적 변화나 혁신, 인적자원과 기타 자원에 대한 필요성, 다양성을 활용하는 능력, 보다 높은 우선순위의 제품, 서비스 및 분야에 자원을 재집중하는 기회 포착, 재무적, 사회적, 윤리적, 기술적 및 규제상의 안전과 기타 잠재적인 위험 요소, 자연재해를 포함한 긴급사태에 대처하는 능력, 국내 및 세계경제의 변화, 협력업체와 공급체인의 니즈, 강점 및 약점, 모기업의 변화, 그리고 조직 특유의 기타 요인 등을 말한다.

이러한 요인과 관련된 자료와 정보가 어떻게 수집되고 분석되었는지도 설명해야 한다. 전략개발에서 활용될 수 있는 대표적인 도구로는 다음과 같은 것이 있다.

① 환경분석(environmental analysis) : 일반적인 경기지표와 거시경제정보를 활용하여 산업전반을 분석하는 거시분석과 업계의 매력도를 결정하는 요인을 구조적으로 분석하는 산업구조 분석으로 이루어짐
② 제품분석(product analysis) : 제품을 품질과 가격 등에서 경쟁제품과 비교하여 평가하는 활동
③ 시장분석(market analysis) : 자사와 경쟁사의 상대적 비교와 마케팅활동을 목적으로 한 활동

④ 제품시장분석(product market analysis)： 제품시장 매트릭스에 의하여 자사와 경쟁사의 포지셔닝과 경합상황을 파악하는 활동

⑤ 제품포트폴리오분석(product portfolio analysis)： 횡축에 경합우위성, 종축에 시장의 매력도를 설정하여 자사제품과 경쟁제품의 우위성을 파악하는 활동

⑥ 전략요인분석(strategic factor analysis)： 사업을 구성하는 중요 요인을 연구, 개발, 생산, 판매 등의 기능과 품질, 원가, 납기, 안전성 등의 요소로 분류하여 사업의 특성에 상응하는 전략을 추출하는 활동

⑦ 자원배분분석(resource allocation analysis)： 전략목표 달성을 위한 사업전략 상의 자원(인적자원, 물적자원, 자금, 시간 등)을 적정하게 배분하는 활동

거시환경분석에서는 조직을 둘러싸고 있는 외부 환경 가운데 특히 자사가 통제할 수는 없지만 조직활동에 영향을 미치는 요인을 검증한다. 구체적으로는 인구동태, 정치·법률, 경제, 사회·환경, 기술 등과 같은 항목이 수집 및 분석의 대상이 된다. 분석대상의 항목을 모두 빠짐없이 수집하려면 막대한 시간과 비용이 소요되기 때문에 자사의 사업과 밀접하게 연관되는 요인과 환경변화에 중점을 두고 분석하는 것이 중요하다.

전략계획을 수립하는데 있어서 자사의 경영자원과 경영활동을 정성적인 면과 정량적인 면에서 객관적으로 파악하는 일이 필요하다. 구체적으로 매출액, 시장점유율, 수익성, 브랜드 이미지, 기술력, 조직력, 인적자원 등을 분석한다. 또한 부가가치를 창출하는 기능이나 비용을 변동시키는 요소에도 착안한다.

외부 환경을 분석하는 목적은 시장에서의 기회(Opportunities)와 자사에 위협(Threats)이 되는 요소를 발견하는데 있다. 또한 내부 환경은 자사의 강점(Strengths)과 약점(Weaknesses)을 파악하는 것에 주안점을 두고 있다. 이러한 네 가지 요소를 조합한 것이 'SWOT 분석'이다. 환경분석의 최종 목표는 자사의 사업 기회를 발견하는 것이지만 SWOT를 정리하면 성공 요인(KSF： Key Success Factor)과 자사의 사업 기회를 쉽게 도출할 수도 있다. 〈그림 3-4〉는 SWOT 분석의 기본 틀을 보여주고 있다.

조직의 차별적 역량은 경쟁우위를 가능하게 하는 독특한 역량을 말한다. 차별적 역량이 시장이 요구하는 핵심성공 요소와 일치할 때 높은 성과를 거둘 수 있다. 또한 조직이 지속적으로 높은 성과를 내려면 차별적 역량이 경쟁자가 모방하

그림 3-4	SWOT 분석의 틀	

내부환경 / 외부환경	강점(S)	약점(W)
기회(O)	강점·기회(SO) 전략 • 강점을 이용하여 기회를 최대한 활용하는 전략대안 도출	약점·기회(WO) 전략 • 약점을 보완함으로써 기회를 활용하는 전략대안 도출
위협(T)	강점·위협(ST) 전략 • 강점을 활용하여 위협을 회피하는 전략대안 도출	약점·위협(WT) 전략 • 약점을 보완함으로써 위협을 회피하는 전략대안 도출

기 어려운 것이어야 하며, 환경이 변해도 지속적으로 경쟁우위를 창출할 수 있는 것이어야 한다. 이와 같이 지속가능한 성공을 가져다주는 차별적 역량을 핵심역량이라 한다.

전략수행을 가능하게 하는 조직의 역량은 필요한 자원과 지식을 결집시키는 능력과 관련된다. 또한, 상황적응적 계획에 기초한 혹은 계획의 변경이 이루어져야 하거나 새로운 계획을 신속하게 실행해야 할 경우의 조직적 기민성과도 관련된다.

일반적으로 전략계획을 수립할 때 핵심사항에 대한 고려 및 분석에 있어서의 주요 사항은 다음과 같이 세 가지로 요약할 수 있다.

첫째, 현재의 고객 요구사항과 미래의 고객 요구사항에 관한 정보가 어떻게 계획 수립과정에 반영되는가를 살펴보아야 한다. 여기에서는 고객의 요구사항이 무엇인지에 관해서는 구체적으로 언급할 필요가 없다. 단지 고객 요구사항에 관한 데이터가 전략을 수립하는 과정에 어떻게 활용되었는지를 밝혀야 한다. 예를 들면, 고객이 표준화된 제품보다 더욱 개별화된 제품을 소량으로 주문할 것으로 예상된다면 이를 고려하여 전략이 개발되었음을 보여주어야 하는 것이다.

둘째, 현재의 경쟁업체와 미래의 경쟁업체에 관한 데이터가 어떻게 활용되고 있는가도 살펴보아야 한다. 이는 경쟁업체를 단순히 따라 가는 것보다 경쟁업체보다 앞서 나가기 위한 것이다. 예를 들어 유나이티드 에어라인(United Airline)은 경쟁업체인 사우스웨스트 에어라인(Southwest Airline)의 항로를 분석하여 보다 저렴하고 예약좌석제와 같은 질 높은 서비스를 제공하는 전략을 개발하였다.

셋째, 목표를 설정하고 전략을 개발하는 과정에서 위험 요소에 대한 고려가 이루어져야 한다. 위험 요소로는 재무적인 위험 요소, 시장위험 요소, 기술적인 위험 요소, 사회적인 위험 요소 등을 들 수 있다. 재무적 위험에는 개발비용, 이익률 등이 포함되며 사회적 위험에는 환경 요인, 제조물 책임, 안전도 등도 고려된다. 즉, 이에 관한 데이터가 어떻게 수집되어 계획 수립과정에 활용되는지를 설명해야 한다. 그 외에 공급업체의 강점과 약점에 대한 평가 결과가 계획 수립과정에 어떻게 반영되는지를 보여주어야 한다.

　조직의 환경분석에 관한 실례를 들어보기로 한다. 〈그림 3-5〉는 S사의 전사전략(그림 3-3)을 도출하기 위해 SWOT 분석을 활용하는 프로세스를 보여주고 있다. SWOT 분석이란 내부 역량 및 외부 환경을 분석하여 S(strength: 강점), W(weakness: 약점), O(opportunity: 기회), T(threat: 위협) 요인을 도출함으로써 전사전략을 수립하는 체계적인 방법이다.

그림 3-5　S사의 SWOT 분석을 활용한 전략도출 프로세스

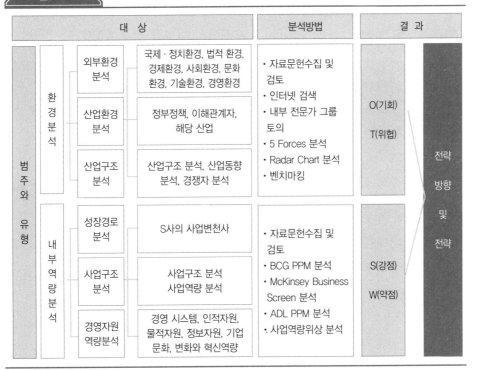

2. 전략목표

(1) 주요 전략목표

조직은 비전을 실천하기 위한 주요 전략목표를 제시하여야 한다. 전략목표는 조직이 주된 변화나 개선, 경쟁력이나 사회적 쟁점 및 사업적 우위를 가져오기 위해 실현하기를 희망하는 목표를 말한다. 전략목표는 주요한 고객, 시장, 제품 또는 기술적 기회와 도전 등의 전략적 도전과도 관련된다. 포괄적으로 말하자면 전략목표는 조직이 경쟁력을 갖고 장기적인 지속가능성을 확보하기 위해 성취해야 하는 것이다. 따라서 주요 전략목표란 조직이 역점을 두고 추진하는 요소를 말하며 이것이 경영의 성패를 결정하게 된다.

전략적 도전과 전략적 우위와 관련된 전략목표로는 신속한 대응, 개별화, 주요 고객이나 협력사와의 공동입지, 인적자원의 역량과 수급능력, 합작투자, 유연(또는 가상) 생산, 신속한 혁신, ISO 9000이나 ISO 14000 인증, 웹 기반의 협력사 및 고객관계 관리 그리고 제품·서비스 품질 향상 등이 포함될 수 있다. 예를 들어, 노스롭 그루먼(Northrop Grumman)사에서 설정한 향후 수년간의 전략목표는 고객에 대한 비용을 줄이는 것이다. 이것은 이 회사의 주요 고객인 미 공군이 노스롭 그루먼의 제품품질이 좋지 않으며 가격이 높다고 지적해 왔기 때문이다. IBM의 전략목표는 하드웨어 판매에 대한 의존도를 낮추고 서비스 매출에 대한 의존도를 높이는 것이다. 통신회사의 주요 전략목표로는 현재의 품질수준을 유지하면서 국내전화 요금에 대하여 할인율을 적용하는 것을 들 수 있다.

조직의 주요 전략목표 수립시 포함하거나 고려해야 하는 사항은 다음과 같다.

- 조직의 가치, 미션 및 비전과 일관성이 있는가?
- 주요 이해관계자 간에 균형을 이루고 있는가?
- 조직의 장단기 요구사항 간에 조화를 이루고 있는가?
- 전략목표에 대한 직원의 의식수준은 어떠한가?(직원의 인지도, 공유도 및 수용도가 포함된다)

전략실행으로 달성이 기대되는 성과를 척도나 지표로 나타낸 것을 성과목표라고 하며, 이는 조직이 달성하고자 하는 미래의 상태 또는 성과수준을 말한다. 목표는 단기 또는 장기로 주어질 수 있다. 목표는 수단이 되는 실행을 인도하는

표 3-1	주요 전략목표와 세부활동과의 관계			
전략목표	성과 측정치	2016년 목표	2019년 목표	개선전략
아시아 지역에서의 매출 증대	매출액	5백만 달러	15백만 달러	마케팅 캠페인 판매원 고용 특별 인센티브 제공
신제품 개발 증대	신제품 판매비율	15%	25%	연구개발비 증대 연구개발인력 증원 연구개발 사이클 개발기간 단축
기술진 이직 감축	직원 만족도 지수 이직률	80 18%	90 7%	훈련기회의 증대 성과급 지급 기술계층의 구축

목적지이다. 흔히 목표치라 불리는 양적목표는 숫자 또는 숫자로 표시된 범위를 포함한다. 목표치는 비교자료나 경쟁자료에 근거한 추정치일 수도 있다. 도전목표(Stretch Goals)란 보통 조직의 미래 성공에 가장 중요한 분야에서 이루고자 하는 획기적인 개선을 말한다.

전략목표를 수립할 때는 목표달성에 관한 일정계획도 제시되어야 한다. 일정계획은 계획 대비 달성정도를 측정할 수 있게 해주며 상황에 따른 수정조치를 취할 수 있는 근거를 마련해 준다.

전략에 관한 정보를 설명하고 이들 전략이 어떻게 구체화되는가를 나타내는 방법으로는 주요 전략목표와 성과 측정치, 연간 목표, 장기 목표 그리고 개선전략 등의 관계를 그림으로 나타내는 것을 들 수 있다. 예를 들면 〈표 3-1〉과 같이 정리하여 볼 수 있다.

계획과 목표가 어떻게 공급사에게 전달되는지도 제시할 필요가 있다. 이러한 사항은 많은 조직이 소홀히 하는 부분이기도 하다. 즉, 조직의 목표가 공급사에 대한 요구사항으로 어떻게 연결되는지를 설명하고 예를 제시해야 한다.

조직의 비전을 실천하기 위한 주요 전략목표 제시에 관한 실례를 들어보기로 한다. 수자원을 종합적으로 개발, 관리하는 S사는 내부역량과 외부환경 분석을 바탕으로 〈그림 3-6〉과 같이 4대 전략방향을 도출하고 이를 토대로 10대 전략목표를 설정하고 있다.

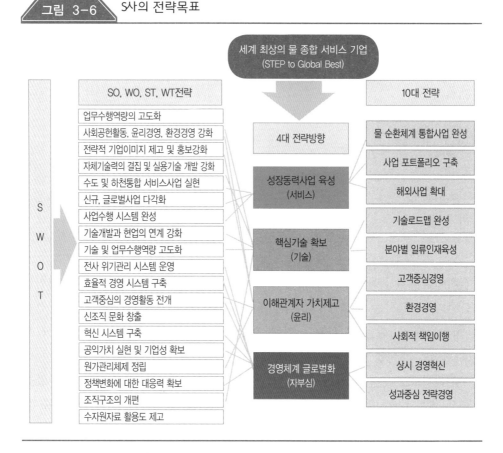

그림 3-6 S사의 전략목표

(2) 전략목표 고려사항

전략목표는 조직의 전략적 도전과 우위사항을 반영해야 한다. 전략적 도전과 우위는 미래 조직 성공의 가능성에 결정적 영향을 미치는 요소이기 때문에 전략목표에 이를 고려해야한다.

또한 전략목표는 제품과 서비스, 생산, 비즈니스 모델의 혁신 기회를 반영해야 한다. 기업전략은 시장과 제품·서비스를 다루는 사업구조에 관한 부분을 다루는 사업영역 전략이며, 사업전략은 사업 내에서 어떠한 경쟁우위를 가지고 경쟁할지에 관한 경쟁전략이다. 경쟁우위는 어떠한 차별적 역량을 확보하고 지속가능한 성공을 위한 핵심역량을 무엇으로 할지를 결정하는 문제로 귀착되는데 이러한 것은 주로 운영사항에 관련된 것이다. 따라서 전략목표의 내용에는 이러한 과제가 포함되어야 한다.

전략목표는 단기적인 도전과 기회 및 장기적인 도전과 기회의 균형을 이루도록 해야 한다. 조직은 장·단기적으로 높은 성과를 추구한다. 하지만 하나의 전략이나 활동이 단기이익과 장기이익 간에 상충관계를 초래하는 경우가 흔하다. 가령 R&D 투자, 교육·훈련과 같은 인적자원 투자, 시설 투자 등은 장기적 성공을 위해서 필요하지만 단기적 이익에는 부정적 영향을 미치게 된다. 반대로 근로 강도의 강화, 밀어내기식 판매, 협상력이 약한 파트너 몫의 삭감, 공해처리비용의 사회적 전가 등은 단기적으로는 도움이 되겠지만 부작용을 수반해서 장기적 이익을 해친다. 따라서 전략목표는 장단기 이익 간의 조화를 고려해야 한다. 그러나 단기적으로 조직의 운영에 큰 무리가 없다면 장기적 성과를 보다 중시하는 것이 조직의 지속가능성 확보에 유리하다.

전략목표는 모든 주요 이해관계자의 요구를 균형되게 반영해야 한다. 조직의 목표설정에 있어 핵심은 주주, 고객, 직원, 지역사회, 공급자 및 파트너 등 여러 이해관계자의 기대와 요구를 충족시키는 것이다. 그러나 어떤 전략이나 활동이 공동의 이해를 증가시키는 경우도 있지만 그렇지 않은 경우도 있다. 가령 개선이나 혁신활동은 가치의 증대를 통하여 모두의 이익을 높이는 반면에 가격정책이나 임금정책 등은 종종 상호이익의 상충을 가져온다. 따라서 무엇보다 중요한 점은 이해관계자의 이해를 균형 있게 조정하는 것이다. 이해관계자의 이해가 균형 있게 조정되고 있는지의 여부는 전략대안의 중요한 선정 기준이 된다.

3. (주)명왕성 낚시 사례

(1) 전략의 개발

1) 전략개발 프로세스

(주)명왕성 낚시는 수차례의 월례전략기획회의를 거쳐 전략을 수립하고 있다. 월례전략기획회의는 주간부서 볼드리지회의 및 볼드리지범주회의와 철저하게 연계된다. 연간 마스터 플래닝 캘린더에 포함되며 전략기획 프로세스의 일부인 이 회의는 사전에 일정이 결정된다. 회사의 전반적인 전략기획 프로세스, 전략계획의 잠재적 맹점의 보완대책, 전략적 도전과 전략적 우위, 전략수립의 주요 단계, 핵심참여자 및 장단기 계획기간 범위는 다음과 같다.

표 3-2	전략목표 통합(2015)

전략 목표	일정표	세부목표	핵심 이해관계자/ 회사 목표	핵심 역량	전략적 우위	전략적 도전	주요 실행계획
1. 사업 성장	2015~ 2018	매출증대 50%	주주 만족	마케팅, 상품구매	• 수익성 있는 회사 • 이명왕 CEO의 명성 • 벤더관계 관리	• 상품가용성 • 규제 변화 • 인터넷 전용매점 과의 경쟁 • 신시장 개척	낚시산업 범주 확대
2. 웹사이 트 성과, 고객접촉 및 전반적 가치 향상	2015~ 2018	1. 검색용이성 87.67%에서 88.67%로 향상 2. 사이트의 디자인 88.33%에서 89.33%로 향상 3. 웹사이트 속도 2초에서 1.5초로 개선	고객 만족	마케팅	현대적 경영혁신기법	인터넷 전용매점과의 경쟁	1. 웹 어플리케이 션 향상 2. 홈페이지 개선 3. 미디어 연결자 개선
3. 고객 만족 및 충성도 향상	2015	1. 만족 : 전반적 고객만족도 91.75%에서 92.25%로 향상 2. 충성도 : 재방문율 93.5%에서 94%로 향상 3. 유지 : 고객유지율 97.38%에서 98% 로 향상	고객 만족	마케팅, 상품구매, 주문처리, 물류	• 완벽한 상품구색 전략 • 산업지원 • 재고관리/절대로 품절 없는 전략 • 인기상품 촉진전략	• 상품가용성 • 규제 변화 • 인터넷 전용매점 과의 경쟁	1. 고객불평관리 2. 고객만족 설문 조사 개선 3. 미래 판매 승수 4. 배달 사양
4. 핵심 영역의 효율성 향상	2015~ 2018	물류/고객접촉센터 주문당 비용 12,000원에서 11,000원으로 절감	주주 만족	주문처리, 물류	현대적 경영혁신기법		1. 반품신청서 재작성 2. 린 프로젝트 3. 계절 상품 관리 4. 고객 데이터 관리
5. 자료와 정보의 가 용성 증대	2015~ 2018	벤더만족도 93.73% 에서 94.23%로 향상	벤더 및 직원 만족	상품구매	• 벤더관계 관리 • 현대적 경영혁신기법		1. 성과관리 시스템 2. 벤더자원센터 3. 데이터 웨어 하우스 리서치
6. 핵심 영역의 품질 향상	2015~ 2018	국가품질상 수상	주주 만족	주문처리, 물류	현대적 경영혁신기법		1. 국가품질상 신청 2. 차이 해소 3. 사내 대학

계획기간별 전략목표

1. 사업성장 2016, 2017, 2018
2. 웹사이트 성과 향상 2016, 2017, 2018
3. 핵심영역의 효율성 향상 2016, 2017, 2018
4. 성과측정 시스템 개선 2016, 2017, 2018
5. 자료와 정보의 가용성 증대 2016
6. 리더십 스킬 향상 2016, 2017, 2018
7. 사무기능 재배치 2016

전략수립의 주요 단계

전략수립의 주요 단계는 〈표 3-3〉에 요약되어 있다. 과거 10년동안 회사는 여러 차례 전략기획 프로세스를 운영하여 경험이 축적되었다. 2008년에 회사는 처음으로 예산, 마케팅계획 및 개별 부서의 운영계획을 포함한 공식적인 연간 사업계획을 수립하였다. 그러나 그 당시에는 이러한 계획을 상호연계할 적절한 프로세스가 없었다. 2014년 볼드리지 기준에 지속적으로 부합하도록 회사는 현재의 월례 전략기획 프로세스를 실행하였다. 이 프로세스에는 전략계획의 진척도를 점검하는 단계가 있다. 전략기획 프로세스는 볼드리지범주회의를 포함하는 연간 마스터 플래닝 캘린더를 통해 실행된다. 2014년에 회사는 전반적인 기획업무를 개선하기 위해 전략기획 프로세스, 예산편성 및 인적자원계획 프로세스를 완전하게 통합했다. 〈표 3-4〉는 2015년도 전략계획을 보여주고 있다.

핵심참여자

전략기획 프로세스의 핵심참여자는 상위 리더십 팀과 이사회이다. 중간관리자와 전문스탭은 부서 볼드리지회의, 사업보고회, 부서 지식공유를 통해 참여한다. 또한 그들은 성과검토회의, 프로세스 관리회의, 월례전략기획회의에 초청받아 참여한다.

잠재적 맹점의 파악

모든 경영진, 중간관리자 및 전문스탭이 전략목표와 실행계획의 개발을 포함하는 전략기획 프로세스에서 전략계획의 맹점을 체계적으로 파악하고 있다. 사실상 모든 직원도 부서 지식공유를 통해 전략기획 프로세스에 참여하게 된다. 외부 이해관계자 등 실행계획에 관련된 주요 이해관계자도 역시 체계적으로 기획과정에 참여한다. 전략기획 프로세스에서 각 부서는 SWOT 분석을 하여 그 결과를 전략계획회의에 제출하면 상위 리더십 팀이 반기별로 이를 검토한다. 전략계획의 잠재적 맹점을 파악하기 위해 모든 직원은 부서 지식공유회의에서 SWOT 분석 결과를 검토한다.

전략계획의 잠재적 맹점은 볼드리지 기준과의 정렬과정을 통해 파악되기도 한다. 회사는 계획, 프로세스, 척도 및 실행의 일관성을 확보하기 위해 볼드리지 기준에 부합하는 사업 모델을 개발하여 전개하고 있으며 국가품질상 수상에 도전하고 있다. 이를 위해 국가품질상 내부 심사과정과 볼드리지 기준과의 정렬과정을 실행하며 회사는 잠재적 맹점을 파악한다.

| 표 3-3 | 전략계획 개발일정표 |

일정	인적자원계획 상위 리더십 팀	예산 상위 리더십 팀	전략계획 상위 리더십 팀	전략계획 이사회
11월			마스터 플래닝 캘린더 회의 스케줄 확정	
12월		검토를 위해 사장과 CEO 에게 3개년 예산 송부함		
1월		판매계획 및 장래목표에 대한 사장과 CEO의 토의	판매계획 및 장래목표에 대한 사장과 CEO의 토의	1분기 이사회의
2월			전략목표 초안, 회사목표 및 주주 요구사항을 상위 리더십 팀에게 제출함	회사목표 및 주주 요구사 항을 사장에 게 전달함
3월		재무담당 부사장은 3개년 예산을 새로운 주주 요구사 항과 함께 상위 리더십 팀 에게 제출함	전략목표 및 전략 세부목표 의 확정	
4월		상품구매와 마케팅 예산을 사장과 함께 확정함	상품구매 부서와 마케팅 부 서는 운영계획과 전략계획 을 상위 리더십 팀에게 제 출함	2분기 이사회의
5월	• 전략계획 초안을 위한 수용능력과 우선순위 매트릭스 • 부서장 수와 급여 를 포함한 갱신된 부서 3개년 조직도	• 상품구매와 마케팅 예산을 상위 리더십 팀에게 제출 • 물류와 고객접촉센터 예 산을 사장과 함께 확정함	나머지 부서는 운영계획과 전략계획을 상위 리더십 팀 에게 제출함	
6월	부서의 수용능력 매트릭스 작성과 잠재력 토의	• 물류와 고객접촉센터 예 산을 상위 리더십 팀에게 제출 • 지원 프로세스 예산을 사장과 함께 확정함	QMS는 전사 전략계획 초 안 수립을 위해 부서 전략 계획을 통합함(오직 전사 실행계획만)	
7월			QMS는 전략계획 수용능력 과 우선순위 매트릭스를 논 의하기 위해 사장과 회동함	3분기 이사회의
8월	• 3개년 인적자원 계획 확정 • 급여 인상 확정 • 수용능력 매트릭스 확정	• 지원 프로세스 예산을 상위 리더십 팀에게 제출 • 전체 예산의 전반적 검토	• 상위 리더십 팀이 통합되 고 우선순위가 정해진 전사 전략계획을 검토함 • 실행계획 초안 완성	
9월		사장과 CEO가 예산 최종 안을 검토함	실행계획을 QMS에 제출함	
10월		• 지난 1년간 매출에 기반 하여 3개년 예산안을 갱 신함 • 이사회의 예산안 검토	이사회의 전략계획 검토	4분기 이사 회의 예산 최 종안 및 전략 계획 검토

표 3-4	2015 전략계획

				전략계획 달성률	21%
				목표	21

우선 순위	실행계획	오너	계획내용	상태
1. 사업성장				
1	3개년 낚시 범주 확장계획	상품구매	지속적 성장을 위한 낚시 범주 확장계획 수립	완료
2. 웹사이트 성과, 고객접촉 및 전반적 가치 향상				
n/a	서버가상화 (2011 실행계획)	정보시스템: 네트워크	지속적인 서버의 가상화	완료
1	웹 어플리케이션 향상 : 계정 관리	마케팅	계정 관리 어플리케이션 /페이지 재작성	5/25/15 시작 4/30/16 완료
3. 고객만족 및 충성도 향상				
n/a	상품군/속성 (2011 실행계획)	상품구매	공통 수로 유사한 상품을 묶는 신 상품 번호부여 시스템 개발	완료
1	미래 판매 승수 수정	관리	상품군/유형에서의 변화를 반영하 도록 미래 판매 승수 수정으로 재 고보유율 향상	진행중 5/29/15까지 완료
2	배달 사양	상품구매	민첩성을 위해 배달 사양 관리 프로세스의 향상	진행중 6/25/15까지 완료
3	수량 한도	관리	상품의 수량 한도를 체계적으로 설정할 능력의 개발	완료
4. 핵심영역의 효율성 향상				
n/a	배치 핸드 헬드 피킹 기술 (2011 실행계획)	물류	배치 피킹 핸드 헬드 사용능력 (컨베이어상의 짐 감소)	완료
1	접촉센터 이전	접촉센터	새로운 접촉센터 시설의 계획 및 실행	진행중 12/31/15까지 완료

핵심역량, 전략적 도전과 전략적 우위의 결정

상위 리더십 팀은 전략기획 프로세스에서 핵심역량, 전략적 도전과 전략적 우위를 체계적으로 결정한다. 회사는 이 프로세스를 미션 수행의 중추적인 핵심 프로세스로 정의한다. 개별 핵심 프로세스가 핵심역량을 갖도록 하는 것이 회사의 전략이다. 현재 회사의 핵심 프로세스는 상품구매, 마케팅, 주문처리 및 물류이다. 개별 핵심 프로세스가 핵심역량을 갖고 있는지를 확인하기 위해 회사는 매년 전략기획 프로세스에서 핵심 프로세스의 직전 12개월 동안의 성과수준 및 추세를 검토한다. 고객 핵심 요구사항이 핵심 프로세스에 반영되도록 회사는 매년 고객 요구사항에 대하여 설문조사를 실시한다. 새로운 설문조사 결과가 나오면 이를 기초로 고객 핵심 요구사항을 반영할 프로세스를 결정한다.

회사는 프로세스 전략과 핵심 프로세스 내에 있는 하위 프로세스를 체계적으로 평가하여 전략적 우위를 결정한다. 전략적 우위는 프로세스나 프로세스 전략의 실행력으로부터 나타난다. 이와 더불어 경쟁력 있는 리더십에 기여하는 다른 내·외부 요인은 사업 포지셔닝, 경쟁환경, 고객 피드백 등의 전사 및 부서 SWOT 분석을 통해 검토된다. 예를 들어 회사의 상품구매 프로세스는 전략적 우위를 갖고 있다. 왜냐하면 상품선택에 있어서 상품구매 프로세스 전략은 '모든 것(long tail)을 갖추는' 것이기 때문이다. 이는 고객의 핵심 요구사항인 '상품선택'을 충족시켜 회사목표인 '고객 만족'을 달성함으로써 경쟁적 우위를 제공한다. 상품구매에서 핵심역량을 갖는데 도움이 되는 이 경쟁적 우위는 2012년 바다낚시 시장에 진입하는데 크게 기여하였다.

전략적 도전도 역시 전략기획 프로세스에서 부서 및 전사 SWOT 분석과 목표대비 예상실적 검토를 거쳐 결정된다. 이때 예상실적 검토에서는 핵심 프로세스 척도의 예상실적이 고객 핵심 요구사항을 충족시키는지를 확인한다. 전략적 도전은 일반적으로 외부 요인으로 인해 발생한다. 예를 들어 낚시산업은 사회적으로 환경오염문제가 큰 이슈로 떠오를 때마다 격랑에 휩싸이곤 한다. 규제가 강화되거나 회사가 제공하는 특정한 낚시용품 생산을 제한하는 등으로 인해 낚시산업은 어려움을 겪는다. 해당 낚시용품의 경우 생산제한으로 인해 수요가 공급을 크게 초과하게 되어 재고부족이 발생한다. 이러한 외부 요인은 고객 핵심 요구사항인 '상품가용성' 면에서 전략적 도전을 야기한다. 결과적으로 회사는 이에 대응하여 기민하게 전략계획을 수립했다. 가령 회사는 새로운 실행계획을 수립하거나 특정 프로세스나 프로세스 전략을 수정하여 고객의 핵심 요구사항을 충족시켜왔다.

계획기간

회사는 계획기간을 단기, 중기, 장기로 구분한다. 단기는 금년(CY: Current Year), 중기는 차기년(CY+1), 장기는 향후 3년(CY+3)으로 정의된다. 각 계획기간별로 전략계획이 수립된다. 이러한 계획기간의 구분으로 인해 회사는 사업환경 변화에 대응하며 미래를 준비하는 시간을 확보하고 있다.

상위 리더십 팀은 첫 분기의 월례전략기획회의에서 계획기간을 설정한다. 경쟁환경 등의 외부 요인을 검토하여 상위 리더십 팀은 합리적으로 계획할 수 있는 가장 긴 기간을 결정한다. 현재는 기술과 시장환경이 빠르게 변화하고 있기 때문에 이 기간이 3년으로 되어 있다.

회사는 전략기획 프로세스를 거쳐 계획기간 내의 연간전략계획을 수립한다. 이때 전사뿐만 아니라 부서 전략계획도 수립된다. 회사는 벤치마크와 회사목표 대비 현재 및 예상성과를 검토한다. 예상성과가 달성되도록 전략목표와 실행계획이 개발된다. 회사는 전사 차원의 지속적 개선 프로젝트 목록을 작성하고 개정하며 월례전략기획회의에서 이를 검토한다. 이 목록에는 장기계획을 위한 기술이나 규제의 잠재적 변화까지도 포함되어 있다.

전략기획 반영사항

회사는 전략계획 수립에 있어서 주요 사항을 다음과 같이 반영하고 있다.

조직의 강점, 약점, 기회, 위협 요인

부서 SWOT 분석에서 도출되는 전사 SWOT 분석은 계획기간의 전략목표를 설정하는데 이용된다. 실행계획은 강점이나 기회 요인은 살리면서 약점이나 위협 요인을 감안하여 수립된다. 각 부서장은 환경 분석과 이해관계자의 소리 청취소에서 체계적으로 수집된 정보를 이용하여 부서 SWOT를 검토하고 개정한다. 자료는 고객설문조사, 박람회, 간행물, 전문조직, 벤더회의, 인터넷 자료원, 직원설문조사, 부서 지식공유회의 및 이외의 쌍방향 커뮤니케이션 등을 통해 확보한다. 비상상황이나 재해로 인한 위험 요인은 통합 비상계획(ICP)에 반영된다.

기술, 시장, 고객선호도, 경쟁 및 규제환경의 미래 주요 변화

부서장은 박람회, 산업 유관단체, 뉴스 제공 서비스, 간행물, 설문조사, 연례 시장점유율 분석, 벤더, 인터넷 자료원, 이메일, 잠재적인 규제, 고객의 소리 청취소, 웹 블로그 및 상품 문의 등을 통해 해당 전문 영역을 연구한다. 직원은 부서 지식공유회의, 직원제안제도 및 기타 수단을 통해 정보를 수집하고 공유한다. 관련 정보는 부서 SWOT에서 얻게 되며 전략계획을 수립하는데 활용된다.

중장기적 관점에서 조직의 지속가능성

회사는 회사목표와 전략목표를 충족시키기 위해 각 계획기간별 전략기획을 수행한다. 주주 핵심 요구사항인 '재무성과'는 지속가능성의 척도이다. 회사는 전략기획 프로세스에서 중장기적 조직의 지속가능성을 검토한다. 회사의 목표는 이해관계자 핵심요구사항 간의 균형을 맞추는 역할을 한다. 모든 회사목표와 전략목표를 충족시키도록 전략계획을 수립함으로써 회사는 조직의 중장기적 지속가능성을 추구하고 있다.

2015년에 중장기적 지속가능성에 대한 보다 체계적인 검토를 위해 CEO와 상위 리더십 팀은 분기 미래중시회의를 신설했다. 이 회의는 전략기획 프로세스와 연계된다. 미래중시회의에서 나온 결과는 전략계획회의에 전달되어 중장기 전략계획에 입력자료가 된다. 이와 더불어 회사는 인적자원계획 프로세스(승계 계획, 3개년 부서 조직도 및 연간 훈련계획을 포함)를 전략기획 프로세스와 연계한다. 예를 들어 2016년 1분기 미래중시회의에서 회사의 성장을 지속적으로 지원하기 위해 회사는 운영부서를 두 개의 부서로 분리하였다. 인력은 분리된 두 운영부서(물류·고객접촉센터)에 적합하도록 조정되었으며 고객접촉센터에는 임원이 배정되었다.

이사회가 미션선언문을 수정하거나 고객의 핵심 요구사항이 새롭게 설정되거나 또는 핵심 프로세스의 성과가 미흡할 경우 회사는 새로운 핵심역량의 개발을 시도한다. 이러한 변화는 체계적으로 검토된다. 만약 새로운 핵심역량이 필요하다고 결정되면 핵심역량의 개발은 전략계획에 추가된다.

전략수행을 가능하게 하는 조직의 역량

회사는 성과검토회의, 프로세스 관리회의 및 분기 고객중시회의에서 해당 연도 전략계획을 효과적으로 수행할 조직의 역량을 분석한다. 차기 연도의 전략계획에 대해서는 전략기획 프로세스에서 미래에 요구되는 역량을 검토한다. 이 역량검토에서는 전략을 수행하는데 필요한 자원을 추정하고 현재 이용가능한 자원과의 차이를 파악한다. 이 프로세스는 인적자원계획 프로세스에 연계된다.

2) 전략목표

전략적 도전과 전략적 우위의 반영

2015~2018 전략목표와 실행일정표는 〈표 3-2〉와 같다. 전략목표는 전략적 도전과 전략적 우위를 다음과 같이 반영하고 있다. 전략목표는 전략적 우위로부터 기대하는 유익을 얻도록 또는 전략적 도전을 중점적으로 수행하도록 설정된다. 〈표 3-2〉는 금년도 전략목표와 전략적 도전 및 전략적 우위와의 연계를 보여주고 있다.

상품과 서비스, 생산, 비즈니스 모델의 혁신 기회 반영

회사가치의 하나인 '혁신을 위한 경영하기'는 전략계획 및 볼드리지범주회의, 부서 지식공유, 부서 볼드리지회의 및 상위 리더십 팀과의 쌍방향 커뮤니케이션을 통해 혁신과 지식경영이 이루어지도록 전략기획 프로세스에 반영된다. 지속적 개선 프로젝트 목록은 혁신 프로세스의 일부이다. 경영진은 이 목록에 부서 지식공유회의, 직원제안제도 또는 벤더회의에서 나온 혁신과 개선 아이디어를 수록하여 이것을 사장시키지 않고 공유하는데 활용한다. 또한 경영진은 프로세스 개선과 전략목표 달성의 아이디어를 얻는데 전략기획 프로세스와 프로세스 관리 프로세스에서 이 목록을 이용한다. 전략목표 달성에 도움이 되는 아이디어는 실행계획을 수립하는데도 사용된다. 개별 전략목표는 최소한 하나의 실행계획을 갖게 되며, 각 실행계획은 가능한 한 혁신이 포함되도록 수립된다. 예를 들어 회사는 2015년 전략목표인 '고객만족과 충성도 향상'의 실행을 위해 상품, 서비스 및 운영의 혁신을 신중하게 고려하고 있다. 이 전략목표의 실행계획인 '단일 배송요금제도'는 체계적으로 고객에게 이 요금제도를 이용하여 선적하도록 프로세스와 상품 제공물을 혁신시킬 것이다. 이 '단일 배송요금제도'에 따른 선적은 고객의 핵심요구사항인 '경쟁력 있는 가격'을 충족시키는데 기여한다.

현재 및 미래의 핵심역량 반영

전략기획 프로세스에서 사장과 CEO는 경쟁적 우위와 전략적 도전뿐만 아니라 현재 및 미래에 요구되는 핵심역량을 검토한 후 전략목표를 설정한다. 이때 전략목표는 현재의 핵심역량을 제고하거나, 새로운 핵심역량을 창출하거나, 경쟁적 우위로 기대하는 유익을 얻거나, 전략적 도전을 중점적으로 수행하도록 설계된다. 〈표 3-2〉는 금년도 전략목표와 전략적 도전 및 전략적 우위와의 연계를 나타내는 전략목표의 통합을 보여준다.

장기 및 단기 도전과 기회의 균형

전략목표는 단기적인 도전과 기회 및 장기적인 도전과 기회의 균형을 다음과 같이 보장하고 있다. 회사는 개별 전략계획 내에 있는 전략목표의 우선순위를 회사목표 달성에 미치는 중요도에 따라 결정하고 있다. 회사목표 달성에서 현재 미흡한 성과를 보이는 전략목표가 최우선순위를 갖게 되며, 그 다음에 장래 예상되는 성과에 따라 전략목표의 우선순위가 결정된다. 연도별 전략계획에 대해 전략목표와 실행계획이 수립되며, 매년 모든 정보가 동시에 수집되어 검토된다. 이 프로세스는 계획기간 동안 전략목표 간에 균형을 이루게 한다. 회사는 계획기간 동안 발생할지 모를 새로운 도전이나 기회에 대응하도록 전략계획 변경을 위한 신속한 실행계획 승인 프로세스를 운영하고 있다.

이해관계자 요구의 균형 및 반영

회사는 주요 이해관계자를 고려하여 회사목표를 설정하고 그들의 요구사항을 균형 있게 반영하도록 전략기획 프로세스를 회사목표에 부합시키고 있다.

제 2 절 전략의 전개

전략의 전개에서는 조직이 전략목표를 실행계획으로 어떻게 전환시키는가를 검토하며, 실행계획의 진척도를 조직이 어떻게 평가하는가를 검토한다. 따라서 조직의 전략목표를 구체적인 실행계획으로 전환하는 과정과 방법을 설명해야 하며, 실행계획의 진도 추적에 사용되는 핵심성과지표(KPI : Key Performance Indicator)를 제시해야 한다. 또한 일상업무와 개선활동이 혼란을 겪지 않으려면 조직 내 전략 프로세스가 일관성 있게 정렬되어야 한다. 전략전개의 정렬성 확보를 위한 접근방법으로 방침관리 등이 활용되고 있다.

1. 실행계획 개발과 전개

(1) 실행계획의 개발과 전개

실행계획(action plan)이란 장단기 전략목표를 실행하기 위한 구체적인 활동에 대한 계획을 의미한다. 실행계획은 구체적인 자원계획과 실행에 대한 일정계획을 포함한다. 효과적으로 조직 전반에 걸쳐 이해와 전개가 가능하도록 전략목표와 성과목표가 명확히 설정된 후에 실행계획 개발은 전략계획상 가장 중요한 단계가 된다. 실행계획의 전개는 모든 부서와 업무단위를 위한 정렬된 척도의 개발을 필요로 한다. 또한 실행계획의 전개를 위해서는 일부 직원에 대한 전문적 훈련이나 신규채용이 필요할 수도 있다. 예를 들어 경쟁이 치열한 산업에서 공급자를 위한 전략목표는 가격우위의 달성과 유지가 될 수 있고, 정렬된 실행계획은 효율적 프로세스의 설계와 활동수준 원가를 파악해주는 회계 시스템 도입 등이 될 수 있다.

실행계획을 수립하고 실행하는 주체는 각각의 프로세스와 부문·부서이다. 조직의 사업전략은 부문·부서별 실행계획으로 전개되기 이전에 프로세스별 장단기 전략 및 실행계획이 먼저 도출되어야 한다. 한 프로세스는 보통 하나 이상의 부문·부서에 걸쳐서 존재하고, 특정한 부서가 특정한 프로세스의 주관부서(process owner)여서 해당 프로세스에 관련된 많은 업무를 담당하는 경우가 많지만 다른 부서와 협력할 부분도 많기 때문이다.

프로세스별 실행계획을 생략하고 곧바로 조직의 종적인 계층에 따라서 부문·부서·팀별 실행계획으로 전개할 경우에는 조직 간 횡적인 협력체계인 프로세스 기능이 약해지고 결과적으로 조직 간의 횡적인 정렬과 협력이 약해짐으로써 시너지도 떨어진다.

해당 프로세스의 주관부서 주도하에 프로세스별 실행계획이 도출되면 이것을 관련 부문·부서에 횡적으로 전개하게 된다. 프로세스는 조직의 정규적인 조직단위이기보다는 특정한 프로세스 업무의 흐름에 따라 연결된 단위조직이나 업무의 연결체이기 때문에 프로세스 활동은 정규적이며 종적 조직인 부문·부서·팀 등이 담당하게 된다. 따라서 해당 프로세스 담당자나 책임자 주도하에 프로세스별 실행계획은 부문·부서·팀별 실행계획으로 전환된다. 특정한 부문·부서·팀 등에 속하지 않고 여러 조직이 협력하여 수행해야 할 실행계획은 여러 조직의 구성원으로 이루어진 팀, 예를 들어 부서간 팀(cross functional team), 프로젝트 팀, TFT 등이나 프로세스 위원회 등을 구성하여 수행하게 된다.

실행계획 개발시 반드시 유의하여야 할 점은 실행계획은 혁신과 개선에 관한 계획이어야 한다는 것이다. 즉, 실행계획은 곧 개선활동계획을 의미한다. 실행계획이 일상유지적 업무로만 구성되어 있다면 그것은 특별한 실행계획이 없다는 것

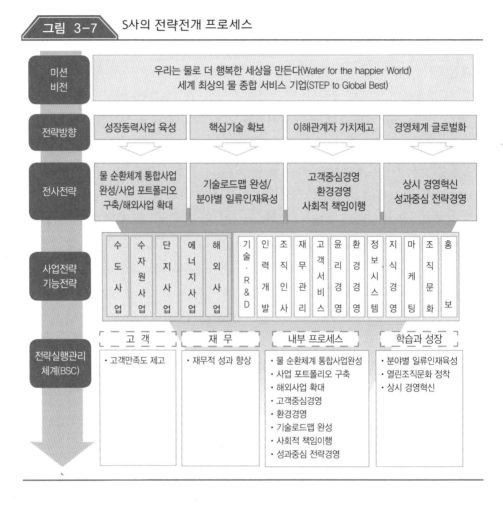

그림 3-7　S사의 전략전개 프로세스

| 미션 비전 | 우리는 물로 더 행복한 세상을 만든다(Water for the happier World) 세계 최상의 물 종합 서비스 기업(STEP to Global Best) |

과 같은 의미라고 볼 수 있다.

　　조직의 전략전개에 관한 실례를 들어보기로 한다. S사는 회사의 비전과 미션을 바탕으로 전사전략을 수립한 후 〈그림 3-7〉과 같이 전략을 전개하고 있다. 즉, 10대 전략목표를 사업과 기능별로 전개하여 세부 실행계획을 수립하고 있음을 볼 수 있으며 이러한 실행계획은 BSC를 기반으로 하고 있음을 보여주고 있다.

(2) 자원확보와 배분

　　조직은 실행계획을 달성하기 위해 필요한 재정적인 자원과 기타 자원을 확보하여 배분해야 한다. 실행계획의 전개과정에서 필요한 인적·물적자원의 확보는 가장 우선시 되어야 할 사항이다.

중요도 및 난이도에 따른 자원배분의 예

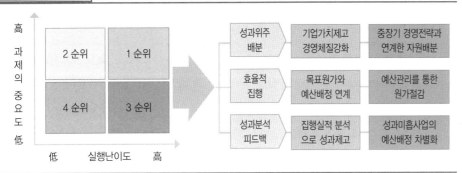

필요한 재무자원은 예산계획 수립에 반영되어야 한다. 또한 실행계획에서 요구되는 인적자원도 인적자원계획 수립시에 고려되어야 한다. 실행계획 수행에 필요한 자원을 확보하기가 어려울 경우에는 해당 실행계획을 변경해야 한다.

조직은 제한된 자원을 효율적으로 사용해야 하므로 〈그림 3-8〉과 같이 실행계획의 난이도와 중요도를 고려하여 우선순위를 정하여 자원을 효율적으로 배분해야 한다.

실행계획에 필요한 자원을 효과적으로 배분하기 위해서는 예산계획, 인적자원계획, 기술계획 등은 전반적 전략계획 수립 프로세스와 연계되어야 한다.

(3) 실행계획 수정

경영환경의 변화나 신규계획의 신속한 추진으로 계획의 변경이 필요할 경우 실행계획을 수정하고 전개하여야 한다. 실행계획을 실행하다 보면 예측과는 다르게 환경이 전개될 수도 있고, 수립된 전략과 실행계획의 부적절성, 실행능력의 문제 등으로 인하여 계획과 실행 사이에 많은 편차가 발생할 수 있다. 이와 같이 수립된 실행계획이 잘 실행되지 않거나 전략이나 실행계획에 중대한 영향을 미치는 외부 환경의 변화가 있을 경우에 실행계획을 수정하는 프로세스가 필요하다. 만일 실행계획의 개발에 소요되는 많은 노력과 시간때문에 계획의 수정을 소홀히 한다면 계획 수립은 형식적인 연례행사로 전락하게 된다. 계획 수립은 계획이 상황변화에 맞추어 쉽게 변경될 수 있는 지속적인 프로세스여야 한다.

보통 중장기 전략계획은 매년 수정을 하는 롤링플랜방식으로 수정을 해주는 것이 바람직하다. 당해 연도 실행계획도 편차가 클 경우 수정하는 시스템을 갖추어 적절히 수정을 해주는 것이 필요하다.

(4) 장단기 실행계획 및 제품과 고객의 변화계획

전략계획은 일련의 실행계획으로 구성된다. 전략의 계획기간은 중장기이지만 실행계획은 그 계획기간이 단기적일 수도 있고 중장기적일 수도 있다. 또한 실행계획을 실행하는 시점도 조기에 착수하는 것도 있고 나중에 시작하는 것도 있다. 그러므로 장단기 실행계획에서 나타난 실행시점은 전략계획의 효과적인 달성을 위해 최적화되어야 한다.

특히 제품과 서비스, 고객과 시장에 대한 목표를 달성하기 위한 것이 전략계획이므로 장단기 실행계획은 보통 이들에 대한 주요 변화계획으로 이루어지고 있다. 따라서 이들의 변화계획을 수립하는 체계와 이를 전략계획에 반영하는 체계가 필요하다.

(5) 인적자원계획

조직은 장단기 전략목표와 실행계획을 달성하기 위한 주요 인적자원계획을 수립해야 한다. 여기에는 인적자원의 잠재력과 수용능력 변화가 포함된다. 인적자원은 전략과 실행계획을 수립하고 전개하는 데 있어서 가장 중요한 자원이다. 실행계획을 수립할 때는 그 요건으로서 그 활동을 수행하는데 소요되는 인적자원을 추정해야 한다. 이때 인적자원의 양적 측면인 인원수뿐만 아니라 질적 측면인 역량도 검토되어야 한다. 즉, 실행계획별로 소요되는 인적자원의 질과 양을 파악하여 전반적인 인적자원 소요계획을 수립하여야 한다. 전략실행을 위하여 필요한 인적자원의 질과 양을 현재 보유하고 있는 인적자원의 질과 양에 비교하여 그 갭을 메울 수 있도록 인적자원 육성 및 조달계획을 수립해야 한다.

인적자원계획에는 인적자원의 잠재력을 고려하여 〈그림 3-9〉와 같이 핵심인력지수를 측정지표로 활용하는 것도 좋은 방법이다.

(6) 성과지표

조직은 실행계획의 진도관리를 위한 주요 성과 척도/지표를 설정해야 한다. 이 측정 시스템은 조직의 정렬성을 강화해야 하고 모든 영역과 이해관계자를 포함해야 한다.

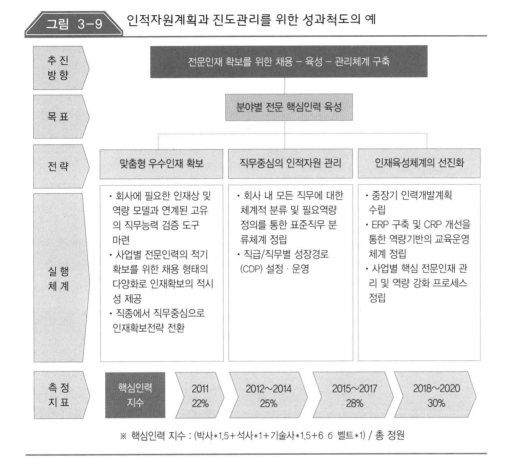

그림 3-9 인적자원계획과 진도관리를 위한 성과척도의 예

추진방향
> 전문인재 확보를 위한 채용 – 육성 – 관리체계 구축

목표
> 분야별 전문 핵심인력 육성

전략

| 맞춤형 우수인재 확보 | 직무중심의 인적자원 관리 | 인재육성체계의 선진화 |

실행체계

맞춤형 우수인재 확보	직무중심의 인적자원 관리	인재육성체계의 선진화
• 회사에 필요한 인재상 및 역량 모델과 연계된 고유의 직무능력 검증 도구 마련 • 사업별 전문인력의 적기 확보를 위한 채용 형태의 다양화로 인재확보의 적시성 제공 • 직종에서 직무중심으로 인재확보전략 전환	• 회사 내 모든 직무에 대한 체계적 분류 및 필요역량 정의를 통한 표준직무 분류체계 정립 • 직급/직무별 성장경로(CDP) 설정·운영	• 중장기 인력개발계획 수립 • ERP 구축 및 CRP 개선을 통한 역량기반의 교육운영체계 정립 • 사업별 핵심 전문인재 관리 및 역량 강화 프로세스 정립

측정지표

| 핵심인력 지수 | 2011 22% | 2012~2014 25% | 2015~2017 28% | 2018~2020 30% |

※ 핵심인력 지수 : (박사＊1.5＋석사＊1＋기술사＊1.5＋6 6 벨트＊1) / 총 정원

전략의 전개에서 핵심은 사실상 전략목표 달성을 위한 실행계획이 제대로 수행되고 있는가 하는 것이다. 중장기에 걸쳐서 이루어지는 전략의 성과를 계획기간이 끝난 뒤에 파악하면 전략의 수정이나 전략의 올바른 실행을 이끌기 위한 조치는 불가능하다. 따라서 전략의 중간 진행상황을 파악하여 전략실행에 대한 피드백을 가능하게 하는 측정 시스템이 필요하다.

전략목표 및 실행계획에 대한 진도관리는 진척도와 달성도의 문제로 나누어진다. 진척도는 주로 실행계획의 일정과 관련된 것이다. 달성도는 실행계획이 추구하는 궁극적인 목표가 얼마나 달성되고 있는지를 파악하는 것으로 달성도를 파악하기 위해서는 실행계획 수립시에 실행계획에 대한 핵심성과지표를 개발해야 한다.

또한 핵심성과지표가 종합적으로 균형을 이루고 있는가를 검토할 필요가 있다. 이해관계자의 이익을 균형 있게 다루기 위한 목적으로 실행계획의 성과지표가

BSC 관점에서 균형 잡힌 분포를 하는지를 점검하는 것도 좋은 방안이 될 수 있다.

전략의 전개에서 가장 유의해야 할 점은 조직의 장단기 전략과 실행계획과의 전략 '정렬성(alignment)'의 문제이다. 실제로 전략과 실행이 엇박자로 나타나는 것은 바로 이러한 정렬성의 결여에서 기인한다. 조직 전체적으로 시너지를 창출하기 위해서는 프로세스별 수준의 실행계획과 그 성과측정지표가 사업부 수준의 전략과 일관성을 가져야 한다. 또한 프로세스 간에도 횡적인 정렬성이 확보되어야 한다.

2. 성과 추정

조직은 실행계획의 진도관리를 위해 파악된 주요 성과 척도/지표에 대하여 장단기 계획기간별로 성과를 추정해야 한다. 여기에는 주요 경쟁사, 비교대상 조직, 주요 벤치마크 및 과거 성과와의 비교가 포함된다. 또한 성과 추정치의 달성 방안과 경쟁업체나 비교대상 조직과의 성과비교에서 현재 혹은 추정된 성과치에 차이가 있다면 이에 대한 대책을 밝혀야 한다.

성과 추정은 미래성과에 대한 예측을 의미하며 조직이 장래에 어떤 위치에 있을 것인지를 파악하기 위한 것이다. 성과 추정에 사용되는 성과 척도/지표로는 전사적 전략목표와 관련된 성과 척도/지표와 신규사업으로 인한 변화, 사업인수·합병, 새로운 가치의 창조, 시장진입과 이동, 법적 요건이나 산업표준 및 제품·서비스와 기술에서의 혁신 등이 포함될 수 있다.

설정된 핵심성과 척도/지표에 대하여 향후 2~5년 간의 추정치가 제시되어야 한다. 또한 이렇게 추정된 성과는 경쟁자의 추정성과, 주요 벤치마크, 세부목표 및 과거 성과와 어떻게 비교되고 있는가도 밝혀야 하며, 궁극적으로는 조직이 장래에 어떤 위치를 차지할 것인지를 파악하고 있어야 한다. 이와 관련하여 '세계 일류'와 같은 모호한 표현을 지나치게 사용하는 것은 지양해야 한다. 대신에 가급적 계량화하는 것이 바람직한데 보다 구체적인 표현의 예를 들면 다음과 같다.

- 2020년까지 포춘지 500대 기업 중 최소한 300개 기업을 고객으로 확보한다.
- 금세기 말까지 동종 산업에서 시장점유율 1위의 공급업체가 된다.

또 어떤 신용카드사는 2020년까지 아메리칸 익스프레스(American Express)를 추월하겠다는 계획을 세우기도 하는데 이러한 표현은 보다 구체적인 것으로 후에

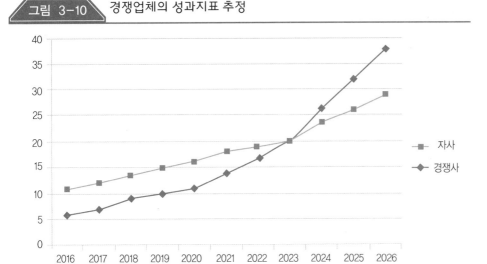

그림 3-10 경쟁업체의 성과지표 추정

달성정도를 용이하게 측정할 수 있다.

　　성과 추정치를 제시할 때에는 추정을 어떻게 하였는지를 제시해야 한다. 즉, 전년도 대비 몇 % 상승과 같이 단순한 방식보다는 보다 과학적인 추정방법에 의한 것임을 제시해야 한다. 또한, 성과 추정치를 제시할 때 주요 성과 척도/지표에 대하여 과거실적과 비교한 장단기 계획기간의 추정실적 뿐만 아니라 경쟁사와 벤치마크와 비교한 추정치도 제시해야 한다. 이러한 추정치에 의하여 조직의 리더는 자사의 상대적 경쟁수준을 추적할 수 있게 되며 변화에 대처하는 근거자료를 확보하게 된다. 〈그림 3-10〉은 경쟁업체에 대한 성과지표 분석이 왜 중요한지를 보여준다. 즉, 2016년에는 자사가 경쟁사에 비하여 높은 경상이익을 실현하였고 자사가 매년 10% 정도의 성장을 하더라도, 경쟁사가 20%의 성장을 하게 되면 7~8년 후에는 결국 경쟁사에 비해 뒤처지는 결과가 되고 만다는 것이다.

　　성과 추정에서 고려해야 할 주요한 사항은 경쟁업체나 비교대상 조직에 비하여 현재 혹은 장래에 성과 차이가 있을 경우 이에 대한 대책을 적절하게 수립해야 한다는 점이다. 이것은 경쟁우위를 확보하고 지속가능한 조직이 되기 위한 필수 검토사항이다.

　　성과 추정에 관한 실례를 들어보기로 한다. 전자제품 제조업체인 K사는 주요 성과지표에 대한 성과추정을 〈표 3-5〉와 같이 하고 있다. BSC의 네 가지 관점 중

표 3-5		K사의 성과추정				
관점	성과목표	성과지표	2016년	2017년	2018년	2019년
고객	고객만족도 제고	고객만족도	89점	90	90	90
		조직청렴도	9.0점	9.0	9.0	9.0
재무	재무적 성과향상	매출액	1.8조	2.3조	2.5조	2.9조
		매출원가율	82.8%	79.8%	82.0%	82.6%
		부채비율	20.1%	27.3%	33.35%	40.7%
		신용평가 등급	무디스: A1 S&P: A+	무디스: A1 S&P: A+	무디스: A1 S&P: A+	무디스: A1 S&P: A+
내부 프로세스	생산성 및 품질향상	납품실적	98%	99%	100%	100%
		공정불량률	4%	3%	2%	2%
		사이클타임	16시간	12시간	11시간	9시간
		재고회전율	120%	150%	170%	200%

학습과 성장관점을 제외한 세 가지 관점별 성과지표에 대한 추정치를 4개년에 대하여 제시하고 있다.

3. (주) 명왕성 낚시 사례

(1) 전략의 전개

1) 실행계획 개발과 전개

회사는 전략목표를 달성하기 위하여 조직 전반에 걸친 실행계획을 다음과 같이 개발하고 전개한다. 상위 리더십 팀은 전략목표를 달성하기 위해 POSEC(계획, 조직, 충원, 집행 및 통제)을 포함하는 실행계획서 양식을 이용하여 전략기획 프로세스에서 실행계획을 개발한다. 실행계획은 인트라넷, 분기 사업보고회, 부서 지식공유, 주간부서 볼드리지회의 및 전략계획 게시판을 통해 모든 직원에게 전개된다. 또한 실행계획은 주주에게는 12월 주주총회를 통해, 벤더에게는 벤더 파트너십 협약과 벤더지원센터를 통해 전달된다. 2016년에 회사는 개별 부서에까지 전략기획 프로세스와 볼드리지 기준을 전개하기 위해 부서 볼드리지회의를 소집하기로 결정했다. 이로 인해 부서 전략계획 수립은 전사 전략계획 수립과 통합되었다.

실행계획의 지속가능성

실행계획의 주요 성과를 지속적으로 유지하기 위해 회사는 실행계획서 표준양식을 이용하여 실행계획을 개발한다. 이 표준양식은 지속가능성을 위한 주요 단계(POSEC)를 포함하고 있다. 예를 들어 충원단계에서는 훈련 요구사항이 개발되고, 통제단계에서는 업무지시서, 예상성과 및 척도가 개발된다. 완료된 실행계획의 결과는 기대성과를 달성했는지를 확인하기 위해 월례전략기획회의에서 검토된다. 예를 들어 2015년에 회사는 전화구매시 신용카드 즉시승인제의 실행계획을 추진하였다. 이 제도는 신용카드 이용승인이 거절되는 고객에게 전화하는 시간을 줄이고 주문취소 건수를 감소시키기 위해 설계되었다. 회사는 이 제도를 시행한 후 10개월동안 성과를 추적한 결과, 성과가 안정적이어서 프로세스 척도로 해당 부서에서 계속 모니터링하기로 결정하였다.

자원의 확보와 배분

회사는 실행계획을 달성하기 위해 필요한 재정적인 자원과 기타 자원을 다음과 같이 확보하여 배분하고 있다. 예산편성과 인적자원계획 프로세스는 전략기획 프로세스와 연계되어 있다. 회사는 실행계획을 개발할 때 필요한 자원도 파악한다. 부서별 능력계획을 수립하기 위해 모든 실행계획에서 필요한 자원은 경영진이 사용하는 전략계획 능력 매트릭스로 통합된다. 또한 프로세스를 운영하는데 필요한 자원도 이와 함께 통합된다. 자본, 인력 및 시설을 포함하는 단기의 상세한 예산은 각 부서에서 수립한다. 최상위 수준의 3개년 계획은 중장기간 유지된다(표 3-3).

재정적인 위험과 기타 위험의 평가

회사는 실행계획과 연관된 재정적인 위험과 기타 위험을 다음과 같이 평가한다. 전략목표의 우선순위는 곧 실행계획의 우선순위를 의미한다. 회사는 우선순위에 따라 각 전략목표의 실행계획 수행에 필요한 자원을 적절히 할당하기 위해 잠재력과 수용능력(C&C)계획을 전략기획 프로세스와 연계시킨다. 자원소요량은 실행계획의 조직단계(POSEC)에서 추정된다. 전략목표와 실행계획의 우선순위는 월례전략기획회의에서 결정되며 상위 리더십 팀이 그 우선순위에 따라 자원을 할당한다. 제안된 실행계획의 장기적 영향을 파악하기 위해 회사는 실행계획의 순현재가치와 리스크 분석을 수행한다.

실행계획의 수정과 전개

회사는 경영환경의 변화나 신규계획의 신속한 추진으로 계획의 변경이 필요할 경우 실행계획을 다음과 같이 수정하여 전개하고 있다. 월례전략기획회의와 신속한 실행계획 승인 프로세스는 실행계획의 변경이나 신규 실행계획의 추진이 빠르게 이루어지도록 한다. 또한 주간부서 볼드리지회의도 실행계획을 신속하게 전개하도록 만든다. 2015년 국가품질상 심사 피드백보고서에 근거하여 회사는 신속한 실행계획 승인 프로세스를 실행하였다. 이 프로세스는 계획기간 동안에 새로운 도전이나 기회가 발생할 경우 실행계획을 신속하게 변경할 수 있게 한다. 예를 들어 2014년에 회사는 새로운 전략적 도전(특정상품의 부족)을 해결해야할 상황에 직면하게 되었다. 수요는 많지만 공급이 부족한 상품에 대해 더 많은 고객에게 구매기회를 확대하기 위해 회사는 체계적으로 주문량을 제한하는 신규 실행계획을 수립하여 실행하였다. 이러한 변경을 수용하기 위해 현재 전략목표의 우선순위가 재설정되었고, 낮은 우선순위의 실행계획은 수용능력을 확보할 수 있도록 2018년으로 연기되었다.

주요 장단기 실행계획

회사의 주요 장단기 실행계획은 〈표 3-2〉와 같다.

제품/서비스, 고객/시장의 주요변화 계획

회사의 제품/서비스, 고객/시장의 주요 변화계획을 다음과 같이 반영하고 있다. 2015~2018 전략계획에서 보여주듯이 회사의 주요 변화계획은 제4장 제4절에서와 같다. 2015년에서 2017년까지 회사는 낚시영역을 확대하는 3개년 계획을 계속 추진할 것이며, 물류시설을 재배치할 것이다. 2015년에는 낚시관련 단체를 후원하는 스폰서십 프로세스를 구축할 것이며, TV쇼 시리즈를 방영할 예정이다. 2016년에는 (주)명왕성 낚시 브랜드 상품 라인을 확대하고 고객관계관리를 도입할 것이다. 2017년에는 (주)명왕성 낚시의 상품 지식 데이터 베이스를 구축할 것이다.

전략목표와 실행계획 관련 인적자원계획

장단기 전략목표와 실행계획을 달성하기 위한 주요 인적자원계획은 다음을 포함한다.

① 잠재력과 수용능력(C&C)을 확보하기 위해 낚시행사 부문의 충원(2016~17 전략목표 : 사업성장, 실행계획 : 행사부문 확대)

② 잠재력과 수용능력(C&C)을 확보하기 위해 온라인 판매부서의 신설(2015~18 전략목표 : 웹사이트 성과 향상)

③ 잠재력, 학습 및 개발을 위한 린 훈련(2014~15 전략목표 : 효율성 향상)

④ 잠재력 향상을 위한 식스시그마 훈련(2017 전략목표 : 품질 향상)

또한 회사는 전략기획 프로세스에서 인적자원의 잠재력과 수용능력(C&C)을 지원하기 위해 사무실과 근무공간을 재배치하고 확장할 필요성을 파악했다. 전략목표의 달성에 맞춰 이러한 실행계획은 현재 진행 중이거나 일정에 포함되어 있다.

인적자원의 잠재력과 수용능력 변화

회사는 실행계획과 관련된 인적자원의 잠재력과 수용능력 변화를 다음과 같이 반영한다. 인적자원 계획 프로세스는 전략기획 프로세스와 연계된다. 인적자원 계획 프로세스는 회사목표와 전략목표를 달성하고 프로세스를 수행하는데 필요한 직원 규모와 스킬을 파악하며, 신규 잠재력과 수용능력을 충족시킬 접근방법을 개발한다.

진도관리의 주요 성과 척도/지표

실행계획의 진도관리를 위한 주요 성과 척도/지표는 다음과 같다. 전략목표와 실행계획을 포함하는 전략계획은 회사목표의 달성을 위해 수립된다. 따라서 실행계획의 진도관리를 위한 가장 중요한 지표는 회사목표와 직결되는 회사 핵심 지표이다. 회사의 성공을 결정짓는 12개의 회사 핵심지표는 〈표 1-9〉와 같다.

실행계획의 진도는 상위 리더십 팀에게 전달하는 실행계획 갱신 이메일을 통해 주별로 검토된다. 실행계획의 조직단계에서 설정한 이정표에 따라 진도가 보고된다. 이정표에 누락되거나 마감일이 도래한 실행계획은 월례전략기획회의에서 검토된다. 2015년에 전략계획의 목표 대비 진도를 모니터링하기 위한 진도관리 지표가 개발되었다. 이 지표는 월례전략기획회의에서 검토되고 언제든지 인트라넷에서 확인할 수 있다. 통제단계에서 정의된 것과 같이 지속가능하다고 입증될 때까지 실행계획의 수행 결과는 월례전략기획회의에서 검토된다. 전략목표 달성 수준도 역시 월례전략기획회의에서 검토된다.

조직의 정렬성 강화

측정 시스템은 조직의 정렬성을 다음과 같이 강화하고 있다. 회사목표는 이 사회에서 설정된다. 전략목표는 핵심역량을 강화하거나 새로운 핵심역량을 창출하거나 경쟁적 우위의 이점을 갖거나 회사목표를 달성하도록 전략적 도전을 중점적으로 다루도록 설계된다. 따라서 전략목표는 회사목표와 잘 부합하고 있다. 실행계획은 전략목표를 달성하도록 개발된다. 회사는 실행계획의 결과를 측정한다. 또한 회사목표 및 전략목표 대비 성과도 측정한다.(표 3-2) 각 부서의 전략계획은 전사의 전략계획 및 회사목표에 정렬된다.

이 측정 시스템은 모든 핵심영역과 이해관계자를 다음과 같이 포함한다. 회사는 측정 시스템과 회사목표의 정렬성을 유지하고 회사목표에 각 이해관계자의 요구사항을 반영하고 있다. 따라서 측정 시스템은 모든 이해관계자와 연관된다. 회사는 성과검토회의, 프로세스 관리회의 및 월례전략기획회의에서 회사목표 달성도와 핵심 프로세스 척도를 검토하면서 성과측정 결과를 전개하고 있다.

2) 성과 추정

성과 척도/지표 추정치 및 추정방법

실행계획의 진도관리를 위한 주요 성과 척도/지표에 대한 장단기 계획기간별 추정치는 다음과 같다. 12개의 회사 핵심지표에 대한 계획기간별 성과 추정치는 경영성과(제8장)에서 보여주고 있다. 회사 핵심지표는 〈표 1-9〉와 같다.

전략기획 프로세스 동안에 각 상위 리더는 사장과 함께 핵심지표에 대한 목표와 추정치를 검토한다. 회사는 과거 성과, 벤치마크를 포함하는 비교 분석, 자원제약조건, 전반적인 시장상황, SWOT 분석 및 실행계획(전략목표) 등을 검토하여 추정치와 목표를 정한다.

성과 비교

회사는 성과 추정치를 주요 경쟁사나 비교대상 조직의 자료와 비교하고 있으며, 또한 주요 벤치마크 및 과거 성과와도 비교하고 있다. 회사의 성과는 매우 좋은 결과를 보여주고 있으며, 계획기간별 경쟁사 대비 회사 핵심지표에서 좋은 추정치를 계속 유지하고 있다. 회사의 성과는 과거 성과 및 벤치마크 대비 증가 추세를 보이고 있다. 회사는 대부분의 회사 핵심지표에서 지속적으로 목표를 초과달성함으로써 경쟁사를 능가하고 있다.

　　전략기획 프로세스에서 비교정보와 경쟁정보가 수집되어 분석된다. 이 정보 분석에 근거하여 회사는 현재 혹은 장래의 성과 차이를 중점적으로 다루는 전략목표와 실행계획을 개발한다.

📜 **토의 문제**

(주)명왕성 낚시 사례의 다음 사항에 대한 강점과 약점은 무엇인가?

1. 전략개발 프로세스
2. 전략의 잠재적 맹점의 파악
3. 핵심역량, 전략적 도전 및 전략적 우위의 결정
4. 전략계획 수립시의 환경분석
5. 중장기적 관점에서 조직의 지속가능성 반영
6. 전략목표 개발 프로세스
7. 실행계획의 개발과 전개방식
8. 자원확보와 배분방식
9. 실행계획의 수정 프로세스
10. 주요 장단기 실행계획
11. 전략목표와 실행계획 관련 인적자원계획
12. 진도관리의 주요 성과 척도/지표
13. 측정 시스템의 정렬성 강화
14. 성과 척도/지표 추정치 및 추정방법

Introduction to Management Quality

Chapter **4**

고객중시

제 1 절 **열성 고객 만들기**

제 2 절 **고객의 소리**

고객중시 기준체계

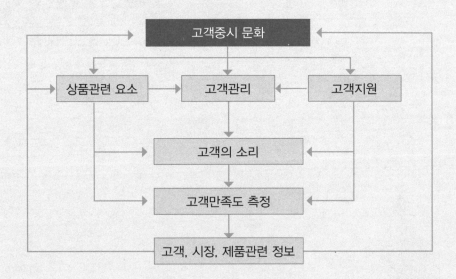

Chapter

4 고객중시

    조직이 시장에서 성공하기 위해서 조직은 새로운 고객을 어떻게 만들고 이들을 어떻게 장기 고객으로 유지하며 어떤 제품과 서비스를 고객에게 제시하여야 할지를 결정해야 한다. 이는 '고객중시'라는 개념을 전개하는 과정을 의미하기도 한다. 조직은 신규 고객을 창출하되 이 고객을 조직의 제품과 서비스에 열광하는 고객, 즉 열성 고객으로 만들려고 한다. 왜냐하면 열성 고객은 자연적으로 장기 고객이 되기 때문이다. 열성 고객을 만들고 유지하기 위해서는 조직의 문화가 고객의 관점으로 바뀌어야 한다.

    이 범주는 어떻게 조직이 고객의 니즈를 충족시키며 고객관계를 구축하는지를 평가하며 어떻게 고객으로 하여금 조직의 브랜드와 상품관련 요소에 투자하는 열성을 지니게 하는지를 평가한다. 여기서는 고객의 열성이 고객중시 문화, 고객의 소리 듣기, 고객의 소리로부터의 얻어지는 학습, 월등한 성과를 창출하기 위한 전략의 총체적인 결과라고 본다. 많은 경우에 고객의 소리는 고객의 관점 뿐 만 아니라 그들의 시장에서의 행동에 관한 의미 있는 정보를 제공한다. 또한 이들 고객의 관점과 시장행동이 어떻게 우리 조직의 지속가능성에 기여하는지에 관한 의미 있는 정보를 제공한다.

    본 장에서는 열성 고객을 확보하기 위해 기업이 가져야 하는 자세와 활동을 중점적으로 설명한다. 우선 제1절 '열성고객 만들기'에서 시장과 고객에 대한 정의와 개념을 기술하고 기업이 가져야 하는 고객중심의 문화에 관해 논의한다. 한편 제2절 "고객의 소리 듣기"에서는 창출된 열성 고객을 유지하기 위해 고객의 니즈를 파악하고, 고객과의 장기적인 관계 구축을 위한 고객의 소리의 청취 및 활용방법에 대해 설명한다.

제**1**절 열성 고객 만들기

본 항목은 조직이 고객의 니즈를 충족시키고 관계를 구축하기 위해 어떻게 열성 고객을 만드는가를 알기 위한 것이다. 이를 위해 고객과 시장에 공급하는 상품관련 요소를 규명하고 혁신하는 조직의 프로세스를 검토한다. 또한 이러한 상품의 고객사용을 지원하고 직원 사이에 고객문화를 구축하는 조직의 메커니즘을 검토한다.

1. 시장과 열성 고객

(1) 고객, 고객집단 및 세분시장

기업의 경우 고객의 정의는 단순하다. 고객은 '조직의 제품이나 서비스를 구매하여 사용하는 사람'으로 정의할 수 있다. 그러나 비영리조직의 경우 고객의 정의는 이렇게 단순하지만은 않다. 비영리조직의 고객도 '그 조직의 제품이나 서비스를 사용하는 사람'으로 정의되지만 꼭 그 대가를 지불하고 구매하는 것은 아니다. 예를 들어 정부가 운영하는 고아원에서 창출되는 서비스의 사용자는 고아들이며 그들을 고객이라고 칭할 수 있다. 하지만 그들은 그 서비스를 구매하지 않는다. 대신 국민이 세금을 내어 그 비용을 충당한다.

고객은 제품과 서비스의 현재 사용자와 잠재적 사용자를 모두 포함한다. 고객은 제품과 서비스의 최종 사용자이거나 구매자일 수 있다. 고객에는 에이전트, 지역 대리점 혹은 제품을 활용하여 더 높은 단계의 제조를 하는 다른 조직들이 포함된다. 고객은 현재와 미래의 조직의 고객이거나 경쟁자의 고객을 말한다.

고객집단이란 비슷한 특성을 가진 고객의 모임으로 정의될 수 있다. 고객집단은 구성원이 어떤 제품이나 서비스의 특정속성에 대해 동일한 반응을 가진 집단이다. 예를 들어 맥도날드에 와서 식사를 하는 사람들 중에서 점심시간에 오는 직장인들은 제공되는 식사의 '신속성'을 중요하게 여기는 사람들이다. 이들은 하나의 고객집단을 이룬다.

세분시장(market segment)이란 고객집단 중에서 비슷한 욕구를 가진 집단으로 구성된다. 예를 들면 자동차의 경우 '빠른 운전 경험을 추구하는 욕구'를 가진 고객집단과 같이 구체적이며 동질적인 요구를 가진 집단이 세분시장을 형성한다. 여기서 세분시장을 더욱 세밀하게 관찰하면 틈새시장(niche market)을 발견할 수 있다. 틈새시장이란 기존의 세분시장에서 충족되지 않은 욕구를 추구하는 고객집단으로 구성된다. 앞의 예에서 '빠른 운전 경험을 추구하는 욕구'를 가졌으나 이 세분시장의 제품은 상당히 비싼 제품이 주류를 이루고 있으므로 '저렴한 비용으로 이를 실현하려는 욕구'를 충족시키지 못하는 고객집단이 있다. 실제로 이 집단이 새로운 틈새시장이 되었으며 이 틈새시장을 공략하여 성공한 제품이 마즈다가 1990년대 초에 크게 히트시킨 저렴한 비용의 스포츠카인 마즈다 미아타 MX-5이다. 또한 최근에 혼다에서 이 시장을 겨냥하여 경차수준의 배기량을 가진 혼다 S660을 출시하여 돌풍을 일으키고 있다.

서비스시장에서의 틈새시장의 예로는 저가항공시장을 들 수 있다. 원래 대부분의 사람은 높은 비행요금 때문에 항공사를 이용할 수 없었다. 이러한 소비자층을 겨냥하여 저가항공산업이 미국에서 처음 시작되었는데 사우스웨스트 에어라인의 설립이 저가항공의 시작이라고 할 수 있다. 저가항공사의 특징은 예약없이 공항에 와서 바로 탈 수 있으며 보통의 기내서비스를 제공하지 않는다는 점이었다.

1978년 미국 항공산업의 탈규제정책으로 인하여 경쟁이 시작되고 많은 항공사가 경쟁에 뛰어들어 항공요금이 더욱 싸지게 되었다. 또한 가격경쟁이 시작된 후 신생항공사들은 여러 가지의 새로운 특징을 내세우며 시장에 진입하였다. 예를 들어 에어트랜은 별도의 요금을 받으며 특별 서비스를 제공하기도 하고 제트블루 등은 좌석을 배정해주기도 하였다. 1980년대 초중반에 시작된 유럽 저가항공산업의 대표적인 주자로는 라이언 에어나 버진 애틀랜틱 등의 항공사를 들 수 있다. 이들의 약진으로 더 많은 사람이 싼 항공요금으로 휴가를 떠날 수 있게 되어 유럽의 여행산업이 새로운 전기를 맞게 되었다. 국내의 경우 제주항공, 진에어, 에어부산, 이스타 항공, 티웨이 항공 등과 같은 항공사들이 저가의 가격을 무기로 경쟁하고 있다.

잠재적 고객(potential customer)은 현재 다른 조직이나 경쟁조직의 제품과 서비스를 구매하고 있거나 현재는 전혀 구매하지는 않지만 구체적 욕구(wants)를 가지고 있는 고객을 의미한다. 잠재적 고객은 잠재적 시장을 형성하고 있으며 이는 시장을 확대하려는 조직의 주된 관심대상이 된다.

고객, 고객집단 및 세분시장의 분류는 기업의 비즈니스 대상이므로 이를 파악하는 것은 대단히 중요하다. 아래에서 두 회사의 예를 들어 고객, 고객집단 및 세분시장의 분류를 살펴보자.

E사는 백화점, 문화, 엔터테인먼트를 함께 즐길 수 있는 몰(Mall)을 지향하고 있으며 우리나라에서 가장 큰 매장 면적을 가진 고품격의 복합생활문화공간이라고 자부하고 있다. 이곳에서는 가족, 연인, 친구가 각각 즐길 수 있는 코스를 가지고 있다. 예를 들어 가족의 경우 백화점이나 전문점을 쇼핑한 후, 패밀리 레스토랑에서 식사한다. 오락시설에서 오락을 즐긴 다음 대규모 서점에서 아이와 함께 독서를 즐기고 대형 할인점에서 저녁 장을 보고 귀가하는 코스이다.

이와 같은 몰의 운영에서 당면하는 가장 큰 문제는 고객, 고객집단 및 세분시장을 어떻게 정의하고 파악하는가이다. E사는 현재 자신의 고객을 외부고객과 내부고객으로 나누고 외부고객은 몰 고객, BtoB고객, Family(계열사) 고객으로 나누고 있다. 내부고객은 크게 백화점과 임대매장, 외식매장에 입점하고 있는 협력업체와 내부직원으로 나뉜다. 한편 잠재고객은 현재 E사의 고객은 아니지만 미래에 E사의 고객으로 끌어들일 고객으로 현재는 E사의 백화점, 전문점 등과 경쟁하는 점포의 고객이거나 타 쇼핑채널 이용객(예를 들어 인터넷 쇼핑, 아울렛 등)을 이용하는 이용객을 말한다. 이러한 고객 및 고객집단의 분류는 〈그림 4-1〉에 나타나 있다.

그림 4-1 고객 및 고객집단 분류

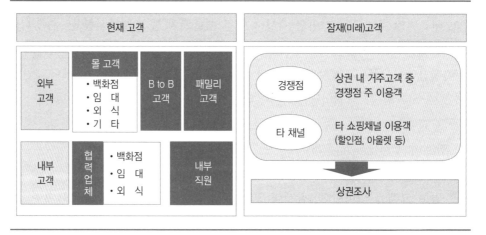

그림 4-2 고충성도 고객에 대한 특화된 서비스

E사는 잠재고객을 자사의 고객으로 유도하기 위해서 치밀한 상권조사를 실시하고 있다. 이러한 고객 및 고객집단 분류의 결과를 토대로 모든 고객의 세분 시장에 각기 다른 접근방법을 사용하고 있다.

예를 들어 고객만족과 매출 증대에 크게 영향을 줄 수 있는 요인을 고충성도 고객에 대한 관리라고 생각하여 고충성도 고객을 선정하였다. 이들을 라벤더 클럽이라고 명하고 이들에게 특화된 서비스를 제공하는데 여기에는 5% 상시할인, VIP 라운지 이용, 발레파킹 등이 포함된다. 또한 이들과 우수가망 고객을 증정형, 레저형, 강의형, 커뮤니티형으로 분류하여 이들 고객의 각기 다른 니즈를 충족시킬 수 있는 차별화된 서비스를 제공하고 있다. 이를 그림으로 보면 〈그림 4-2〉와 같다.

어떤 고객과 고객집단 및 세분시장에 조직의 제품과 서비스를 제공할 것인가를 결정하는 문제는 시장과 고객에 대한 지식을 필요로 한다. 목표시장을 선정하기 위해서 조직은 고객, 고객집단 및 세분시장을 정의한 후 각 시장별 접근전략을 설정한다. 그 후에 각 시장에서의 특징을 분석하고 조직의 전략적 목표달성을 위해서 어느 시장을 공략 목표로 삼을지를 결정하여 목표시장을 선정한다. 이와 관련하여 〈그림 4-3〉에 A사의 목표고객 및 목표시장의 선정절차를 표시하였다. 이 그림에서 나타난 것과 같이 A사는 목표시장 선정 후에 목표시장의 특징에 따라서 대응전략을 수립하고 여기서 사용될 제품과 서비스의 핵심기술을 선정한다. 이후에 목표시장에서의 매출목표와 시장점유율 목표를 설정하는 것으로 이 절차를 마무리한다.

그림 4-3 A사의 목표고객 및 목표시장의 선정절차

상황분석	당사의 시장점유율 파악 및 매출 증대 시장요소 분석
시장세분화	성능과 용도를 요인으로 사용하여 수개의 시장과 세분화
시장별 접근 전략 설정	세분화된 시장과 주요 항목에 대해 분석한 후, 시장 영역별로 접근전략을 설정
각 영역별 특징 분석	각 영역별로 설문조사 및 인터뷰를 통하여 구매우선순위, 요구기능에 대한 고객 요구사항을 분석하여 선진업체와의 차이를 도출
목표시장 선정	시장매력도와 당사 강점을 기준으로 표적시장을 선정
목표시장 대응전략 수립	선정된 표적시장의 특징에 따라 제품 품질 및 가격적인 측면에서 고객지향 제품을 신규 개발하여 대응하는 전략을 수립
IPA 분석	목표시장에 대한 IPA(Importance Performance Analysis) 분석을 통해 강점 및 약점을 도출
핵심기술 도출	선진사 제품 분석을 통하여 확보해야 할 핵심기술을 도출
배제 분석	신규 개발 예정 제품에 대하여 품질배제 항목을 도출하고 이에 대한 대책을 수립하여 특징 설계시 이를 적용·검증함으로써 제품신뢰성을 확보
목표시장 목표설정	목표시장에 대한 중점개선 항목과 유지강화 항목을 선정하여 선진업체와의 차이를 반영하여 당사의 목표를 설정

(2) 열성 고객

열성 고객(engaged customer)은 조직의 브랜드와 제품 및 서비스에 투자하거나 헌신하는 고객이다. 고객이 지속적으로 조직의 제품을 사용하려는 의지를 가지면 충성 고객(loyal customer)이 된다. 충성 고객과는 달리 열성 고객은 고객의 니즈를 만족시키고 관계를 구축하는 지속적인 능력이 있어야 한다. 열성 고객은 재구매, 높은 충성도뿐만 아니라 조직과 사업을 기꺼이 유지하려는 의지, 조직의 브랜드와 제품 및 서비스를 적극적으로 옹호하고 추천하려는 의지 등의 특성을 갖는다.

열성 고객은 충성 고객보다 조직의 브랜드, 제품 및 서비스에 더 강한 애착을 가지고 있으며 충성 고객보다 더 헌신적이다. 열성 고객은 충성 고객이 가지고 있는 재구매 성향을 보일 뿐만 아니라 브랜드와 제품 및 서비스에 정서적으로 더 고착되어 있고 이것을 적극적으로 주변에 권유하고 홍보하며 옹호하는 고객이다. 그러므로 열성 고객은 조직과 지속적으로 비즈니스를 하려고 한다.

일반 고객을 열성 고객으로 만드는 첫 단계로 조직은 제품이나 브랜드에 대해 고객이 가지고 있는 요구조건을 만족시키는 것으로 출발한다. 이러한 요구조건의 만족은 열성 고객을 만들기 위한 최소한의 조건이다. 이 단계가 지나면 조직은 고객이 가지고 있는 기대수준을 초과하여 고객의 니즈를 만족시켜야 한다. 그럼으로써 조직은 열성 고객을 창조할 수 있다.

이 단계에서 고객의 기대수준을 초과하여 만족시키는 데에는 조직이 고객으로부터 얻은 정보를 제품과 서비스의 혁신과 고객만족을 위해 효과적으로 사용하는 것이 우선적으로 필요하다. 이는 고객의 소리와 고객관련 만족·불만족 정보 및 고객 클레임으로부터 얻은 정보를 효과적으로 사용하여야 한다는 것을 의미한다. 또한 조직은 조직 내에 고객중심의 문화를 구축하여 모든 비즈니스 프로세스가 고객을 중심으로 재편되어야 하고 모든 의사결정이 고객중심적으로 이루어져야 한다. 또한 고객과의 적극적인 관계 구축이 필요하다. 이 모든 것은 기업전략과 정렬되어야 한다.

서비스 산업에서 열성 고객의 예는 무수히 많다. 예를 들어 노드스트롬(Nordstrom) 백화점의 대다수의 고객은 노드스트롬을 적극적으로 홍보하고 옹호하며 모든 쇼핑을 노드스트롬에서 해결하려는 열성 고객이다. 항공산업에서는 싱가포르 항공사(Singapore Airlines)가 특유의 서비스를 바탕으로 많은 열성 고객을 확보하고 있다. 여행업계에서는 일본을 여행한 외국인 중에 열성 고객이 되는 비율이 높다고 한다. 그들은 최고의 관광지로 일본을 적극 추천한다. 그 이유는 일본의 접대문화가 늘 고객의 입장에서 먼저 생각하며 고객의 욕구충족을 위해서 서비스를 행하는 고객중심의 서비스 문화이기 때문이다.

우리나라에서 아이돌 그룹의 팬들도 열성 고객이다. 이들은 자신이 좋아하는 그룹 또는 멤버를 대상으로 열성 팬들의 동호회를 조직하고 이를 중심으로 열정적인 활동을 하고 있다. 인터넷 팬카페를 개설하며 SNS를 통해서 자신의 생각과 감정을 공유하고 있다. 이들은 자신이 좋아하는 아이돌 그룹이나 멤버의 열렬한 옹호자이자 추천자로 활약한다.

제조업에서는 할리 데이비슨 모터사이클 동호회라고 불리는 H.O.G(Harley Owners Group)이 대표적인 열성 고객의 모임이다. 할리 데이비슨 모터사이클 회사는 1970년대 후반부터 1980년대에 걸쳐 큰 위기에 빠진 적이 있다. 왜냐하면 일본 모터사이클 업체(예를 들어 혼다나 야마하 같은 업체)가 저렴한 가격과 높은 품질의 제품으로 미국 모터사이클 시장을 장악하였기 때문이다. 할리 데이비슨 사는 품질과 가격면에서 일본 제품에 뒤쳐져 있어 신규 고객창출에 큰 어려움을 겪었다. 이때 할리 데이비슨 사를 구한 것은 H.O.G이었다. 이 회사가 어려울 때 H.O.G는 할리 데이비슨의 제품을 구매하고 이를 중심으로 자신들만의 모터사이클 문화를 형성하여 전국적으로 이를 알려나갔다. 그 결과 할리 데이비슨 사는 회생할 수 있었고 H.O.G를 바탕으로 하여 오늘날 중대형 모터사이클 시장에서 독보적인 위치를 점유하고 있다.

우리나라에서 '애플빠'라고도 불리는 애플의 열성 고객은 애플이 만들어내는 제품 경험에 대단히 만족하며 이를 적극적으로 다른 고객에게 알리려는 경향을 보인다. 또한 이들은 애플의 CEO이었던 스티브 잡스를 존경하거나 흠모하며 그가 만든 제품에 크게 열광하였다.

최근에 발달한 SNS는 열성 고객과 결합될 때 새로운 고객창출 가능성을 크게 높일 것으로 보인다. 열성 고객은 자신의 경험을 주변에 전파하는 경향이 강한 사람이다. 만약 이들이 SNS를 활용한다면 지금보다 더 많은 사람들에게 자신들이 열광하는 제품을 적극 추천하게 될 것이다. 그러므로 열성 고객을 많이 가지고 있는 기업일수록 SNS시대에 더 많은 고객을 창출할 수 있는 가능성이 이전보다 훨씬 높다고 할 수 있다.

2. 상품관련 요소와 고객지원

(1) 상품관련 요소

상품관련 요소(product offerings)는 조직이 시장에 제공하는 제품과 서비스를 말한다. 상품관련 요소는 제품과 서비스의 주요 특성을 다 포함하고 있으며 제품

수명주기와 "소비사슬"에 걸쳐서 고려되어야 한다. 또한 고객의 선호와 충성도에 영향을 미치는 특징, 예를 들어 경쟁사의 제공물이나 서비스와 차별화되는 조직의 제품과 서비스의 특성에 중점을 두어야 한다. 이러한 특성에는 가격, 신뢰성, 가치, 납기준수, 적시성, 사용의 편이성, 위험한 물질의 사용과 폐기에 대한 요구조건, 고객 또는 기술지원, 판매관계 등이 있다. 주요 제품특성은 거래의 형태, 고객자료의 프라이버시 및 보안성 등과 같은 요인을 고려할 수 있다.

텍사스 대학의 피츠시몬즈(James A. Fitzsimmons) 교수는 서비스 산업에서의 이러한 제품과 서비스를 서비스 패키지라고 부르며 다음의 다섯 가지로 구성되어 있다고 주장한다. 서비스 패키지의 첫째 요소는 지원설비(supporting facility)로 서비스를 시작하기 전에 갖추어야할 물리적인 요소이다. 예를 들어 호텔산업의 경우 호텔건물과 내부의 인테리어, 외부의 조경 등이 해당된다. 둘째 요소는 촉진상품(facilitating goods)으로 고객에 의해 소비되거나 고객이 가져오는 물품을 말한다. 예를 들어 맥도널드의 햄버거, 골프장에 오는 고객의 골프 클럽, 스키장에 오는 고객의 스키장비 등이 이에 해당된다. 셋째 요소는 정보(information)로 고객에 의해 제공되는 정보이다. 예를 들어 병원 내방 환자가 가지고 오는 진료기록 등이 그 예가 된다. 넷째 요소는 명시적 서비스(explicit services)로 서비스의 본질에 해당되는 핵심적인 특징을 말한다. 예를 들어 치과치료 후의 통증 감소, 자동차 정비 후에 느낄 수 있는 부드러운 승차감 등이 이에 해당된다. 마지막으로 묵시적 서비스(implicit services)는 서비스가 끝난 후 고객이 느끼는 심리적인 혜택이나 외관적인 특징을 의미한다. 예를 들어 자동차 수리 후에 느끼는 안심 등이 이에 해당된다.

(2) 고객지원

고객지원의 목적은 고객이 조직의 제품과 서비스를 더욱 쉽게 소비하고 더욱 많은 만족을 느끼며 이후에도 지속적인 비즈니스를 할 수 있도록 하기 위함이다. 고객지원은 많은 형태로 행해질 수 있다. 예를 들어 고객이 제품과 서비스에 대해 더 많은 정보를 얻도록 하는 비포 서비스(before service)의 형태의 광고나 홍보가 중요하다. 신문이나 잡지에서 이루어지고 있는 광고 및 홍보는 기존의 고객에게 정보를 제공하는 수단으로 활용되고 있다. 여기에 더하여 인터넷의 발달로 고객이 원하는 정보를 웹에서 얻도록 하는 형태의 고객지원 서비스도 보편화되고 있다.

애프터 서비스(after service)도 대단히 중요하다. 서비스 산업에서 서비스의 많은 경우가 생산과 동시에 전달되어 소비되므로 애프터 서비스의 중요성이 간과되는 경우가 많으나 순수서비스가 아닌 모든 서비스는 서비스 패키지의 한 부분으로 제공되는 촉진상품이 애프터 서비스의 대상이 된다. 그러므로 이러한 촉진상품에 대한 성격을 검토하여 애프터 서비스 시스템을 정교하게 설계하여 구축하여야 한다.

인터넷이 지난 20년간 매우 빠른 속도로 발전하여 많은 서비스가 인터넷 웹사이트를 통하지 않고는 이루어지기 힘들게 되었다. 웹사이트를 통해서 다음과 같은 용도의 서비스가 가능하다. 우선 제품과 서비스를 판매하는 주요 수단으로 활용된다. 아마존, G마켓, 델 컴퓨터 등이 그 예이다. 또한 기술지원도 이를 통해서 이루어진다. 예를 들어 마이크로소프트는 웹사이트를 통해서 많은 기술지원을 하고 있다. 정보제공과 회원과의 커뮤니케이션도 웹사이트를 통해서 이루어지는 경우도 흔하다. 그러므로 홈페이지가 고객중심적으로 설계되어야 한다는 점이 강조되어야 한다. 웹사이트가 고객이 사용하기에 불편한 경우도 자주 발생하기 때문이다.

3. 고객문화 구축

(1) 고객중시 문화

조직의 문화가 고객의 편익을 중심으로 생각하고 고객의 편익을 극대화시키기 위한 노력을 할 때, 이러한 문화를 고객중시 문화라고 한다. 최상의 고객서비스로 유명한 노드스트롬 백화점의 경우 모든 고객은 노드스트롬에서 산 물건은 환불이 가능하다는 것을 알고 있다. 이는 노드스트롬이 창사 이후 지금까지 실시하여온 고객중심의 문화의 한 부분으로 여러 가지 많은 일화를 가지고 있다. 어떤 고객은 다른 백화점에서 구매한 물건을 노드스트롬에서 산 것으로 착각하여 노드스트롬에서 환불을 요구하였을 때 노드스트롬의 직원은 두말하지 않고 환불해 주었다는 예가 있다. 심지어 어느 고객은 의류 백화점인 노드스트롬에 타이어를 가지고 와서 환불해갔다는 일화도 있다. 물론 후에 이 고객은 자신의 잘못을 깨닫고 노드스트롬에 문의한 결과 고객이 원하는 것이었기 때문에 환불해주었다는 말을 듣고는 더욱 열성적인 고객으로 바뀌었다는 것이다.

고객중시 문화는 하루아침에 생기는 것이 아니다. 원래 기업의 문화란 기업의 창업과정에서 창업자의 철학, 이념과 비전을 바탕으로 기업의 전략적 목표, 인적자원에 대한 기업의 자세, 규정, 관행, 전통 및 고객관련 시스템 등이 모두 한데 어우러져 기업 내 조직원의 습관, 관념, 기대, 행동양식 및 규범으로 나타난 종합체이다. 기업의 문화는 기업의 성과를 달성하는 방법과 조직원의 태도에 큰 영향을 미친다. 기업문화는 기업의 역사 안에 살아 숨쉬며 공식적·비공식적 일화가 기업문화를 형성하는데 일조한다. 또한 기업의 문화는 형성되는 데 오랜 시간이 걸리며 변화시키는 데에도 많은 시간이 걸린다.

고객중시 문화를 형성하기 위해서는 기업의 비전과 미션에서 고객이 어떤 위치를 차지하고 있는가를 명확하게 하는 것이 우선적으로 고려되어야 한다. 고객이 기업의 비전과 미션에 적절하게 언급되지 않고 있는 기업은 고객중시 문화를 구축하기가 대단히 힘든데 이는 기업의 비전과 미션이 그 기업이 나아갈 바를 밝혀주고 있기 때문이다.

고객중시 문화를 구축하기 위해서는 최고경영자의 리더십 아래 체계적으로 고객중심의 시스템을 만들고 전 조직원이 많은 시간을 투자하여 이를 활용하며 끊임없이 개선하여야 한다. 고객중시 문화가 성립하여야 고객중심의 운영시스템이 가능하지만 거꾸로 고객중심의 운영 시스템이 고객중시 문화에 영향을 준다. 그러므로 고객중심의 운영 시스템의 지속적 개선은 고객중시 문화를 강화시키는 역할을 한다.

고객중시 문화의 예로는 월트 디즈니 사를 들 수 있다. 월트 디즈니 사에서 운영하고 있는 테마파크인 디즈니랜드나 디즈니월드에서는 조직원에게 쇼 비즈니스의 용어를 사용하여 운영하고 있다. 예를 들어 테마파크의 현장에서 일하는 모든 조직원은 출연자(cast member)라고 불리고 있으며 이들은 고객을 위해서 쇼를 제공하는 역할을 한다는 사실을 알고 있다. 테마파크에서 일하는 조직원 중 많은 사람이 고등학생 파트 타이머이거나 대학생 인턴 직원 혹은 계약직 직원이지만 이들의 자세는 다른 조직의 직원과 다르다. 이들은 고객을 위해서 고객서비스의 기본에서부터 디즈니랜드와 디즈니월드의 비전에 이르기 까지 많은 것을 배우며 익히고 있다. 이는 월드 디즈니 사가 고객만족을 위한 고객중시 문화를 가지고 있기 때문에 가능하다.

(2) 고객관계관리

고객관계란 고객과 기업의 유대관계를 말한다. 그러므로 고객관계관리(Customer Relationship Management)는 기업이 고객과의 유대관계를 강화하기 위해서 하는 관리활동을 의미한다. 이와 관련하여 요즘 CRM(Customer Relationship Marketing)으로 불리는 고객관계마케팅도 많이 쓰이는 용어이다. 코틀러에 따르면 CRM은 "고객충성도를 높이기 위해 모든 고객과의 접점을 조심스럽게 관리하는 과정"을 의미하는데 이때 고객과의 접점이란 고객이 상표나 제품에 접촉하는 기회를 말한다. 기업은 고객의 자료를 이용하여 고객접점에서 고객별로 개별화된 서비스를 제공할 수 있으며 이는 고객만족을 높이고 고객충성도를 제고할 수 있게 한다.

고객관계는 앞에서 언급된 열성 고객을 창출하고 유지하기 위한 중요한 관리대상 요인이다. 열성 고객은 지속적으로 관리되어야 그 열성을 유지할 수 있다. 이때 고객의 열성에 따라서 고객분류를 행하고 이를 바탕으로 열성 고객 창출을 위한 프로그램을 작성하며 이를 실행에 옮기는 것이 고객관계를 이용한 열성 고객 창출의 핵심이다.

그러나 주의하여야 할 점은 모든 고객을 대상으로 동일한 관계전략을 하는 것은 불가능할 수도 있다는 것이다. 어떤 고객과는 관계전략이 가능하지만 다른 고객과는 가능하지 않을 수 있다. 그러므로 조직의 관계전략은 모든 고객, 고객그룹, 세분시장별로 각기 다른 관계전략이 필요할 수 있다. 또한 고객수명주기의 각 단계별로 다른 관계전략이 필요할 수 있다.

다음의 두 사례는 CRM 구축 사례 및 추진전략을 보여주고 있다.

〈그림 4-4〉는 L사의 CRM 시스템을 활용한 고객관계 구축의 개요를 그림으로 표시한 것이다. 핵심 프로세스 중에서 영업기회를 탐색하는 프로세스와 PRM(특약점 관계 관리, partner relationship management)에 고객관련 정보를 활용하는 프로세스에 집중되어 있으며 그 외에 영업기회발생, 영업활동정보 등에서도 고객관련 정보를 활용하고 있다. 고객관리를 통해서 많은 영업기회를 포착하고 이를 추적하여 수주에 이르도록 하는 전 과정을 쉽고 정확하게 수행할 수 있다.

〈그림 4-5〉는 앞에서 언급된 F사의 CRM 추진전략을 보여준다. F사는 고객을 확보하고 고객만족을 통한 고객충성도를 제고하는 것이 F사의 사업에서 가장 중요하다고 생각하고 있다. 그러므로 고객충성도를 높여서 고객의 매출을 증대시키기 위해서는 대고객관계 증진에 중점을 두고 있다. 이러한 관계증진을 위해서 고객관계가 구축되어야 하고 고객관계 구축은 CRM 추진으로 대표되고 있다. F사의 CRM 추진전략은 크게 네 가지 부문에서 동시에 실시되고 있는데 이는 마케팅 부

그림 4-4 L사의 CRM 시스템을 활용한 고객관계 구축

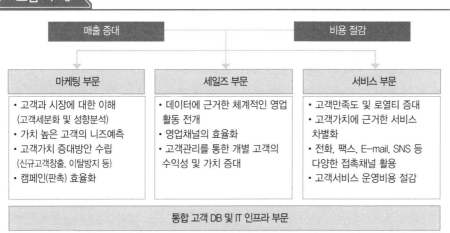

그림 4-5 F사의 CRM 추진전략

매출 증대		비용 절감
마케팅 부문	**세일즈 부문**	**서비스 부문**
• 고객과 시장에 대한 이해 (고객세분화 및 성향분석) • 가치 높은 고객의 니즈예측 • 고객가치 증대방안 수립 (신규고객창출, 이탈방지 등) • 캠페인(판촉) 효율화	• 데이터에 근거한 체계적인 영업 활동 전개 • 영업채널의 효율화 • 고객관리를 통한 개별 고객의 수익성 및 가치 증대	• 고객만족도 및 로열티 증대 • 고객가치에 근거한 서비스 차별화 • 전화, 팩스, E-mail, SNS 등 다양한 접촉채널 활용 • 고객서비스 운영비용 절감

통합 고객 DB 및 IT 인프라 부문

• 마케팅용 고객정보 관리 시스템
• 캠페인(판촉) 관리 시스템
• 고객정보 분석용 도구(Mining, OLAP)

• 고객정보 수집, 관리 및 실시간 정보제공 시스템
• 영업정보 제공 및 지원 시스템

문, 세일즈 부문, 서비스 부문, 통합 고객 DB 및 IT 인프라 부문이다. 이 네 가지 부문 중에서 통합 고객 DB 및 IT 인프라 부문은 앞의 세 부문에 기반이 되는 데이터베이스와 백본(backbone)이 되는 IT 인프라를 제공하고 있으며 이를 바탕으로 세 부문의 구체적인 고객관계가 형성된다.

CRM 전략의 성공요인은 모든 고객에게 같은 서비스를 제공해 주는데 있지 않다. 오히려 고객의 차별화에 있다고 할 수 있다. 이는 고객의 등급에 따라서 서비스의 가감이 이루어진다는 말이다. 이를 위해서 고객을 등급화시키는 것은 CRM의 첫 단계이며 중요한 단계이기도 한다.

4. (주)명왕성 낚시 사례

(1) 상품관련 요소와 고객지원

1) 상품관련 요소

상품관련 요소의 파악과 혁신

고객집단과 세분시장의 요구사항과 기대를 초과 충족시키기 위해 상품관련 요소의 파악과 혁신을 다음과 같이 하고 있다. (주)명왕성 낚시는 낚시산업과 경쟁기업에 대한 체계적인 모니터링과 고객의 소리 청취 및 벤더 관리를 통하여 상품관련 요소를 파악하며 혁신시키고 있다.

회사는 분기 고객중시회의에서 상품혁신을 위한 안건을 논의하면서 고객의 소리로부터 얻어진 사항과 고객 핵심 요구사항을 주로 고려한다. 이때 고려하는 또 다른 요소는 지속적 개선 프로젝트 목록과 회사 내 회의에서 나온 사항이다. 이렇게 여러 부문에서 나온 아이디어는 프로세스 오너에게 전달되어 전략기획 프로세스에 반영된다.

회사는 고객의 소리 프로세스를 활용하여 고객의 소리 청취소에 접수된 고객의 소리를 주기적으로 검토하고 고객의 요구를 듣는다. 실제 고객의 소리를 듣고 고객이 진정 무엇을 원하는지를 파악한다. 예를 들어 고객의 소리 프로세스를 통해 회사는 현재 고객이 낚시용 의류와 잡화를 원한다는 것을 알았다. 회사는 즉시 시장조사를 행한 후 차기 연도 전략계획회의에서 낚시용 의류와 잡화시장에 진입한다는 전략을 수립하고 실행에 옮겼다. 이는 회사가, 고객이 원하는 새로운 니즈를 찾아낸 후 신상품과 신서비스를 개발하여 신규 고객을 창출하고 기존 고객과의 관계를 강화함으로써 매출 증대와 지속가능성을 제고시킨 혁신 사례이다.

회사는 벤더 관리 프로세스를 활용하여 벤더들과 커뮤니케이션함으로써 신상품과 산업 추세 및 사업 기회를 파악하기 위해 노력하고 있다. 한 예로 회사는 어느 벤더와 제휴하고 이 벤더에게 살아있는 미끼류 배송이 가능한 새로운 프로세스를 개발하도록 하여 고객에게 살아 있는 미끼류를 직접 배송하는 신상품을 개발하였다. 이는 이제까지 저장능력의 제약과 수송상의 규제 때문에 전혀 가능하지 않았던 상품이었지만 고객이 고객의 소리 프로세스를 통해 자주 요청한 것이었다. 이러한 창의적인 아이디어로 회사는 상품군을 확대하고 신상품 시장을 개척하였으며 그 결과 독점적인 시장 선점이 가능하게 되었다.

신규 고객 창출과 기존 고객의 관계 확대

신규 고객을 창출하고 기존 고객과의 관계 확대를 위해 상품관련 요소의 파악과 혁신을 다음과 같이 하고 있다. 회사의 핵심 프로세스 담당부서는 신규 고객을 창출하고 기존 고객과의 관계를 확대하며 세분시장과 고객그룹별 고객 핵심 요구사항과 주주의 핵심 요구사항을 지원하기 위해 필요한 개선사항을 파악하고 있다. 이때 투입요소로 지속적 개선 프로젝트 목록과 고객의 소리자료가 활용된다.

2014년의 어느 분기 고객중시회의에서 신규 고객 창출을 위해 상품을 파악하고 혁신하는 프로세스가 개선되었다. 그전에는 예산의 100% 모두 기존의 고객 그룹과 세분시장에만 할당되었지만 이 프로세스를 개선하여 예산의 80%는 기존의 고객 그룹과 세분시장에 할당하고 20%는 신규 고객을 창출하며 기존의 고객과의 관계 확대에 할당하였다. 그 결과 이 회사는 기존 고객의 수명주기를 연장시켰으며 신규 고객의 수를 증가시켰다.

2) 고객지원

상품과 고객지원의 핵심 메카니즘

회사는 상품 사용을 지원하고 고객이 정보를 탐색하며 함께 사업하기 쉽도록 하기 위한 핵심 메카니즘을 다음과 같이 결정한다. 분기 고객중시회의에서 고객지원의 핵심 메카니즘을 결정하는데 이 회의에서 고객의 소리 프로세스, 경쟁 분석, 산업분석과 지속적 개선 프로젝트 목록 등의 자료를 활용한다. 회사는 첫째, 고객이 요구하는 정보와 메카니즘을 파악하고 둘째, 회사의 서비스와 핵심 메카니즘이 경쟁사와 산업의 표준에 동떨어지지 않으며 셋째, 고객의 기대를 초과 만족시키는

그림 4-6	고객과의 주요 커뮤니케이션 메카니즘

주 문	정보 찾기
• 웹사이트/해당 상품 페이지 • 고객접촉센터 　– 전화 　– 우편 　– 팩스 　– 이메일 　– 고객의 직접 픽업	• 웹사이트/해당 상품 페이지 • 고객접촉센터 　– 전화 　– 이메일로 문의, 회신 • 카탈로그/팸플릿/이메일 광고 • 텔레비전 • 업계박람회

불만사항 전달	요청사항 전달
• CEO 핫라인 • 고객만족설문조사 • 고객의 불만처리요청서 • 고객접촉센터 　– 전화 　– 이메일 • 업계박람회	• CEO 핫라인 • 웹사이트 • 고객의 불만처리요청서 • 고객접촉센터 　– 전화 　– 이메일 • 업계박람회

혁신적인 방법을 개발하기 위해 고객의 소리를 청취한다. 여기서 얻어진 변화와 혁신은 전략기획 프로세스에 반영된다. 〈그림 4-6〉은 고객과의 주요 커뮤니케이션 메카니즘을 보여주고 있다.

　주요 고객지원 수단

　　주요 커뮤니케이션 메카니즘을 포함하는 고객지원의 주요 수단은 다음과 같다. 회사의 고객지원 수단은 핵심 프로세스(상품 구매, 마케팅, 주문처리, 물류)에 의해 제공되는데 이를 위해 프로세스는 고객 핵심 요구사항을 충족시키는 방향으로 설계되었다. 이 프로세스는 가격책정, 배송방법, 당일배송, 지불방법과 당일반송처리 등으로 고객을 지원하며 주요 커뮤니케이션 채널과 고객 청취 접점을 활용하여 고객을 지원하고 있다.

　고객, 고객 집단, 세분시장의 고객지원 수단의 차이

　　각기 다른 고객, 고객 집단 및 세분시장에서의 고객지원 수단은 다음과 같이 다르다. 〈그림 4-6〉을 보면 고객은 자신의 니즈에 따라서 회사와의 거래방법을 선택할 수 있다. 예를 들어, 고객은 광고를 이메일로 받을지 혹은 인쇄물로 받을지를 선택할 수 있다. 고객은 생일할인을 받기 위해 자신의 생일을 웹사이트에 기록할 수 있으며 여러 가지 방법으로 주문할 수 있고 다양한 배송방법(예를 들어 택배, 우체국, 직접 픽업 등) 중에서 선택할 수 있다. 고객은 주요 신용카드, 체크카드, 착불 등의 방법으로 지불할 수 있으며 이메일, 전화, 편지, 혹은 CEO 핫라인을 통해 불편사항을 전할 수 있다.

회사는 여러 고객 집단에게 각각 다른 마케팅 커뮤니케이션 채널을 활용하여 지원한다. 각기 다른 집단에 대한 지원의 예는 〈표 4-3〉에 나타나 있다.

회사는 세분시장 마다 고객 핵심 요구사항이 각기 다르다는 것을 파악하고 이에 대처하려고 노력한다. 예를 들어 어떤 딜러는 소매 고객보다 더 낮은 가격을 기대하고 있고 신용카드로 지불하는 대신에 외상 거래가 가능할 것으로 파악되어 회사는 딜러 자격이 있는 고객에게는 딜러할인과 외상 거래를 허용하고 있다. 해외 고객은 지식경제부의 수출 면장이 필요하거나 여러 개의 주문을 합쳐서 배송할 것을 요구하므로 이러한 서비스도 제공한다.

회사는 고객의 소리 정보를 고객의 유형과 세분시장에 따라서 분류하고 분기 고객중시회의에서 검토하여 필요한 자료는 전략기획 프로세스에 즉시 전달하여 실행계획을 작성한다.

예를 들어 2014년에 회사는 특별히 루어 낚시꾼을 목표로 한 루어 낚시광고를 만들 때 고객 그룹과 커뮤니케이션하는 방법을 개선하였다. 그 광고는 루어 낚시시즌 중 낚시박람회에서 공개되었다. 이 광고는 루어 낚시꾼으로 하여금 이들을 위해 만든 특별 웹페이지를 보도록 유도하였고 그 결과 매출이 증가하였다.

고객 핵심지원 요구사항

고객의 핵심지원 요구사항은 다음과 같이 결정된다. 고객 핵심지원 요구사항은 매년 설문조사에서 결정된다. 회사는 타당성 조사와 핵심지원 요구사항 사이의 우선순위를 정하기 위해 각 고객 집단의 고객에게 관련 자료를 보낸다. 추가적인 요구사항이 있을 경우 고객은 이를 제시할 수 있다. 회사는 그 결과를 검토하고 분기 고객중시회의에서 고객 핵심 요구사항의 추가와 변화를 고려하여 그 결과를 전략기획 프로세스에 전달한다.

고객지원 요구사항의 전개

고객지원 요구사항은 고객지원에 관련된 모든 사람과 프로세스에게 다음과 같이 전개된다. 앞에서 결정된 고객 핵심 요구사항은 ISO품질경영체제 인증 내부심사, 관련된 업무지시와 요구사항의 통합, 월고객서비스 담당자 모니터링, 트레이닝, 신입직원 오리엔테이션, 사업보고회, 부서 품질회의, 부서 지식공유, 인트라넷과 전략기획 게시판에의 게재 등의 방법으로 전개된다.

상품 및 고객지원 관련 접근방법의 변화

회사는 상품관련 요소의 파악과 혁신 및 고객지원 제공방법을 사업 니즈와 사업 방향에 맞추어 다음과 같이 변화시킨다. 회사는 전략기획 개발일정표(표 3-3)를 활용하여 전략기획 프로세스에서 미션선언문과 회사의 목표를 검토한다. 이 검토 후 전략기획에 대한 방향이 결정된다. 전략목표와 상응되는 실행계획은 회사목표에 직접 연관되어 있다. 예를 들어 2014년에 이사회와 상위 리더십 팀은 현대적 경영혁신기법이 장기 지속가능성의 핵심사항이라고 결정하여 이를 회사의 미션선언문에 포함시켰다. 그 결과 현대적 경영혁신기법은 새로운 회사목표에 추가되었다. 이 새 회사목표를 지원하기 위해 회사는 비즈니스 모델로 볼드리지 경영 모델을 채택하였고 볼드리지 범주회의를 전략기획 프로세스에 포함시켰다.

(2) 고객중시 조직문화 구축

1) 고객중시 문화

고객 경험과 고객 열성의 조직문화

회사는 긍정적인 고객 경험의 지속을 보장하고 고객열성에 기여하는 조직의 문화를 다음과 같이 창조한다. 회사는 '고객만족'을 제1의 회사목표로, '고객중시의 수월성'을 회사가치로 삼아 조직의 문화를 창조하였다. 이는 설립자이며 CEO인 이명왕씨로부터 시작된 조직문화의 한 부분이다. 여러 가지 활동을 통해 상위 리더십 팀과 많은 직원이 고객중시 문화를 구축하고 있다. 예를 들어 모든 직원은 매주 한 시간씩 고객의 전화를 응대한다. 이는 직원과 고객의 직접 접촉을 가능하게 한다. 또한 고객중시는 신입직원의 선발과 오리엔테이션을 통해 강화된다. 회사는 낚시산업에 대한 열정을 가진 직원을 적극적으로 찾는다. 그 결과 직원 중 많은 사람이 이 회사의 고객이다. 경력개발팀은 회사의 문화에 적합한 인재를 찾기 위해 모든 후보자를 인터뷰한다. 직원의 낚시산업 관련 지식 획득을 장려하기 위해 낚시산업 관련 활동에 대해서는 근무시간으로 인정해 준다. 또한 성과평가에서는 고객 핵심 요구사항과 맞추어진 열성지표와 고객만족도를 평가한다.

고객중시 조직문화의 강화

회사의 직원 성과관리 시스템과 직원 및 리더 개발 시스템은 고객중시 조직문화를 다음과 같이 강화한다. 고객중시 문화와 제1의 회사목표인 '고객만족'을 제고하기 위해 고객 핵심 요구사항 충족을 기준으로 개별 프로세스의 성과척도를 가지고 직원의 성과평가를 실시한다. 예를 들어 고객서비스 담당자는 고객 핵심 요구사항 중 하나인 '고객존중 서비스'에 의해 평가된다. 직원은 회사가치를 얼마나 잘 반영하고 있는지에 근거하여 평가되며 이는 성과급에 반영된다. 예를 들어 직원의 위기대응그룹 신뢰도 평가는 이윤분배 결정요소 중 하나이며 한국프로낚시연맹 회원자격은 리더십 개발 프로그램에 선발되기 위한 자격조건이다.

직원과 리더 개발 시스템은 전면평가 기준을 회사가치와 일치시킴으로써 직원의 고객중시 문화를 강화한다. 회사는 회사가치인 '고객중시의 수월성'에 가장 잘 공감하는 직원을 선발하여 리더십 개발 프로그램에 참가시킨다. 회사는 직원이 한국프로낚시연맹의 회원이 되기를 권장하며 낚시 스포츠에 참여하기를 권장한다. 대부분의 회사활동과 개발분야는 낚시산업을 중심으로 이루어지고 있다. 회사는 전문가 수준의 낚시강좌를 열고 있으며 낚시여행을 리더십 개발의 멘토링 기회로 활용하고 있다.

2) 고객관계 관리
신규고객 창출을 위한 고객관계 구축 및 관리

회사는 신규고객 창출을 위한 고객관계를 다음과 같이 구축하고 관리하고 있다. (주)명왕성 낚시는 마케팅을 실시하고 CEO인 이명왕씨를 '명왕성 낚시 주식회사의 얼굴'로 내세워서 새로운 고객을 창출하며 현재의 고객과의 관계를 구축한다. 케이블 TV채널인 한국낚시채널(FTV)에 '낚시터에서의 토요일'과 같은 프로그램을 마련하고 고객과의 개인적인 유대를 구축하기 위해 CEO를 활용한다. CEO는 이 산업과 낚시단체 및 주요 관련 단체(예를 들어 환경관련 단체)에서 활발하게 활동하여 신규고객, 잠재적 고객 및 현재 고객에게 이 회사를 대표한다. CEO는 고객에게 매우 잘 알려져 있으며 고객이 좋아해서 CEO가 대중집회에 참석하면 많은 고객이 악수를 하고 싶어 한다.

(주)명왕성 낚시는 상품 정보와 교육적 내용이 풍부한 웹사이트를 개설하고 있고 훌륭한 고객서비스를 행하고 있으며, 신규고객에게는 무료 카탈로그를 제공하고 있다. 홈페이지는 최적화된 검색엔진을 활용함으로써 고객이 원하는 내용을 인터넷 서핑에서 쉽게 검색할 수 있도록 했다. 회사는 주요 낚시대회 및 주요 관

련 단체를 후원하고 한국프로낚시연맹의 주요 후원자이며 창의적이고 매력적인 상품 광고를 실시하고 있다.

고객의 요구사항 충족을 위한 고객관계 구축 및 관리

회사는 고객수명주기의 각 단계상의 고객 요구사항을 충족시키고 고객기대를 초과 충족시키기 위해 고객관계를 다음과 같이 구축하고 관리하고 있다.

회사는 고객 핵심 요구사항과 기대를 초과 충족시킴으로써 현재 고객과의 관계 및 잠재고객과의 관계를 돈독히 한다. 고객의 가장 큰 요구사항은 '가격경쟁력'이다. 그러므로 회사는 경쟁자와 비교하여 가장 경쟁력이 있는 가격을 제공하기 위해 가격 인하를 위한 현대적 경영혁신기법을 실행한다. 더불어 회사는 모든 고객 그룹을 위한 아주 다양한 월별 상품 프로모션을 하고 있다. 회사의 신상품 추가 프로세스는 벤더로부터 신상품을 시장에 제일 먼저 공급할 수 있도록 한다. 이러한 기민성 때문에 신상품 입고 당일에 시장에 공급할 수 있다. 회사는 이 업계에서 최첨단 상품에 대한 정보, 빠른 시장 출시 전략 및 '이 산업의 모든 것'을 제공한다는 개념을 혼합하여 고객이 원하는 상품을 시장에서 출시될 때 즉시 공급하도록 하고 있다. 회사가 '이 산업의 모든 것'을 제공하고 있기 때문에 고객수명주기의 각 단계에서 모든 세분시장과 모든 고객 그룹을 만족시키고 있다.

회사는 고객 특성을 고객이 제공하는 정보, 구매이력 및 인구통계학적 정보에 근거하여 구분하고 있다. 이러한 특성을 활용하여 개별 고객에게 관심사에 맞는 이메일과 카탈로그를 배포하고 있다. 이를 통해 고객과 적시에, 유의미하고, 양질의 마케팅 커뮤니케이션을 실시한다. 예를 들어 2015년에 데이터베이스에 입력된 고객의 '활동상태'가 '활동적'에서 '비활동적'으로 추락하는 것을 방지하기 위한 목적성 특별 세일즈를 실시하였다. 그 결과 매출을 증가시키면서도 동시에 고객관계 관리 프로세스를 개선하는 성과를 얻었다.

고객열성 증대와 고객관계 구축 및 관리

회사는 고객열성을 증대시키기 위해 고객관계를 다음과 같이 구축하고 관리하고 있다. 신규고객을 창출하고 기대를 초과 충족시키는 방법은 고객의 열성도를 증가시킨다. 고객기대의 초과 충족과 고객열성을 증진시키기 위해 회사의 모든 프로세스를 통해 고객 핵심 요구사항에 집중한다. 또한 CEO 핫라인을 통해 CEO와 직접적으로 접촉할 수 있도록 한다. 회사는 한국프로낚시연맹에 대한 선도적 후원과 경쟁력 있는 낚시 이벤트 및 주요 지원 단체들을 활용하여 강력한 열성 고객을 창출하고 있다. 이 산업은 최근 환경과 관련된 이슈에 영향을 받기 때문에 고객은 이 산업에 대해 지극히 열정적이며 자신의 라이프스타일을 고수한다. 회사는 자연과의 공존을 지지하는 이 업계의 리더이며 이 산업을 지원하고 유지시키기 위해 많은 프로그램을 만들고 있다. 예를 들어 회사는 '낚시친구'라는 프로그램을 시작하고 한국프로낚시연맹 후원 성인낚시대회와 청소년 낚시대회를 창설하였으며 한국프로낚시연맹 장학기금재단을 설립하였다.

고객중시 문화 및 고객관계 구축 접근방법의 변화

회사는 고객중시 문화의 창출과 고객관계의 구축방법을 사업 니즈와 사업 방향에 맞추어 다음과 같이 변화시킨다. 분기 고객중시회의와 전략기획 프로세스를 통합시킴으로써 사업 니즈에 대한 체계적인 모니터링을 할 수 있게 되었다. 한편 회사는 사업 니즈변화와 방향변화에 대해 신속하게 대응한다. 예를 들어, 2013년에 고객의 소리 프로세스에서 나온 사항은 고객관계 구축방법의 혁신에 활용되었다. 이 결과 CEO를 모든 마케팅 커뮤니케이션에서 '(주)명왕성 낚시의 얼굴'로 활용하였는데 그 이유는 그가 고객에게 호소력이 있기 때문이다. 회사는 CEO를 '(주)명왕성 낚시의 얼굴(현재의 전략적 우위)'로 구축하고 고객이 CEO와 직접 쌍방향 접촉이 가능하도록 고객의 소리 청취소 중의 하나인 CEO 핫라인을 만들었다.

제 2 절 고객의 소리

모든 조직에 있어서 고객을 확보하고 확보된 고객을 충성 고객으로 만들며 이들 충성 고객을 열성 고객으로 변화시키는 것은 대단히 중요한 일이다. 이를 위해 조직은 고객으로부터 많은 정보를 얻고 이를 바탕으로 고객만족을 줄 수 있는 상품관련 요소를 제공하며 고객불만족을 제거하기 위해서 많은 노력을 한다.

많은 경우에 고객의 소리는 고객의 관점뿐만 아니라 시장에서의 고객행동에 관한 중요한 정보를 제공한다. 또한 이러한 고객의 관점과 행동이 조직의 지속가능성에 어떻게 영향을 미칠 수 있는지에 대한 의미 있는 정보도 제공한다.

본 항목은 조직이 고객의 소리를 듣는 프로세스, 고객의 만족 및 불만족을 측정하는 프로세스, 고객자료의 분석과 활용 프로세스를 검토한다. 이때의 목표는 시장의 개선, 고객중시 문화의 확고한 구축, 혁신 기회의 규명이 된다. 이 항목은 고객으로부터 활용 가능한 정보를 어떻게 얻는지를 강조한다. 이러한 활용 가능한 정보는 핵심 상품관련 요소와 비즈니스 프로세스에 연결될 수 있다. 또한 개선목표 및 우선순위 결정이 비용과 수익에 어떤 영향을 미치는지를 알기 위해 이용될 수 있다.

1. 고객의 소리 듣기

(1) 현재 고객의 소리 듣기

원래 '고객의 소리'는 고객이 언급하는 니즈 및 욕구를 의미한다. 고객의 소리는 어디에서나 들을 수 있다고는 하지만 제대로 된 고객의 소리를 듣기 위해서 조직은 체계적으로 접근하여야 한다. 그런 의미에서 '고객의 소리' 프로세스는 고객의 니즈 및 욕구를 조직적으로 청취하여 고객관련 정보를 얻는 조직의 프로세스를 말한다. 고객의 소리 프로세스는 언급되었거나 언급되지 않았지만 기대되는 고객의 요구사항, 기대 및 욕구를 듣기 위한 프로세스로 주도적이며 지속적이고 창의적이어야 한다. 이 프로세스의 목표는 고객열성을 달성하는 것이다. 고객의 소리를 듣는 것은 고객의 구매결정에 영향을 미치는 설문조사자료, 포커스 그룹 인터뷰, 품질보증자료, 불만자료 등의 여러 가지 유형의 고객자료를 수집하고 통합하는 것이다. 고객의 소리전략의 선택은 조직의 주요 비즈니스 요소에 의존한다. 점차 조직은 여러 가지 방법으로 고객의 소리를 듣는다. 주로 사용되는 방법은 핵심고객과의 포커스 그룹 인터뷰, 핵심고객과의 밀접한 통합, 잃어버린 고객과 잠재고객의 구매의사결정에 대한 인터뷰, 핵심 상품요소를 이해하기 위한 고객불만 프로세스의 활용, 경쟁자와의 상대적인 승패 분석, 비슷한 상품을 제공하는 다른 조직과의 상대적인 승패 분석, 설문조사 결과 및 피드백 정보의 사용이다.

급변하는 기술, 경쟁, 경제 및 사회 환경에서 많은 요인이 고객의 기대와 충성심, 고객과의 상호작용에 영향을 미친다. 이 때문에 지속적으로 고객의 소리를 청취하고 학습하는 것이 필요하다. 효과적인 고객의 소리 청취와 학습은 조직의 전반적인 비즈니스 전략과 밀접하게 연결될 필요가 있다.

고객의 소리도 고객의 상태에 따라서 듣는 방법이 달라진다. 고객이 현재 우리의 상품을 사용하는 고객이라면 이 고객의 소리는 전통적인 온라인과 오프라인

그림 4-7　고객의 소리 수집, 분석, 공유 체계

을 통해서 고객의 소리 청취가 이루어진다. 〈그림 4-7〉은 L사에 전달매체를 통해 고객으로부터 들어온 '고객의 소리'를 여러 회의에서 사용하고 있으며 각 부서에서 수집, 분석, 공유하고 있음을 보여 주고 있다. 우선 L사는 온라인과 오프라인을 통해서 고객의 소리를 수집하고 있다. 온라인의 경우 홈페이지(웹)와 이메일과 같은 컴퓨터 온라인 매체와 전통적인 전화, 팩스를 활용하고 있다. 오프라인의 경우 방문, 설문지, 인터뷰 등을 통하거나 교육이나 세미나에서 얻어지는 고객의 소리를 수집하고 있다. 이후에 이렇게 얻어진 고객의 소리를 분석하여 개선점을 파악하고 기존의 시스템의 개선이나 새로운 시스템의 구축과 같은 방법을 통해서 이를 실행에 옮기도록 한다. 또한 고객의 소리에서 얻어진 개선점, 고객관련 정보, 영업이나 마케팅에 영향을 미칠 수 있는 요소는 모든 조직원에게 공유된다.

　실제로 고객의 소리는 대개가 불만이나 불편사항이므로 이를 처리하는 것이 우선이다. 그러므로 이 처리가 잘 되도록 시스템을 구축하고 실제로 잘 되었는지를 조사하며 그 후에 고객의 소리를 경영정보화하는 단계를 거쳐야 한다. 마지막 단계로는 개선활동의 단계로 시정 및 예방조치를 행하고 관련 직원에 대한 평가나

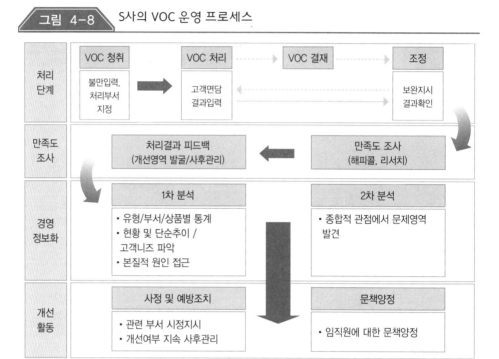

그림 4-8 S사의 VOC 운영 프로세스

문책이 필요하면 이를 행하고 있다. 이를 보여주는 S사의 사례가 〈그림 4-8〉에 나타나 있다.

앞에서 나온 E사는 지속적으로 고객과 시장에 대한 정보를 수집하고 있다. 이 때 가장 중요하게 고려되는 것이 고객의 소리(VOC)이다. VOC는 고객의 요구와 기대를 반영하고 있으며 특정 시점에 있어서 조직의 문제점을 파악할 수 있는 가장 좋은 피드백이라고 생각하고 있다.

VOC의 수집에는 여러 채널이 이용된다. 홈페이지와 고객의 소리함, 고객상 담실, 안내데스크, 주차장, 문화센터, 전화교환실 및 각 고객 접점에서 이루어지고 있다. 고객의 소리는 고객에 의해서 글로 써지거나 음성으로 전달되지만 많은 경우 고객의 소리가 전해지는 접점에 있는 직원에 의해서 기록되거나 녹음되고 있다.

고객의 소리를 현장의 소리와 일선 매니저의 소리로 나누어서 고객의 의견을 적극 반영한다. 현장의 소리는 고객의 소리를 청취하여 고객 접점 요원이 수시로 기록하고 있다. 이는 격주 단위로 취합되고 보고되며 개선활동을 위한 대책 수립 에 사용된다. 또한 일선 매니저는 반기별로 만나서 고객의 소리에서 나타나지 않

그림 4-9 고객의 소리 관리흐름도

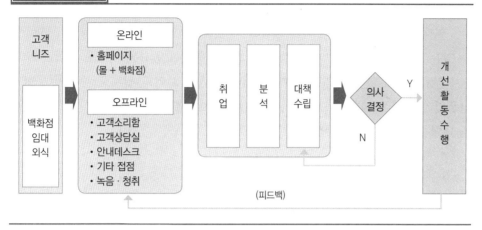

은 고객의 의견을 제시한다. 이는 고객이 적극적으로 고객의 소리에 투영시키지 않는 고객의 욕구가 많다는 점을 고려할 때 상당히 효과적이라고 판단된다.

이렇게 수집된 다양한 VOC는 주관부서에서 취합하여 분석과 대책 수립에 나선다. 특정한 고객의 소리는 녹음되고 이를 청취하여 대책을 수립하며 임원회의에 보고된다. 이렇게 수립된 대책은 경영전략회의에서 임원진의 의사결정을 거친 후 개선활동을 수행하게 된다. 각 개선활동은 해당 접점에서 그룹웨어를 통해서 피드백하고 있다. 고객의 소리 관리흐름도가 〈그림 4-9〉에 나타나 있다.

(2) 잠재고객의 소리 듣기

잠재고객은 크게 과거 고객, 경쟁사 고객 및 미래 고객으로 나눌 수 있다. 잠재고객은 현재 고객의 소리 청취방법과는 다른 방법을 활용하여 고객의 소리를 청취하여야 한다.

과거 고객은 과거에 우리의 상품을 사용하였으나 어떤 이유로든 이제는 사용하지 않는 고객이다. 이들 고객의 소리는 현재 고객의 소리만큼 중요하다. 예를 들어 신용카드의 만기가 지났음에도 불구하고 자동갱신을 신청하지 않은 고객은 큰 불만을 가지고 있을 가능성이 크다. 그러므로 이 고객을 대상으로 심층면접을 실시하여 불만의 원인을 찾아내는 것이 중요하다.

경쟁사 고객에게도 왜 경쟁사의 상품을 이용하는지에 대한 이유를 묻고 우리 상품과는 어떤 차이가 있는지를 알아보는 것이 필요하다. 혹은 상품 자체의 불만족보다는 고객지원이나 거래조건 등의 불만족도 있을 수 있으므로 이를 질문하는 것이 좋다.

미래 고객이란 아직 우리의 상품을 사용할 수 없지만 이후에 상품을 사용할 수 있는 고객을 의미한다. 예를 들어 청소년은 특정한 종류의 화장품(예를 들어 안티에이징 화장품)의 미래의 고객이다. 미래 고객의 소리도 신제품 개발이나 현재 상품의 이미지에 대한 피드백을 줄 수 있으며 이러한 고객의 소리도 대단히 중요한 역할을 한다.

(3) 고객불만 처리

고객만족은 고객이 지각하는 제품이나 서비스의 성과가 고객의 기대를 초과하는 정도를 말한다. 고객만족은 기업이 고객을 유지하고 고객충성도를 높이는데 가장 중요한 요인으로 특히 중요한 고객을 만족시키는 것은 고객의 지속가능성 제고와 밀접한 관계가 있다.

고객만족은 기본적으로 고객의 불만을 없애는 데에서 출발하나 고객불만 제로가 꼭 고객만족을 의미하는 것은 아니다. 허즈버그(Fredrick Herzberg)의 모티베이션 이론인 이요인 이론(two-factor theory)에서 동기요인(motivator)과 위생요인(hygiene factor)이 서로 다른 차원의 요인인 것처럼 고객만족과 고객불만의 처리는 다른 차원의 문제이다. 하지만 고객불만이 처리되지 않고서는 고객만족이 가능하지 않다.

고객의 불평을 모으고 분석하며 불만 원인이 무엇인지를 결정하면 불만 원인을 효과적으로 제거하고 프로세스 개선과 상품 개선에 대한 우선순위를 결정할 수 있어야 한다. 이렇게 얻어진 정보가 효과적으로 조직 전체에 전개되어야 성공적인 결과를 얻을 수 있다.

고객의 불만을 없게 하기 위해서 고객불만의 근본적인 원인을 결정하여야 한다. 고객의 요구사항을 듣고 이를 충족시키는 것이 필요하다. 그런 의미에서 조직은 고객의 클레임을 관리하는 절차를 명확하게 가질 필요가 있다. 〈그림 4-10〉은 F사의 고객불만 관리 절차를 예로 든 것이다.

고객의 불만은 주로 콜센터를 통해서 접수되고 있으며 현장에서 고객과의 직접 대면을 통해서도 많은 불만이 접수되고 있다. 이러한 고객불만은 VOC 시스템이 CRM에 연결되어 있어서 고객의 불만을 CRM에 직접 입력하는 효과를 지닌다.

고객불만 분석 및 피드백체계도

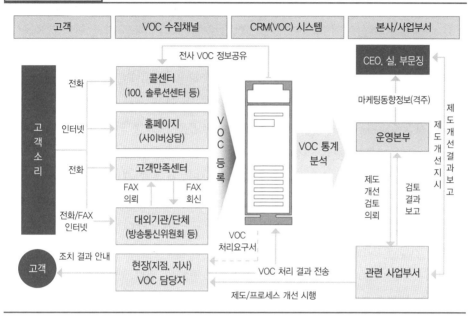

그 결과 CRM 시스템에는 어떤 고객이 어떠한 불만을 가지고 있는지를 알게 되며 이러한 불만이 고객과의 관계에 어떤 영향을 미칠 것인가를 유추할 수 있게 한다.

2. 고객만족과 고객열성의 결정

(1) 고객만족과 고객열성의 측정

고객만족 관리에서 중요한 것은 고객만족과 고객열성에 대한 지속적인 조사이다. 이러한 조사를 통해서 조직은 고객이 얼마나 만족하고 있는지를 알 수 있으며 전체 고객 대비 열성 고객의 비율도 측정할 수 있다. 또한 고객이 가장 만족하는 요인이 무엇인지도 파악할 수 있으며 이를 개선할 수 있는 기회도 가질 수 있다.

고객의 만족과 고객열성의 측정방법은 고객 집단 및 세분시장에 따라서 달라져야 한다. 예를 들어 백화점에서 VVIP 고객에게 전화설문을 한다면 그 결과는 VVIP 라운지에서 대면하여 설문조사를 한 결과와 큰 차이가 날 것이다.

고객의 만족과 불만족은 주기적으로 조사되어야 한다. 이는 추세를 조사하려고 할 때 필수적이다. 또한 조사시기도 일정하여야 한다. 예를 들어 조직의 제품과 서비스 전체에 대한 고객의 만족과 불만족 조사를 매년 1회씩 실시하고 있다면 이 조사는 매년 5월에 실시한다던가 하는 규칙성이 존재하여야 그 조사 결과에 대한 추세를 파악하는데 도움이 된다. 한편 이렇게 연 1회 조사를 한다면 적어도 3년이 지나야만 조직의 제품과 서비스에 대한 고객의 만족과 불만족의 추세를 파악할 수 있다. 이를 통해서 조직이 시장에 제공하고 있는 제품과 서비스가 고객에게 어떤 만족과 불만족을 주고 있는가를 파악할 수 있다.

고객만족과 불만족 조사에서 활용되는 방법은 대고객 인터뷰, 설문조사, 공식 및 비공식 피드백 등의 직접적인 조사방법과 고객이력, 불만분석, 현장보고서, 고객획득과 이탈 분석, 고객권유율 및 거래성사율 등을 활용하는 것 같은 간접적인 조사방법이 사용될 수 있다. 이때 정보는 인터넷, 개인접촉, 제3자 또는 우편 등을 통해 수집이 가능하다. 고객불만족은 고객만족이 낮다는 것 이상의 문제가 있다는 점을 인식하고 고객불만족을 조사할 때는 고객만족도와 따로 조사하여야 한다. 근본 원인을 파악하고 미래의 불만족을 피하기 위한 체계적인 치유책이 가능하도록 독립적으로 확인되어야 한다.

대고객 인터뷰, 설문조사, 공식 및 비공식 피드백의 경우 미리 정해놓은 양식을 활용하는 것은 매번 조사가 이루어진 후의 결과를 분석할 때 연속성의 측면에서 꼭 필요한 일이다. 그러므로 조사양식을 잘 만들어 활용하는 것은 조사를 시작할 때 제일 먼저 고려할 사항이다. 이를 위해서 전문가를 활용하는 기업이 많이 있다. 즉, 외부의 조사기관에 의뢰하거나 외부 전문가를 위촉하여 조사양식을 작성하는 것이다. 이때 주의할 것은 한번 조사양식이 정해지면 후에 바꾸기가 쉽지 않으므로 조직이 고객의 만족과 불만족을 조사할 때 꼭 물어야 할 것에 대해 조직 내의 의견을 모아서 충분한 시간을 두고 검토하여야 한다.

조사양식이 결정되면 그 다음 단계는 이를 활용하여 조사를 실시하는 단계이다. 이때에는 조사대상이 되는 고객의 리스트를 정하여 이중에서 실제로 조사할 대상으로 표본추출을 실시한다. 이 리스트의 정보에 변동이 있는지를 확인한 후 제작된 설문지를 발송한다. 고객의 설문지는 많은 경우에 응답이 되지 않으므로 (대개의 경우 20%에서 30%대의 응답률을 보이는 것으로 추정된다) 사은품을 걸거나 전화로 조사참여를 독려하는 경우도 있다. 그러므로 충분히 분석이 가능한 정도의 응답을 얻기 위해서 조사설계에서 이를 고려하여야 한다.

이렇게 얻어진 응답은 후에 SPSS나 SAS와 같은 통계패키지를 활용하여 분석

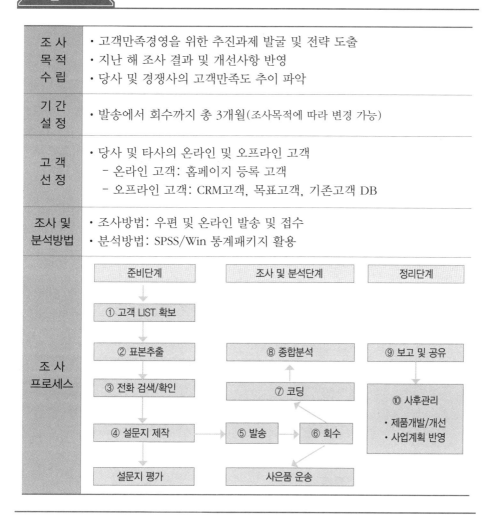

그림 4-11 ┃ L사의 고객만족과 고객열성 조사의 개요

조사 목적 수립	• 고객만족경영을 위한 추진과제 발굴 및 전략 도출 • 지난 해 조사 결과 및 개선사항 반영 • 당사 및 경쟁사의 고객만족도 추이 파악
기간 설정	• 발송에서 회수까지 총 3개월(조사목적에 따라 변경 가능)

고객
선정
	• 당사 및 타사의 온라인 및 오프라인 고객
	  - 온라인 고객: 홈페이지 등록 고객
	  - 오프라인 고객: CRM고객, 목표고객, 기존고객 DB

조사 및 분석방법	• 조사방법: 우편 및 온라인 발송 및 접수 • 분석방법: SPSS/Win 통계패키지 활용

한다. 그 결과를 이용하여 조직에 주는 시사점을 도출하고 이를 보고서로 작성하여 보고하고 공유한다.

〈그림 4-11〉은 L사의 고객만족과 고객열성 조사에 대한 개략적인 기술이다.

이러한 고객만족에 대한 체계적 대응을 위해서는 이와 관련된 업무를 전사적으로 확대하고 이를 PDCA 사이클을 통해서 지속적으로 개선할 필요가 있다. 〈그림 4-12〉는 L사에서 PDCA 사이클을 통한 고객만족 업무 프로세스를 보이고 있다.

L사의 고객만족 업무 프로세스는 전체 프로세스에서 고객만족도의 조사 및

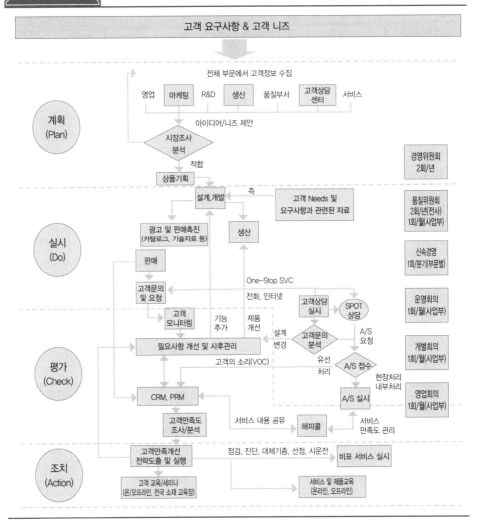

그림 4-12 L사의 고객만족 업무 프로세스

분석이 차지하는 비중이 크게 보이지는 않으나 실제로 그 결과를 많이 활용하고 있다. 전체 프로세스는 고객 모니터링과 고객상담을 한 후 고객문의을 분석하고 고객만족도를 분석하며 고객의 소리와 고객의 요구를 수집하고 분석하는 것을 중심으로 이루어져 있다.

F사의 고객만족도 측정은 다음과 같은 평가 시스템의 한 부분으로 이루어진다. 고객만족도는 90년대부터 측정되었으며 현재는 고객의 부가가치인 CVA(Customer Value Added)로 평가되고 있다. F사는 이러한 고객만족도를 네 가지 평가

그림 4-13　고객만족 평가 시스템

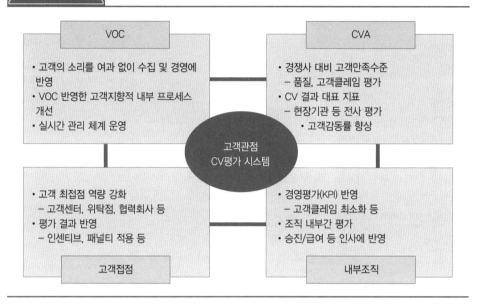

부문을 통해서 측정하고 있다. 〈그림 4-13〉은 이러한 고객만족 평가 시스템을 보이고 있다.

　　CVA를 통한 고객만족도 평가방식은 약간 복잡하다. 예를 들어 CVA는 자사와 경쟁사의 고객만족도 비율을 측정한다. 그 결과 1.1 이상이면 최고수준으로 판단하고 0.97 미만이면 저조하다고 판단한다. 또한 CSL-E는 고객접점 단위별 경험고객에 대한 만족도를 측정하는데 각 지역본부, 고객센터, 지사 등의 척도가 다르게 계산된다. NPS의 경우 순추천 고객지수를 수치화한 것으로 5점 척도로 평가하여 그 결과를 사용한다. 이를 자세히 보면 〈표 4-1〉과 같다.

　　F사는 고객만족도를 평가한 후 고객만족 활동을 유지하고 개선하려고 다양하게 노력하고 있다. 이를 위해 현장과 본부의 일상적인 고객서비스의 개선활동은 물론이고 프로젝트를 통한 개선활동이 이루어지고 있다. 이러한 고객서비스의 개선 메커니즘이 〈그림 4-14〉에 나타나 있다. 고객의 가치를 높이려는 고객중시 경영은 식스시그마 도구를 활용한 업무방식의 개선을 낳고 이는 변화하고 혁신하는 인재를 개발하려는 인재육성을 촉진한다. 이러한 인재양성은 다시 고객의 가치를 높이며 개선하는 사이클을 반복한다.

　　F사는 고객서비스 현장을 가지고 있으며 고객불만의 발생을 차단하기 위하여

| 표 4-1 | 고객만족도 평가개요 및 측정방법 |

구 분	개 요	산 식	비 고
CVA	자사와 경쟁사의 고객만족도 비율	자사의 만족도/ 제1경쟁사의 만족도	1.10 이상: 최고수준 1.03 초과: 우수함 0.97 이상: 보통수준 0.97 미만: 저조함
CSL-E	고객접점 단위별 경험고객에 대한 만족도 측정(콜센터, Plaza, 개통/수리 서비스 등)	지역본부: Σ (지사+NSC)(70%)+ 영업(30%) 고객센터: Ec(70%)+M(30%) 지사: Es(40%)+M(40%)+Ep(20%) NSC: M(70%)+Es(30%)	
NPS	순추천 고객지수 (타인 추천의향)를 수치화	"현재 사용하고 계신 서비스를 다른 사람에게 권유하실 생각이 있으십니까?" 질문하여 "매우 있다"/("없다"+"매우 없다")의 비율	5점 척도로 평가 (매우 있다, 있다, 보통, 없다, 매우 없다)

| 그림 4-14 | 고객서비스의 개선 메커니즘 |

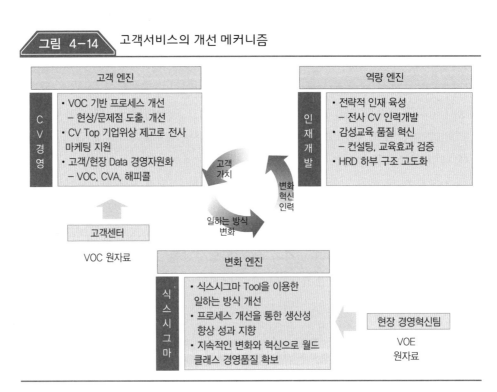

'소비자 불만 자율관리 프로그램'을 도입하였다. 이를 위한 전담조직을 가지고 있으며 각 고객접점 현장마다 고객불만센터를 설치하여 고객불만에 적극적으로 대응하고 있다.

(2) 경쟁사 대비 고객만족

고객만족과 불만족을 결정하는데 핵심요소는 직접적으로 경쟁하는 상품이거나 대안적 상품, 혹은 비슷한 상품을 제공하는 조직에 대한 고객의 상대적인 만족감이다. 그에 대한 정보는 조직 내부에서 행하는 경쟁사 연구나 독립적 기관에서 행하는 연구를 활용하여 얻을 수 있다. 고객이 선호하는 요인은 시장을 선도하는 요소 및 조직의 장기적인 경쟁력과 지속가능성에 잠재적으로 영향을 미치는 요소를 이해하는 데 있어서 매우 중요하다.

경쟁사 대비 고객만족의 측정은 앞의 고객만족과 고객열성의 측정과 병행하여 측정할 수도 있다. 예를 들어 A백화점이 경쟁사인 B백화점에 대한 고객의 만족도를 측정한다고 하자. A백화점은 자사의 고객 중에서 B백화점에서도 쇼핑을 하는 고객을 찾아서 두 백화점의 만족도를 측정할 수 있다. 이때 B백화점에서는 하고 있으나 A백화점에서는 하고 있지 않으며 그 결과 고객만족도에서 차이를 보이는 제도가 있다면 이를 벤치마킹할 수 있을 것이다. 예를 들어 최근 모든 백화점에서 특정한 가격 이상 쇼핑을 하면 가격대별로 상품권을 증정하고 있으며 쇼핑한 물품의 반품시 상품권 반품도 같이 이루어져야 한다. 이때 B백화점은 상품권 반품이 구매가격에 비례하여 이루어지나 A백화점은 상품권 반품이 구매가격대에 따라서 이루어지고 있다. 구매가격대에 따른 상품권 반품은 고객에게 불리하므로 분쟁이 자주 일어난다. 그러나 상품권의 금액이 소액이기 때문에 직원이 이를 위에 보고하지 않아서 A백화점은 아직도 구매가격대에 따른 상품권 반품제도를 시행하고 있다. 그러나 A백화점이 측정한 경쟁사 대비 고객만족도가 이를 반영하여 B백화점보다 더 낮았다면 A백화점은 그 원인을 찾아서 개선할 수 있을 것이다. 이러한 사례는 경쟁사 대비 고객만족 측정이 필요함을 보여준다.

3. 고객자료의 분석과 활용

(1) 고객자료

고객자료는 고객, 시장 및 상품관련 요소에 대한 자료를 모두 의미하며 이를 분석하고 활용하는 것은 시장에서의 경쟁우위를 획득하고 지속적으로 열성 고객을 창출하는 기본이 된다.

우선 고객, 고객 집단, 세분시장, 이전 고객 및 잠재고객에 대한 지식은 상품 관련 요소를 시장에 맞게 하며, 시장전략을 지원하고 맞게 하기 위해 분석하고 활용한다. 또한 좀 더 고객중심적인 문화를 개발하고, 신사업을 개척하며 조직의 지속가능성을 확실히 하기 위해 분석하고 활용한다.

E사는 몰을 경영하고 있으므로 몰 내에 입점한 백화점, 전문점, 외식점, 대형 할인점, 문화관련 점포를 상대로 많은 고객정보를 수집하고 있다. 이러한 정보는 각 접점이 최우선적으로 수집하는 창구가 되고 이를 주기적으로 취합하여 몰경영에 활용하고 있다. 각 접점의 예는 백화점과 외식점은 고객상담실, 전문점은 상우회, 대형 할인점과 극장은 자체 관리되는 수집창구 등이다. 수집된 정보는 경영전략회의를 거쳐서 그룹웨어를 통해 전 매장과 각 부서에 공유되고 있다. 정보가 공유되는 부서는 마케팅, 머천다이징(MD), 서비스, 시설 부서이다. 마케팅에서는 전관행사계획 및 행사사은품 선정에 사용되고 있으며 MD는 상품 품질개선과 시즌 인기상품 선정 등에 활용하고 있다. 서비스와 시설의 경우 개선과 보완 등에 반영하고 있다.

고객관련 지식과 피드백은 이러한 과정을 거쳐서 서비스 수준의 향상, 상품 품질의 향상, 편의시설의 향상에 영향을 미치며 이는 최종적으로 고객만족도 향상으로 이어지고 있다. 이러한 과정이 〈그림 4-15〉에 나타나 있다.

고객자료의 활용방법으로는 여러 가지를 들 수 있으나 우선 고객의 소리로부터 시작되는 고객 니즈와 고객의 불만을 파악하고 이에 대처하는 것이 필요하다. 고객의 소리는 고객의 니즈와 고객의 불만을 나타내는 것으로 이를 분리하여 대응하는 것이 바람직하다. 특히 고객의 니즈는 사업을 시작할 때부터 파악하고 이의 변화를 끊임없이 관찰할 필요가 있다. 고객의 불만은 고객이 조직과의 비즈니스에서 발생한 것이기 때문에 이를 즉시 바로 잡아야 한다는 점을 늘 강조할 필요가 있다.

E사에서는 고객의 소리를 고객의 의견과 고객 컴플레인(불만)으로 분류하고

그림 4-15 고객관련 지식과 피드백의 활용과정

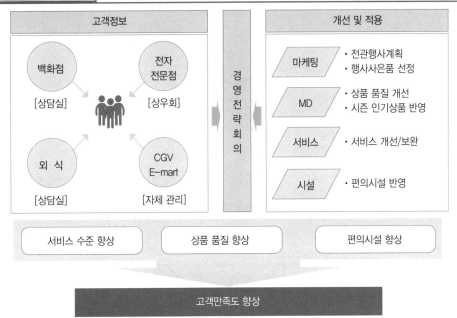

이들 각각에 대한 대응이 〈그림 4-16〉에 나타나 있다.

　고객의 의견은 수립, 분류, 분석의 단계를 거쳐서 대책을 수립하고 이를 개선하는 사이클로 처리된다. 한편 고객 컴플레인은 담당자에게 통보하여 1차 해결을 시도하고 여기서 해결이 안 되면 2차 해결을 시도한다. 최종해결 후 고객에게 해피콜을 실시하여 만족도를 파악하는 단계를 거친다. 이렇게 처리된 고객 의견과 고객 컴플레인은 경영전략회의를 거쳐서 그룹웨어를 통해서 전 조직원에게 공유된다.

　한편 고객의 소리와 피드백은 앞서 언급된 고객관련 지식과 피드백의 경우와 같은 경로를 거쳐서 활용되고 공유된다. 이에 대한 체계가 〈그림 4-17〉에 나타나 있다.

　고객의 소리는 앞서 설명한 것과 같이 온라인과 오프라인에서 수집된다. 오프라인에서 고객의 소리는 백화점, 전문점, 임대매장, 외식점, 문화점 등에서 고객 접점을 통해서 수집된다. 각 접점에서 수집된 고객의 소리에 대해서 VOC 처리 담당은 고객에게 피드백을 실시하고 있다. 또한 수집된 고객의 소리는 영업, 상품기획, 편의시설, 서비스의 개선에 활용되고 이를 경영활동에 반영하여 고객에게

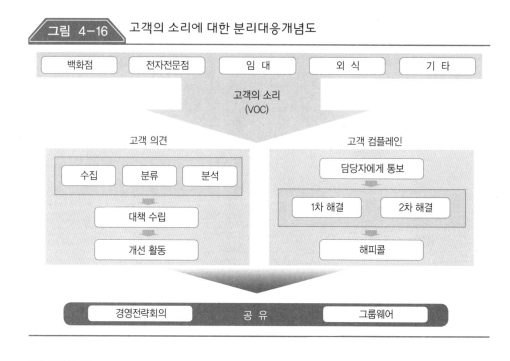

그림 4-16 고객의 소리에 대한 분리대응개념도

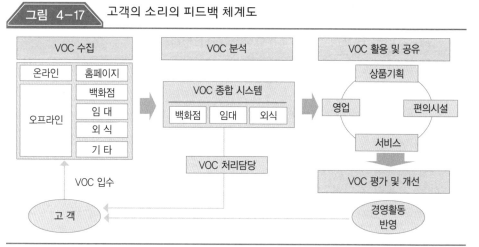

그림 4-17 고객의 소리의 피드백 체계도

피드백을 전하고 있다.

(2) 고객 니즈 변화에 대한 대응

고객의 니즈 충족은 모든 비즈니스의 근본이다. 이를 위해 모든 기업은 고객
의 니즈를 파악하기 위해 노력하고 있다. 또한 고객의 니즈는 끊임없이 변화하고

| 그림 4-18 | 고객 니즈 및 시장의 변화에 대한 대응체계도 |

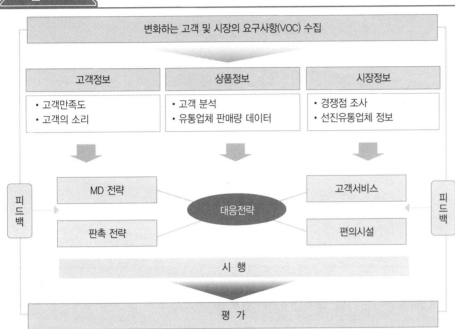

있으며 이를 신속하게 파악하여 남보다 더 빠르게 변화한 고객의 니즈를 파악하는 것이 경쟁우위를 획득하는 길이다.

E사는 이를 신속하게 파악하고 자사의 경영에 활용하기 위한 대응체계를 가지고 있다. E사의 대응체계의 시발점은 역시 고객의 소리 시스템이다. 고객의 소리에서 얻어진 고객 니즈의 변화에 대한 정보와 각 접점에서 얻어진 정보, 상품관련 정보, 시장관련 정보가 모여서 대응전략에 대한 토대가 된다. 대응전략은 크게 MD전략, 판촉전략, 고객서비스, 편의시설 등에 대한 전략으로 나뉘게 된다. 이와 같은 대응체계는 〈그림 4-18〉에 나타나 있다.

E사에서는 변화하는 고객 니즈의 대응을 원활하게 하기 위하여 고객 니즈의 충족을 목적으로 하는 개선과제 프로젝트를 선발하여 운영하고 있다. 이러한 프로젝트 운영단계는 다음과 같다.

· 1단계: 고객의 주요 니즈를 규명하여 프로젝트화 하기
· 2단계: 고객의 주요 니즈에 대한 해결책 모색

고객의 주요 니즈를 규명하여 프로젝트화 하기

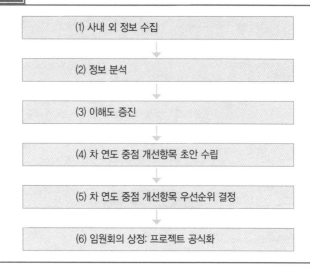

- 3단계: 해결책의 실행-모니터-검토 및 종료

이를 단계별로 자세히 살펴보면 다음과 같다.

제1단계는 우선 마케팅 리서치, 고객의 소리 등에서 얻어진 사내 외 정보를 수집하는 단계로부터 시작된다. 이렇게 얻어진 정보는 마케팅회의를 거쳐서 정보가 분석되고 고객의 요구를 인식한다. 이러한 요구를 충족시키기 위한 자사의 개선대책을 마련하기 위해 다음 해에 중점적으로 개선할 항목을 결정한다. 이후 임원회의에서 최종리스트와 우선순위를 결정하고 프로젝트를 공식화한다. 이를 살펴보면 〈그림 4-19〉와 같다.

제2단계는 제1단계에서 도출된 개선과제 프로젝트를 통해서 개선안을 도출하는 단계이다. 우선 개선에 대한 전체 상황을 이해하고 문제의 본질을 파악한다. 그 다음 해결방안을 모색하기 위해서 브레인스토밍을 실시한다. 이렇게 제기된 문제해결 방안 중에서 채택가능성이 있는 방안을 정리한다. 이후 이 방안에 대해서 비용과 이익을 분석하여 최종적인 계획을 수립한다. 이 계획을 임원회의에 상정하여 승인을 받는다. 이를 정리하면 〈그림 4-20〉과 같다.

제3단계는 해결책의 실행-모니터-검토의 단계이다. 이는 해결책을 실행에 옮길 실무개선팀을 구성하고 이들의 역할과 기능을 구체적으로 정하는 과정부터 시작된다. 또한 팀의 목표 수립과 업무분장이 이루어지고 팀원의 개인별 목표도 설

그림 4-20 고객의 주요 니즈에 대한 해결책 모색

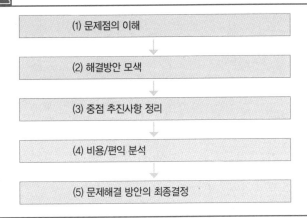

```
(1) 문제점의 이해
        ↓
(2) 해결방안 모색
        ↓
(3) 중점 추진사항 정리
        ↓
(4) 비용/편익 분석
        ↓
(5) 문제해결 방안의 최종결정
```

그림 4-21 해결책의 실행−모니터−검토 및 종료

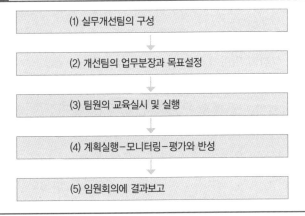

```
(1) 실무개선팀의 구성
        ↓
(2) 개선팀의 업무분장과 목표설정
        ↓
(3) 팀원의 교육실시 및 실행
        ↓
(4) 계획실행−모니터링−평가와 반성
        ↓
(5) 임원회의에 결과보고
```

정된다. 팀원에 대한 교육을 실시하고 계획실행에 대한 주기적 모니터링과 검토가 이루어진다. 그 결과 평가 및 반성을 통해서 이후의 새로운 개선 프로젝트에 대한 중요한 정보를 제공하게 되며 이는 임원회의를 통해서 필요한 각 부서에 전개된다. 이를 나타낸 것이 〈그림 4-21〉이다.

4. (주)명왕성 낚시 사례

(1) 고객의 소리

1) 현재고객의 소리 듣기

고객의 소리 청취

실행 가능한 정보를 얻고 자사의 제품과 자사의 고객지원에 대한 피드백을 얻기 위해 회사는 다음과 같이 고객의 소리를 듣는다. 우선 고객 핵심 요구사항에 부합하는 고객의 소리 청취소를 설치하고 있다. 이때의 고객요구 사항은 상품구매, 마케팅, 고객 접점, 부서 볼드리지회의와 분기 고객중시회의에 자료로 제공된다. 고객만족 설문조사는 웹사이트 고객에게는 주문 후에 인터넷으로, 전화주문 고객에게는 매년 두 번 실시된다. 고객불만 관리부서에서는 지속적으로 주요 커뮤니케이션 메커니즘을 통해 얻어진 자료를 수집하고 보고한다. 지속적 개선 프로젝트 리스트와 전략기획 프로세스에서 사용하기 위해 고객의 소리자료가 분석된다. 이 자료는 고객 그룹과 세분시장별로 분석된다.

고객의 소리 청취의 다양성

회사는 고객, 고객 집단, 세분시장에 따라 그리고 고객의 수명주기에 따라 고객의 소리 청취방법이 다음과 같이 다르다. 고객수명주기상의 모든 단계에 있는 모든 고객 집단과 세분시장에 있는 모든 고객의 고객의 소리를 듣기 위해 다양한 고객의 소리 청취소(표 4-2)와 고객 주요 커뮤니케이션 메카니즘(표 4-3)을 활용한다.

상품의 품질에 대한 고객의 소리를 듣는 한 가지 방법은 상품리뷰라는 제목의 회사간행물이다. 상품리뷰는 구매결정을 위해 고객이 사용하며 상품의 질을 결정하기 위해 상품 매니저가 사용한다. 회사가 판매하는 상품에 대한 고객의 피드백을 얻기 위해 월매출액, 상품반환율 등의 지표를 검토한다. 고객의 소리를 듣는 또 다른 방법은 회사의 고객만족 설문조사인데 상품의 질, 고객지원과 거래의 질에 대한 피드백을 제공한다. 이 설문조사는 회사의 상품과 서비스에 대한 추세를 이해하고 개선을 하는데 도움이 된다. 예를 들어 2015년에 회사는 전화 고객과 웹 고객을 설문조사 대상에 포함시키고 결과를 고객 집단별로 분석할 수 있도록 설문조사 프로세스를 개선하였다. 이는 각기 다른 유형의 고객에 존재할 수 있는 변화와 다른 접속 메커니즘(전화 혹은 웹사이트 주문)을 사용하는 고객에게 존재할 수 있는 차이를 알아보기 위해서이다. 회사는 또한 고객의 소리 프로세스를 통해 들어오는 고객

표 4-2 고객의 소리 청취소의 예

청취 포스트	세분 고객		
	현 재	잠 재	과 거
고객만족 설문조사	×	×	
고객불만 관리	×	×	
CEO 핫라인	×	×	×
전화	×	×	×
이메일	×		
낚시산업 전시회	×	×	×
상품 검토	×		
매출 보고	×		×
웹 - '당신이 보유하였으면 하는 것'	×	×	×
웹 - '알려주세요'	×	×	×

표 4-3 낚시 산업 전시회 청취소

세분시장 혹은 고객 집단	대한낚시 연맹전시회	대한민국 낚시산업대전	낚시와 자연 전시회	국제낚시 산업대전	국제낚시 전시회
민물낚시		×	×	×	
강낚시	×	×		×	
바다낚시		×		×	
루어낚시		×		×	
플라이낚시		×	×	×	
국제시장		×		×	×
소매	×		×		
과거/잠재	×	×	×	×	×

의 피드백을 세분화하고 있다. 청취방법은 고객이 선택하는 접속 메커니즘에 근거하여 달라지며 핵심 요구사항은 분기 고객중시회의에서 적절성이 검토되고 필요하

면 개정된다. 추가적으로 회사는 특정한 낚시산업 전시회(표 4-3)에 참가하는 각기 다른 고객 집단의 소리를 듣고 그들과 커뮤니케이션을 하고 있다.

2) 잠재고객의 소리 듣기: 고객의 피드백

회사는 자사의 상품, 고객지원, 거래에 대한 활동 가능한 정보와 피드백을 얻기 위해 과거 고객, 잠재고객, 경쟁사 고객으로부터 다음과 같은 방법으로 고객의 소리를 청취한다. 회사는 상품과 서비스에 대한 활용 가능한 정보를 얻고 고객의 소리를 듣기 위해 과거 고객, 현재 고객과 잠재적 고객을 대상으로 고객만족도 조사를 실시한다. 고객만족도 조사에서 얻은 벤치마킹 정보를 활용하여 경쟁사의 고객(자사의 고객도 경쟁사로부터 구매하고 있음)과 과거 고객의 소리를 들을 수 있다.

3) 고객불만 관리: 고객불만 관리 시스템 및 프로세스

회사의 고객불만 관리 시스템 및 프로세스는 다음과 같다. 고객불만 관리신청서는 고객 핵심 요구사항과 통합된 체계적인 고객불만 관리 프로세스를 사용하고 있다. 이는 추세를 분석하고 불만을 고객 핵심 요구사항에 맞추어 정리하며 고객의 주요 커뮤니케이션 메커니즘(그림 4-6)의 효과를 추적한다. 고객 불편관리 신청서를 활용하여 회사는 후속 조치를 위해 고객과 직접 접촉할 수 있고 시정활동을 위한 정보를 타 부서와 공유할 수 있다. 정보의 공유는 회사목표와의 일치를 위해 대단히 중요하다. 회사는 고객의 질문이나 불만에 대한 해결과정을 추적할 능력이 있다. 비록 벤더는 회사를 대신하여 상품 불만을 처리하고 있지는 않지만 회사는 상품과 포장을 개선하기 위해 그들에게 반품정보를 제공하고 있다. 벤더는 벤더지원센터를 통해 반품 결과와 상품 사용 후기에 근거한 종합적 평가를 알 수 있다. 또한 회사는 운송담당 벤더가 서비스와 배달을 개선하도록 협력하고 있다.

(2) 고객만족과 고객열성

1) 고객만족과 고객열성

고객만족과 고객열성의 측정

회사는 고객만족과 고객열성을 다음과 같이 측정한다. 고객만족은 성과검토 회의에 보고되는 고객만족 설문조사 결과를 바탕으로 측정된다. (그림 8-15, 그림 8-16 참조) 또한 이는 '플레티넘 사업'의 웹사이트에도 공개된다. 2011년 이후 15

만 명 이상의 고객이 '플레티넘 사업' 고객만족 설문조사를 통해 회사를 평가하여 왔으며 현재 가장 높은 평가인 '최우수' 등급을 얻고 있다. 2014년까지 회사는 '우수 인터넷 사업'의 최우수 홈페이지 선발 프로그램에서 네 번 연속하여 최우수상을 수상하였다. 회사는 고객만족 설문조사의 질문인 '추천 의도'와 '재구매 의도'에 대한 반응(그림 8-18 참조)을 평가하고 고객유지 프로세스 척도(그림 8-17 참조)를 활용하여 고객의 열성을 측정한다.

고객에 따른 측정방법의 차이

회사의 측정방법은 고객 집단과 세분시장에 따라 다음과 같이 다르다. 회사는 같은 고객 집단, 소매시장과 딜러시장 내에서는 같은 측정방법을 활용하는데 그 이유는 설문조사 결과 주요 커뮤니케이션 메카니즘에 따라 고객만족 성과가 달라지지 않는다는 것을 알았기 때문이다. 국제시장에서 만족도와 고객열성을 측정하기 위해 회사는 별도의 설문조사를 실시하고 있다.

고객만족 자료의 통합과 분석

회사는 고객의 기대를 초과하며 고객의 열성을 유지하는데 사용하기 위해 활용 가능한 정보를 다음과 같이 얻는다. 또한 회사의 측정방법은 전사적인 개선과 협력업체별 개선에 활용하기 위해 다음과 같이 자료를 통합하고 분석한다. 회사의 고객만족 설문조사는 개별적인 질문에 대한 고객의 피드백을 수집하는데 이 설문조사자료는 분석을 목적으로 고객 집단별로 분류되며 또한 고객 핵심 요구사항별로 통합된다. 각 고객 핵심 요구사항은 관련된 프로세스에 반영된다. 설문조사 결과, 고객 핵심 요구사항과 관련된 프로세스 척도는 마케팅부서 볼드리지회의, 성과검토회의에서 평가된다. 받아들여질 수 없는 추세나 목표 미달성과가 성과검토회의에서 보고되면 추가적 분석을 위해 이를 프로세스 관리회의로 보낸다. 프로세스 관리회의에서 상위 리더십 팀은 핵심 프로세스 BSC(8.5 프로세스 성과의 (주)명왕성 낚시 사례에서 7)핵심 프로세스 균형성과표(BSC) 참조)를 검토한다. 회사의 고객의 소리 청취소 및 다른 이해관계자의 피드백은 부서와 회사의 SWOT로 통합되어 전략기획 프로세스의 투입요소로 사용된다. 이는 고객 핵심 요구사항의 변화에 따라 상품과 서비스를 개선하고 혁신할 수 있는 기회를 제공한다.

2) 경쟁사 대비 고객만족: 경쟁사의 고객만족 정보

회사는 경쟁사 대비 고객만족 정보를 다음과 같이 얻고 활용하고 있다. 회사는 고객만족 설문조사로 경쟁자의 고객만족 정보를 얻는다. 이 자료는 회사에게 경쟁사의 고객이 경쟁사의 서비스를 어떻게 평가하며 회사의 고객이 경쟁사를 어떻게 평가하는지에 대한 정보를 제공한다. 또한 회사는 낚시산업 전시회와 벤더 커뮤니케이션 프로세스를 통해 자료를 수립한다. 자료는 검토와 활용을 위해 체계적으로 상품구매, 마케팅, 부서 볼드리지회의와 분기 고객중시회의에 전달된다.

예를 들어 회사의 주요 경쟁사 중 두 회사는 배송과 프로세스 요금을 전체 청구금액의 비율로 부과하고 있다. 회사는 크기와 무게에 따라 배송요금을 부과하는 것이 좀 더 고객친화적인 해법이라고 믿고 있지만 이러한 배송요금 체계는 설명하기 까다로웠다. 고객만족 자료검토와 경쟁사 분석으로부터 어떤 경쟁사가 우체국의 단일 배송요금제도를 사용한다는 것을 알게 되었다. 단일 배송요금제도는 2015년의 전략계획안에 실행계획으로 포함되었고 배송요금에 대한 고객만족을 개선할 수 있었다. (고객 핵심 요구사항 '가격 경쟁력')

3) 고객불만족
고객불만족의 측정

회사는 고객의 불만족을 다음과 같이 측정한다. 회사는 고객의 불만족(그림 8-21)을 확인하기 위해 상품반품률을 분석한다. 반품률이 높은 상품에 대해서는 더 많은 고객의 반응을 보기위해 고객의 상품 사용 후기를 분석한다. 근본 원인이 파악되면 불만족 원인을 해소하기 위한 해결책이 실시된다. 예를 들어 2013년에 이러한 분석을 통해 탄소섬유낚싯대의 반품률이 높다는 것을 발견하였다. 상품 후기를 검토한 결과 회사는 탄소섬유가 들어가는 낚싯대의 모델에 관해 벤더가 제공한 정보가 잘못되었다는 것을 알게 되었다. 벤더에게 정확한 정보를 확인한 후 탄소섬유 낚싯대의 호환가능성을 정확하게 반영하여 상품 정보를 수정하였다. 이 프로세스는 회사가 고객 핵심 요구사항인 '지식'을 충족시키는 데 도움을 주었다.

고객의 소리 청취 프로세스에서 나온 고객의 불만은 이의 피드백을 검토하기 위해 고객별, 고객 집단별, 세분시장별로 통합된다. 이러한 자료는 분기 고객중시회의를 통해 전략기획 프로세스에 전달되어 활용된다.

고객만족 및 불만족 측정치

회사는 이러한 측정치가 미래 고객의 요구조건을 충족시키며 기대를 초과달성하는 데 사용하기 위해 활용 가능한 정보를 다음과 같이 획득하고 있다. 측정치를 프로세스 및 고객 핵심 요구사항과 일치시킴으로써 회사는 성과검토회의와 프로세스 관리회의에서 고객만족의 핵심지표인 측정치를 모니터한다. 고객 핵심 요구사항에서 누락되거나 누락될 위험이 있는 목표가 프로세스 관리회의에서 언급된다. 고객만족 설문조사 정보는 고객의 소리 청취소를 통해 접수된 피드백과 고객 핵심 요구사항에 반하는 성과를 보여주는 핵심지표를 입증하는데 사용된다. 설문조사 정보는 개선할 여지가 있는지를 결정하기 위해 분석되며 여기서 발견한 점을 입증하기 위해 고객 핵심 요구사항의 주요 지표가 분석된다. 예를 들어 고객센터에서의 빠른 서비스는 고객 핵심 요구사항의 한 요소인 '접근용이성'과 관련이 있다. 고객만족 설문조사를 모니터링한 결과로 회사는 고객센터의 서비스 수준을 결정하였는데 이는 2015년 6월에 원래의 예상을 뛰어넘는 매출로 인해 서비스 수준이 저하되었다. 이를 높이기 위해 위기대응그룹의 결정으로 직원이 성수기 동안 매일 두 시간씩 추가 근무를 하게 되었다.

고객만족 및 불만족 자료의 분석과 통합

회사는 이러한 측정방법이 전사적인 개선과 협력업체별 개선에 활용하기 위한 자료의 분석과 통합을 다음과 같이 가능하게 한다. 다양한 자료를 활용하여 성과에 대한 완전한 그림을 제공하는 핵심프로세스 BSC(8.5 프로세스 성과의 (주)명왕성 낚시 사례에서 7)핵심 프로세스 균형성과표(BSC) 참조)와 같은 도구로 인해 자료의 분석과 통합이 가능하다. 예를 들어 상품구매에 대한 핵심척도는 재고보유율(In Stock Rate, 그림 8-3 참조)이다. 이 비율은 성과검토회의에서 검토되고 개선을 위해 벤더와 같이 작업하는 부서에서 활용된다.

(3) 변화하는 고객, 고객 집단 및 세분시장

1) 고객세분화 자료: 현재와 미래 고객 그룹과 세분시장

회사는 현재 및 미래의 고객 그룹과 세분시장을 파악하기 위해 고객, 시장 및 상품관련 요소를 다음과 같이 활용하고 있다. 회사는 미래 고객 집단과 세분시장을 파악하고 예측하기 위해 고객만족 설문조사, 고객불만 관리신청서, 매출 추세와 결과, 고객의 특성, 경쟁자와 산업 추세에 대해 벤더가 제공하는 정보, 낚시산업 전시회에서 나온 시장 정보, 뉴스제공 서비스, 환경운동 시민단체의 분위기, 경쟁사와의 격차 분석 및 고객의 신상품 요구 등의 자료를 체계적으로 검토한다. 이 자료는 분기 고객중시회의와 부서 볼드리지회의에서 검토되고 이때 발견된 사항은 회사의 상품과 서비스를 개선하기 위해 전략기획 프로세스에서 전략목표와 실행계획을 작성하는데 사용된다.

예를 들어 회사는 바다낚시 상품 라인을 출시하기 위한 프로세스를 구체적으로 만들고 바다낚시 고객 그룹을 신설하였다. 회사는 바다낚시 상품을 요구하는 민물 및 강낚시 고객 그룹에 있는 현재의 고객의 소리를 들었다. 회사가 바다낚시 상품시장에 진입하였을 때 경쟁사가 자신의 브랜드로 상품을 생산하였지만 기존의 브랜드를 제조하는 제조업체를 지원하지 않았다는 것을 알게 되었다. 회사는 고급 브랜드를 선호하는 고객을 대상으로 기회가 있다는 것을 발견하였고 이 틈새 시장에 노력을 경주하였다. 각 시·도의 바다낚시 허가목록을 활용하여 회사는 바다낚시 고객 그룹의 전체 규모를 결정할 수 있었다. 이용 가능한 각 시·도의 바다낚시 허가목록의 명단을 회사의 데이터베이스에 추가하여 회사는 이들 낚시 고객을 새로운 고객 집단으로 만들었다. 낚시 허가를 받았지만 아직 (주)명왕성 낚시의 고객이 아닌 개인 및 경쟁사의 고객을 대상으로 직접 우편, TV 및 인터넷 광고를 통해 접근하고 있다. 유사한 시장 분석을 바탕으로 회사는 시장조사기간 동안 높은 반품률을 보인 사설 낚시터 전용 낚싯대 시장에 출시하지 않기로 결정하였다.

상품구매 부서에서는 고객 그룹과 시장점유율 순서로 된 경쟁자의 목록을 작성하고 갱신한다. 공개정보를 가지고 경쟁자의 규모를 모니터링함으로써 회사는 경쟁자와 시장의 규모 및 성장잠재력을 결정한다. 경쟁사의 고객정보는 낚시 허가목록 및 바다낚시 전용 임대용 낚싯배 목록과 같은 산업정보를 활용하여 획득한다. 이 정보를 가지고 회사는 산업 내 각 시장의 구성과 규모를 결정하고 회사의 시장을 확대하기 위해 핵심역량을 활용할 수 있는 최적의 분야를 파악할 수 있다. 회사는 주주 핵심 요구사항 충족을 위해 건실한 성장 추세를 유지하며 고객 핵심 요구사항 충족을 위해 새로운 영역을 탐색하여 상품과 서비스 관련 요소를 확대한다. 추구할 최적 영역을 선택하기 위해 산업 내에서 경쟁사와의 격차 분석을 실시하는데 이는 또한 경쟁우위 획득과 새로운 고객창출을 목적으로 회사 핵심역량의 최적 적용을 목적으로 한다. 이러한 정보의 전략기획 프로세스에의 통합은 새로운 시장에 성공적으로 진입하고 유지하기에 필요한 자본, 노동력 및 훈련을 계획할 수 있게 한다.

2) 고객요구 사항

고객 핵심 요구사항 및 기대의 변화

회사는 고객 핵심 요구사항(상품과 상품특성을 포함한) 및 변화하는 기대와 이것이 고객의 구매결정과 관계결정에 미치는 상대적 중요도를 파악하고 예상하는 데 고객, 시장 및 상품관련 요소 정보를 다음과 같이 활용하고 있다.

고객의 소리 청취소 자료에 더하여 회사의 연례 고객 핵심 요구사항 설문조사의 분석은 분기 고객중시회의에 투입자료가 되는데 이 회의에서 고객 핵심 요구사항을 결정하고 입증한다. 산업과 시장의 소리 청취소(예, 뉴스제공 서비스)의 상품 사용 후기, 웹사이트 '당신이 보유하였으면 하는 것', 고객 상품 검토와 매출 추세 등이 미래 및 변화하는 고객 핵심 요구사항의 지표를 제공한다. 예를 들어 2015년 1월부터 제주도의 낚시선박 허가조건이 완화될 예정이라는 뉴스가 2014년 12월에 발표되었다. 이러한 발표로 인해 제주도에서 바다낚시를 하려는 고객이 상당히 증가할 것이라는 기대를 바탕으로 추가적인 상품 주문과 더불어 위기대응그룹의 개입으로 '상품가용성'과 '접근용이성'이라는 고객 핵심 요구사항을 충족시키게 되었다.

회사는 고객을 만족시키는데 헌신하며 고객만족을 지속적으로 개선하기 위해 고객으로부터 듣고 배우기 위해 노력하고 있다. 회사는 고객 핵심 요구사항 및 니즈와 기대를 파악하기 위해 고객의 소리 청취소를 활용하며 파악된 사항은 고객만족 설문조사를 통해 확인한다. 회사는 고객 핵심 요구사항을 충족시키는 회사의 능력을 측정하기 위한 핵심지표를 설정하고 있다. 회사는 전략목표 충족을 위한 실행계획 수립을 목적으로 고객의 소리 청취소와 자료를 체계적으로 검토하고 평가한다. 이러한 검토는 분기 고객중시, 부서 지식공유회의와 부서 볼드리지회의에서 이루어진다. 추가적으로 위기대응그룹의 직원은 변화하는 기대에 대한 실시간 피드백을 얻기 위해 고객과 접촉한다.

요구사항과 기대 변화의 파악 및 예상

회사는 이러한 요구사항과 변화하는 기대가 고객, 고객 집단, 세분시장 및 고객의 수명주기에 걸쳐 어떻게 다른 지를 다음과 같이 파악하고 예상하고 있다. 회사는 자료를 세분하고 역사적인 자료의 추세를 적용함으로써 고객, 고객 집단과 세분시장에 따라 변화하는 요구사항과 기대를 파악하고 예상한다. 예를 들어 회사는 경기침체시에 바다낚시 고객이 감소하고 민물낚시와 강낚시 고객은 증가한다는 것을 안다. 이에 따라 회사는 경기침체시에 바다낚시보다는 민물낚시와 강낚시에 주력하고 경기가 좋을 때는 반대 반향으로 사업을 전개한다.

3) 고객자료의 활용

고객, 시장과 상품관련 요소 정보의 사용

회사는 마케팅을 개선하고 더 나은 고객중시 문화를 구축하며 혁신 기회를 파악하기 위해 고객, 시장과 상품관련 요소 정보를 다음과 같이 사용하고 있다. 회사는 고객만족 설문조사와 벤더 관리 프로세스의 사용을 통해 혁신 기회를 파악하기 위해 고객과 시장 정보를 사용한다. 예를 들어 TV 광고에 대한 고객 피드백에 근거하여 회사는 2012년에 인쇄물 광고를 생략하고 거의 모든 광고비를 낚시 전용채널인 FTV에 투입하였다. 회사는 제공되는 상품과 서비스를 지속적으로 개선하기 위해 고객이기도 한 직원을 고용하고 활용함으로써 고객중시의 회사문화를 구축하고 있다. 혁신의 예는 제4장 전체에 나타나 있다.

사업 니즈와 방향 변화에 따른 고객관련 사업방법의 변화

회사는 고객의 소리를 듣는 방법, 고객만족·불만족 및 열성을 측정하는 방법, 고객자료를 활용하는 방법을 사업 니즈와 방향에 맞추어 다음과 같이 변화시키고 있다. 고객의 소리 청취소를 전략기획 프로세스에 통합시킴으로써 변화의 추세에 맞추어 고객의 소리를 듣는 방법이 변경된다. 월례 전략기획회의, 프로세스 관리회의, 분기 고객중시와 부서 볼드리지회의를 통해 회사는 고객 핵심 요구사항, 핵심 프로세스(ISO 품질경영체제 인증 내부 심사) 및 고객의 소리 청취소를 체계적으로 검토한다. 회사는 일상적으로 SWOT 분석을 행하는데 이를 바탕으로 전략목표와 회사목표 충족을 위한 능력개선용 실행계획이 수립된다. 또한 월례 전략기획회의를 통해 사업 니즈와 고객 니즈의 급속한 변화에 대처할 수 있다.

토의 문제

(주)명왕성 낚시 사례의 다음 사항에 대한 강점과 약점은 무엇인가?

1. 상품관련 요소의 파악과 혁신
2. 상품과 고객지원의 핵심 메카니즘
3. 고객, 고객집단, 세분시장의 고객지원 수단의 차이
4. 고객중시 조직문화의 강화
5. 신규고객 창출을 위한 고객관계 구축 및 관리
6. 고객의 요구사항 충족을 위한 고객관계 구축 및 관리
7. 고객의 소리 청취의 다양성
8. 고객불만 관리 시스템 및 프로세스
9. 고객만족자료의 통합과 분석
10. 경쟁사의 고객만족정보
11. 고객만족 및 불만족의 측정
12. 현재와 미래 고객그룹과 세분시장
13. 고객 핵심요구사항 및 기대의 변화
14. 사업 니즈와 방향 변화에 따른 고객관련 사업방법의 변화

Introduction to Management Quality

Chapter 5

측정, 분석 및 지식경영

제 1 절   개요와 실행절차
제 2 절   측정, 분석 및 조직성과 개선
제 3 절   정보, 정보기술 및 지식관리

측정, 분석 및 지식경영 체계도

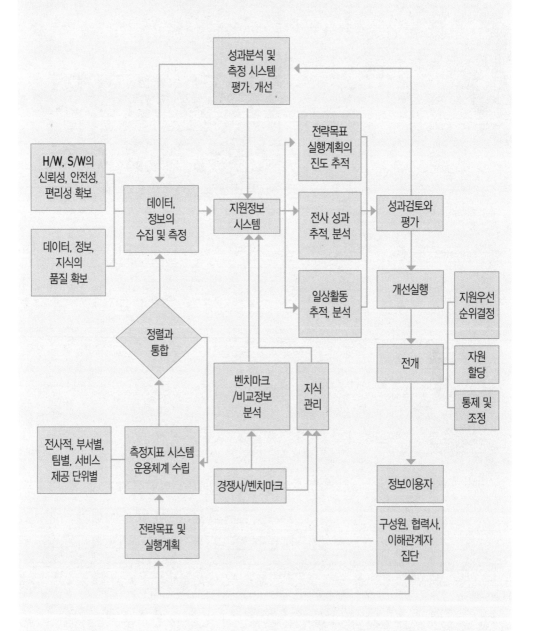

Chapter 5

측정, 분석 및 지식경영

1. 개요

미국의 경제주간지 '포춘'지는 매년 세계에서 가장 존경받는 기업(The World's Most Admired Companies)을 발표하고 있다. 존경받는 기업군 중 상위권에 가장 많이 선발되었고 가장 오래된 기업 중의 하나가 GE(Gener ectric)이다. 최근 연도 기록을 보면 GE는 2002년 1위를 기록했으나 2003년과 2004년에는 Wal-Mart Stores, 2005년에는 Dell 사에게 1위를 내 주었다가 2006년과 2007년도 연속 1위, 2008년에는 다시 2위를 유지하였다. 이 기업은 1876년 설립된 회사로 130여년 동안 지속적인 발전과 혁신적인 성과를 유지해 오고 있다. 이 같은 성과를 가져오는 원인에 대하여 많은 분석이 제기되고 있다.

이중에 LG ERI 리포트(2008) 분석에서는 이 같은 성과의 원인을 '구성원의 일등 마인드에 기반을 둔 끊임없는 혁신과 최고인재에 대한 투자 및 역량 축적' 때문이라고 분석되고 있다. 다른 여러 분석보고서도 많은 의견이 제시되고 있으나 이들 대다수의 보고서의 종합된 결론은 '과거에 연연하지 않고 지속적인 혁신을 추구한 성과'로 분석되고 있다.

이런 성과를 가져오고 있는 선진기업의 공통적인 성장배경에는 과거에 연연하지 않고 끊임없이 개선하여 혁신을 실행하는 특징을 보이고 있다. 잠시의 게으

름은 곧 경쟁력 상실과 연결되고 있다. 지속적인 개선과 혁신에는 조직의 추진현황에 대한 측정과 파악된 정보를 활용한 분석, 검토 및 개선대책의 실행이 필요하게 된다.

측정과 분석, 검토, 조직성과의 개선은 조직의 현황과 성과를 효율적으로 측정, 분석, 검토, 그리고 개선을 드라이브하는 기업조직의 기초 인프라이다. 측정된 정보는 지식자산화 되어 개선과 혁신에 활용하게 된다.

조직은 일반적으로 조직특성에 적합한 비전과 전략적 목표를 설정하며 관련 추진활동을 실행한다. 추진활동은 적정한 측정과 분석, 검토를 거쳐 개선을 실행한다. 측정과 분석, 조직성과의 개선은 계획된 경영활동 성과에 대한 효율적인 측정과 분석, 성과증진에 관한 모든 정보 및 관련 지식을 관리하는 기업조직의 기본 인프라이다. 즉, 기업의 전략적 목표와 실제 기업의 운영을 정렬화되도록 하는 "브레인 센터"이다. 이렇게 함으로써 조직은 핵심성과와 전략적 목적이 일치되도록 한다.

2. 실행절차

조직은 계획한 경영목표와 이를 달성하기 위한 경영전략과 실행계획을 수립한다. 이 계획은 단기, 중기, 장기 계획으로 분류된다. 실행계획은 또 다시 연간, 반기, 분기, 월간, 주간, 일간 계획 등으로 세분화된다.

세분화된 계획을 효율적으로 실행하려면 실행내용 그대로에 대한 파악, 즉 데이터 및 정보에 대한 파악이 필요하다. 파악된 데이터 및 정보는 분석, 검토 등을 거쳐 의사결정에 도움을 줄 수 있도록 재산출된다. 재산출된 정보는 조직의 개선과 발전에 필요한 의사결정과 관련 활동의 실행에 활용되며 실행내용이 전 조직 내에 정착화 될 수 있도록 한다.

조직은 필요한 경우 관련 규정과 지침을 제·개정하며 관련 학습활동을 실행한다. 조직의 발전과 개선에 활용된 정보는 조직 내에 지식자산화 되어 활용될 뿐만 아니라 가능한 범위 내에서 공급체인 내의 모든 조직 집단인 고객, 공급사, 납품사 및 협력사 등과 공유되어 활용됨으로써 전체 공급체인의 발전과 개선에 활용될 수 있도록 한다.

이러한 활동은 조직의 목적, 규모와 조직이 직면하고 있는 환경과 상황에 따라 달라질 수는 있으나 일반적으로 다음과 같은 네 단계의 기본적인 절차로 실행된다.

- 첫째, 있는 현상 그대로의 현상 파악: 조직은 수립된 경영전략 및 실행계획을 실행함에 있어 실행내용에 대하여 조직 내 전체, 부서별, 팀별 혹은 서비스 제공 단위별로 있는 현상 그대로의 사실(fact), 즉 데이터와 정보의 파악이 필요하다. 데이터 및 정보는 성과 파악과 개선을 위한 기초 자료로써 실행내용에 대한 기초 현황 파악자료이므로 있는 현상 그대로 파악하는 것이 중요하다. 파악에는 적정한 측정 데이터와 정보, 관련 측정지표의 선정과 개발, 그리고 이를 효율적으로 지원할 수 있는 지원 시스템의 구비가 필요하다.

- 둘째, 특정목적에 맞는 정보의 산출: 조직 내 지원 시스템을 통해 파악된 '있는 현상 그대로의 데이터와 정보'는 추출 및 요약과정을 거쳐야 정보로써 재산출된다. 재산출된 정보는 전체 조직적 수준과 각 하위 부문별 수준에서 균형 있게 조정되어 분석되어야 하며 조직의 특정목적에 적합하게 활용될 수 있도록 조정, 통합 및 요약화 과정이 필요하다. 이 정보는 조직의 핵심성과 측정지표 외에 관련된 성과의 측정이나 내·외적 변화의 파악에 활용될 수 있어야 한다.

- 셋째, 의사결정이나 행동지침에 반영: 산출된 정보는 성과의 파악과 발전, 개선기회를 탐색하기 위한 분석과 해석에 활용된다. 이때 보다 합리적인 분석과 해석을 위하여 비교정보가 활용된다. 비교정보는 조직이 속한 조직의 내·외적 변화를 고려하여 산업 및 시장의 내·외적 비교정보 혹은 유사한 실행활동에 대한 성과정보이다. 비교정보는 조직의 활동방향에 대한 합리적 의사결정이나 행동지침에 도움이 되며 지속적인 개선과 발전에 유용하게 활용된다.

- 넷째, 지식의 관리 및 모든 이해관계자 집단과 공유: 지속적인 개선과 발전에 활용된 데이터와 정보는 지식자산화 되어 수집, 축적 및 공유된다. 지식자산은 조직구성원 뿐만 아니라 고객, 공급사, 납품사 및 협력사 등 모든 이해관계자 집단과 공유됨으로써 공급체인 내 모든 조직이 빠른 일체화와 정착화가 실행될 수 있도록 한다. 공급체인 내의 모든 조직이 이 정보를 공유하고 활용함으로써 새로운 부가가치를 창출할 수 있도록 한다.

제 2 절 측정, 분석 및 조직성과 개선

조직은 차별적 경쟁력 확보와 개선을 위해 조직 특성에 적합한 경영계획을 수립하여 실행하게 된다. 계획된 경영추진활동에는 이에 대한 추진 현황과 성과에 대한 추적과 관리가 필요하게 된다. 추진활동과 성과에 대한 측정과 관리내용은 분석되고 검토되어 조직성과 개선에 활용된다.

조직성과 개선에 활용되는 데이터와 정보의 수집과 측정은 효율성을 위해 조직 내 모든 부문과 모든 수준에서 수집된다. 수집된 데이터와 정보는 분석되며 분석된 결과을 기반으로 성과에 대한 파악, 지원 우선순위 결정, 필요 자원의 할당, 통제 및 조정 등 성과개선에 활용된다.

1. 성과의 측정

(1) 데이터와 정보관리

1) 데이터와 정보선정 및 관리

데이터는 있는 사실 그대로를 표현한 것으로 "A사의 특정지역 내에 있는 대리점 수, 매출액" 등과 같은 단편적인 사실이다. 정보는 이 데이터를 의사결정에 유용하도록 일련의 처리 또는 가공과정을 거쳐 사용자 의도에 적합하도록 재생산된 것이다. 예를 들면 '대리점 수, 매출액 등의 데이터를 활용하여 대리점 인당 부가가치 생산성 혹은 인당 매출액' 등과 같이 처리 또는 가공된 것이다.

이때 데이터와 정보는 효율성을 위해 조직 내 모든 부문과 모든 수준에서 수집되도록 한다. 조직 특성을 고려하되 부서별, 팀별, 서비스 제공 단위별로 체계적으로 구분되어 측정될 수 있도록 한다.

측정지표의 선정은 조직 전체를 측정할 수 있는 전사 핵심성과지표와 이를 지원할 수 있는 하위지표, 그리고 일상적 운용을 파악할 수 있는 지표로 구성된다. 측정지표는 측정목표에 적합하며 측정 가능하고 구체적이며 실행 가능하도록 설정되도록 한다. 또한 지속적 관리 및 추세파악을 위해 일관성과 균형성이 있도록 한다. 전체 효율성을 위해 지표 간 상호연계성도 검토된다. 지표는 지속적 관리와 개선을 위해 정기적인 효율성 검토와 평가, 보완이 실행된다.

선정된 지표의 효율적인 입력, 수집, 저장 및 관리를 위해서는 이를 지원할 수 있는 정보지원 시스템이 필요하다. 정보지원 시스템은 공급체인의 복잡성, 규모 정도, 조직특성과 관리 목적에 따라 적정하게 구성된다.

정보지원 시스템은 조직 전체의 성과 추진 현황에 대한 실시간 모니터링과 관련 데이터 및 정보의 통합, 검토와 평가, 그리고 개선에 관련된 의사결정을 지원한다. 정보지원 시스템은 일반적으로 신뢰성, 접근성 및 편리성과 수집정보의 유용성이 고려되며 운영효율성 제고를 위해 관련 개념에 대한 체계적 설정 및 관련 사용자 교육이 필요하다.

데이터와 정보수집 및 관리지원 시스템은 독립적 혹은 복합적으로 구성될 수 있고 운영효율성과 효과적인 의사결정 지원을 위해 모든 원천으로부터 수집될 수 있도록 한다. 정보수집 수단은 일반적으로 컴퓨터에 기반을 두어 이루어지며 인터넷과 e-비지니스 등 전자적, 비전자적 수단이 활용된다.

〈그림 5-1〉은 A사의 정보 시스템 구성도이다. 회사는 구성도에서 보는 바와 같이 회사 내 구성원과 유관업체 담당자, 납품업체 등과 일반 민원인 등 주요 이해관계자 집단이 사용할 수 있도록 하고 있다. 또한 그들로부터 관련 데이터와 정보도 수집되도록 하고 있다.

정보 시스템의 구성은 경영정보 시스템, 설계전산 시스템, 지식정보 시스템 및 그룹웨어가 상호연동되어 경영개선에 반영할 수 있도록 구현되고 있다. 이렇게 함으로써 조직 전체의 성과 추진 현황에 대한 실시간 모니터링과 관련 데이터 및 정보의 통합, 검토와 평가, 관련 의사결정이 가능하도록 하고 있다.

다음은 전략적 경영관리 시스템 구축 사례이다.

회사는 〈그림 5-2〉에서 보는 바와 같이 '전략적 경영관리 시스템'에 의한 정보지원 시스템을 구축하고 있다.

회사는 비전과 미션, 전략적 목표 및 연간 방침과 연계된 BSC 관점의 성과지표를 채택하고 있으며 관련 KPI를 설정한다. 전략적 맵과 KPI, 이니셔티브(initiative)로 구성된 전략의 구체화와 프레임 워크(Frame work)를 도입하며 사업별 벤치마크를 설정한다.

수립된 전략에 따라 경영계획이 수립되고 관련 자원이 배분된다. 이때 전략, 재원, 투자, 성과가 연계된 프로세스가 구축되도록 한다. 실행된 경영계획은 모니

그림 5-1 A사의 정보 시스템 구성도

터링되고 피드백되어 평가와 보상에 활용된다.

정보지원 시스템은 시스템 인프라 통합 및 고도화를 통해 전사적 데이터와 정보의 수집, 분석, 평가 및 개선이 가능하도록 IT 인프라가 구축되고 있다. 시스템에 입력되는 정보는 표준화, 정제화를 통해 신뢰성을 높이고 사실에 의한 경영관리가 가능하도록 지원되고 있다.

기업의 데이터 및 정보의 수집과 활용은 〈그림 5-3〉과 같이 하고 있다. 데이터 및 정보는 경영부문, 영업부문 및 시설부문 등 50여 부문으로 수집되어 경영 DB, 영업 DB, 시설 DB 등에 저장된다. 저장된 데이터와 정보는 표준화와 정제를 거쳐 8개 주제영역과 1개 표준영역으로 통합되어 통합 DB에 저장된다. 이 정보는 요약 및 가공과정을 거쳐 활용된다.

그림 5-2 전략적 경영관리와 정보지원 시스템 기본개념도

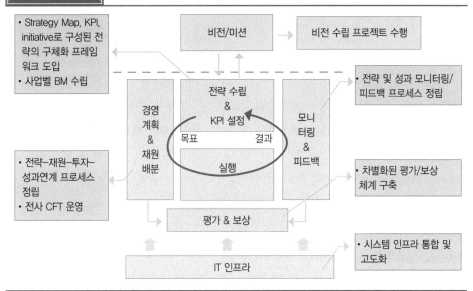

그림 5-3 데이터 및 정보수집 흐름도

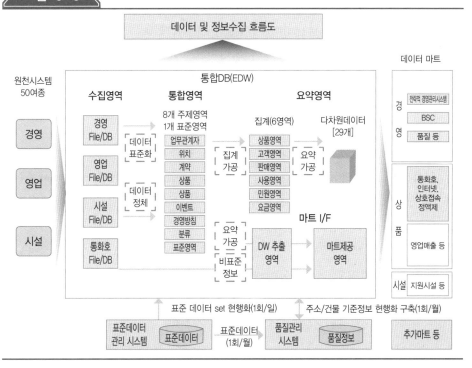

경쟁사 벤치마킹 정보, 내·외부 시장환경 관련 정보는 관련 연구소, 해당 업무부서 등을 통해 수집되며 관련 시스템 내에 통합 관리되어 활용된다.

2) 정렬과 통합

데이터와 정보는 일반적으로 조직의 전략적인 목표를 측정할 수 있는 지표와 이를 지원할 수 있는 전사적 지표, 하위지표 및 일상적 운용에 관련된 지표로 구성된다. 지표는 조직 전체와 부서별, 팀별, 서비스 제공 단위별로 체계적으로 구분되어 측정될 수 있도록 한다. 이때 지표는 운용효율성과 의사결정 지원을 위해 전략적 목표와 전사적 지표, 그리고 하위지표가 상호연계성과 일관성, 균형성이 유지되도록 한다.

이를 위해 데이터 및 정보는 성과평가 및 개선요구에 부응되도록 연계성 및 통합성, 사용범위를 조정하는 정보의 조정과 통합이 필요하다. 정보의 조정과 통합은 성과측정 시스템의 성공적 실행을 위한 핵심개념으로써 측정정보 수집이 조직 전체 부서 및 직급에 걸쳐 어떻게 정렬되었으며 통합되었느냐에 대한 검토이다.

정보의 조정, 정렬과 통합은 전사적 전략목표 설정과 부문별 목표, 팀별 목표로의 체계적인 전환에 대한 검토부터 시작된다. 전사적 지표, 부문별 지표 및 팀별 지표 선정에 따른 상호연관성과 체계성이 검토된다.

이 과정은 전략적 목표의 전사적 핵심지표로의 전환과 부문별, 팀별 측정지표의 변환 설정에 있어 각 조직 계층 간 상호연관성을 검정하는 조정과정이 필요하며 전체 최적화에 대한 검토도 포함된다. 효율성을 위해 산출된 데이터와 정보도 정렬과 통합과정을 거친다.

〈그림 5-4〉는 B사의 전략적 목표전개의 정렬과 통합의 사례이다.

회사는 전사 전략목표 수립 후 부문과 팀의 목표를 수립하고 있다. 수립된 목표는 정합성 검정이 실시된다. 전사와 부문 검정, 부문과 팀 검정이 실행됨으로써 회사는 전략목표의 실행력을 높이고 있다.

주요 내용을 보면 예를 들어 전사와 부문에 있어서는 필요에 따라 전사항목의 조정을 하며 확정된 전사항목에 따라 부문 측정지표에 대한 항목체크 및 레벨 조정, 부문 측정지표의 조정(Fine-tuning)을 한다. 이 활동은 사안에 따라 전략개발실과 경영관리실의 논의를 거치고 부문 끝장회의, 팀장회의를 거친다. 회의를 통한 주요 보고서로는 전사/부문 전략목표 수정안, 부문/팀 정합성 검토안 등이

그림 5-4 B사의 전략적 목표 전개의 정렬과 통합 사례

	전략목표의 조직별 수립			전략목표의 정합성 검증		전략목표 실행력 제고
	전사 수립	부문 수립	팀 수립	팀·부문검증	부문·전사검증	
주요 활동	• 중장기 전사 목표 수립 및 공유 • As-is vs To-be 차이 분석 • 조직전개 과제	• 부문전개 과제 /지침 공유 • 부문 전략목표 수립 • 팀 전개 가이드 도출	• 전사/부문 전략목표와 팀 전개 가이드 공유 • 팀 전략목 표 수립	• 팀 항목의 체크 및 레벨조정 • 부문 측정지표 Fine-tuning • 전사항목의 조정	• 부문항목의 체크 및 레벨조정 • 부문 측정지표 Fine-tuning • 전사항목의 조정	• 전략목표 관리 메커니즘 개발 • 성과평가 체계와 보상 연계 검토 • 영업 원단위 시스템 개발
수행 방법	• 임원 워크샵 • 전략개발실 논의 • CEO 지침	• 경영회의 • 부문 설명회 • 부문 끝장회의	• 팀장 미팅 • 팀 끝장회의	• 팀장회의 • 부문 끝장회의	• 팀장회의 • 부문 끝장회의 • 전략개발실/ 경영관리실 논의	• 전략개발실/경영 관리실 논의 • 현장 인터뷰 • 부문 끝장회의
주요 결과물	• 중장기 전사 목표 • 전략과제 • 부분 CEO 지침	• 부문 전략목표 • 팀 전개 가이드	• 팀 전략목표	• 팀-부문 정합성 검토안 • 팀 전략목표 수정안	• 부문-팀 정합성 검토안 • 부문/전사전략 목표수정안	• 전략 목표관리 수립 및 전개 체계 • 이상관리 체계

그림 5-5 C사의 경영방향과 전략적 목표, 지표의 정렬과 통합 사례

CEO 경영방향

국내/외 경영환경
⬇

중장기 발전 방향 / 연도 경영계획
• CEO 경영방향을 구현하기 위한 전사전략 수립
• 수립된 전사전략의 명확화 및 공유

⬇

전사 전략적 목표
• 전사전략을 달성하기 위한 전략적 목표 도출
• 전략적 목표가 인간관계 정렬

⬇

전사성과지표(전사BSC)
• 전략적 목표를 객관적으로 측정 가능한 KPI로 전환
• 재무/비재무, 단기/장기 균형된 관점유지

⬇

부서별 성과지표(부서BSC)
• 전사 BSC를 달성하기 위한 부서별 BSC
• 부서별 미션, 사업계획, 기존지표 문제점 등 고려

있다. 나머지 부문과 팀과의 검정내용은 그림과 같다.

다음은 또 다른 C사의 정렬과 통합 사례이다. 회사는 〈그림 5-5〉에서 보는 바와 같이 최고경영자(CEO)의 경영방향에 기반을 두고 국내·외 경영환경을 고려하여 중장기 발전방향과 연간 경영계획을 수립한다. 이를 실행하기 위해 전사

적·전략적 목표가 설정되며 이에 근거하여 전사평가지표가 설정된다. 지표는 부서별, 팀별, 개인별 성과지표와 연계되어 설정되며 표준화를 거쳐 실행되고 있다. 회사는 표준화 체계를 거침으로써 정렬과 통합과정에 발생할 수 있는 오류를 최소화하고 있다.

3) 핵심성과지표

핵심성과지표는 조직의 전략적 목표실행 정도를 측정할 수 있는 지표이다. 이 지표는 조직의 의사결정에 필요한 조직 내 모든 부서, 모든 수준에서 파악되며 일반적으로 업무관련 지표, 성과관련 지표, 비교를 위한 지표로 구성된다. 지표는 정성적, 정량적 지표로 구성된다. 구체적이며 측정 가능하고 실행 가능하도록 선정된다. 정성적 지표의 경우도 가능한 한 객관성이 유지되도록 한다.

선정된 주요 측정지표는 정기적인 혹은 부정기적 측정과 분석, 검토를 거쳐 개선에 활용된다. 지표는 전술한 바와 같이 정기적인 유효성 검정을 거쳐 조정된다.

〈그림 5-6〉은 D사의 핵심성과지표(KPI) 선정과 측정개념도의 사례이다.

그림 5-6 KPI를 활용한 조직성과지표 선정 및 측정

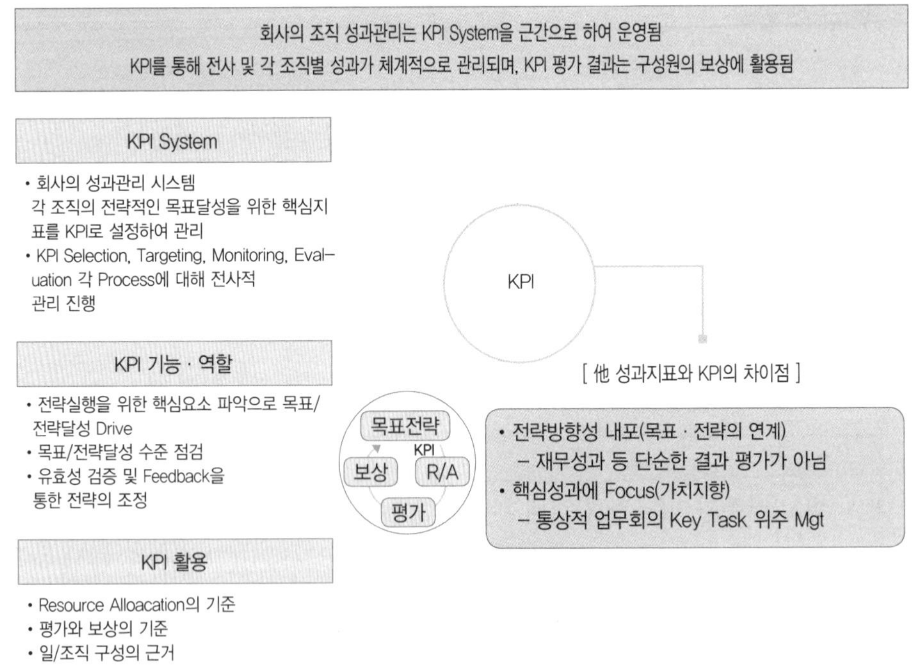

　회사는 전사 및 각 조직별 성과에 대한 체계적 관리와 평가를 위해 KPI System을 도입하고 있다. 회사는 KPI를 통해 전사 및 각 조직별 성과가 체계적으로 관리되며 KPI 평가 결과는 구성원의 보상에 활용되고 있다. 회사의 KPI System은 전략적 목표달성을 위한 핵심지표를 KPI로 설정하여 관리되고 있다. 회사는 전사적으로 KPI 선정, 목표설정, 모니터링, 평가, 각 프로세스에 대한 관리를 하고 있다.

　KPI는 전략실행을 위한 핵심요소에 대한 파악수단으로 목표달성의 독려에 활용된다. 또한 달성수준에 대한 점검, 유효성 검정 및 피드백을 통한 전략의 조정에 활용된다. 뿐만 아니라 자원할당의 기준이 되며 평가와 보상, 조직과 업무구성의 근거로 활용되고 있다.

　회사의 성과지표 구성 기반 개념은 〈그림 5-7〉과 같이 BSC에 두고 있다. 회사는 전략적 목표를 '기존 사업경쟁력 강화를 통한 경쟁력 강화', '비용효율성 제고를 통한 리스크관리 강화', '브랜드 이미지 제고를 통한 기업이미지 향상', '사업역량 축적을 통한 신규 성장엔진 확보'로 설정하고 있다. 이에 성과지표의 선정은 재무, 고객, 내부 프로세스, 그리고 학습과 성장의 네 가지 부문에 두고 있다.

　〈그림 5-8〉은 KPI 선정 프로세스에 대한 사례이다. 회사의 KPI 선정 프로세스는 전략 및 실행과제 검토, 핵심 드라이버(Key Driver) 파악, PI(Performance Indicator) 선정, 선별(Filtering)과정으로 실행된다. KPI 선정은 당해 연도에 반드시 달성해야 될 전략적 목표를 가장 잘 독려할 수 있는 핵심지표로 구성되어 있고 선정기준은 SMART기법을 활용하고 있다.

　전술한 바와 같이 주요 측정지표는 일반적으로 업무관련 측정지표, 성과관련 지표, 비교를 위한 지표로 구성된다.

　업무관련 측정지표는 조직 전반에 걸쳐 목표 및 전략에 부응하는 시스템적 관점에 기반을 둔 진단과 유지에 필요한 지표로 구성된다. 성과관련 지표는 제품 및 서비스성과 관련 지표, 고객 및 시장성과 관련 지표, 재무성과 관련 지표, 인적자원성과 관련 지표 등 운영성과에 관련된 지표로 구성되며 조직효율성을 평가하는 지표로 구성된다. 비교지표는 조직이 속한 산업 내에서 경쟁자와 비교하거나 혹은 베스트 프랙티스, 기타 벤치마킹 등을 통해 얻어지며 전략적 위치 및 목표를 파악할 수 있도록 구성된다.

　실제로 세 범주를 모두 고려한 측정치는 많은 양이 있을 수 있다. 많은 정보를 모두 고려하면 불필요하게 많은 측정치가 포함되어 실제 현상파악과 괴리가 있을

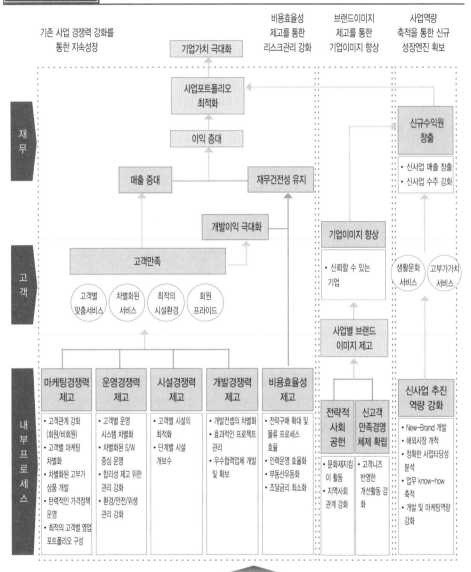

그림 5-7 성과지표의 구성 사례

그림 5-8　KPI를 활용한 조직 성과지표 선정 프로세스

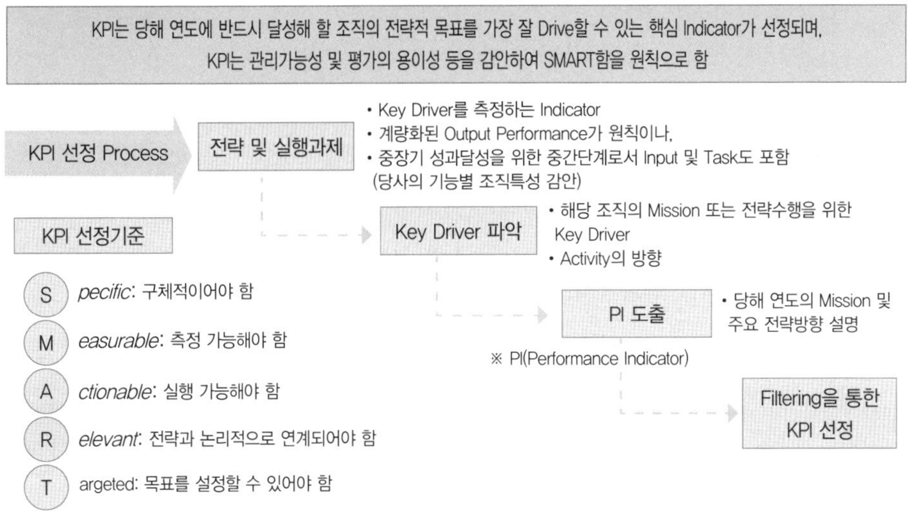

> KPI는 당해 연도에 반드시 달성해 할 조직의 전략적 목표를 가장 잘 Drive할 수 있는 핵심 Indicator가 선정되며,
> KPI는 관리가능성 및 평가의 용이성 등을 감안하여 SMART함을 원칙으로 함

KPI 선정 Process

전략 및 실행과제
- Key Driver를 측정하는 Indicator
- 계량화된 Output Performance가 원칙이나,
- 중장기 성과달성을 위한 중간단계로서 Input 및 Task도 포함
  (당사의 기능별 조직특성 감안)

KPI 선정기준

Key Driver 파악
- 해당 조직의 Mission 또는 전략수행을 위한 Key Driver
- Activity의 방향

S	*pecific*: 구체적이어야 함
M	*easurable*: 측정 가능해야 함
A	*ctionable*: 실행 가능해야 함
R	*elevant*: 전략과 논리적으로 연계되어야 함
T	*argeted*: 목표를 설정할 수 있어야 함

PI 도출
- 당해 연도의 Mission 및 주요 전략방향 설명

※ PI(Performance Indicator)

Filtering을 통한 KPI 선정

수 있다. 이로 인해 의도했던 측정 결과가 희석될 수도 있다. 따라서 측정지표의 선정에는 검토과정이 필요하다. 일반적으로 검토과정에는 다음 요소가 고려된다.

- 첫째, 기업경영 목표와 방침에 대한 부합성 정도를 평가한다.
- 둘째, 선정절차에 있어 구성원의 참여와 합의를 반영한다.
- 셋째, 성과측정을 위한 각종 척도와 지표와의 상호연계성을 고려한다.
- 넷째, 적정한 수의 지표를 선정한다. 일반적으로 지표는 우선순위 및 가중치 등을 고려해도 상호 상충성과 연계성이 있을 수 있다. 이를 검토하여 균형성 있는 평가가 가능하도록 평가기준이 설정되도록 한다. 조직은 조직의 규모, 업종, 경쟁력에 따라 적정한 수의 지표를 선정한다.
- 다섯째, 과거, 현재 뿐만 아니라 미래에 대한 평가까지도 고려한다. 일반적으로 과거를 기준으로 평가하는 경향이 있으나 현재 뿐만 아니라 미래 상황도 고려한다.
- 여섯째, 이해관계자 관점에서 선정한다. 기업조직은 넓은 의미의 고객인 이해관계자 집단, 즉 구성원과 공급사, 납품사, 협력사, 고객, 주주 등과의 연계된 성과가 조직의 성패를 좌우하게 된다. 따라서 이에 관련된 측정지표도 고려된다.

- 일곱째, 업무측정지표, 성과관련 측정지표와 비교측정지표에 대한 적정성과 균형성을 고려한다.
- 여덟째, 지속적 효율성 검토를 한다.

4) 데이터와 정보이용

측정된 데이터 및 정보가 조직의 의사결정과 혁신에 효율적으로 이용되기 위해서는 조직의 요구방향과 목적에 적합하게 신뢰성(정보가 정확하여 믿을 수 있음)과 유효성(정보가 신뢰성 있고 적시에 획득 가능하여 의사결정에 효과적으로 사용될 수 있음)이 보장되도록 한다. 이를 위해 정기적인 평가와 분석이 필요하며 검토를 거쳐 조정된다. 평가 결과는 향후 데이터 및 정보의 선정과 측정에 반영되며 개선에 활용된다. 이렇게 함으로써 데이터와 정보가 조직의 사업요구와 방향에 부합되도록 한다.

또한 데이터와 정보관리의 효율성을 위해 새로운 관리 시스템과 정보기술 등에 대한 정기적인 파악과 검토를 거쳐 최선의 관리와 정보 시스템이 유지되도록 한다.

〈그림 5-9〉는 E사의 데이터와 정보이용 사례이다.

회사는 통합전략 경영관리 시스템을 이용하여 계획부터 실행까지의 전체 과정을 효율적으로 수행할 수 있는 의사결정 지원 시스템을 운영하고 있다. 시스템은 Plan-Do-See 과정별 실행체계를 구축하여 환경변화에 밀접한 지원을 가능하게하고 있다. 의사결정 지원정보는 사업별, 조직별 현황, 모니터링 피드백, 고객관련 정보, 현장지표 등이 일일정보, 전략성과정보, 고객정보 및 리스크정보로 제공된다. 실시간 모니터링되어 제공되고 의사소통되어 공유되도록 한다. 정보는 사내 구성원 및 이해관계자 집단에게 효율적으로 제공됨으로써 관련 조직의 의사결정과 혁신에 활용되도록 하고 있다.

(2) 비교정보 선정과 활용

비교정보 선정과 활용은 선도조직 혹은 경쟁조직 등과의 비교를 통해 차별적 경쟁력을 확보하기 위해 사용되는 방법이다. 비교정보 또는 벤치마킹 정보는 선도조직 혹은 경쟁조직 대비 비교치 혹은 목표치로써 파악된다. 파악된 비교치 혹은 목표치는 비교를 통해 차별적 경쟁력을 확보할 수 있는 전략의 실행에 기초자료로 활용된다.

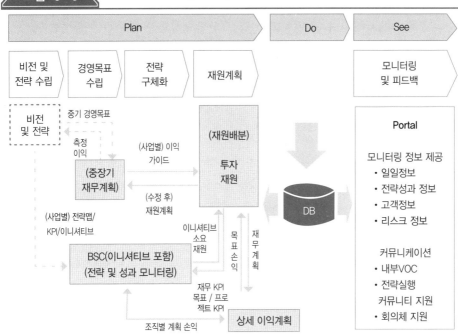

그림 5-9 E사의 데이터와 정보이용 체계도

합리적인 비교 데이터 및 정보의 선정은 국내·외 관련 산업 내에서 선택되거나 혹은 산업 외에서도 선택될 수 있다. 선정된 비교정보 및 벤치마킹 정보는 차별적 경쟁력 및 혁신에 활용되며 효율적인 운영을 위해 표준화와 지속적인 관리가 필요하다.

일반적으로 비교정보와 벤치마킹 정보이용에는 다음 사항이 고려된다.

· 첫째, 조직은 경쟁자 대비 비교정보 혹은 베스트 프랙티스 정보를 활용하여 상대적 경쟁적 위치를 파악한다.

· 둘째, 비교정보 및 벤치마킹 정보로 획득한 정보는 획기적 개선 혹은 돌파구나 변화를 위한 추진력으로 활용된다.

· 셋째, 성과관련 정보는 비교를 통해 관련 성과의 달성과 추진, 성과추진 프로세스의 효율적인 파악과 관리에 활용된다.

· 넷째, 비즈니스 분석과 핵심경쟁력, 협약 및 아웃소싱관련 의사결정에 활용된다.

비교정보 및 벤치마킹 정보를 효과적으로 추진하기 위해서는 일반적으로 다음 절차를 준수한다.

- 첫째, 비교 데이터 및 벤치마킹 정보의 필요성과 우선순위를 결정한다.
- 둘째, 조직이 속한 산업 내·외 혹은 다른 산업 분야까지 비교를 위한 적정 요소의 추구범위를 설정한다.
- 셋째, 목표달성과 경쟁적 전략에 가장 중요한 영역의 획기적 개선 및 돌파구를 설정하여 실행한다.

다음은 E사의 비교 데이터 및 벤치마킹 정보의 효과적 활용 사례이다.

회사는 조직 및 업무특성을 고려하여 다음과 같은 벤치마킹 준비와 적용을 하고 있다. 회사는 준비과정으로 벤치마킹이 요구되는 업무를 정의하고 업무관련 세계 최고수준 혹은 유사한 성과를 가져오는 조직을 찾는다. 검색된 조직을 대상으로 우리 조직과 비교하여 성과 차이를 가져오는 근본적인 원인과 이유가 무엇인가를 찾는다. 세계 최고수준의 성과를 가져온 방법이 무엇인지를 분석한다. 또한 벤치마킹 결과를 우리 조직에 효과적으로 적용하기 위해 필요한 벤치마킹 스킬과 방법을 찾는다.

검색된 벤치마킹 자료를 우리 조직에 실제 적용시키기 위해서는 우리 조직 특성에 맞게 정리되며 정리된 자료를 적용시킬 벤치마킹 실행계획을 수립한다. 수

그림 5-10　**회사의 벤치마킹 프로세스 개요**

	벤치마킹 준비	벤치마킹 실시	Implementation
핵심 질문	• 벤치마킹이 요구되는 핵심 일은 어떻게 선정하는가? • 세계 최고수준의 성과를 달성하는 기업은 누구이며, 우리와 근본적인 차이는 무엇인가?	• 어떻게 하면 세계 최고 수준의 성과를 달성할 수 있는가? • 성공적인 벤치마킹을 위해 요구되는 Skill과 방법은?	• 벤치마킹 결과를 어떻게 하면 효과적으로 조직 내 적용시킬 수 있는가?
	Plan	**Do and check**	**Action**
주요 활동	• 벤치마킹 필요한 일 선정 　– 핵심 일 선정, 현 수준 파악 • 벤치마킹 대상 선정 　– Right Source 확보 　– Outside-In Research • 벤치마킹 방법 결정	• 벤치마킹 계획 수립 　– 벤치마크 Arrangement • 주요 질문 개발 　– 벤치마킹 수행 　– 팀 구성 • 체크리스트 적용	• 결과 및 적용 시사점 정리 • 벤치마킹 결과 정리 • 내부 적용계획 수립 및 실행 • 단계별 실행계획 수립 • 실행 모니터링

립된 계획은 실행되며 적정한 모니터링을 실시한다. 모니터링을 통해 성과분석을 실행하며 추가 개선사항 등이 피드백되고 반영된다.

(3) 내·외적 변화 관리

1) 비즈니스 요구와 방향 유지

조직환경은 빠르게 변화하며 관련 비즈니스의 요구와 방향도 급변하고 있다. 비즈니스 환경의 글로벌화는 기술우위의 지속성을 감소시키고 있으며 기술적, 감성적 우위도 그 지속기간이 매우 짧아지고 있다 이 같은 환경하에서 차별적 경쟁력 확보는 변화하는 비즈니스의 요구와 방향을 정확히 예측하여 이에 대응하는 것이다.

이를 위해서는 비즈니스 요구와 방향을 정확히 측정할 수 있는 데이터와 정보의 선택과 측정, 분석, 평가 시스템이 필요하며 조직은 이에 대한 효율적인 관리를 위해 정기적, 부정기적 검토를 실행한다.

또한 조직은 비즈니스 요구와 방향에 대한 의사결정 오류 정도에 대한 추적도 필요하며 그 궤적 관리에 대한 정기적인 검토를 통해 변화점을 예측하여 사전 통제할 수 있는 성과측정 시스템의 보완도 실행한다. 이렇게 함으로써 비즈니스의 요구와 방향에 대한 유지를 효율적으로 관리할 수 있는 성과측정 측정 시스템을 유지할 수 있다.

2) 급격한 외적 변화 대응

조직의 내·외적 환경은 빠르게 변화되고 이해관계자 집단의 요구도 다변화되며 증가되고 있다. 변화도 예상치 못한 급격한 외적 변화가 많이 발생되고 있다. 급변한 조직환경의 변화는 조직의 위기를 가져올 수 있다.

조직은 급격한 외적 변화에 대응할 수 있는 시스템을 필요로 한다. 조직의 현재 성과와 위치를 파악하여 성과개선에 반영할 수 있는 성과측정 관리 시스템이 필요하다. 즉, 빠르고 정확한 의사결정을 지원할 수 있는 성과측정 시스템의 최신성이 요구된다.

조직은 이를 위해 성과측정 시스템에 대한 정기적, 부정기적인 평가와 검토, 개선이 필요하다. 조직에 따라서는 관련 분야 글로벌 인증 혹은 점검기준을 활용하여 평가, 분석, 검토가 실행된다. 이때 지속성 유지가 필요하다. 조직은 지속적 평가와 분석, 검토를 통해 관련 추세변화를 인식함으로써 급격한 외적 변화에 대

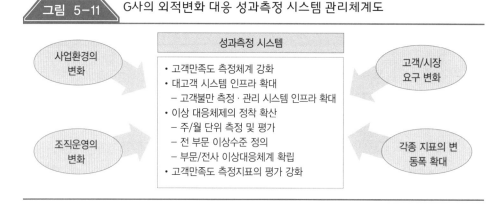

그림 5-11　G사의 외적변화 대응 성과측정 시스템 관리체계도

한 사전 대응책을 수립할 수 있도록 한다. 이때 예상치 못한 변화를 흡수할 수 있는 유연성과 함께 고려된다.

다음은 G사의 환경변화에 따른 성과관리 체계변화도이다.

회사는 환경변화를 사업환경과 조직운영, 고객 및 시장요구, 각종 지표의 변동폭 확대로 규정하고 이에 대응한 성과측정 시스템 대응관리를 하고 있다. 회사는 환경변화를 주, 월단위로 측정, 평가하고 있다. 이상 수준에 대한 정의를 설정하여 시스템에 적용시켜 측정 결과와의 비교를 통해 변화점이 자동 확인되도록 하고 있다. 변화점이 확인되면 전사, 부문의 대응체제를 실행한다. 이렇게 함으로써 회사는 급격한 외부 변화에 대응한 성과측정 시스템의 최신성을 유지한다.

회사내 조직의 내·외적 변화 관리 사례는 다음과 같다.

회사는 내·외부 환경변화에 대응 관리는 다음과 같이 실행하고 있다. 비지니스 요구와 방향에 대한 정보가 입력되면 이 정보에 기반을 두어 회사의 전략방향이 조정된다. 조정에 따라 필요한 벤치마킹 정보는 모니터링되어 피드백되고 통합된다.

정보는 벤치마킹 롤링시스템과 연계되어 효율적인 활용이 가능하도록 한다. 회사의 주요 벤치마킹 정보는 정보선정 기준에 맞게 선정되고 있으며 선정된 정보는 통합전략 경영관리 시스템에 입력되어 활용되고 있다.

회사의 시스템은 정기, 수시 전략목표 및 관련 자원의 조정을 통해 전략의 실행력과 대응력이 유지되도록 한다. 시스템은 사업별 모니터링 성과에 따라 환경변화, 고객가치 변화, 자원변동에 민감하게 대응할 수 있는 롤링대응 시스템을 통해 전략조정과 내·외적 변화에 대해 효율적으로 대응되도록 한다.

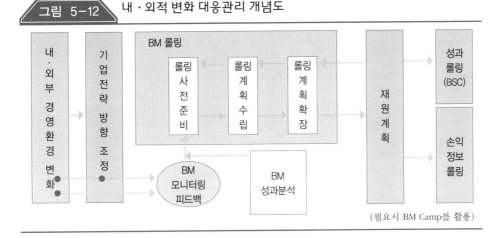

그림 5-12 내·외적 변화 대응관리 개념도

(필요시 BM Camp를 활용)

2. 성과의 분석과 검토

(1) 성과와 잠재력 검토

1) 성과분석

조직성과의 분석은 측정된 데이터 및 정보에 대한 분석으로부터 시작된다. 사전에 설정된 영역별 측정치, 부문별 측정치 외에 내·외부 평가기준에 의한 평가, 경영층에 의해 분석, 검토된 자료 모두가 포함된다.

성과검토는 조직이 일상적으로 수행하는 것을 어떻게 잘 하는지 뿐만 아니라 미래를 향해 가고 있는 것도 잘하고 있는 지에 대한 검토도 고려된다.

성과의 분석을 통해 파악된 확인사항은 조직의 핵심목적 달성과 성공, 개선과 혁신의 기회 파악에 활용된다. 검토자료는 해당 조직은 물론 이해관계자 집단인 공급자, 파트너, 및 핵심고객과의 발전 및 개선에 활용된다.

2) 분석 결과 유효성 보장

분석 결과의 효율성과 유효성을 높이기 위해서는 다양한 분석이 활용된다. 산업 및 기술의 변화 분석, 선도기업 혹은 경쟁기업과 비교 분석, 영향관계 분석, 연관성 분석 및 추세 분석 등이 활용된다. 또한 조직은 분석 결과의 유효성 보장과 효율적 활용을 위해 균형성 있게 활용되도록 한다. 고객관련 지표의 분석, 재무와 시장관련 지표의 분석, 운영 및 경쟁에 관련된 분석 등 균형성 있는 지표와 정보들이 활용되도록 한다.

분석 결과는 조직의 문제점에 대한 근본적인 원인의 파악과 해결, 효율적인 자원사용의 우선순위 설정 및 개선대책의 실행 등에 활용된다.

3) 성과분석 요소

조직의 성과분석 요소는 조직형태나 크기, 경쟁적 환경 및 기타 요소에 따라 다르다. 성과에 대한 분석과 해석 및 발전, 개선활동도 다르다.

성과분석 요소는 광범위함에도 불구하고 다음 사항은 일반적으로 포함되어야 될 요소이다.

- 제품 및 서비스 개선과 연계된 고객만족, 고객유지, 시장점유율 같은 고객 관련 핵심지표 분석
- 고객관련 문제에 수익과 비용이 주는 의미와 효율적인 문제 해결책
- 고객증감과 고객만족도 변동에 따른 시장점유율 변화 해석
- 생산성, 사이클 타임, 낭비 감소, 새로운 서비스의 도입 및 고객 불만율과 같은 핵심운영 성과지표 개선 추세
- 개인 학습 , 조직적 학습 및 직원 인당 가치향상 간의 상관관계
- 직원 안전, 결근율, 이직률 개선에서 오는 재무적 수익
- e-학습과 다른 원거리 학습 기회를 포함한 교육과 훈련과 관련된 수익과 비용
- 개선된 조직의 지식경영과 공유에 관련된 수익과 비용
- 지식경영과 혁신 간의 관계
- 직원 유지, 동기유발, 생산성과 관련된 직원 역량과 능력 요구에 부응한 유지방법
- 직원과 관련된 문제의 비용편익 분석과 효과적인 문제해결
- 경쟁자 성과대비 생산성과 품질의 개별 혹은 총괄적 측정치
- 경쟁자 대비 비용추세
- 제품, 서비스품질, 운영성과 간의 관계와 운영비, 수익, 자산유용성, 직원 인당 가치부가 정도와 같은 지표에 반영된 전반적 재무적 성과 추세

표 5-1	성과분석 요소와 검토내용

절 차	관련 내용
1	성과확인 모니터링
2	전략적 인과관계 분석
3	조직별 drill-down
4	성과분석
5	원인추적과 분석: 지표 상세 분석
6	커뮤니케이션

- 비용편익 분석 혹은 환경, 커뮤니티 영향에 기초한 개선 프로젝트 대안에 대한 자원의 할당
- 품질운영, 인적자원 성과개선으로부터 온 순익과 절감액
- 품질 및 운영성과의 향상이 재무적인 성과에 영향을 주었음을 보여주는 사업단위의 비교
- 현금흐름, 운전자본 활용, 주주가치 등에 대한 개선활동의 기여 정도
- 고객유지가 이익에 미치는 영향
- 글로벌 시장 혹은 시장 확대를 포함한 신시장 진입의 비용 및 수익지표 분석
- 수익 대 시장점유율
- 경제적, 시장, 주주가치 지표트렌드와 이 트렌드가 조직 존속에 미치는 영향

다음은 성과의 분석과 검토 사례이다.

회사는 성과의 분석과 검토를 다음 여섯 단계를 거쳐 실행하고 있다. 조직은 사전에 설정된 측정정보 시스템을 통해 전사, 부서별, 구성원별 성과를 모니터링하고 확인한다.

확인된 정보는 전략 간 인과관계 분석, 원인영향 관계 분석, 연관성 분석, 비교 분석 및 추세 분석이 실행된다. 이 분석정보는 조직별 drill-down되어 성과분석에 활용된다. 성과분석은 다양한 분석방법이 제공되며 원인 분석과 추적 등 상세지표 분석에 활용된다.

회사의 성과분석 결과는 구성원 공유, 이해관계자 집단과의 공유 등을 통해 전사 확대 및 정착에 활용된다.

그림 5-13 성과분석 체계도

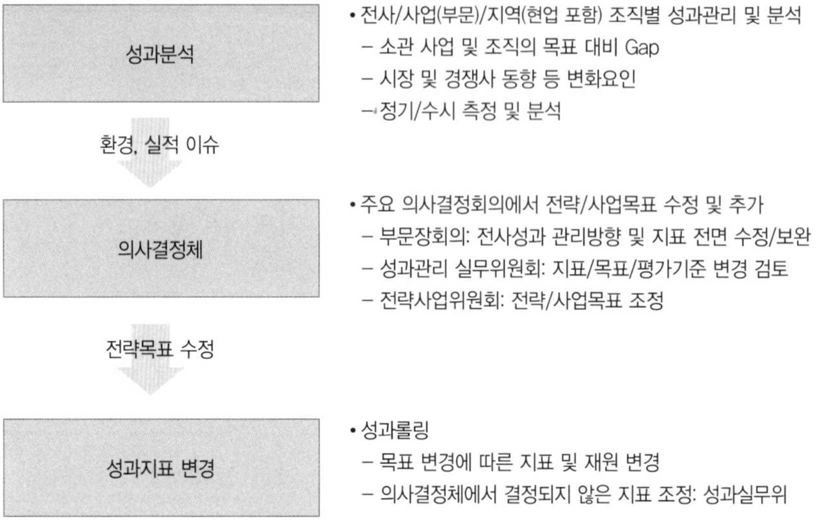

| 성과분석 | • 전사/사업(부문)/지역(현업 포함) 조직별 성과관리 및 분석
– 소관 사업 및 조직의 목표 대비 Gap
– 시장 및 경쟁사 동향 등 변화요인
– 정기/수시 측정 및 분석 |

환경, 실적 이슈 ↓

| 의사결정체 | • 주요 의사결정회의에서 전략/사업목표 수정 및 추가
– 부문장회의: 전사성과 관리방향 및 지표 전면 수정/보완
– 성과관리 실무위원회: 지표/목표/평가기준 변경 검토
– 전략사업위원회: 전략/사업목표 조정 |

전략목표 수정 ↓

| 성과지표 변경 | • 성과롤링
– 목표 변경에 따른 지표 및 재원 변경
– 의사결정체에서 결정되지 않은 지표 조정: 성과실무위 |

다음은 또 다른 성과분석 요소 및 반영 사례이다.

회사는 〈그림 5-13〉과 같이 정기(월간, 분기, 연간), 수시 성과측정 및 분석, 검토를 실행하고 있다.

회사는 이 분석 및 검토를 통해 시장 및 경쟁사 동향 등 변화요인을 파악한다. 파악된 정보는 부문장회의, 성과관리 실무위원회, 전략사업위원회 등 세 개의 주요 의사결정회의를 거쳐 전략/사업목표 조정, 전사 성과관리 방향 및 지표, 지표목표, 평가기준에 반영된다.

회사는 전사/사업(부문)/지역(현업 포함) 조직별 성과관리 및 분석을 통해 시장 및 경쟁사 동향 등 변화요인이 파악되며 이에 따라 전략/사업목표 조정, 전사 성과 관리방향과 목표, 지표, 평가기준이 수정되고 수정된 전략목표에 따라 성과지표도 변경되고 관련 재원도 변경되는 성과분석과 검토 롤링 시스템이 운영되고 있다.

(2) 개선 반영

성과정보 평가요소는 경영목적과 목표에 적합하게 구성되어 측정되도록 한다. 일반적으로 성과측정 요소는 핵심성과지표와 이를 지원할 수 있는 하위 지표 및 일상적 운용지표로 구성된다. 측정요소는 조직 내 사업부별, 팀별, 서비스 제공 단위별로 적정하게 나누어 측정되도록 구성된다.

조직은 설정된 성과정보 측정지표에 근거하여 정기적·부정기적인 모니터링을 하여 성과결과를 확인한다. 모니터링를 통해 확인된 지표는 사용자가 이용하기 편리하도록 지원된 프로그램에 의해 각종 도표, 그래프 등으로 표시되도록 한다.

표시된 결과는 추가 개선활동 정보를 얻기 위해 분석과정을 거치게 된다. 분석과정은 비교 분석, 연관성 분석, 원인영향 관계 분석과 추세 분석 등을 실행하며 이를 통해 개선 과제에 대한 많은 의미를 파악하는 데 활용된다.

파악된 분석 결과는 성과평가와 개선활동에 반영되며 특히 조직 구성원의 합리적인 의사결정 지원을 위해 구성원 교육활동 등에도 활용된다. 조직과 연결된 전체 공급체인 내의 모든 조직과도 공유될 수 있도록 하며 이를 통해 공급체인 내의 모든 조직이 성과평가와 개선활동에 반영할 수 있도록 한다.

3. 성과개선

(1) 우선순위 결정

조직은 성과검토 등에 기반을 두어 개선 및 혁신과제를 결정하여 실행한다.

결정은 내·외부 환경변화 및 이해관계자 집단과의 관계, 경영전략 목표와 목적과의 연계성, 실행의 긴급성과 실행 후 성과, 자원을 포함한 조직의 인력 구성, 역량 등을 고려하여 결정된다.

실행은 조직의 효율성, 효과성을 위해 관련 실행에 대한 우선순위가 검토된다.

결정과정은 조직이 설정한 표준화된 절차, 즉 체계적인 의사결정 프로세스를 거친다.

(2) 우선순위 실행

결정된 개선 및 혁신은 효율성, 효과성을 위해 전사적인 참여에 의해 실행된다. 전체 조직과 구성원이 참여하도록 한다. 이를 위해 관련 내용은 전체 구성원과 공급체인 내 각 기관이 잘 알 수 있도록 의사소통되어 공유되도록 한다.

실행은 체계적인 실행계획을 수립하여 실행하되 조직은 정기적인 검토와 평가를 통해 개선을 추구한다.

개선 및 혁신의 우선순위별 실행은 전체 조직과 구성원 모두가 참여하며 과업에 따라 조직 내 각 사업부별, 부서별, 팀별, 혹은 서비스 제공 단위별로 균형 있게 할당된다.

지원 자원은 합리적으로 배분되며 구체적 실행계획을 수립하여 실행되고 추진성과에 대한 성과분석은 성과평가 프로세스에 의해 추진된다.

(3) 공급체인 내 일체화

해당 조직 자체만의 실행은 그 성과개선 효과성 증대에 한계가 있다. 성과개선은 일반적으로 공급체인 내에 모든 조직이 참여할 경우 극대화된다. 공급사, 납품사, 협력사 등 공급체인 내의 모든 조직이 참여하는 것이 효율적이다.

이를 위해서는 비록 공급체인 내의 각 조직이 독립적인 법인격을 유지하고 있으나 상호관련 정보들을 공유하는 시스템이 제공되도록 한다. 이렇게 함으로써 결정된 개선 및 혁신의 의사결정 사항은 실시간 공유되어 하나의 조직체처럼 실행되도록 할 수 있다. 이때 각 조직별 실행계획과 자원배분은 균형 있게 할당되도록 한다.

4. (주)명왕성 낚시 사례

(1) 성과의 측정

1) 데이터와 정보수집, 정렬 및 통합

(주)명왕성 낚시는 전략목표와 실행계획을 포함한 조직 전체의 성과를 평가하고 추적하기 위하여 데이터와 정보의 수집, 정렬 및 통합을 다음과 같이 한다. 데이터 및 정보선택 기준은 첫째, 회사와 부서목표의 연계성, 둘째, 실용성(정보를 근거로 의사결정 실행) 셋째, 비용효과성이다.

상위 리더십 팀은 프로세스 관리회의와 성과검토회의에서 핵심 프로세스를 확인하고 검토한다. 또한 이해관계자의 핵심 요구사항과 회사목표에 대한 성과를 확인할 수 있는 척도를 규명하고 승인해 준다. 실행계획의 척도는 전략기획 프로세스의 한 부분으로써 실행계획 담당자에 의해 설정된다.

(주)명왕성 낚시는 핵심프로세스 BSC(표 8-4)를 통해 모든 프로세스의 성과를 측정한다. 하위 프로세스는 각 부서에 의해 측정되며 일부 하위 프로세스는 부

서장의 판단에 따라 설문조사로 측정된다. 데이터는 회사의 정보 시스템에 보관되며 인트라넷 내를 통해 성과검토 혹은 분석에 사용된다.

실행계획에 대한 목표달성 정도는 매주 상위 리더십 팀에게 보고되어 관리된다. 전략목표는 월례 전략계획회의에 보고된다. (주)명왕성 낚시는 다음 과정을 통해 이해관계자의 핵심요구사항과 회사목표, 프로세스 BSC, 월례 사장 부서 성과검토 자료가 서로 정렬과 통합이 되도록 한다.

첫째, 핵심 이해관계자를 규명하며 둘째, 이해관계자의 핵심 요구사항을 월례전략회의에 반영하고 셋째, 성과검토회의에서 회사목표에 대한 성과를 확인하며 넷째, 프로세스 관리회의에서 프로세스 BSC를 확인하고 다섯째, 월례 사장 주관 부서 성과검토를 실행한다. (표 2-5와 표 8-4 참조).

회사목표, 이해관계자 핵심 요구사항과 관련 척도, 핵심프로세스와 관련 척도, 전략목표와 실행계획 모두는 정렬된다. (주)명왕성 낚시는 인트라넷, 정기적인 성과검토, 분기 부서 지식공유, 사업보고회 및 주간 부서 볼드리지회의를 통해 데이터와 정보를 적정하게 공유하며 활용하고 있다.

(주)명왕성 낚시는 2015년 초에 데이터와 정보의 추적 프로세스를 개선시킨 사례가 있다. 회사는 전략계획 달성을 추적할 수 있는 척도를 개발했다. 1/4분기 전략계획회의에서 전략계획 달성에 대한 전체 진행상황의 판단에 차이가 있다는 것을 알았다. 비록 특정 실행계획의 단기목표는 추적하고는 있었지만, 연간 전략계획의 전체 진행사항을 추적하지 않았다.

회사는 혁신적인 해결방법으로 전략계획 추적 척도를 만들었다. 이 방법은 전략계획의 달성정도(%)를 인트라넷에서 실시간으로 보여줄 수 있었다. 회사는 현재 전략계획 달성 진행사항을 1년 내내 실시간으로 파악할 수 있다. 이 정보는 모든 전략계획에서 추진정도를 파악하고 필요에 따라 자원 할당 혹은 전용에 활용된다.

회사의 데이터는 실시간 운영 현황이 반영되며 회사의 정보 시스템은 실제상황이 그대로 반영되고 있다. 매일의 성과는 인트라넷에 게시되며 핵심성과는 자연적으로 물류정보시스템 내에 게시된다. 부서장과 매니저는 매일의 성과를 검토한다. 매일의 성과는 월례 핵심성과 척도에 집계되어 성과검토회의, 프로세스 관리회의 및 월례사장 부서 성과검토에서 다시 재검토된다.

예를 들면, 실시간 사업 현황을 보여주는 화면에서는 포장캐리어별, 주문 원천별로 구분하여 최근 분당 매출, 송장수 및 포장정보를 알려준다. 또한 현재 보유 현금, 유통현금, 추후납품 정보를 알 수 있다.

회사의 고객접촉센터는 서비스 센터를 통해 15분 단위로 서비스 수준을 조회한다. 물류는 주문당일 선적을 보장하기 위해 물류센터를 통해 분 단위 선적정보까지 보여준다. 이것은 고객 핵심 요구사항인 "신속한 배송"에 부응하고 있다.(그림 8-7) 전자상거래에서는 만약 웹 최대 가용성에 지장이 있으면 자동화된 메시지를 받도록 되어 있다. 이러한 프로세스 지속성관련 척도는 인력운영의 신속한 대응을 가능하게 한다.

- 핵심성과지표: (주)명왕성 낚시의 핵심성과지표는 다음과 같다. 회사의 가장 높은 수준의 중요한 성과는 회사 핵심지표로 측정되며 이것은 회사목표에 대한 직접적인 성과 척도이다. 회사의 성공을 결정하는 주요 요인(12개 회사 핵심지표)은 조직프로필에 나와있고 〈표 1-9〉에서 보여주고 있다. 회사 핵심지표는 범주 7에 "핵심"이라는 기호로 표시되어 있다.
- 핵심성과지표의 결정시기: (주)명왕성 낚시의 핵심성과지표의 결정시기는 다음과 같다. 1월 이사회에서 회사목표와 주주 핵심 요구사항을 논의한다. 이 1/4분기 이사회에 따라 성과검토회의에서는 곧 바로 핵심성과지표에 대한 변경이나 추가사항을 논의한다. 이 지표는 연중 상위 리더십 팀에 의해 성과검토회의에서 검토되며 필요에 따라 월례 단위로 추가, 삭제, 또는 수정될 수 있다.
- 데이터와 정보의 활용: (주)명왕성 낚시의 의사결정과 혁신을 지원하기 위한 데이터와 정보의 활용은 다음과 같다. 회사는 성과검토회의에서 확인된 성과이슈 혹은 혁신 기회를 프로세스 관리회의에 전달한다.

상위 리더십 팀은 프로세스 관리회의 혹은 시정조치보고서를 통해 문제의 원인이나 기회를 확인하며, 부서장은 프로세스 관리 프로세스를 통해 주간 부서 볼드리지회의에서 혁신에 대한 요구를 시작한다. 실행계획 규정이 필요한 해결책은 월례전략(MSP)회의에 전달된다. 각 실행계획은 그 설계에 혁신이 고려된다.

예를 들면, 2013년 4/4분기 성과검토회의에서 주주 핵심 요구사항인 "재무성과"의 하향 추세(그림 8-39)가 지적되었다. 이것은 2014년 1/4분기에 여러 실행계획의 이행을 이끌게 되었다. 그 결과 회사는 2014년에 설정된 목표를 달성하였고 2012년 계획도 목표달성이 지속되고 있다.

2) 비교 데이터, 정보선정과 효율적 활용

일상적 및 전략적 의사결정과 혁신을 지원하기 위한 비교 데이터, 정보의 선정과 효율적인 활용은 다음과 같다. (주)명왕성 낚시는 비전을 달성하고 "세계 최고의 사업 운영"을 하기 위해 지속적인 성과평가에 필요한 벤치마크 대상기업의 비교 데이터를 찾고 있다.

비교 데이터는 전략기획 프로세스에서 핵심지표 목표설정과 경쟁적 우위 및 혁신의 기회에 대한 결정과 검증에 사용된다. 비교 데이터는 다음 기준(우선순위 순서)에 따라 부서장(상위 리더십 팀 회원)에 의하여 선택된다. ① 벤치마크(베스트 프랙티스), 세계적 수준, 국가품질상 수상기업(산업계 외부 혹은 경쟁기업) ② 경쟁 기업 ③ 산업 ④ 외부 비교(유사기관) ⑤ 내부

상위 리더십 팀은 성과검토회의에서 비교 데이터의 관련성과 정확성을 확보하기 위해 체계적으로 비교 데이터를 검토한다. 모든 핵심지표에는 최소한 하나 이상의 비교 데이터가 포함되도록 한다. 회사의 희망은 모든 핵심지표가 벤치마크 대상기업 비교치와 경쟁자의 도전수치에 도달하는 것이다. 그러나 거의 모든 경쟁업체는 비교 데이터를 공개하지 않기 때문에 획득하기가 항상 가능한 것은 아니다. 이 과정을 상세하게 설명한 회사의 비교데이터 업무지시서는 사이트에 게재되어 있다.

일상적 운영 및 전략적 의사결정을 지원하는 정보는 부서장에 의해 체계적으로 선택된다. 부서장은 회사목표에 대한 성과와 프로세스 성과를 측정하는 데이터를 선정한다. (주)명왕성 낚시의 모든 프로세스는 이해관계자의 핵심 요구사항, 즉 결국 회사목표를 전달하도록 설계되었기 때문에, 데이터와 정보는 이해관계자의 핵심 요구사항을 충족하는 정도를 측정하도록 선정된다. 혁신은 궁극적으로 회사목표에 대한 성과와 핵심 프로세스 개선능력으로 측정된다.

3) 사업 요구와 방향에 맞는 성과측정 시스템의 유지와 대응

(주)명왕성 낚시의 사업 요구와 방향에 맞는 성과측정 시스템의 유지와 대응은 다음과 같다. 성과측정 시스템은 성과검토회의와 프로세스 관리회의에서 검토된다. 성과측정 시스템의 성과는 성과검토회의에서 회사목표와 핵심프로세스 척도, 그리고 월례 사장 주관 부서 성과검토에 의해 평가된다.

이사회가 회사목표를 변경하거나 이해관계자의 핵심 요구사항을 변경하면,

회사는 성과검토회의 제시자료를 업데이트하여 사업 요구 변화에 맞도록 한다. 사업 요구 변화에 대응하는 민첩성이 유지되도록 한다. 모든 척도는 인트라넷 내에서 검토가 가능하다(실시간 데이터). 회사는 실시간 일간 모니터링, 주간 상위 리더십 팀과 부서 볼드리지회의, 월례전략회의, 성과검토회의 및 프로세스 관리회의를 통해 예상치 못한 조직 내 혹은 외부 변화에 빠르게 대응하도록 한다.

프로세스 개선과 통합을 이끈 학습의 예로는, 회사목표에 핵심 이해관계자인 벤더만족도 측정이 포함되지 않아 상위 리더십 팀이 벤더만족도를 추가하는 것을 이사회에 추천한 적이 2014년에 있었다.

이사회는 2014년 1/4분기 회의에서 이 추천을 심의하여 승인했다. 현재 회사목표에 벤더만족도를 추가하였고 그 즉시 벤더만족도 측정의 필요성을 전략계획에 전달하였다. 실행계획에 벤더만족도 조사와 핵심지표가 만들어졌다. 부가하여 벤더 만족이 개선된 이후 여러 실행계획이 만들어졌다.

(2) 성과분석과 검토

1) 성과와 잠재력 검토

(주)명왕성 낚시의 조직성과와 잠재력에 대한 검토는 다음과 같다. 성과는 성과검토회의, 프로세스 관리회의, 월례 사장 주관 부서 성과검토에서 검토된다. 잠재력은 월례 부서 볼드리지회의 전략계획회의의 SWOT 분석과 전략기획 프로세스에서 검토된다.

주간 상위 리더십 팀 회의는 현재 추진 중인 이벤트를 의사소통하고 즉각적인 주의가 필요할 수 있는 전술적인 이슈를 토론하기 위해 매주 월요일에 개최된다. SWOT 분석은 회사목표 달성을 포함한 회사의 전략계획 실행능력을 평가하도록 설계되어 있다. 회사의 분기 인적자원 중시회의에서는 각 부서와 역량, 잠재역량 격차에 대해 3년간의 조직도를 검토하여 어떤 조직이 연수원에 흡수된 적이 있다.

현재와 미래의 핵심역량은 프로세스 관리회의에서 검토되며 조직의 잠재역량에 대해 공지한다. 인력의 잠재력과 수용능력은 맹점을 확인하기 위해 분기별 부서 지식공유회의에서 다시 논의된다. 또한 내부 국가품질상 심사원은 회사성과에 대해 볼드리지상 범주 1범주부터 7범주(그림 8-42)까지 자체 평가를 실시한다.

2) 성과검토 유효성 확보

성과검토회의에서 성과검토의 유효성을 확보하기 위해 벤치마크, 경쟁자, 산업, 외적 비교, 내부 데이터 및 역사적 데이터와 성과를 비교한다.

3) 성과검토 활용

조직의 성공은 성과검토회의에서 회사목표와 핵심 프로세스 지표, 그리고 비교 데이터에 대한 성과평가에 있다. 성공을 지속시키는 회사의 능력은 프로세스의 성공적 운영과 전략계획 달성에 있다.

전략계획은 회사목표를 기준으로 성과를 향상 또는 유지하도록 설계되어 있다. (주)명왕성 낚시는 월례전략회의와 주간 부서 볼드리지회의에서 회사목표와 전략목표, 실행계획의 진행정도를 검토한다. 주간 실행계획의 업데이트된 현황을 상위 리더십 팀에게 보낸다. 이 업데이트된 자료는 전사 실행계획이 단기 목표를 달성했는지 혹은 추가 관심이 필요한지를 보여준다. 회사는 또한 전략계획과 연계된 측정치로써 전략계획 실행을 추적하여 월례전략회의에서 검토되도록 한다.(그림 8-54) 실행계획은 이 측정치와 함께 인트라넷에 보여주고 있으며 연간 어느 때에도 전략계획 달성률을 확인할 수 있다.

4) 변화 대응 성과검토의 활용

(주)명왕성 낚시는 개선과 혁신을 위한 성과검토 결과를 다음과 같이 활용하고 있다. 전략계획회의에서의 핵심 프로세스 SWOT의 월례 검토, 부서 볼드리지회의, 부서 지식공유의 정기적인 검토, 전략기획 프로세스와 SWOT에서 산출된 정보의 통합은 조직의 요구와 도전에 대한 변화에 빠르게 대응하도록 한다. 전략목표와 실행계획은 이러한 필요성과 도전을 알려준다.

2015년 초에 있었던 민첩하게 대응한 사례로, 회사는 성과검토회의 중 상품 가용성 척도가 목표에 미달된 것을 알았고 그 원인 분석 결과 특정 바다낚시대와 릴, 관련 부품에서 극단적으로 높은 수요가 있었다. 일부 고객이 몇몇 고객에게만 제공되었던 제한된 상품에 대해 대량 구매를 하였다. 이러한 상황은 고객 핵심 요구사항인 "상품가용성"(그림 8-15)과 관련된 고객만족에 영향을 미치게 되었다.

따라서 회사는 전략계획의 우선순위를 다시 설정하였다. 제한된 상품의 높은 수요에 대응하여 수량제한을 다시 설정하는 새로운 실행계획을 만들었다. 이렇게 함으로써 더 많은 고객에게 서비스를 제공할 수 있었고 고객 핵심 요구사항인 "상품가용성"을 충족시킬 수 있었다.

(3) 성과개선

1) 개선과 혁신을 위한 성과검토의 활용

(주)명왕성 낚시의 개선과 혁신을 위한 성과검토 결과활용은 다음과 같다. 회사는 성과검토회의에서부터 프로세스 관리회의에까지 제기된 이슈 혹은 기회(비교 데이터와 성과예측을 통해 확인된 것 포함)를 개선과 혁신에 반영한다.

전사 실행계획이 필요한 프로세스 관리회의 이슈는 전략계획회의에 반영된다. 회사는 사업보고회, 부서 지식공유, 상위 리더십 팀 회의와 주간 부서 볼드리지회의에서 혁신이 요구되며 전사 실행계획, 부서 실행계획 및 지속적 개선 프로젝트를 통해 혁신을 실행한다. "혁신경영"은 회사가치이다. 〈표 5-2〉는 회사의 핵심 이해관계자의 새로운 가치산출을 위한 상품, 서비스, 프로세스 및 운영 개선에 의미있는 변화를 가져오는 데 혁신을 사용한 대표적인 사례이다.

2) 우선과제와 기회의 적용

(주)명왕성 낚시의 우선과제 및 기회의 적용은 다음과 같다. 우선순위가 매겨진 전략목표와 실행계획이 포함된 전략계획은 분기 사업보고회, 분기 부서 지식공유회의, 주간 부서 볼드리지회의 및 전략계획 게시판을 통해 전개된다.

사업보고회에서 CEO와 사장, 일부 상위리더는 전략계획과 다른 중요한 주제를 제시한다. 이 회의 후 곧바로 CEO 혹은 사장과 부서장은 회사 전체에 의사소통되고 전개되도록 부서 지식공유회를 개최한다. 회의에서는 각각 혁신에 대한 요구와 질의, 응답 세션을 갖는다. 이 회의는 주간 부서회의를 통해 독려되며 전략계획 게시판에 게시된다.

3) 우선과제와 기회에 대한 공급자, 파트너 및 협력업체와의 연계

(주)명왕성 낚시의 우선과제와 기회에 대한 공급자, 파트너 및 협력업체와의 연계는 다음과 같다. 우선과제와 기회는 벤더와 벤더 파트너십 협약, 벤더지원센터, 벤더회의 및 이메일이나 전화로 적절하게 의사소통된다. 예를 들면, 회사는 매년 핵심벤더와 상품 선택, 가격결정, 벤더 프로그램과 벤더 파트너십 협약의 변

표 5-2	개발 혹은 혁신 프로젝트의 주요 내용		
프로젝트 명	프로젝트 내용	연도	원천자료
명왕성 낚시 브랜드 제품	357개의 ㈜ 명왕성 낚시 브랜드 명명	1982	VOC
유통	도·소매점, 우편판매	1987	CEO
제품에 바코드 사용	재공와 선적을 위한 제품에 바코드 사용	1990	VOC
컴퓨터를 통한 송장처리	컴퓨터를 이용한 주문의 송장 처리	1990	벤치마킹
전자적인 백오더 처리	백오더의 전자적인 처리 프로세스 실행	1993	VOC
낚시협회 펀드지원	시·도·전국 낚시관련 교육 프로그램 펀드 창립	1995	산업
제품설명서 제작	고객질문에 더 잘 대답할 수 있도록 제품설명서 제작	1996	VOC
웹사이트 주문 처리	온라인 주문이 가능한 웹사이트 업그레이드	2002	VOC
명왕성 낚시 무역	해외 사업모델 개발	2004	VOC
카달로그 마스터 제작	판매제품 모두가 포함된 카탈로그 마스터 제작	2006	VOC
낚시기법 프로모션물 제작	비디오 등 낚시기법 포함된 홍보물 제작	2008	VOC
가격할인 적용 프로그램 개발	대량 주문시 가격할인 적용이 가능한 프로그램 개발	2008	벤치마킹
생미끼 보관방법 개발	공급업체로부터 생미끼로 공급받아 판매가능한 보관방법 개발	2009	VOC
낚시 가림막 생산라인 개발	낚시에 필요한 가림막 생산라인 개발	2010	VOC, 전략계획
낚시관련 용품 제조사 관리 웹 개발	낚시관련 용품 제조사 관리 웹 개발	2010	고객초점
낚시용어 및 관련 지식 지원 사이트 개발	웹기반 낚시관련 용어 및 관련 지식 지원 사이트 개발	2010	고객초점
낚시교육 프로그램 개발 지원	대학, 기타 교육기관에 활용가능한 낚시관련 교육 웹사이트 개발	2011	산업
구성원 낚시교육 지원	구성원의 시·도·전국 낚시관련 교육 프로그램 지원	2011	구성원

경사항 검토를 위해 서로 만난다.

회사는 또한 매년 핵심배송 벤더와 만나 배송속도, 새로운 핵심 요구사항 및 우선과제나 기회의 변경에 대해 검토한다. 회사는 이 벤더와 베스트 프랙티스와 시장변화 정보, 규제상황을 공유하기 위해 자주 의사소통한다. 예를 들면, 물류담당 부사장은 배송 패키지의 픽업시간 수정과 단축에 대한 이해를 높이기 위해 UPS와 함께 의사소통 한다. 이렇게 함으로써 고객 핵심 요구사항인 "신속한 배송"을 더 잘 제공할 수 있도록 한다.

이해관계자 핵심 요구사항에 부응하여 회사의 능력을 높이기 위한 벤더와의 협력에 또 다른 예는 상품구매 부사장이 종합 카탈로그의 광고 기획을 할 때 벤더와 협력한 것이다. 회사는 벤더로부터 카달로그 제작자금 일부를 유치했고 벤더에게는 고객에게 도달될 수 있는 부가적인 광고 수단을 제공하였다. 이렇게 함으로써 벤더와 협력하여 주주 핵심 요구사항인 "재무성과"를 개선시켰다.

제 3 절 정보, 정보기술 및 지식관리

조직은 성과의 측정, 분석 및 성과개선에 대한 기초자료로써 데이터와 정보를 수집하며 수집된 정보는 분석된다. 수집된 데이터와 정보는 일반적으로 정보시스템에 보관되어 관리되며 조직은 운용효율성을 높이기 위해 적정한 품질과 가용성이 유지되도록 한다.

조직구성원과 이해관계자 집단은 품질과 가용성이 보장된, 데이터, 정보, 정보 시스템을 이용하여 제품 및 서비스 가치부가활동을 실행한다. 이 활동은 변화하는 비즈니스의 요구와 방향에 적정하게 부응되어야 하며 또한 혁신적인 부가가치가 창출될 수 있도록 한다.

가치창출에 기여한 활동은 지식자산화되어 저장되며 전체 구성원은 물론 이해관계자 집단과 공유되고 학습되어 성과 향상에 활용된다.

정보, 지식 및 정보기술의 관리활동은 바로 이러한 활동을 지원하는 데이터와 정보, 정보기술에 대한 품질과 가용성 보장관련 업무이다.

1. 데이터, 정보 및 지식관리

(1) 신뢰성 및 유효성 보장

데이터 및 정보의 신뢰성 및 유효성 확보를 위해서는 데이터와 정보의 정확성, 무결성, 신뢰성, 적시성, 보안성과 기밀유지가 필요하다.

데이터 및 정보의 정확성은 데이터 및 정보가 합법적으로 생성되고 갱신됐으며 위조나 변조로부터도 안전하다는 것이고 상시적 정보 시스템에 연결되어 오류가 없음을 보장하는 것이다.

방법에는 사전적 데이터 및 정보 시스템의 사용을 제한하는 방법과 사후적으로 데이터 위변조 여부를 검증하여 보완하는 방법이 있다.

사전적 방법에는 사용자 접근 권한 레벨화와 시스템 운영 등급화 등이 포함되고 사후적 방법으로는 접근의 기록의 유지와 허용기준 표준화, 입력 데이터 및 예외사항 처리 관리기준 운영, 사후적 데이터와 정보 시스템의 비교, 평가와 개선방법 등이 있다.

데이터 및 정보 시스템의 무결성은 데이터 및 정보가 허가된 구성원에게 개방되고 수정되어 데이터와 정보 시스템의 신뢰성이 보장되도록 하는 것이다. 이를 위해서는 접근에 대한 관리와 수정에 대한 관리로 구분될 수 있다. 접근제한의 경우는 접근절차에 대한 관리기준과 관리절차, 사용자별 접속 단말기와 서버의 물리적 환경에 대한 통제와 관리방안 수립이 필요하다. 수정에 대한 관리는 데이터 및 정보 시스템 정비활동과 수정에 대한 기록유지, 사후 점검과 피드백 등이 필요하다.

적시성은 기업환경 변화와 고객가치 변화에 따라 최신의 데이터 및 정보 시스템 유지관련 부문이다. 적시성 보장을 위해서는 최신의 데이터 및 정보 시스템 유지가 가능한 전사적인 데이터 및 정보 시스템의 통합, 데이터와 정보 시스템의 표준화와 운영계획의 실행이 필요하다.

보안성과 기밀유지는 데이터와 정보 시스템의 외부 유출 방지와 기밀성 유지에 관련된 사항이다. 보안성 및 기밀유지 방법은 대책과 대책실행 절차, 기술적 통제 등으로 구분될 수 있는데 이를 위해서는 보안성과 기밀유지를 위한 사용자 접근성 통제와 문서나 콘텐츠 보호대책의 수립, 관련 인력의 활용 및 사용자에 대한 교육 등의 실행이 필요하다. 이를 위한 실행절차는 표준화되는 것이 필요하다.

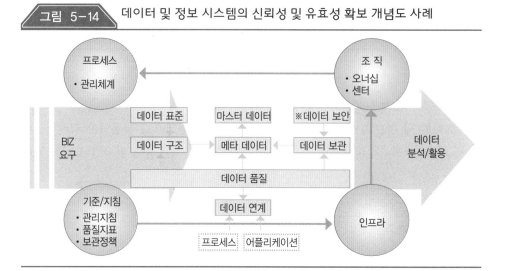

그림 5-14 데이터 및 정보 시스템의 신뢰성 및 유효성 확보 개념도 사례

기술적 통제를 위해서는 기본적인 네트워크 보안솔루션 도입, 데이터와 정보의 변환과 저장의 암호화, 사용자 이용 정보자원의 이동장치 저장화 방지 대책 등이 있다.

〈그림 5-14〉는 데이터와 정보 시스템의 신뢰성 및 유효성 확보 개념도 사례이다.

회사는 비즈니스의 요구와 변화에 대응하여 데이터 및 정보 관리체계가 구축되도록 하고 있다. 데이터 및 정보의 관리기준과 지침, 즉 관리지침, 품질지표, 보관정책을 설정하여 관련 인프라가 실행되도록 하고 있다.

데이터와 정보는 프로세스와 어플리케이션이 연계되도록 한다. 데이터 표준에 따라 데이터의 구조가 구성되며 메타 데이터와 마스터 데이터로 이루어진다. 이때 데이터는 전술한 보안성 대책에 따르며 데이터 품질 대책이 실행된다.

회사는 데이터와 정보의 신뢰성 및 유효성 확보를 위해 표준화된 관리체계를 실행하며 정기적인 전사 정보 적합도 평가를 통해 데이터 및 정보의 신뢰성, 유효성을 높이고 있다.

(2) 가용성 확보

조직은 그 규모가 커짐에 따라 데이터 및 정보의 양이 증가되며 그 활용도 또한 증가하게 된다. 데이터와 정보의 양적 증가와 함께 활용성에 대한 요구도 증가된다. 이러한 증가는 더욱 정보에 대한 가용성과 유용성을 필요로 한다.

사용자의 정보가용성 확보를 위해서는 주요 이용자인 기업구성원은 물론 이해관계자인 공급사, 납품사, 협력사와 고객이 그 사용목적에 따라 적정하게 이용될 수 있도록 한다. 이용될 데이터와 정보는 필요한 때 적절하게 접근할 수 있어야 하며 또한 효율적으로 이용할 수 있어야 한다. 이때 접근에는 전자적 수단 외에 다른 수단도 가능하다.

데이터 및 정보의 가용성 확보에는 또한 적시성과 함께 균형성도 동시에 보장되어야 된다. 관리효율성을 위해서는 보안성과 기밀성, 개인정보 보호 대책 등도 함께 고려되는 것이 필요하다. 이러한 대책은 종합적인 관리를 위해 전사적인 통합 관리와 통제가 필요하며 정기적인 평가와 개선의 실행이 필요하다.

데이터와 정보를 저장하여 관리되는 정보 시스템은 유용성을 위해 환경변화를 반영할 수 있는 대책이 필요하다. 사업환경의 변화, 고객가치 변화, 정보제공의 기술적 발전과 사용자 요구사항의 변화 등이 반영되는 보완이 필요하다. 일반적으로 정보 시스템 관리에는 정보 시스템의 디자인과 향후 발전방향, 고객가치의 변화와 사용자 요구조건 증대에 따른 적절한 보완 대책과 보존전략이 함께 고려된다. 또한 정기적인 측정과 분석, 평가의 실행과 개선 대책의 실행도 포함된다.

〈그림 5-15〉는 서비스 회사의 데이터와 정보이용에 대한 가용성 확보 사례이다.

그림 5-15   데이터 및 정보의 가용성 확보 사례

24 Hours Connected(Mobility)
– 메일, 메신저, 일정관리, 주소록 등을 휴대폰에서 사용

원하는 사내 정보를 메일 등으로 실시간 받아볼 수 있는 업무환경(RSS)

통합 커뮤니케이션 환경: 메일, 메신저, 포털, 전화 등이 구성원의 상태정보를 기반으로 연동
– 상태정보(부재, 통화, 회의 중 등)를 활용한 Lead time 단축
– 전화와 인트라넷 연동을 통한 커뮤니케이션 비용 절감
– 부재중 통화기록의 메일 수신
– 화상통화(VoIP) 업무환경 구축

문서 공동편집이 가능한 업무환경

외부포털과 인트라넷 정보의 통합 검색

회사는 휴대폰을 통해 실시간 메일, 메신저, 일정관리 및 주소록을 검색할 수 있도록 되어 있다. 구성원은 원하는 사내정보를 시간, 장소에 제약 없이 실시간으로 이용할 수 있다. 24시간 접속하여 원하는 사내정보를 실시간 접속하여 업무에 활용하는 업무환경을 제공하고 있다.

특히 회사는 데이터 및 정보의 통합적인 접근활동을 위해 메일, 메신저, 전화, 포털이 상호연계되어 부재 중, 통화 중, 회의 중에도 연동될 수 있도록 하며 문서 공동편집과 외부 포털과 인트라넷 정보의 통합 검색도 가능하도록 하고 있다. 이렇게 함으로써 어떤 상황에서도 데이터 및 정보를 이용할 수 있는 가용환경을 제공하고 있다.

(3) 지식관리

지식정보의 관리란 조직 내 구성원과 이해관계자 집단인 공급사, 납품사, 협력사 및 고객 등으로부터 부가가치 창출에 관련된 아이디어나 지식, 노하우 등을 체계적으로 발굴하여 지식화 함을 의미한다.

구성원 뿐만 아니라 이해관계자 집단과 공유하여 빠른 일체화와 정착을 추구함으로써 업무처리의 효율성을 높이고 새로운 상품 및 서비스 개발 및 시장대응력을 높여 차별적 경쟁력을 확보하는 방법이다.

이 방법은 고객과 기업조직의 가치부가를 혁신적으로 제고시킬 수 있는 방법으로 효율적인 실행을 위해 구성원 및 이해관계자 집단으로부터 지식의 수집 및 전달체계의 유지와 채택된 지식정보의 빠른 일체화와 공유, 실행체계의 유지가 필요하다.

〈그림 5-16〉은 일반적인 지식관리 체계도이다.

지식활동은 조직 내 구성원과 이해관계자 집단인 공급사, 납품사, 협력사 및 고객 등으로부터 부가가치 창출에 관련된 아이디어나 지식, 노하우 등이 창출되어 입력되면 이 지식은 관련 조직의 검토과정을 거쳐 선택되고 선택된 지식자산은 전체 구성원과 관련 기관에게 공유된다. 공유된 지식은 혁신과 개선에 활용된다. 이 지식자산은 전체 구성과 협력기관에게 학습되어 정착된다.

지식활동의 관리를 위해서는 그림과 같이 IT인프라, 휴먼인프라, 업무실행인프라가 요구된다.

지식활동 관리는 담당조직에 의해 관리되며 효율적 업무지원을 위해 IT인프

| 그림 5-16 | 지식관리 체계도 |

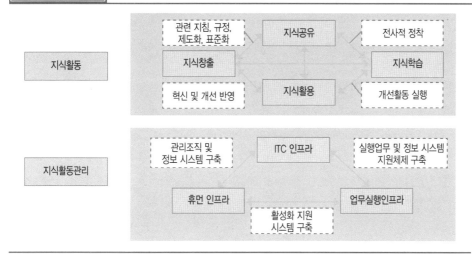

라가 지원된다. 업무지식은 전사적 표준화를 위해 관련 업무를 실행할 업무실행 인프라가 구성된다. 각각의 활동은 상호지원되어 실행된다.

조직에 있어 이 같은 지식자산의 효율적 관리 및 활용을 위해서는 일반적으로 다음 사항이 고려된다.

- 첫째, 조직은 기업업종 및 문화특성에 적합한 지식정보 관리의 표준화된 절차와 기준을 설정한다. 이를 통해 통합관리 및 전체 부가가치 극대화를 추구할 수 있도록 한다.
- 둘째, 구성원 혹은 부서별, 직능별 및 이해관계자 집단과의 빠른 지식자산 수집 및 관리, 일체화를 할 수 있도록 기존 시스템과의 연동 혹은 통합적 관리가 가능한 정보 시스템을 지원한다.
- 셋째, 구성원 및 이해관계자 집단과 동기화되도록 한다.
- 넷째, 지식정보의 관리 활성화를 위해서는 기업업무 및 문화특성에 따라 등급제도, 포상제도, 마일리지제도, 인증제도 등 다양한 동기유발제도를 실행한다.
- 다섯째, 지식정보의 빠른 정착 및 일체화를 위해 교육, 홍보 및 커뮤니티화가 실시되도록 한다.

다음은 지식정보 관리 사례이다.

그림 5-17 지식정보 관리 체계도 사례

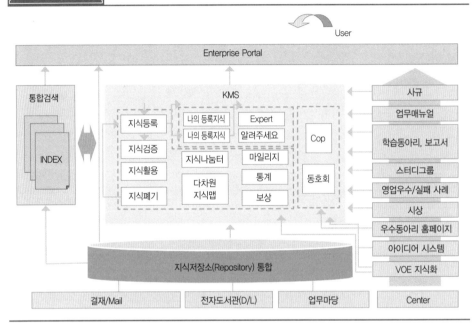

회사는 구성원, 고객을 포함한 이해관계자 집단으로 수집된 지식은 등록되며 검토과정을 거쳐 채택된 지식은 활용되며 불필요한 지식은 폐기된다. 등록된 지식은 구성원별로 구분되어 등록되며 지식 특성별로 구분되어 저장된다.

검정된 지식은 지식나눔터, 다차원 지식 맵을 통하여 이용되도록 한다. 채택된 지식은 구성원, 고객을 포함한 이해관계자 집단별로 마일리지화되어 통계 분석되며 저장되고 보상에 활용된다. 이 지식은 그 특성에 따라 사규 업무매뉴얼 개정에 반영되고 전체 구성원의 학습에 활용된다. 기타 조직 내 우수·실패 사례도 저장되어 활용된다.

이 같은 활동은 지식정보 관리 시스템에 통합 관리되어 전사적 포털시스템으로 빠른 일체화 및 정착에 활용되고 있다.

2. 정보자원의 관리

(1) 하드웨어, 소프트웨어의 신뢰성, 보안성, 편리성 확보

정보 시스템은 조직환경의 변화, 특히 고객가치 변화, 정보 시스템 관련 기술의 발전에 따라 보완이 필요하게 된다. 조직은 환경변화에 따라 경영전략을 수립하게 되며 이에 부응하여 정보 시스템의 발전전략도 같이 수립하게 된다.

일반적으로 정보 시스템은 중·장기 발전전략에 연계되어 중·장기적 정보 시스템의 발전전략이 수립된다. 이때 필수적으로 포함되어야 될 요소가 향후 정보 시스템의 용량, 사용자 수, DB 증가량 등과 연계된 하드웨어와 소프트웨어의 대응 용량 등이다. 여기에는 하드웨어와 소프트웨어의 다음 사항에 대한 검토가 필요하다.

하드웨어의 처리능력과 속도, 고장과 수리 대응, 수리의 용이성, 사용편리성, 그리고 소프트웨어의 정확성과 보안성, 시스템다운, 회복정도, 이용에 대한 편리성, 유지, 보수용이성, 활용성 등이다.

정보 시스템의 시스템 신뢰성을 위해서는 상기 요인을 포함한 평가기준에 의해 정기적으로 모니터링되며 그 결과에 근거하여 운영 및 유지보수 전략이 실행되어야 된다. 장애와 성능감시 시스템의 유지도 필요하다.

전체 정보시스템은 표준화된 구축절차가 수립되어야 되며 구축절차에 따라 분석, 평가와 개선을 실행하되 정보시스템의 공유와 호환성 등도 함께 고려되는 것이 필요하다.

〈그림 5-18〉은 정보 시스템 구축 사례이다.

회사는 계획 → 분석 → 설계 → 구현 → 시험 → 적용 → 운영의 표준화된 절차

그림 5-18 정보 시스템 구축체계도

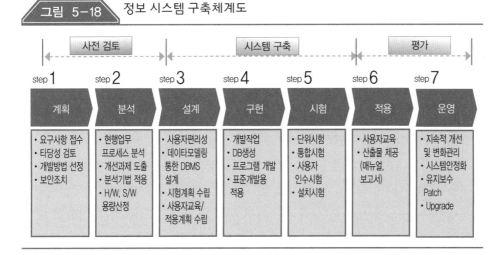

에 따라 정보 시스템을 구축하고 있다.

기업의 정보 시스템 구축은 사전검토와 시스템구축, 평가의 세 분야로 나누어 실행되고 있다.

첫 번째 분야는 계획단계와 분석단계로 구성되어 있으며 계획단계에는 요구사항의 접수, 타당성 검토, 개발방법의 선정과 보완 조치를 실행된다. 분석단계에는 현행 업무 프로세스 분석과 개선과제 도출, 분석기법 적용 및 하드웨어 및 소프트웨어 용량을 산정된다.

두 번째 분야는 시스템 구축분야로 설계단계, 구현단계 및 시험단계이다. 설계단계에는 사용자 편리성과 데이터 모델링을 통한 데이터베이스 관리 시스템 설계, 시험계획과 사용자 교육 및 적용계획이 수립된다.

세 번째 분야는 평가분야로 적용단계와 운영단계가 수행된다. 적용단계에는 사용자를 교육하고 관련 매뉴얼, 각종 보고서 등이 제공되며 운영단계로 지속적 개선 및 변화 관리, 시스템 안정화, 유지 보수 및 업그레이드가 실행된다.

정보 시스템의 무단 사용, 침입, 정보유출 등을 방지하기 위해서는 그 기업 특성과 업계 동향 및 보안업계 기술 추세 등을 고려한 적정한 보안수준의 책정이 필요하다. 여기에는 관련 업무 프로세스, 규정 혹은 지침이 수립되어 운영되어야 한다.

전체 대책은 일반적으로 사전대책, 모니터링과 보안유지 대책, 정보유출 혹은 유출 징후 포착시 대응 대책 등으로 구분될 수 있다.

전체 보안 대책에는 각 단계별 대응 대책 외에 향후 관련 기술의 발전 및 정보유출 사례 등을 고려한 중장기적 대응 대책이 필요하다. 정기적, 부정기적 보안 점검, 모니터링 결과와 정보유출 사례와 추세 등은 교육 사례화되어 전체 구성원에 교육되어 공유되도록 한다.

〈그림 5-19〉는 정보보호 대책 사례이다.

회사는 정보보호를 위해 외부자 침입방지 대책과 내부자 오·남용 방지 대책으로 구분하여 대책을 수립하고 있다.

외부자 침입방지 대책은 보안관제센터 운영과 다단계의 웹서비스 보안강화 대책을 실행한다.

내부자 오·남용 방지를 위해서는 여섯 개의 대책, 즉 첫째, 물리·기술적 통제 강화의 고객정보보호센터 운영, 둘째, 서비스개발 및 운영시 프라이버시 침해방

그림 5-19　정보보호 대책구성도

지의 고객정보 영향 평가, 셋째, 보안 취약점 진단, 넷째, 시스템운용자 및 타 시스템 우회접근 통제 강화의 서버 보안 솔루션, 다섯째, 트래픽 패턴 분석, 접근룰 위반자 분석, 관리대상 시스템 추출에 의한 모니터링, 여섯째, 구성원 PC 및 문서파일 자동암호화의 PC·문서 보안, 그리고 이에 대한 고객정보 로그 분석, 감사하고 있다.

　정보 시스템은 사용목적에 따라 내부 구성원과 이해관계자 집단인 공급사, 납품사, 협력사 및 고객이 사용하게 된다. 정보 시스템 접속 및 이용에 있어 내부 구성원 혹은 정보관련 담당자에게는 쉽게 이해되는 부분도 그렇지 않은 이용자에게는 이해하기 어려울 수 있다. 이를 해소하기 위해서는 사용자 중심에서 접속 및 이용편리성이 고려되어야 한다.

　사용자 중심 접근성 보장에는 사용자의 요구사항 파악과 요구사항 변화 추세 등에 대한 적정한 반영이 필요하다. 편리성을 위해서는 관련 업계추세, 기술추세와 이용방법 등 범용성 있는 표준화된 기준에 대한 고려가 필요하다. 이를 위해 정보 시스템은 이해관계자 집단별 특성에 따라 접근성을 높일 수 있는 시간적, 공간적, 채널별 제약을 벗어날 수 있는 접속에 대한 편리성이 보장될 수 있도록 한다.

(2) 비상시 가용성 보장

비상시 정보이용의 가용성 보장 실패는 구성원의 의사결정의 신속성과 정확성을 저하시켜 업무중단 및 마비의 어려움을 초래한다. 이를 방지하기 위해서는 정보의 연속성과 가용성을 보장할 수 있는 대책이 필요하다.

보장 대책은 일반적으로 정보화 유지 보수 표준절차 및 기준을 수립하여 운영하며 이 내용에는 재난, 재해 및 위기시의 대응 대책, 백업 데이터 및 정보의 관리, 장애복구 절차와 복구 시스템의 유지·관리 대책이 포함된다.

조직은 이 기준에 근거를 둔 상시 점검과 검토, 모니터링과 평가제도의 실행이 요구되며 이 결과에 따른 개선대책의 실행이 필요하다. 조직은 비상시 정보의 연속성과 가용성을 보장하기 위한 연속성 있는 운영이 보장되도록 한다.

다음은 비상시 연속성 확보를 위한 디스크백업 체계 사례이다.

회사는 모든 백업관련 인프라를 이중화하여 백업의 안정성을 가져오고 있다. 재해복구용 서버를 운영하며 실시간 백업(디스크)의 이중화와 성능개선을 통해 서비스 중단 최소화와 데이터 유실방지, 제거 및 서비스 중단시 최단시간 내의 완전복구 시스템을 운영하고 있다.

영업계, 시설계, 경영계 시스템으로 입력된 데이터와 정보는 본부 시스템 내에 저장되어 24시간 이내 복구가 가능하도록 하고 있으며 주기별 원격지 백업을 하고 있다.

그림 5-20 비상시 디스크백업 체계

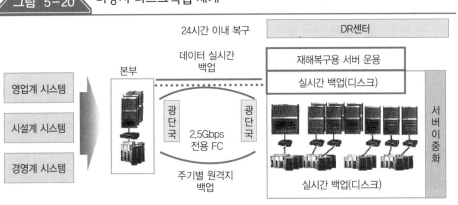

(3) 정보 시스템 유지

정보 시스템은 기술적 변화와 고객가치의 변화, 비즈니스의 요구와 방향 변화에 대한 적절한 대응이 필요하다. 이를 위해서는 소프트웨어와 하드웨어를 포함한 정보 시스템의 방향성 유지가 필요하다.

특히 비즈니스 요구사항이 급격하게 변화되는 금융시장, 전자상거래 시장 등의 경우에는 기업활동을 신속하게 지원할 수 있는 빠른 데이터 및 정보 시스템의 유지가 필수적이다.

빠른 정보 시스템은 내부 구성원은 물론 이해관계자 집단인 공급자, 파트너와 고객 모두에게 제공되어야 하며 조직구조의 변화에 따른 대응도 고려되어야 한다.

〈그림 5-21〉은 기술적 변화, 고객가치 변화에 대응한 회사의 정보화 유지계

그림 5-21 기술적 변화, 고객가치 변화에 대응한 회사의 정보화 유지계획 체계

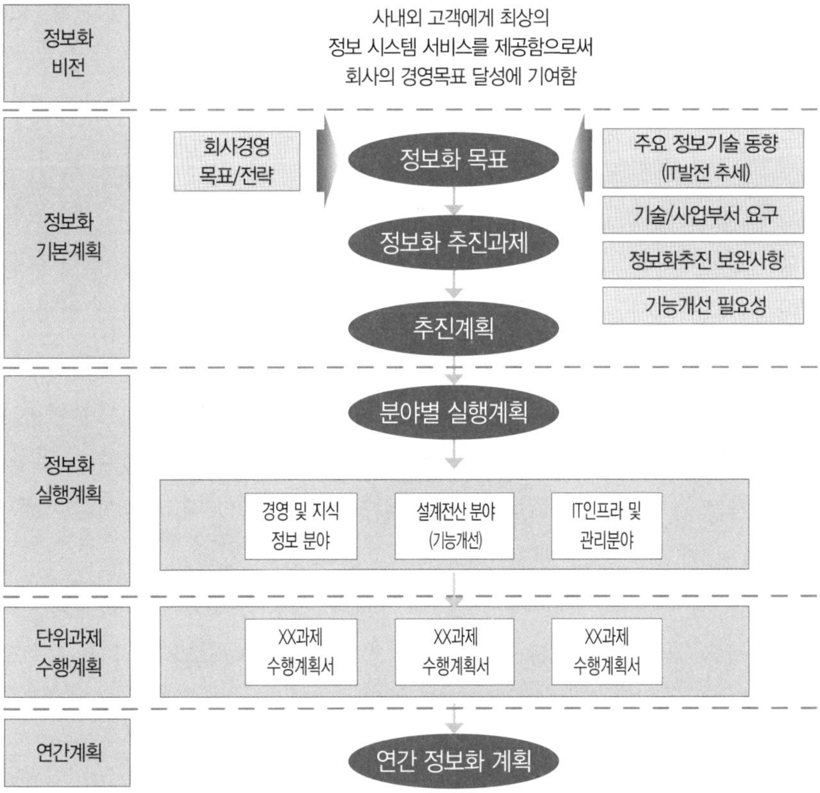

획 체계 사례이다.

회사는 정보화 비전에 따른 정보화 기본계획이 수립되며 이 계획에는 주요 정보 기술동향(IT발전추세 포함), 기술/사업부처 요구사항, 정보화 추진 보완사항, 기능개선 필요성이 반영되어 정보화 목표가 수립된다.

목표에 따라 정보화 추진과제가 설정되며 추진계획이 수립된다. 추진계획은 각 분야별로 분야별 실행계획으로 구분되어 수립되고 각 단위과제별로 나누어 과제별 수립계획으로 수립되어 '연간 정보화 계획'에 통합되어 실행된다.

회사는 사내·외 고객에게 최상의 정보 시스템 서비스 제공을 목표에 두고 사업 요구와 방향에 맞는 정보 시스템의 체계적인 보완계획을 수립하여 실행함으로써 변화에 대응하고 있다.

3. (주)명왕성 낚시 사례

(1) 데이터, 정보 및 지식관리

1) 데이터, 정보 및 지식의 특성 확인

- 정확성: 회사는 적정하게 모든 어플리케이션에 대해 액세스(접근허용) 수준과 에디터 체크(수정확인)을 적용하고 있고 주간 고객 데이터 관리 프로세스의 데이터 하이진(컴퓨터 자료의 정확성을 유지하기 위해 제공되는 원리와 실행)을 실행하고 있다. 회사는 척도가 개발되면 결과 인증에 통계적 분석을 이용한다. 회사는 데이터의 정확성과 신뢰성을 검정하기 위해 결과를 역사적인 결과와 비교한다.

- 무결성과 신뢰성: 회사는 데이터의 각 유형별 액세스 수준을 적용하고, 월례 데이터 하이진을 실행하며 적절한 곳에 수작업 확인과 조정을 도입하고 있다. 예를 들면, 신용카드의 한도와 인보이스(송장), 재고 사이클 산출과 연간 실제 재고량 허브/배치(hub/batch) 일치 등이 있다.

- 적시성: 대부분의 데이터는 실시간이거나 자동적으로 파일화된다. 회사는 적시성을 유지하기 위해 핵심시스템과 어플리케이션의 성과를 지속적으로 모니터링 한다.

- 보안성과 기밀성: 회사는 데이터와 정보의 액세스 수준을 적용하고 구성원 패스워드를 분기별로 교체한다. 정보안전 정책은 사이트에 게재되어 있다.

모든 신용카드 데이터는 안전 소켓 레이어를 통해 암호화된다. 방화벽 위반은 티핑 포인트(침입방지 시스템)에 의해 모니터된다. 또한 회사는 지불카드업계 규정을 준수한다. 보안성을 위해 스팸 메일 필터링과 스파이웨어 보호에 McAfee 바이러스 통제 시스템과 Bright Mail을 사용하고 있다. 건물과 영역 액세스를 제어하고 있으며 기밀정보에 접근하는 직원은 기밀유지 계약서에 서명하고 있다.

2) 데이터, 정보의 접근성 확보

(주)명왕성 낚시는 아래에 기술된 방법을 통해 전개함으로써 모든 부문의 접근성을 보장한다.

- 직원: 인트라넷, 다중 실시간 소프트웨어 실행, 리포트, 이메일 부서 게시판, 회사 뉴스레터, 부서 지식공유, 주간 볼드리지회의 및 사업보고회(표 2-4 참조)
- 벤더: 벤더 파트너십 협약, 업계박람회, 벤더 방문, 대표자 회의 및 벤더 지원센터
- 고객: 인터넷, 고객접촉센터 고객서비스 담당자, 카탈로그, 소품, 월례 전단지, 이메일, eBlast(이메일 영업 및 마케팅 캠페인 제작을 목적으로 만들어진 웹 솔루션/소프트웨어), 잡지광고

상기 접근방식의 효과는 성과검토회의를 통해 입증되며 상위 리더십 팀은 이 회의에서 구성원(그림 8-28), 벤더(그림 8-39) 및 고객(그림 8-15)의 의사소통 전개에 대해 검토한다. 상위 리더십 팀은 분기 지식관리회의에서 이해관계자가 적절하게 고려되었는지에 대한 데이터 접근성도 검토한다.

3) 조직지식의 관리와 이용

구성원 지식의 수집 및 전파

위에 기술한 구성원 지식의 수집과 전파에 관련하여 (주)명왕성 낚시의 구성원 지식의 전파는 ISO 인증을 통해 이루어진다. 2014년 회사는 ISO 인증을 취득하였다. 이 취득을 통해 모든 프로세스의 문서화에 대한 체계적인 접근을 보장받게 되었고 지속가능성을 위한 절차를 갖게 되었다.

그 결과, 모든 프로세스는 프로세스 요약 및 전략문서화 프로세스를 갖게 되었고 하위 프로세스는 구성원 교육훈련을 위해 업무지시서로 작성하게 되었다. 이러한 접근은 "협소한 지식"이라는 사일로 효과를 방지함으로써 지속가능성을 높이는 핵심요소이며 사내대학 설립과도 연계되어 있다.

고객, 협력사와의 지식전파와 수집

고객에 대한 관련 지식의 전파는 카탈로그, 전단지, 이메일, eBlast, 인터넷, TV광고, TV소품을 통해 이루어진다. 고객관련 지식수집은 고객만족도 조사, 고객 핵심 요구사항 조사, 사장 핫라인, 고객서비스 담당자, 이메일 및 편지 등을 통해 한다. (표 4-2 참조)

벤더에 대한 관련 지식의 전파는 정규적인 벤더와의 회의, 벤더 추적, 벤더 파트너십 협약 및 벤더지원센터 등을 통해 실행한다. 수집은 정규적인 벤더와의 회의, 벤더 추적, 서면 의사소통 등을 이용한다. 회사의 벤더관계 관리 프로세스는 벤더의 핵심 요구사항인 "솔직한 쌍방향 의사소통"을 충족시키기 위해 정규적인 의사소통을 필요로 한다.

벤더와의 솔직한 양방향 커뮤니케이션의 결과로 구현된 프로세스 개선의 예는 벤더지원센터 설립이다. 회사는 벤더와 의사소통을 통해 데이터와 정보 제공 개선의 기회를 파악하였다. 그 결과 2012년 실행계획에 벤더가 요청한 인터넷 연계 데이터 송부 실행계획을 포함시켰다. 이 실행계획은 벤더 핵심 요구사항인 "솔직한 양방향 의사소통"을 더 잘 충족시키는 데 도움이 되었다.

베스트 프랙티스의 신속한 파악, 공유 및 실행

베스트 프랙티스는 다양한 방법을 통해 파악된다. 방법은 결과에 대한 비교 데이터 사용, 산업전시회, 국가품질상/볼드리지기준 적용, 현대적 경영혁신기법 실행 및 네트워킹 등이다. 베스트 프랙티스는 볼드리지 범주회의 혁신, 지식공유 아젠다 항목, 교차기능적인 회의 및 지속적 개선 프로젝트로 공유된다. 베스트 프랙티스는 전략기획 프로세스에 지속적 개선 프로젝트의 통합을 통해 실행된다.

전략기획 프로세스에 사용되는 관련 지식의 수집과 전파

지식의 수집과 전파는 전략기획 프로세스의 중요한 부분이다. 전략계획과 전략기획 프로세스(사업보고회, 부서 지식공유 및 부서 볼드리지회의)관련 지식은 전체 구성원의 체계적인 의사소통에 의해 수집된다. 부가적으로 부서와 (주)명왕성 낚시 SWOTs, 이해관계자 요구사항과 회사목표, 전략기획 프로세스 내의 지속적 개선 프로젝트 목록과 같은 관련 지식은 전략기획 프로세스 내에서 사용됨으로써 전파된다.

(2) 정보자원의 관리

1) 하드웨어, 소프트웨어의 신뢰성, 보안성 및 사용자 편리성

(주)명왕성 낚시의 하드웨어와 소프트웨어의 신뢰성, 보안성 및 사용자 편리성은 공급업체, 제품의 브랜드, 제품 및 서비스 지원 측면에 대한 구매전략에서부터 시작된다.

공급업체와의 유지보수 약속, 업데이트 및 계약서 유지는 필수 항목이다. 정보 시스템은 서버 내에서는 60일 이내, 워크스테이션에서는 30일 이내에 최신 보안 시스템으로 체계적으로 업데이트된다. 정보 시스템은 매 3년마다 컴퓨터와 하드웨어를 교체하고 있다. 또한 필요에 따라 속도, 보안 및 성능을 향상시키고 신뢰성을 높이기 위해 최신기술을 사용하고 있다.

워크스테이션과 서버를 포함한 핵심설비의 백업은 유지 관리된다. 핵심시스템과 프로세스의 지속적인 모니터링은 삼성SDS(주)와 협력하여 실시하고 있다. 네트워크의 보안을 위해 분기별 패스워드의 교체와 개별 액세스 수준 설정을 하고 있다.

야간에는 백업되며 백업 후에는 오프사이트에 저장된다. 헬프 데스크는 시스템이 가동되는 모든 시간에 운영되며 긴급대응은 24시간 연중무휴로 하고 있다. 헬프 데스크는 하드웨어와 소프트웨어의 사용자 편리성을 위해 최종 사용자의 피드백을 신중하게 다루고 있다. 사용자 편리성을 위해 프로세스 디자인과 개선에 필요한 응용프로그램을 사용하고 있는 전문가가 참여하고 있다.

2) 비상시 하드웨어와 소프트웨어의 연속성과 데이터와 정보의 가용성 확보

(주)명왕성 낚시의 통신제어처리장치(ICP: integrated communication control processor)에는 정보복구 절차가 포함되어 있다. 데이터는 매일 백업되며 오프 사이트에 저장된다. 핵심 데이터베이스의 복원은 야간에 테스트된다. 필요한 곳에 이중화 시스템이 개발되어 방재설비 속에 저장되어 있다.

백업장비의 공급은 핵심 프로세스를 위해 유지 관리된다. 핵심시스템은 지속적으로 모니터링 되고 정보 시스템 내에 비정상적인 일이 있을 경우 자동적으로 고지되며 원격으로 해결된다.

회사는 혹한의 기상조건 상황에도 가정에서 전화 응대, 위기대응그룹 구성원의 로그인 및 고객서비스 담당자의 대응이 가능한 모든 컴퓨터 시스템의 무정전 전원 소스와 관련 건축물을 구비하고 있다. 위기대응그룹 구성원은 비상시에 전화로 대응할 수 있도록 되어 있다. 비상대비책은 상위 리더십 팀에 의해 프로세스 관리회의를 통해 체계적으로 재평가된다. 또한 상위 리더십 팀은 연례 통신제어 처리장치의 도상연습을 실시하고 있다.

3) 사업환경 변화에 대응

사업 요구사항과 방향은 성과검토회의, 프로세스 관리회의와 전략계획회의에서 검토된다. 회사는 기술관련 회의 참석, 벤더와 외부 사용자 그룹과의 만남 및 정보 시스템관련 간행물의 구독을 통해 기술적 변화와 관련된 최신의 데이터와 정보유지 메커니즘을 확보하고 있다.

시스템 변경은 전략기획 프로세스를 통해 실행된다. 회사는 학습을 위해 네 개의 기업과 지역대학으로 구성된 서울사용자 정보 그룹을 만들었던 사례가 있다. 이 그룹에서는 교류를 통해 그들의 최신정보와 베스트 프랙티스를 공유하였으며 더 나은 학습 프로세스 구축을 위해 각기 다른 시설을 둘러보았다. 이를 통해 회사는 적절한 때에 학습에 관련된 적절한 실행계획을 개발하여 실행하였다.

토의 문제

(주)명왕성 낚시 사례의 다음 사항에 대한 강점과 약점은 무엇인가?

1. 데이터와 정보수집, 정렬 및 통합

2. 데이터와 정보의 활용

3. 비교 데이터, 정보선정과 효율적 활용

4. 사업요구와 방향에 맞는 성과측정 시스템의 유지와 대응

5. 성과와 잠재력 검토

6. 변화 대응 성과검토의 활용

7. 개선과 혁신을 위한 성과검토의 활용

8. 우선과제와 기회에 대한 공급자, 파트너 및 협력업체와의 연계

9. 데이터, 정보 및 지식의 특성 확인

10. 데이터, 정보의 접근성 확보

11. 고객, 협력사와의 지식전파와 수집

12. 하드웨어, 소프트웨어의 신뢰성, 보안성 및 사용자 편리성

13. 비상시 하드웨어와 소프트웨어의 연속성과 데이터와 정보의 가용성 확보

14. 사업환경 변화에 대응

Introduction to Management Quality

Chapter **6**

인적자원
중시

제 1 절   인적자원 관리체계

제 2 절   인적자원 복지 및 근무환경

인적자원 중시의 기준체계

인적자원 중시

　조직의 성공은 고객의 니즈를 적시에 파악하여 우수한 서비스를 제공하는데 있다. 우수한 서비스를 제공하려면 우수한 인적자원이 필요하다. 이제 우리나라도 저임금으로 많은 사람을 고용하여 성과를 올릴 수 없기 때문에 고임금이지만 효과적으로 일할 수 있는 더 적은 수의 인적자원을 고용하여 더욱 우수한 성과를 올리는 것이 시급하게 필요한 일이 되었다.

　이 범주는 인적자원과 관련된 중요한 관행에 대해서 기술한다. 인적자원의 관행 중에서 특히 고성과 작업환경의 창출 및 유지, 이를 위한 인적자원의 헌신과 성공을 위한 조직의 변화와 적응을 가능하게 하는 관행을 기술한다. 이 범주는 인적자원 관리와 전반적인 전략과의 기본적 정렬을 강화하기 위해 전략계획 범주에서 다룬 전반적인 기획의 한 부분으로서의 인적자원 계획을 다룬다.

　본 장에서는 이러한 맥락에서 고성과를 올리기 위해서 인적자원을 어떻게 개발하고 동기부여하며 지속시킬 것인지에 대해 논의한다. 이를 위해서 제1절에서는 인적자원의 충실화, 인적자원의 개발, 헌신 및 평가를 다룬다. 제2절에서는 인적자원의 잠재력과 수용능력에 대해 논의하며 고성과를 지속시킬 수 있는 근무환경에 대해 설명한다.

제 1 절　인적자원 관리체계

　이 항목은 조직의 모든 구성원이 자신의 모든 능력을 바쳐 효과적으로 기여하게 만들며 격려하려는 목적으로 만들어진, 인적자원의 헌신, 개발 및 평가를 위한 조직의 시스템을 검토한다. 이 시스템은 고성과를 육성하고 핵심역량을 중점적으로 다루며 활동계획을 달성하고 조직의 지속가능성을 확실하게 하도록 구성되어 있다.

1. 인적자원 충실화

(1) 열성적인 인적자원

　인적자원은 조직의 정규직, 임시직, 시간직, 계약직을 포함하며 팀의 리더, 일선관리자, 모든 수준의 매니저를 포함한다. 그러나 외부 용역업체에 속한 계약직은 여기에 포함되지 않는데 그 이유는 외부기관에 고용되어 있기 때문에 조직의 인사관리의 대상이 되지 않기 때문이다.

　인적자원의 열성이란 인적자원이 조직의 비전 및 미션을 달성하기 위해서 자신의 업무에 몰입하는 정도를 의미한다. 높은 열성을 가진 조직은 조직원이 고객의 이익을 위해 또한 조직의 성공을 위해 자신이 가진 최대한을 발휘하도록 동기부여 되고 있으며 이를 가능하게 하는 고성과의 작업환경에서 일하고 있다.

　일반적으로 인적자원이 열성을 느끼는 경우는 다음과 같다. 우선 작업자가 자신의 일에서 개인적인 의미나 일할 동기를 발견할 때이다. 또한 작업자끼리 서로 긍정적인 도움이 오갈 때에도 이러한 열성이 솟아남을 느낀다. 마지막으로 자신이 속한 조직에 자신의 업무수행에 필요한 지원을 요청하였을 때 실질적으로 긍정적인 지원을 받으면 열성이 솟아나는 것을 느낀다. 또한 연구자는 자신에게 의미 있는 업무를 수행할 때, 자신의 업무가 조직의 방향과 일치하고 있을 때, 자기 스스로 성과에 대한 책임을 지고 있고 효율적인 업무환경을 가질 때, 안전하고 신뢰할 수 있으며 협조적인 업무환경을 가질 때 열성이 높아진다는 것도 밝혀냈다. 연구자들에 따르면 많은 비영리 조직에서 직원과 자원봉사자는 업무가 자신의 개인적 가치와 일치되어 있기 때문에 그 업무에 끌리고 있고 의미를 발견하고 있다고 한다.

열성이 있는 작업자를 육성하려면 작업자끼리의 신뢰를 키워야하며, 안전하고 협조적인 환경을 제공하여야 한다. 또한 좋은 의사소통 시스템과 좋은 정보흐름을 가지도록 조직의 의사소통 시스템을 설계하고 권한이양을 장려하며 성과에 대한 책임을 지도록 하여야 한다.

또한 열성을 키우는 주요 요인은 훈련과 경력개발, 효과적인 인정과 보상 시스템, 동등한 기회 및 공정한 대우, 가족적 친밀감 등이다.

조직원의 열성이 뛰어날 때 고성과 조직을 이룰 가능성이 매우 높다. 고성과 조직이란 고성과를 창출하는 조직을 말하여 직원 모두가 조직의 목표에 효과적으로 기여하되 자신이 가진 능력을 모두 활용할 수 있도록 하는 조직을 목표로 한다. 이러한 조직은 고성과를 창출할 뿐만 아니라 핵심역량을 구축할 수 있게 하며 조직의 활동계획을 달성하고 조직의 성공이 지속가능하도록 한다.

고성과 조직은 유연성과 창의성을 갖추고 있으며 직원이 가진 지식과 기술을 공유하고 있다. 또한 좋은 커뮤니케이션 채널 및 관행을 갖고 있어서 정보가 효과적으로 흐르고 있다. 한편 조직의 목표와의 정렬성이 우수하고 고객을 중시하며 변화하는 비즈니스의 니즈와 시장의 요구조건에 대해 빠르게 반응하고 있다.

인적자원의 열성은 고성과 조직을 구축하는 데 대단히 중요한 부분이다. 그러므로 조직은 열성을 저해하는 요인을 잘 이해해야 하고 신중하게 다루어야 한다. 이 요인에 대해서는 직원에 대한 설문조사나 타사로 이직하는 직원과의 퇴직 인터뷰로 파악이 가능하다. 공식적 및 비공식적 서베이로 인적자원 열성을 직접적으로 파악할 수 있고 간접적으로는 결근율, 이직률 및 파업횟수 등으로 이를 알 수 있다. 열성에 대한 저해요인은 직원의 고충처리 과정에서 드러나는 경우가 많으므로 고충처리 시스템을 활용하여 이에 대한 정보를 수집하고 해결해 나가는 것도 인적자원의 열성을 높이는 방법이다.

인적자원의 열성은 대부분 인적자원의 업무수행 결과로 평가할 수 있다. 그러나 수행된 성과로는 인적자원의 열성을 완벽하게 평가할 수 없다. 예를 들어 부적절한 작업수행 방법, 부족한 교육훈련, 명확하지 않은 업무지시, 이제까지 없던 새로운 업무의 설계 및 실행 등과 같은 경우에는 인적자원의 열성에 못 미치는 성과가 나올 수도 있다. 이런 경우 인적자원의 열성은 다른 방식으로 평가하여 성과

평가로 측정하는 방식을 보완할 필요가 있다.

인적자원의 열성을 평가하는 성과평가 이외의 다른 평가방법으로는 조직원의 만족도, 사기(morale) 등을 측정하는 방법이 있다. 이는 열성이 높은 조직원은 조직에 대한 만족도가 높게 나오며 사기도 높기 때문이다. 한편 조직의 비전과 미션에 대한 조직원의 공감대를 측정하는 방법도 효과적인 방법이다. 조직원이 자신이 속한 조직의 목표를 명확하게 이해하며 이를 자신의 목표와 동일시한다면 그는 자신의 업무수행에 있어서 높은 열성을 보일 것이기 때문이다. 또 다른 평가방법으로는 조직 내 의사소통의 효과를 보는 방법이다. 조직의 의사소통은 인적자원의 열성을 끌어내는 기본적인 조건이다. 의사소통이 원활하면 열성을 갖춘 조직으로의 기본이 되어 있다고 평가할 수 있으며 이는 인적자원의 열성을 측정할 수 있는 대안적인 측정도구가 된다.

조직원의 만족과 동기유발이 제대로 되고 있는지 판단하기 위해서 공식적·비공식적 평가방법 및 척도를 사용한다. 이러한 지표는 만족과 동기유발을 평가하고 개선하기 위해서 사용된다.

복지, 만족과 의사소통의 척도와 지표로는 안전에 관련된 성과지표(사고율, 무사고 작업일수 등)와 근태에 관한 성과지표(결근율, 지각률 등), 전체적 이직률, 고객 접촉 직원의 이직률, 직원의 자선기여금, 고충, 파업, 기타 직무활동, 보험비용, 작업자의 보상 요구 및 조사 결과에 대한 자료를 들 수 있다. 또한 만족도에 대한 조사지표는 만족도 조사 결과에서 나타난 총체적 만족지수, 직무 역할에 대한 직원 지식, 조직의 방향에 대한 직원의 지식, 권한위양과 정보 공유에 대한 직원의 인식 등을 포함한다.

이러한 방법과 척도는 다양한 노동력과 여러 범주 및 각기 다른 유형의 직원에 따라 다르게 사용되어야 한다. 또한 직원 유지, 근태, 고충처리, 안전, 생산성과 같은 다른 지표도 직원 복지, 만족, 동기유발을 평가하고 개선하기 위해서 사용될 수 있다.

작업환경과 직원 지원 분위기를 개선하기 위한 우선순위를 파악하기 위해서 인적자원 성과에 나타난 결과를 이용할 수 있으며 사업의 성과에 영향을 주는 직원의 문제를 해결하여야 한다.

직원 만족과 복지에 대한 직원의 생각을 알기 위해서 직원 만족도 조사를 할 수 있다. 직원 만족도 조사는 주기적으로 행해져야 하며 일관성을 유지하기 위해서 매번 같은 문항을 가진 설문지를 사용하여야 한다. 그러므로 만족도 조사를 처음으로 시작하기 전에 설문지의 설계에 많은 주의를 기울여야 한다. 설문지를 통한 조사는 설문지의 신뢰도와 타당성을 꼭 살펴야 하며 신뢰도와 타당성을 높이기 위한 여러 가지 노력이 수반되어야 한다.

비록 급여에 대한 만족과 승진에 대한 만족이 중요하다고 하더라고 이러한 두 가지 요인은 일반적으로 전체적인 직원 만족, 동기유발과 높은 성과를 올리기에 충분하지 않다. 이외에도 다른 요인으로는 효과적인 직원 문제 해결과 고충 처리, 직원 개발과 경력 기회, 작업환경과 경영진의 지원, 작업장 안전과 보안, 작업량, 효과적인 의사소통, 협력, 팀워크, 직업 안전, 다양한 직원 그룹의 여러 요구 청취, 그리고 고객 응대에 대한 조직의 지원을 들 수 있다.

열성적인 인적자원을 기르는 시스템을 운영하는 사례로는 I사를 들 수 있다. I사는 이동통신서비스를 제공하는 회사로 급변하는 경영환경에서 살아남으려면 인적자원에 많은 투자를 하여야 한다고 판단하고 있다. 이 회사는 고객만족 및 고객 가치창조와 함께 구성원 만족을 실현하여 인간존중의 경영을 하는 것을 가장 중요한 경영이념으로 내세우고 있다. 이를 위해서 고객을 위한 가치창조에서는 고객중시, 실질적 가치제공, 혁신을 통한 창조가 강조되고 있으며 인간존중의 경영에서는 창의 및 자율존중, 성과주의, 능력개발 및 능력발휘의 극대화가 강조되고 있다. 인적자원 관리는 이와 같은 경영이념을 실현하기 위하여 창의와 자율로 무장되고 성과를 달성하며 역량개발과 발휘가 가능한 인재를 양성하고 관리하는 데 초점을 맞추고 있다. 그러므로 인적자원 관리는 I사의 경영이념 실현을 지원하는 데 있어서 가장 중요한 관리분야이다.

I사는 변화하는 경영요구에 대응하여 다음과 같은 인적자원 관리체계를 구축하고 있다. 여기서 시장과 고객의 변화, 사업의 변화, 조직운영의 변화, 성과지표의 변화 등이 인재육성전략에 중요한 투입요소가 된다. 인재육성전략이 완성되면 이에 맞추어 채용, 교육, 평가, 보상의 순서로 실행에 옮겨지며 이 사이클이 끝나면 직원만족도 조사가 이루어진다. 그 결과는 다시 인재육성전략의 중요한 투입요소로 피드백 된다. 또한 전체 사이클은 PDS 사이클을 이루고 있어서 효과적인 개선방법임을 알 수 있다. 이와 같은 내용이 〈그림 6-1〉에 나타나 있다.

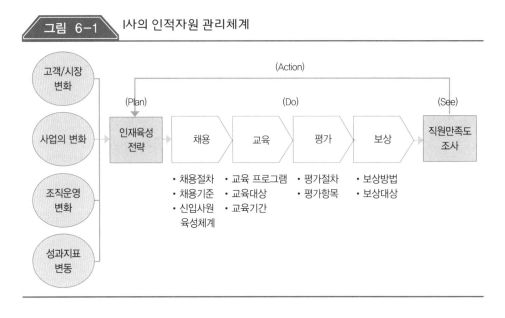

그림 6-1 I사의 인적자원 관리체계

(2) 조직문화

조직의 문화는 조직 내에서 명시적으로 운영되고 있는 규정과 규율 등과 묵시적으로 내려오는 관행과 전통 등을 바탕으로 일상적인 활동에서 나타나는 조직원의 습관, 통념, 기대 및 행동방식 등의 종합체이다. 조직문화는 조직성과를 달성하기 위해 조직이 활용하는 방법과 조직원의 태도에 영향을 준다.

보상 시스템은 조직문화에 큰 영향을 미친다. 조직은 성과관리 시스템과 보상 시스템을 통해서 전략목표를 달성하고자 한다. 물론 넓게는 조직에 영향을 미치는 모든 요소가 조직문화에 영향을 미치고는 있지만 그 중에서도 보상 시스템은 조직문화에 대한 명백한 방향제시를 하고 있다. 예를 들어 전략목표 달성을 위해서 조직원의 고객에 대한 친절이 필요한 경우 조직의 보상 시스템은 조직원의 친절에 대해 보상하게 된다. 또한 이러한 보상이 지속적으로 이루어진다면 고객에 대한 조직원의 친절이 반복적으로 수행되며 오랜 시간이 경과한 후 이는 조직의 문화로 굳어지게 된다. 그러므로 조직이 원하는 조직문화를 형성하려면 보상 시스템을 활용하여 전략목표를 달성하는데 효과적인 조직의 관행을 장려하고 이를 지속시킬 필요가 있다.

앞에서 예를 든 I사는 고성과 조직문화를 형성하기 위해서 커뮤니케이션을 강화하고 업무방식을 변화시키며 구성원 사이의 구성원 돌보기를 활성화시키는

그림 6-2   I사의 고성과 조직문화 구축개념도

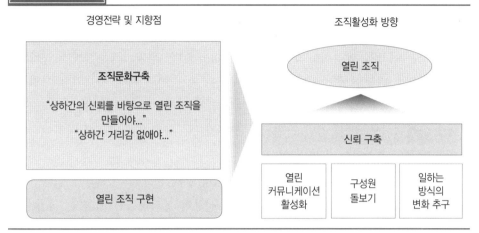

조직문화 구축 프로그램을 가지고 있다. 이 프로그램은 열린 조직구현을 중시하고 열린 커뮤니케이션을 활성화 시키고 구성원 돌보기를 하며 일하는 방식의 변화를 추구하여 신뢰구축을 통한 열린 조직구현이 목적이다. 이를 그림으로 나타내면 〈그림 6-2〉와 같다.

(3) 성과관리 시스템

성과관리 시스템이란 인적자원의 성과를 제고하여 조직의 목표를 달성할 수 있도록 관리하는 시스템이다. 성과관리 시스템은 조직의 전략목표 달성을 위해서 성과지표를 설정한다. 이렇게 설정된 성과지표를 활용하여 성과를 측정하며 그 결과를 평가한다. 얻어진 성과평가 결과는 성과보상의 근거가 되며 성과보상을 통해서 조직은 인적자원을 활용하여 조직목표 달성을 촉진한다. 〈그림 6-3〉은 성과관리 시스템의 흐름도를 보여주고 있다.

우선 조직의 전략적 목표가 수립되면 성과지표를 설정한다. 성과지표는 조직

그림 6-3   성과관리 시스템의 흐름도

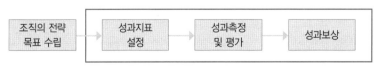

이 추구하는 전략적 목표를 얼마나 달성하였는지를 보여주는 최종성과를 나타낼 수 있다. 뿐만 아니라 전략의 실행 중에도 얼마나 목표에 다가가고 있는지를 알려주어 진도관리를 할 수 있게 하는 중요한 도구이다. 조직은 성과지표를 통해서 조직이 원하는 목표를 달성하도록 인적자원을 유도한다. 성과지표는 집단의 지표와 개인의 지표로 나누어 설정된다. 집단의 지표는 또 다시 전사적 지표와 부서별 지표로 나눌 수 있다. 각 지표는 전략달성과 직접적으로 연결되어 있어야 하나 간접적으로 연결되어도 좋다. 다만 간접적인 성과지표는 직접적인 지표에 비하여 전략목표의 달성을 촉진하는 효과가 덜 하다.

성과지표는 기업의 비전, 중장기 전략, 연간 경영목표를 달성하기 위해 필요한 성과를 측정한다. 전통적으로 성과지표는 전략적 성과지표인 매출액, 시장점유율, 투자수익률 등과 같은 마케팅 및 재무지표가 대부분이었다. 그러나 균형성과표(BSC: Balanced Scorecard)가 개발된 이후 기업이 이를 채택하여 활용하고 있다. 균형성과표에서는 성과지표를 재무관점, 고객관점, 내부 프로세스 관점, 학습 및 성장관점으로 나눈다. 기존의 성과지표가 단기적인 성장을 중시하는 재무성과나 고객성과에 치우쳐 있었으나 균형성과표를 도입하여 실행할 경우 장기적인 성장을 위해서 내부 프로세스와 학습 및 성장에 관련된 성과도 소홀히 하지 않게 된다.

성과지표의 개수는 많을수록 효과적이나 관리의 측면에서는 중요한 소수의 성과지표가 더욱 효율적이다. 그러므로 성과지표는 이러한 효과와 효율을 대비하여 가장 적절한 개수를 찾아서 정하는 것이 바람직하다. 많은 조직이 소수의 핵심성과지표(KPI: Key Performance Index)를 정하여 활용하고 있다.

성과측정은 정해진 기간의 성과를 측정하는데 분기별, 반기별, 연도별 성과측정이 일반적이다. 그러나 영업직의 경우 월별 성과를 측정하는 경우도 있다. 성과의 측정은 성과지표의 성격에 따라서 정량적으로 평가되거나 정성적으로 평가된다. 정량적 평가는 매출액, 시장점유율 등과 같은 전략적 목표에 대한 평가지표와 불량률, 반품률 등의 운영목표에 대한 평가지표 등 계량화될 수 있는 성과지표로 측정된다. 반면에 정성적 평가는 수립전략의 적정성, 예측 대비 실적의 정확도 등과 같이 주관적인 평가가 필요한 평가지표로 측정된다. 기업에서는 평가지표 선정의 용이성 및 평가의 용이성을 들어 평가지표의 대부분을 정량적 평가지표만으로 채우는 경우가 많이 있다. 그러나 교육기관이나 의료기관 등 비영리단체의 경우에는 정량적 평가지표만으로는 성과를 정확하게 측정하기가 어렵다. 예를 들어 고등학교 교육의 성과를 일제고사성적이나 수능성적만으로 평가하기 어려운 것과 마찬가지이다. 그러므로 정량적 평가지표만으로 측정할 수 없는 성과에 대하여 정성적 평가지표를 활용하여 평가하여야 한다. 그러나 정성적 평가지표의 개발은 대단히 많은 노력이 필요하므로 적절한 정성적 평가지표의 개발은 상당히 어려운 과제이다.

성과평가는 미리 정해진 성과목표와 비교하는 것으로 시작한다. 성과목표는 여러 가지 방법으로 정해질 수 있으나 많은 경우 '목표에 의한 관리(MBO: Management By Objectives)'방식이 활용된다. '목표에 의한 관리'방식에서는 평가기간의 초에 부서나 개인이 스스로 달성할 목표를 정한 후 이를 달성하기 위해서 노력한다. 이때의 목표는 기업의 비전, 전략 및 연간 경영목표를 달성하기 위해서 부서나 개인이 하여야 할 일을 나타낸다. 이 경우 성과평가는 미리 정한 목표에 대비하여 성과를 비교한다.

성과보상은 집단(회사 전체 혹은 부서)과 개인의 업적성과에 대한 보상과 개인의 능력 및 태도에 대한 보상으로 나눌 수 있다. 집단과 개인의 업적성과에 대한 성과보상은 금전적인 보상으로 나타난다. 예를 들어 삼성전자의 경우 사업부의 성과가 우수할 때 성과급으로 특별상여금, 생산성격려금(PI: Productivity Incentive), 이익분배제(PS: Profit Sharing) 등을 받는다.

개인의 능력 및 태도에 대한 보상은 승급, 승진, 교육 기회 부여 등의 비금전적 보상이 일반적이다. 앞서 언급된 개인의 업적성과에 대한 보상의 경우에도 금전적 보상뿐만 아니라 비금전적 보상도 포함되는 경우가 많이 있다.

보상 시스템은 조직의 사업전략과 밀접하게 관련되어 있다. 그 이유는 조직의 전략적 목적을 달성하기 위해 하위 전략인 사업전략을 사용하는데 이를 보상 시스템이 지원하고 있기 때문이다. 또한 보상 시스템은 업무 시스템과 맞아야 하며 습득된 기술과 동료 평가에 연계되어야 한다.

마이클 포터의 세 가지 사업전략과 이를 지원하는 보상 시스템을 살펴보면 〈표 6-1〉과 같이 정리할 수 있다.

비용최소화를 위해서는 생산성을 강조하며, 변동임금제를 통한 성과증대를 꾀한다. 이를 위해서는 직무설계에 있어서 직무전문화가 필요하다.

차별화 전략을 사용하고 있을 경우 여러 가지 측면에서 차별화 될 수 있으나 고객서비스로 차별화 하는 경우를 보면 고객만족에 대해 보상이 필수적이다. 그러

| 표 6-1 | 사업전략에 따른 보상 시스템 |

사업전략	보상 시스템
비용최소화(cost leadership)	생산성 강조, 변동임금제, 직무전문화 강조
차별화(differentiation)	고객만족에 대한 인센티브, 고객접촉 연동보상
집중화(focus)	특정제품, 시장관련 특정지식에 대한 보상

므로 이를 위한 인센티브를 제공하여야 하며 이에 대해 고객접촉 스킬을 교육시킬 필요가 있다. 또한 고객서비스가 아무리 좋다고 하더라도 고객접촉의 횟수가 적으면 기업의 매출에 크게 도움이 되지 않을 수 있으므로 고객접촉의 빈도와 연동되는 보상 시스템을 구상하는 경우도 있다.

집중화라는 사업전략을 선택할 때 시장을 세분화하여 특정한 세분시장에 집중하거나 특정제품을 중심으로 집중하는 경우가 많다. 이때 시장세분화를 지역으로 세분화 할 것인가 혹은 특정집단을 목표로 할 것인가를 결정하게 된다. 일단 집중하는 시장이나 제품이 결정되었다면 이에 대한 지식을 많이 가지고 있도록 유도하기 위해서 지식에 대한 보상이 필요하다.

E엔지니어링 회사는 〈그림 6-4〉와 같은 성과관리 및 보상 시스템을 가지고 있다. 이 시스템에서는 전략에 근거하여 전사, 본부 및 부서의 KPI를 설정하고 목

| 그림 6-4 | E사의 성과관리 및 보상 시스템 |

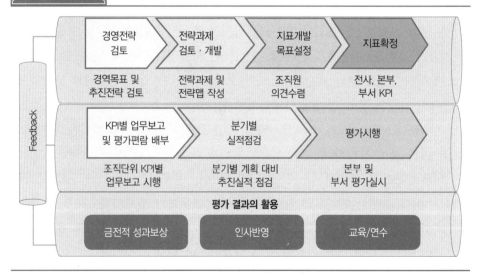

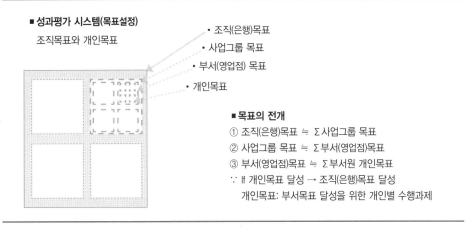

그림 6-5   A은행의 목표설정의 개념도 및 설명

■ **성과평가 시스템(목표설정)**
조직목표와 개인목표

• 조직(은행)목표
• 사업그룹 목표
• 부서(영업점) 목표
• 개인목표

■ **목표의 전개**
① 조직(은행)목표 ≒ ∑사업그룹 목표
② 사업그룹 목표 ≒ ∑부서(영업점)목표
③ 부서(영업점)목표 ≒ ∑부서원 개인목표
∴ If 개인목표 달성 → 조직(은행)목표 달성
　개인목표: 부서목표 달성을 위한 개인별 수행과제

표를 정한 후 분기별 실적점검과 평가를 실시한다. 그 결과는 보상에 반영되는데 보상의 종류로는 금전적 성과보상 및 인사반영, 교육 및 연수 등과 같은 비금전적 성과보상이 있다. 이러한 보상으로 경영성과를 높이고 인적자원의 헌신을 유도하고 있다.

다음의 사례는 A은행의 성과관리 시스템을 나타낸 것이다. 이 은행은 조직의 목표와 개인의 목표를 정렬시키기 위해서 목표의 전개를 실시하고 있다. 즉, 조직(은행)목표가 정해지면 사업 그룹의 목표를 정하고 부서 혹은 영업점의 목표를 정한다. 이러한 바탕 위에 개인의 목표가 정해진다. 〈그림 6-5〉는 이를 나타낸 것이다. 은행의 경영전략 목표달성을 위해 균형성과표(BSC: Balanced Scorecard)가 활용되는데 이때의 네 가지 관점은 재무적 관점, 고객관점, 내부 프로세스 관점, 학습과 성장관점이다.

개인의 경우 업무과제 선정은 조직관점에서 본부서 혹은 영업점의 BSC 및 재무계획, 사업계획, 전략과제 등을 결정하고 난 뒤 결정된다. 부서목표 달성을 위한 개인업무과제 발굴이 이루어지고 이를 평가자와 피평가자가 면담을 하여 합의에 도달하면 목표가 확정된다. 이때 개인의 업무과제도 BSC의 네 가지 관점에서 목표를 설정한다. 〈그림 6-6〉은 이를 보여주고 있다.

A 은행에서 목표설정은 측정가능하며 결과중심적이고 목표달성 기한이 명시하는 방법으로 설정된다. 물론 이 목표는 전략목표와 상위수준의 목표와 정렬되어

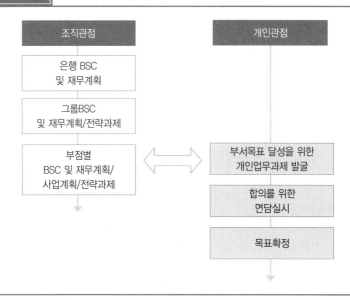

그림 6-6 A은행의 성과관리 시스템 중 개인목표 설정

있도록 조정된다. 이때 전체적인 목표에 대한 직원의 합의를 필요로 한다. 그 이유는 명백하고 확실한 목표가 설정되어야만 직원이 목표달성을 위해서 실행하는 과정에서 혼란이 없기 때문이다.

이와 같이 목표가 설정되면 그 다음 단계는 측정지표를 구성한다. 측정지표는 정량지표와 정성지표로 구성되는데 정량지표는 성과나 업적을 목표와 대비한 계량지표이고 정성지표는 주관적 판단이 요구되는 지표이다. 〈그림 6-7〉은 각 지표의 종류와 예를 보여준다.

이렇게 KPI가 정해지고 실행이 이루어지면 계획기간의 중간에 평가자와 피평가자가 중간면담을 갖는다. 그 주된 이유는 그때까지의 진도를 파악하며 코칭 및 피드백을 하기 위함이다. 이때 목표의 달성가능성과 목표진척도의 모니터링이 이루어진다. 또한 경영환경의 변화나 장애요인 파악 등이 이루어져서 필요한 경우 목표의 수정 및 조정이 가능하다. 그리고 필요한 지원사항 파악이나 장애요인 제거 등과 같은 활동이 이루어져 목표달성을 돕는다.

평가는 크게 세 가지로 나뉘어져 평가된다. 이는 업무성과 평가, 역량 평가, 경력개발계획 평가이다. 업무성과 평가는 목표 수립시 정의된 항목별 평가등급 부여기준이 활용되는 절대평가로 이루어지며 이때 개별항목별 난이도, 시장의 변

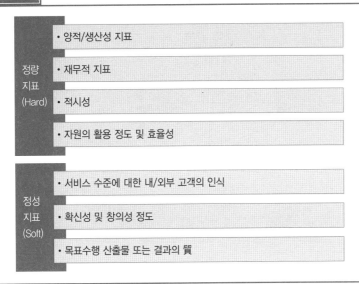

그림 6-7   측정지표의 종류 및 예시

정량 지표 (Hard)
- 양적/생산성 지표
- 재무적 지표
- 적시성
- 자원의 활용 정도 및 효율성

정성 지표 (Soft)
- 서비스 수준에 대한 내/외부 고객의 인식
- 확신성 및 창의성 정도
- 목표수행 산출물 또는 결과의 質

화, 노력도 등을 종합적으로 감안하여 평가한다. 한편 역량 평가나 경력개발 평가도 절대평가나 개인별 수준에 맞추어 평가된다.

성과관리 시스템은 인적자원의 헌신을 평가하는 시스템의 중요한 부분이다. 인적자원의 헌신의 평가는 우선 헌신의 크기를 측정한 다음 이를 경영성과와 연계시킨다. 또한 내부고객 만족도를 조사하여 헌신의 크기와 관련시켜 서로 양의 상관관계가 있는지를 살펴본다. 앞에서 예를 든 I사의 경우를 보면 다음과 같다.

I사에서는 인적자원의 헌신을 〈표 6-2〉에서와 같이 크게 두 가지 방식으로 측정하고 있다. 이는 인사 평가와 리더십 평가이다. 인사 평가는 업적 평가와 역

표 6-2   인적자원 헌신의 측정

구 분		상세사항	주 기
인사 평가		조직의 관점에서 개인별 업적/역량 종합 평가	반기별 1회
	업적 평가	당해 반기 업적의 크기와 질 상대 평가	반기별 1회
	역량 평가	역량 절대수준 측정 및 상대화	반기별 1회
리더십 평가		조직책임자로서의 자질 절대수준 평가하고 상대화	연 1회

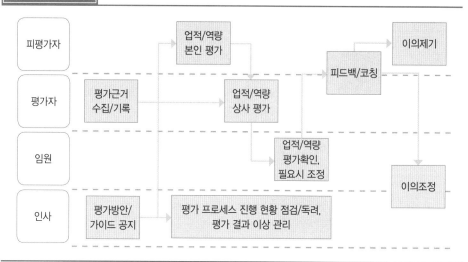

그림 6-8 인적자원 헌신 평가체계

량 평가로 나누어 진행되고 있으며 각각 반기별 1회씩 측정된다. 리더십 평가는 이와는 달리 조직책임자로서의 자질의 절대수준을 평가하는데 연 1회 실시된다. 이 결과는 전사적으로 다른 리더들의 성과와 상대평가 된다.

　I사의 인적자원 헌신을 평가하는 체계는 〈그림 6-8〉에 자세히 나타나 있다. 우선 인사부서에서 평가방안과 가이드를 공지하고 평가 프로세스를 진행한다. 이에 맞추어 평가자는 평가근거인 업적자료와 인사기록을 바탕으로 업적과 역량에 대한 상사 평가를 실시한다. 이때 피평가자는 자신의 업적과 역량에 대한 본인 평가를 실시하여 상사 평가에 대한 입력자료로 제출한다. 이러한 상사 평가에 대해 해당 임원은 업적과 역량에 대한 평가를 확인하고 조정하며 이에 맞추어 평가자와 피평가자에게 피드백을 주고 코칭을 실시한다. 이 피드백에 대해 만족하지 않으면 이의를 제기할 수 있으며 임원과 인사담당부서에서 이에 대한 조정을 실시한다. I사의 인적자원 헌신 평가 프로세스에서 주목할 만한 부분은 코칭을 실시한다는 것이다. 몇 년 전부터 I사는 조직원의 업적과 역량의 평가 결과를 바탕으로 코칭을 실시하여 향후 업적향상이나 역량제고를 꾀하고 있다.

　I사는 이렇게 평가된 인적자원 헌신의 결과를 다음과 같은 방식으로 활용하고 있다. 평가 결과 성과우수자를 선정하고 다양한 보상을 실시하여 더욱 우수한 경영성과를 창출하기 위해 노력하고 있다. 보상의 예를 들면 〈그림 6-9〉와 같다.

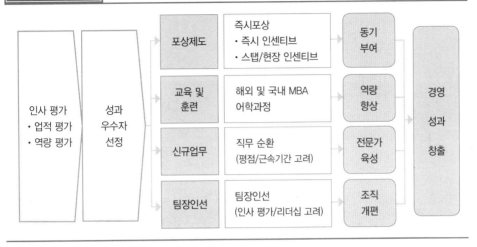

그림 6-9 인적자원 헌신 평가의 활용

우선 즉각적인 동기부여를 위하여 즉시포상을 실시하고 역량향상을 위하여 국내외의 MBA과정에 진학시켜서 교육을 시키거나 외국어 교육을 실시한다. 인사 평가에 좋은 평가를 받고 리더십이 우수한 조직원은 팀장으로 인선한다. 또한 전문가를 육성하기 위하여 직무순환을 실시하고 신규업무에 배치하여 더 나은 직무 만족을 도모한다.

모든 조직은 인적자원의 헌신을 바탕으로 더욱 우수한 경영성과를 창출할 수 있다. I사의 경우 전사 비전과 전략목표에 따라서 KPI를 설정하고 이를 달성하기 위해 조직원이 개인적으로 어떻게 기여하였는가를 평가하고 있다. 이러한 연계도 는 〈그림 6-10〉에 나타나 있다.

전사적으로 비전이 성립되고 이에 따른 목표가 결정되면 전사적인 전략방향 이 정립된다. 다음 단계로 상세전략 및 실행방안을 수립한다. 이에 따라 각 부문 별로 실행과제가 도출된다. 다음 단계인 KPI 설정단계에서는 핵심제공가치가 무엇 이며 이를 달성하였는지를 파악하기 위한 측정지표가 도출된다. 이렇게 도출된 측 정지표에 따라서 개인별로 핵심성과지표를 설정한다. 이는 KPI에서 요구하는 핵심 제공가치를 달성하는데 도움을 주는 업무목표이어야 한다. 개인별 핵심성과지표가 설정되면 이에 따라서 인사평가가 진행되고 보상과 승진이 뒤따르게 된다.

I사에서는 인적자원 헌신과 관련하여 직원만족도를 조사하고 있다. I사의 경 우 직원만족도를 업무성과의 대용척도로 생각하고 있으며 이 업무태도는 직무만

그림 6-10   인적자원 헌신 평가와 핵심성과지표의 연계

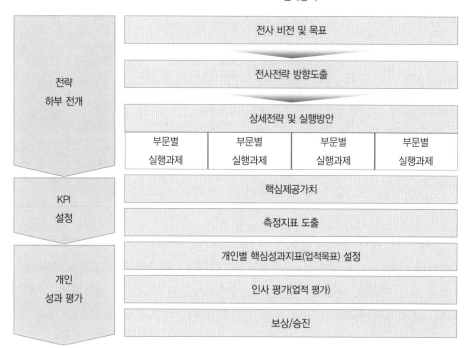

그림 6-11   직원만족도 관련체계도

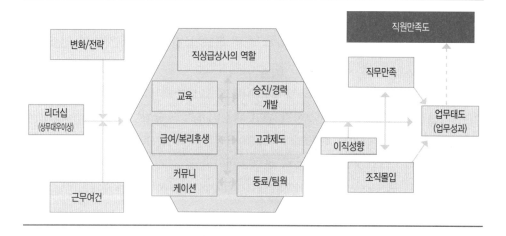

족, 조직몰입과 더불어 아주 다양한 인사제도(예를 들어 교육, 급여, 복리후생, 커뮤니케이션, 승진과 경력개발, 고과제도, 동료와의 팀워크)의 결과로 판단하고 있다. 그러므로 I사에서 고객만족도는 기업이 가지고 있는 모든 인적자원전략 및 인적자원관리 시스템의 성과를 대신하여 나타내주는 중요한 척도로 간주한다. 이러한 체계가 〈그림 6-11〉에 나타나 있다.

2. 인적자원 개발

(1) 학습·개발 시스템

역량(competency)이란 조직에서 성과를 지속적으로 창출할 수 있는 행동능력으로 정의될 수 있으며 이는 지식, 스킬, 태도 등을 포함한다. 조직에서 고성과를 올리고 있는 조직원은 공통적인 행동특성을 가지고 있는데 이러한 특성을 살펴보면 공통역량과 직무역량으로 나눌 수 있다. 공통역량이란 조직에서 조직원에게 공통적으로 요구하는 특성으로 조직의 철학, 조직의 비전 및 미션에 대한 조직원의 자세, 윤리의식 등으로 구성된다. 직무역량이란 어떤 특정한 직무를 수행하기 위해 필요한 스킬, 지식, 능력 등을 의미한다.

역량을 나누는 방법은 조직마다 다른데 K사에서는 역량을 기본적 역량, 리더십역량, 직무역량으로 나누어 보고 있다. 즉, 앞에서 말한 공통역량을 기본적 역량과 리더십역량으로 세분화한 것이다. 이를 자세히 설명한 것이 〈그림 6-12〉이다. 여기서 기본역량은 전 임직원이 공통적으로 보유해야 할 역량으로 사업 속성과 조직의 문화적 배경을 바탕으로 발휘되는 집단적 역량으로 정의하고 있다. 또한 리더십역량은 전략목표 달성을 위해 단위조직을 관리하는 관리자에게 요구되는 역량으로 정의한다. 한편 직무역량은 해당 직무를 수행하는데 필요한 업무의 기술적 능력과 행동 및 태도를 말한다.

역량 시스템은 조직원의 역량을 높이기 위한 구체적인 틀로 학습·개발, 경력개발계획(CDP), 승계관리 등을 포함한다. 이에 대해 구체적으로 설명하면 다음과 같다.

모든 조직은 인적자원을 개발하기 위해 학습을 필요로 한다. 이때 학습은 두 가지 방법으로 이루어진다. 하나는 교육이고 또 다른 하나는 훈련이다. 교육이란 직원의 태도(attitude)를 변화시키려는 과정이고 훈련은 직원의 기능(skill)을 향상

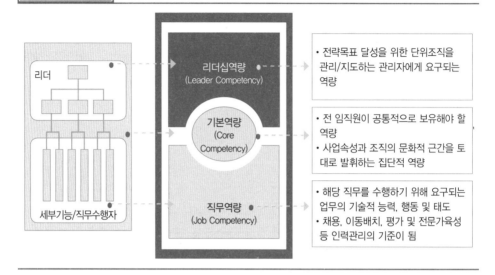

그림 6-12 K사의 역량모델 구조

표 6-3 교육과 훈련이 필요한 이유

대 상	필요 이유	내 용
신입직원	조직과 직무에 대한 소개	오리엔테이션
기존직원	현직무의 성과증진	교육과 훈련
	현직무의 변화에 대비한 성과유지	
	새로운 직무에 대비한 준비	

시키는 과정이다. 조직의 업무성격, 직원의 책임, 조직과 개인의 발전단계에 따라서 교육과 훈련의 필요성은 조직마다 다르다. 교육과 훈련이 필요한 이유는 〈표 6-3〉의 네 가지로 볼 수 있다.

교육과 훈련으로 직원은 지식을 공유하고 의사소통하며 팀워크를 다지고 문제를 해결하는 기술을 습득할 수 있다. 또한 자료를 해석하고 활용하는 방법, 고객의 요구조건을 충족시키는 방법, 프로세스를 분석하고 단순화시키는 방법, 낭비와 사이클 타임을 감축시키는 방법, 전략적 배치 혹은 비용과 편익 분석에 근거하여 우선순위를 두는 방법 등과 같은 것을 배울 수 있다. 또한 교육은 직무기술에 사용되는 신기술 학습뿐만 아니라 읽기, 쓰기, 외국어, 수리 및 컴퓨터 기술 등과 같은 기본기술 학습도 포함한다.

　　조직의 교육과 훈련은 조직의 내부와 외부에서 실시되고 있는데 그 종류에는 OJT, 교실강의, 컴퓨터 기반의 온라인 교육, 원격학습 및 다른 유형의 공식적 혹은 비공식적인 교육과 훈련 등이 있다. 훈련은 조직의 내부뿐만 아니라 외부에서도 이루어진다. 한편 교육과 훈련을 오리엔테이션, 재교육, 개발교육의 세 가지로 나누기도 한다.

　　교육과 훈련은 보통 목표설정, 프로그램설계, 교육방법의 선택 및 시행, 평가의 순서를 거쳐서 이루어진다. 교육과 훈련의 목표는 교육과 훈련을 통해서 기대되는 피교육자의 지식과 태도 등의 변화와 효과를 말한다. 이때의 목표는 조직의 장단기 목표와 자기개발, 계속학습 및 경력향상에 대한 직원의 요구를 조화시키는 것이다. 특히 조직의 전략적 목표가 늘 교육과 훈련의 목표의 기초가 되도록 하는 것이 중요하다. 또한 교육, 훈련에 대한 직원, 일선관리자 및 경영자로부터의 의견을 목표 수립에 반영하여야 한다.

　　교육과 훈련의 프로그램은 목표를 달성할 수 있는 내용이어야 하고 전달순서가 논리적이고 체계적이어야 하며 피교육자의 흥미와 동기유발을 시킬 수 있는 것이어야 한다. 내용에 있어서는 직원의 요구와 리더십 개발과 관련된 조직의 중요한 요구를 포함시켜야 하며 직원 및 작업장과 환경적 안전도 다루어야 한다. 또한 지식경영 시스템에서 습득된 조직의 지식이 교육과 훈련에서 다루어지도록 내용을 구성하여야 한다. 이러한 내용의 예로는 접점 직원의 고객접대 방법, 고객의 소리를 듣는 방법, 문제나 실패로부터 회복하는 방법 및 고객기대의 효과적인 관리방법 등에 대한 훈련을 들 수 있다.

　　교육과 훈련의 방법을 선택할 때는 우선 교육목적이 반영되어야 하며 비용문제를 고려하여야 한다. 또한 교육대상자의 선호도와 교육담당자의 기호도 및 시설과 장비의 이용가능성을 반영하여야 할 것이다. 마지막으로 프로그램의 내용에 따라서 교육방법이 다르게 된다.

　　앞에서 언급된 I사의 인적자원 개발은 업무를 통한 육성과 교육훈련을 통한 육성으로 나누어진다. 교육훈련을 통한 인적자원 개발은 최고수준의 사원역량 개발과 고객관점의 조직역량 개발로 나누어진다. 최고수준의 사원역량 개발은 기본역량을 키우고 이 위에 더하여 전문역량을 확보한 후 필요한 인재를 발탁하여 핵심인재를 육성하는 단계를 거치고 있다. 혁신에 대한 마인드 구축 및 제고를 위해서 혁신학교를 운영하고 있으며 이를 바탕으로 고객 이해하기와 고객관점 마인드

| 표 6-4 | 리더십 개발 프로그램 |

구 분	과정명	대 상	교육일시	주요 내용
임원	신임임원 과정	신규선임 임원	연 1회	임원으로서의 역할/책임
	사업가 육성과정	상무~부사장	연 1회	최신동향 및 리더십역량 (택 1) (고객가치마케팅/고객인사이트/경영전략 등)
	임원 워크샵	상무~사장	반기 1회	경영전략 및 리더십 특강
팀장	신임팀장 과정	신규선임 팀장	연 2회	실력과 애정을 갖춘 리더로서의 기본기 정립 (문제해결역량/조직관리)
	팀장 워크샵	전 팀장	반기 1회	경영이슈 공유 및 리더십 특강
	예비경영자 과정	임원선임 대상 중 사장추천	연 1회	사업책임자에게 필요한 전략적 경영능력 사전 개발

구축이 이루어진다.

I사의 리더십 개발 프로그램은 임원과 팀장급을 대상으로 이루어지며 이 프로그램의 과정과 대상 등에 대한 자세한 내용은 〈표 6-4〉와 같다.

I사의 리더십 개발 프로그램의 내용을 살펴보면 임직원의 리더십 특성의 개발을 위해서 리더십 역량교육에 상당히 주력하고 있음을 알 수 있다. 또한 조직성과의 개선을 위해서 경영환경의 최신동향과 경영이슈의 공유를 도모하고 있으며 전략적 경영능력 개발에 중점을 두고 있다.

조직원의 역량개발을 위한 교육훈련은 〈표 6-5〉와 같이 최고수준의 사원역량 개발 프로그램과 고객관점의 조직역량 개발 프로그램으로 나뉘어 있는데 이를 설명하면 다음과 같다.

교육훈련을 통한 최고수준의 사원역량 개발은 기본역량, 전문역량, 핵심인재 양성으로 나누어지며 고객관점의 조직역량 개발은 혁신역량을 기르는 과정으로 되어 있다. 기본역량 교육을 위해서 필수과정과 진급과정을 꼭 이수하여야 하며 선택과정과 사이버 아카데미 과정도 이수할 수 있다. 전문역량 개발을 위해서 부문별로 역량개발센터를 두고 있어서 각 부문별로 필요한 역량개발에 진력하고 있다. 또한 핵심인재 육성과정은 장래의 예비경영자를 양성하는 과정으로서 국내외

표 6-5	교육과정별 역량 및 이수구분	

구 분	역 량	구 분
최고수준의 사원역량 개발	기본역량	필수과정
		진급과정
		선택과정
		사이버아카데미
	전문역량	역량개발센터
		전문과정
	핵심인재	핵심인재교육과정
고객관점의 조직역량 개발	혁신역량	혁신학교 I
		혁신학교 II
		혁신학교 III
		캠프

MBA과정에 진학시켜서 우수한 핵심인재양성을 꾀하고 있다.

고객관점의 조직역량 개발을 위해서 혁신역량의 개발을 중심으로 교육이 진행되며 여러 종류의 혁신학교가 운영되고 있다. 혁신학교의 종류로는 기본수준의 혁신학교 I, II와 낭비제거를 위한 혁신학교 III이 운영되며 이와 더불어 혁신캠프가 운영되고 있다. 이러한 교육을 통해서 조직원은 고객을 중시하는 조직역량의 향상을 위해서 많은 혁신기법과 혁신적 사고를 습득한다.

(2) 학습 · 개발의 효과성 평가

교육과 훈련을 활용하는 학습·개발의 효과성을 평가할 때는 신뢰성과 타당성이 높은 평가척도가 필요하다. 이 척도로 개인, 조직단위, 조직의 성과에 대한 효과성을 잴 수 있어야 하며 고객관련 성과에 대한 영향과 교육과 훈련의 비용과 효익을 측정할 수 있어야 한다.

교육과 훈련의 평가는 개인적 성과와 조직적 성과를 고려하여야 한다. 개인적 성과평가는 피교육자의 학습효과에 대한 평가도 겸하게 될 것이며 조직적 성과평가를 통해 투입과 산출에 대한 거시적 평가를 하여 기업의 목표달성에 기여한 정도를 평가하여야 할 것이다.

〈그림 6-13〉은 K사의 교육 시스템의 성과를 평가하는 개념도이다. 여기서는

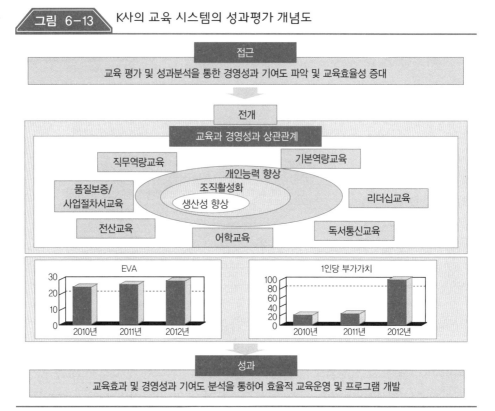

그림 6-13 K사의 교육 시스템의 성과평가 개념도

교육과 경영성과의 상관관계를 EVA(Ecocnomic Value Added)와 1인당 부가가치를 이용하여 지속적으로 측정하고 있다. 이 시스템은 생산성 향상, 조직활성화, 개인능력향상 등의 경영성과를 파악하고 이를 지속적으로 교육 프로그램 개발과 운영에 반영하도록 하는 시스템이다.

앞의 I사에서는 교육시킨 인재에 대한 교육의 효과에 대한 평가를 위해서 I사는 〈표 6-6〉과 같은 체계를 갖추고 있다.

교육 시작 전, 교육실시, 교육모듈별 종료, 교육완료, 현업 복귀 후 등 각 시점에 맞추어 실제로 얼마만큼 학습이 이루어졌는지, 학습의 효과는 어떠한지를 평가하고 있다. 주목할 점은 현업 복귀 후 언행변화도가 측성되고 있다는 점이다. 태도를 변화시키는 것이 교육의 목적이라는 점을 생각하면 이것은 그 효과를 적절하게 평가하는 방법이지만 현업에서 이를 측정하고 있는 기업이 거의 없다. 이에 비해 I사에서 이를 평가하고 있다는 점은 I사의 강점이라고 할 수 있다.

표 6-6	리더십 개발 프로그램	
시기	실시방법	실시내용
교육 전	언행변화도 측정 (다면평가)	교육 전 진급자에 대한 태도 평가
	사전 교육이수 및 과제수행	사전 이론교육(사이버 아카데미) 사전 과제수행
교육 시작	필기시험	사전 이론교육 숙지도 테스트
교육모듈별 종료	모듈별 만족도 측정	모듈 내용 및 강사에 대한 만족도
	필기시험	모듈 내용 숙지도 테스트
교육완료	교육과정 만족도 측정	교육내용 및 강사에 대한 만족도
	필기시험	교육내용 숙지도 테스트
	수행과제 결과평가	교육기간 동안 수행했던 과제 결과평가
현업 복귀 후	언행변화도 측정 (다면평가)	교육 후 진급자에 대한 태도 평가
	과제실행 결과평가	수행과제의 적용 결과에 대한 보고

(3) 경력개발

경력개발 프로그램(CDP: Career Development Program)이란 조직원이 조직에 채용되어 퇴직에 이르기까지의 과정을 경력으로 생각하고 이를 관리하는 프로그램이다. 경력에 대한 관리는 조직 내에서 조직원이 성장할 수 있는 비전과 비전달성 방법을 제시하고 이를 위해 조직과 조직원이 서로 협력하여 관리하는 방식으로 이루어지고 있다.

조직은 CDP를 활용하여 조직이 필요로 하는 직무를 수행할 수 있는 인재를 양성하고 조직원은 자신의 직무와 관련된 경력을 미리 확인하여 미래의 자신의 경력을 위한 준비를 할 수 있다. 그러므로 CDP는 조직은 미래의 인적자원 수요에 대한 공급을 확실하게 할 수 있으며 조직원은 자신의 미래를 스스로 설계하여 조직 내에서의 자신의 성장을 예측하고 성장을 위한 행동을 실천에 옮기도록 한다.

승계관리는 조직의 최고리더가 자신의 후계자를 양성하는 프로그램이다. 이때 리더는 후계자 후보군을 선발하여 지속적으로 평가하고 멘토링하며 최종후보자 한 사람만이 남도록 순차적으로 다른 후보자를 도태시킨다. 이 최종후보자가 최고리더의 후계자가 되어 리더의 은퇴시 조직의 새로운 리더가 된다.

승계관리는 조직 내에서 후보자에게 리더십 훈련을 시킬 뿐만 아니라 최고

리더의 은퇴나 갑작스러운 유고시에 조직을 이끌어나갈 조직원을 육성하는 역할을 한다. 특히 예기치 않은 리더의 유고는 조직을 불안전하게 만들어 조직의 목적을 달성하는데 커다란 위험을 야기한다. 그러므로 조직의 최고리더는 지속적인 후계자 교육이 이루어지도록 승계관리를 철저히 하여야 한다.

3. (주)명왕성 낚시 사례

(1) 인적자원 관리체계

1) 인적자원 충실화

인적자원 충실화의 요인

① 인적자원 헌신과 만족도에 영향을 미치는 주요 요인

(주)명왕성 낚시는 인적자원의 헌신과 만족도에 영향을 미치는 주요 요인을 다음과 같이 파악하고 있다. 회사는 매년 직원 핵심 요구사항 설문조사를 수행하여 동기유발 요인과 위생요인 목록을 작성한 후 인적자원의 헌신과 만족도에 영향을 미치는 주요 요인을 결정한다. 이 설문조사는 각 요인에 가중치를 부여하기 위해 10점 척도를 사용한다. 예를 들어 2012년에 상위 리더십 팀은 마스터 목록을 작성하고 직원의 투표 결과를 바탕으로 우선순위를 정하였다. 이듬해 직원들은 이 마스터 목록에서 인적자원 헌신과 만족도에 영향을 미치는 주요 요인을 선정하였다. 마스터 목록의 작성에는 미션선언문 및 행동강령의 검토, 직전 연도의 설문조사 결과, 직원 퇴직 인터뷰, 오리엔테이션 후 인터뷰, 직원 불만 해결 프로세스와 산업·조직심리학의 표준요인이 반영되었다. 우선순위가 결정된 각 부서별 직원 핵심 요구사항 목록은 부서 전략계획 게시판에 게시되고 부서 지식공유회의에서 인적자원 헌신과 만족도 설문조사 자료와 함께 매년 검토된다. (그림 8-28, 그림 8-29 참조)

② 인적자원 그룹의 계층별, 부문별 핵심요인의 차이

회사는 인적자원 그룹의 계층별, 부문별로 핵심요인의 차이를 다음과 같이 결정한다. 매년 실시되는 직원의 핵심 요구사항 설문조사 문항은 이러한 차이를 규명하기 위해 부문별(부서별), 계층별(인구통계적)로 구분하여 작성된다. 따라서 설문 결과는 응답자를 부서, 직급, 정규직 여부, 성, 연령 및 교육수준별로 구분하여 분석이 가능하다. 연례 인적자원 헌신과 만족도 설문조사는 직원 핵심 요구사항 파악에 초점이 맞추어져 있으며 설문조사 결과는 직원 핵심 요구사항의 충족여부를 측정하는 지표가 된다.

조직문화

① 높은 성과의 조직문화 형성과 동기부여된 인적자원 육성

(주)명왕성 낚시회사의 조직문화는 회사가치와 공감하며 낚시에 대한 열정을 지닌 직원채용에서부터 시작된다. 회사는 멘토링, 조직화된 카풀, 기업성과와 설문조사 결과의 공개 및 상사와의 열린 대화 정책을 통해 개방적인 커뮤니케이션을 실시하고 있다. 직원 핵심 요구사항 중 하나인 '솔직한 쌍방향 커뮤니케이션'에 대한 직원 헌신과 만족도 설문조사 결과는 78%로 목표치인 75%를 초과달성하였다. 회사는 직원 오리엔테이션, 직원 개발계획이 포함된 성과검토회의, 성과와 혁신에 대한 보상과 인정을 통해 고성과 업무를 유도하고 동기부여를 유발시킨다. 또한 국가 품질상 자가진단 내부 심사원 참여와 분기 사업보고회와 분기 부서 지식공유회의에서 상위 리더들과의 커뮤니케이션도 고성과 업무를 유도하고 직원에게 동기를 부여하는 기회로 활용된다. 이러한 여러 가지 방법의 체계적 전개를 통해 회사는 쌍방향 커뮤니케이션을 장려하며 활성화하고 있다. 쌍방향 커뮤니케이션은 직원을 개발하고, 열성을 갖게 하며 고성과 업무를 가능하게 한다.

② 조직문화가 다양한 사고로부터 얻는 이점의 보장방법

쌍방향 커뮤니케이션을 제공하고 아이디어를 얻는 체계적인 방법을 사용함으로써(지속적 개선 프로젝트, 제2장의 (주)명왕성 낚시 사례에서 '전략적 도전과 전략적 이점의 반영' 참조) 회사는 직원이 전략기획 프로세스에 참여하고 학습하며 아이디어를 제시하도록 한다. 예를 들어 사업보고회는 전략기획 프로세스를 전개하고 혁신 아이디어를 도출하는데 활용된다. 2015년에 린 사고 운동을 실행한 결과 회사는 이해관계자와 이해관계자가 아닌 직원까지도 포함하는 팀을 조직하도록 프로젝트 팀의 개념을 개선하였다. 그 결과 다양한 사고방식과 교육수준이 높은 직원을 활용할 수 있었다. (제1장의 (주)명왕성 낚시 사례에서 '조직문화의 특성'을 참조)

성과관리

① 성과관리 시스템의 높은 업무성과와 인적자원 헌신에 대한 지원

회사는 직원에게 미션선언문, 행동강령, 회사목표 및 전략목표를 기준으로 한 솔직한 성과 피드백을 제시하고 있으며 그들에게 성과개선을 위해 권한을 부여하고 있다. 직원은 성과개선을 위해 ABC 평가, 성과검토, 개인별 개발계획, 연례

전면 평가, 연례 직속상사 평가, 사용가능한 자원목록, 게시된 커리어 맵, 코칭과 멘토링 및 명왕성 대학(사내대학) 등을 활용한다. 2014년과 2015년에 회사는 계약직 직원에 대한 평가주기를 연례 평가에서 월례 평가로 변경하도록 성과평가 프로세스를 개선하였다. 이러한 개선은 인적자원 헌신과 만족도를 높이고 더 높은 성과를 이끌어 냈다.(그림 8-28 참조)

② 성과관리 시스템의 보수, 보상, 인정 및 인센티브와의 연계

보수, 보상, 인정 및 인센티브제도의 분석자료는 분기 ABC 평가 프로세스에서 나온다. 회사는 이 자료를 활용하여 고성과 직원과 저성과 직원을 구별할 수 있다. 보수 인상은 ABC 평가, 프로세스 성과, 업무의 질과 양, 팀 내의 태도, 직무지식, 독립적 업무수행능력, 순응성 및 근태에 근거한다. 보상과 인정은 혁신, 안전, 신뢰성, 충성심과 성과에 따라 이루어진다. 상위 리더들은 분기 사업보고회와 부서 지식공유회의에서 직원의 개별 성과와 혁신노력 및 성취에 대해 포상한다. 인센티브제도에는 성과급 프로세스가 포함되는 데 성과급은 모든 직원에게 개방되어 있고 ABC순위, 회사 내 직위, 핵심 프로세스에 대한 책임 부여, 근속연수, (전략목표와 직접적으로 일치하는 분야에 대한) 조직지식 및 위기대응그룹의 신뢰도에 근거하여 지급된다.

③ 성과관리 시스템의 고객과 비즈니스 관점 강화 및 실행계획 달성 촉진

직원 성과평가, 전면 평가, ABC 평가, 개발계획, 커리어 맵 및 프로세스 성과검토를 미션선언문, 회사목표 및 전략목표와 일치시킴으로써 회사는 직원 성과관리 시스템 #1 회사목표인 '고객만족'과 부합되도록 하고 있으며 고객에 초점을 맞추고 있다. 또한 위기대응그룹의 신뢰도는 직원 성과검토와 성과급 배분 모델에도 포함된다. 각 부서와 인트라넷에 게시되는 회사목표 달성에 대한 월례 성과검토를 통해 사업의 초점을 유지하고 있다.

2) 인적자원 개발

학습 · 개발 시스템

① 핵심역량, 전략목표, 실행계획의 달성과 관련된 학습 · 개발 시스템

전략기획 프로세스와 통합된 잠재력과 수용능력 평가는 인적자원 관련 니즈를 파악하는데 활용된다. 이렇게 파악된 니즈는 학습·개발 실행계획과 채용에 반영하며 인적자원 계획(3개년 채용, 잠재력과 수용능력 및 훈련계획)에 통합되도록

인적자원 부서에 전달된다. 이 계획은 회사의 단기, 중기 및 장기 전략목표와 통합되고 부서 지식공유, 사업보고회 및 부서 볼드리지회의로 전개된다. 예를 들어 2011년에 회사는 볼드리지 지식을 전개할 필요를 느끼고 국가 품질상 내부 심사원을 양성하기 시작하였다. 현재 회사는 22명의 국가 품질상 내부 심사원을 보유하고 있다.

회사의 학습·개발 시스템은 핵심역량의 유지와 개발에 노력을 집중하고 있다. 이에 대한 활동계획은 전략기획 프로세스를 통해 수립된다. 여기서 핵심역량은 직원 성과관리 시스템, 잠재력 평가 및 훈련 프로세스와의 조율을 통해 체계적으로 파악된다. (표 3-2 참조)

② 조직성과의 개선 및 혁신과 관련된 학습 · 개발 시스템

전략기획 프로세스에 학습·개발 프로세스를 반영함으로써 회사는 강점 활용과 약점 해소를 위한 학습·개발의 기회를 포착한다. 이러한 기회는 인적자원 계획 내의 부서 훈련계획에 포함된다. ABC 평가 등의 평가 프로세스를 통해 파악된 고성과 직원은 사장과의 멘토링 세션도 갖는데 여기서 개별적 직위 및 조직성과와 관련된 지식이 논의된다. 회사는 부서 지식공유, 부서 볼드리지회의 및 볼드리지 범주회의에서 모든 직원이 베스트 프랙티스와 혁신 아이디어를 토론하게 함으로써 혁신을 장려한다.

③ 윤리 및 윤리적 비즈니스 관행과 관련된 학습 · 개발 시스템

회사는 신입직원 오리엔테이션과 부서 지식공유, 부서 볼드리지회의 및 볼드리지 범주회의 등에서 회사가치와 행동강령을 검토하고 토론한다. 상위 리더십 팀과 이사회는 분기 법규·윤리·규제 준수보고서를 검토하는데 여기서 윤리와 윤리적 비즈니스 관행이 검토된다. 회사목표, 회사가치 및 행동강령은 각 부서와 회의실에 게시되며 행동강령은 직원 배지에도 게시된다. 2015년에 회사는 직원의 윤리의식을 강화시키기 위해 모든 직원의 뱃지에 행동강령을 추가하였다.

④ 다양한 개발 기회와 관련된 학습 · 개발 시스템

각 부서는 인적자원 계획 내의 연간 훈련계획 수립을 위해 잠재력과 수용능력을 평가한다. 심사원 참여, 린 사고 프로젝트((주)명왕성 낚시 사례에서 '인적자원 충실화' 참조), 6시그마 그린벨트와 블랙벨트 인증과 같은 학습·개발도구를 활용하여 회사는 회사가치인 '조직과 개인의 학습' 및 회사목표인 '현대적 경영혁신기법'에 부응하고 일상업무 속에서도 학습·개발 기회를 갖도록 하였다. 회사의 체계

적인 멘토링 프로세스에는 상위 리더들의 연례 멘토링 스케줄이 포함된다. 이러한 스케줄은 연간 마스터 플래닝 캘린더에 포함되어 있다.

⑤ 직원의 학습·개발 니즈에 대한 학습·개발 시스템

회사는 제1장의 (주)명왕성 낚시 사례 중 '인적자원의 프로파일, 그룹 및 세분화'에서 논의된 직원의 특성과 연관시켜 학습·개발 니즈를 파악한다. 또한 직원 성과관리 시스템을 잠재력과 수용능력계획, 물류와 고객접촉센터에 필요한 스킬 종류, 멘토링과 성과 평가와 통합시킴으로써 학습·개발 니즈를 파악한다. 이때 성과 평가에서 관리자와 매니저는 성과검토 개발계획과 직원성과 개선계획 같은 메카니즘을 통해 직원 스스로가 파악한 학습·개발 니즈를 중점적으로 다룬다. 직원성과 개선계획은 2011년도에 실시된 프로세스 개선의 결과이다. 이는 관리자나 매니저가 직원을 위한 특정한 학습·개발 니즈를 다루도록 한다.

⑥ 이직/퇴직 직원으로부터의 지식전수를 위한 학습·개발 시스템

주요 직원의 지식은 프로세스 요약과 업무지시서, 국가 품질상 신청서 작성 프로세스, 사업보고회, 부서 지식공유, 부서 볼드리지회의, 승계계획, 회사사보 및 교차훈련 등에 녹아 있다. 이직 직원에 대한 특별 프로세스로는 퇴사 인터뷰가 있는데 여기서 성과검토, 훈련 및 승진 등의 프로세스에 대한 이직자의 의견 및 지식을 청취한다. 2014년에 어느 프로세스 검토회의에서 회사는 퇴사 인터뷰 프로세스를 개선할 수 있다는 것을 알게 되었다. 현재의 퇴사 인터뷰 프로세스는 이직 직원으로부터 체계적으로 지식을 얻지 못하였다. 이를 해결하기 위해 회사는 의견, 통찰, 경험 및 혁신 아이디어 등의 형태로 지식을 획득할 수 있도록 특별히 설계된 표준설문지를 만들었다.

⑦ 직무관련 신지식과 스킬 강화를 위한 학습·개발 시스템

주제강의와 질의응답이 포함된 신입직원 오리엔테이션에서부터 회사는 스킬 이해도와 숙련도를 평가하고 있다. 이는 직원 성과관리 시스템에서의 직원성과 평가 강화와 보상 및 인정 프로세스에서의 숙련도 강화를 위한 것이다. 성과검토는 특히 직원의 업무 프로세스의 과거 스킬과 새로 획득한 스킬을 평가한다. 새로 획득된 지식과 스킬에 대한 집단 실습의 방법도 사용되는데 예를 들어 볼드리지 범주훈련을 실시한 후 국가 품질상 신청서 작성을 팀 차원에서 연습하였다. ISO 품질경영체제 인증의 일환으로 회사는 인증의 유지를 위한 프로세스 감사를 실시하고 있다. 또한 학습의 강화를 위해 스킬·지식 경영대회를 주기적으로 갖고 있으며

적절한 장소에 업무지시서를 게시한다.

학습 · 개발 시스템의 효과성과 효율성 평가

거시적 수준의 평가는 회사목표에 대한 성과를 의미하는데 제8장의 모든 척도의 성과가 평가된다. 또한 내부 승진(그림 8-32), 정규직원 인당학습·개발 소요금액, 정규직원 인당학습·개발시간, 회사목표에 대한 성과(그림 8-39)와 핵심 프로세스 BSC(제8장 프로세스 성과의 (주)명왕성 낚시 사례에서 '핵심 프로세스 균형성과표(BSC)' 참조) 등과 같은 특정 프로세스의 성과도 평가된다. 미시적 수준에서는 회사는 체계적인 성과검토(제6장의 (주)명왕성 낚시 사례에서 '성과관리' 참조)를 통해 개인별 성과를 모니터하고 측정한다. 회사는 '회사는 고객서비스 스킬에 관해 나를 잘 훈련시켰다(직원의 75%가 긍정적으로 답변함)'와 '나는 교육과 훈련을 잘 받았다(직원의 77%가 긍정적으로 답변함)' 등과 같은 특정 설문조사 항목의 점수를 검토한다.

경력개발

① 인적자원의 경력관리

경력관리는 '조직과 개인의 학습'과 '미래 중시'라는 회사가치에 걸 맞는 직원의 선발에서부터 시작된다. ABC 프로세스와 성과관리 시스템을 통해 선별된 직원은 커리어 맵을 활용하여 개인별 개발계획을 수립한다. 직원은 이런 계획을 통해 커리어를 관리하고 관리자나 경영자의 조언을 반영한다. 커리어 관련 척도는 커리어에 대한 기대가 충족되는지를 확인한다. 이러한 척도에는 내부 승진(그림 8-32), 교차훈련된 직원수 및 '승진 기회'와 '교육, 훈련 및 개발 기회'라는 직원 핵심 요구사항에 대한 인적자원의 헌신과 만족도 설문조사 결과가 포함된다. 2014년 설문조사에서 '승진 기회'는 79%, '교육, 훈련 및 개발'은 86%의 긍정적 답변을 얻었다.

② 관리자와 경영층의 승계계획

회사는 회사가치를 구현하며 행동강령을 준수할 사람을 후보자로 선발하는 것으로부터 시작한다. ABC 프로세스를 통해 선정된 고성과 직원은 상위 경영진으로부터 멘토링을 받으며, 개발과제(예를 들어 활동계획 책임)를 부여받고, 관리 프로세스에 대한 내부 훈련(예를 들어, 전략기획 프로세스, 현대적 경영혁신기법 훈련)을 이수하며, 외부 훈련(예를 들어 국가 품질상 자체심사 내부 심사원 훈련)을 이수한다. 분기 인적자원 회의에서 선정된 고성과 직원은 주요 포지션에 적합하도록 승계계획을 작성하며 이렇게 작성된 승계계획은 분기 인적자원 회의에서 검토되고 유지된다. 최근 승계계획에서 2013년 6월에 새롭게 만들어진 전자상거래 부서를 이끌어갈 상위 경영자 후보를 결정하였다. 직원 성과관리 시스템과 통합된 승계계획 프로세스를 활용해 한 직원이 물류감독자로 승진되었고 다른 9명이 수준 Ⅲ직급으로 승진되었다.

3) 인적자원 헌신의 평가

인적자원 헌신의 평가

① 인적자원 헌신의 평가방법

인적자원의 집단별·계층별 직원 헌신을 측정할 수 있도록 직원 핵심 요구사항 설문조사와 인적자원 헌신과 만족도 설문조사(그림 8-29)의 설문문항들이 작성되었다. 이와 더불어 회사는 부서 성과척도, 직원신뢰도(그림 8-37), 성과검토 회의 및 사장의 부서 성과검토에서 자발적 이직(그림 8-30)을 검토한다. 2012년도 분기 인적자원회의에서 직원 설문조사 프로세스가 평가되었는데 설문조사 결과가 너무 늦게 제공되어 적시에 분석되고 대응하기 어렵다고 결론이 내려져 이 프로세스를 개선하기로 하였다. 그 결과 목표대비 헌신의 차이를 신속하게 해소하기 위한 대책을 마련하여 궁극적으로 회사목표인 '직원 만족'을 충족시킬 수 있도록 2014년 활동계획에서 연례 직원 설문조사를 제3의 기관에 위탁하도록 하였다.

② 인적자원 헌신과 직원만족도 평가의 공식적 · 비공식적 방법과 측정도구

공식적 방법으로는 직원 설문조사, 개인별 및 부서별 성과 생산성 척도, 공식적인 직원 인정, 자발적 이직(그림 8-30)과 퇴직 인터뷰 등이 있다. 또한 회사는 다른 척도인 평균 재직연수, 한국프로낚시연맹의 회원증(표 8-7), 낚시산업 관련 활동의 참가, 직원 불만(직원불만해소 프로세스)과 행동강령 위반정도 등을 검토한다. 비공식적 방법으로는 회사행사에의 참여, 지속적 개선 프로젝트 목록에의 기여, 부서와 전사회의(부서 지식공유, 사업설명회 등)에의 참여와 직원 사이의 일상 접촉 등이 있다.

③ 공식적 · 비공식적 방법과 측정도구의 집단별, 계층별 활용

인적자원 만족과 헌신을 측정하기 위한 방법은 직원 집단(부서)과 계층(인구통계학적)에 따라 다르지 않다. 그러나 각 집단의 직원 핵심 요구사항에 근거하여 집단과 부분 사이의 차이를 분석하기 위해 결과는 세분화된다.((주)명왕성 낚시 사

례의 '인적자원충실화' 참조)

④ 퇴직률, 결근율, 고충처리, 안전, 생산성 등의 지표관리

회사는 성과검토회의와 현대적 경영혁신기법 회의에서 개인별 부서별 성과 수준을 검토한다. 인적자원 부서 볼드리지 회의에서 안전관련 척도인 재해율(그림 8-36), 직원 신뢰도(그림 8-37), 공식적 포상 직원수, 직원 이직률, 자발적 이직 (그림 8-30) 등이 검토되고 그 결과는 전략기획 프로세스에 반영된다.

경영성과와의 관계(인적자원 활용에 대한 평가 결과와 경영성과와의 연계)

인적자원 헌신과 만족도 설문조사 결과는 성과검토회의에 보고된다. 이 회의 에서 직원열성의 평가 결과와 경영성과간의 관계를 규명한다. 저성과 부서와 프로 세스를 목표로 삼아 추세자료와 상관관계 척도 등의 세분화된 데이터가 사용된다. 회사는 주제별 전문가, 벤치마크 기업과의 비교자료, 훈련, 잠재력과 수용능력 평 가, 지속적 개선 프로젝트 목록, 회의에서의 혁신과 지식공유 등을 활용하고 있 다. 또한 회사는 개방형 의사소통과 멘토링을 적극 활용하고 있다.

제 2 절　인적자원 복지 및 근무환경

이 항목은 조직의 인적자원의 환경, 인적자원의 잠재력과 수용능력에 대한 니즈, 직무를 완수하기 위한 요구들의 충족방법과 안전하고 지원적인 작업환경의 구축방법을 검토한다.

1. 인적자원 잠재력과 수용능력

(1) 인적자원의 잠재력과 수용능력

인적자원 잠재력(capability)은 지식, 기술, 능력 및 역량 등을 통해서 업무프 로세스를 수행하는 조직의 능력을 말한다. 잠재력은 고객과의 관계를 구축하고 유 지하는 능력, 새로운 기술을 혁신하고 신기술로 전환하는 능력, 신제품과 서비스, 업무 프로세스를 개발하는 능력, 변화하는 사업환경·시장환경·법적환경을 충족 하는 능력을 포함한다.

인적자원 수용능력(capacity)은 업무 프로세스를 수행하기에 적합한 신입 직원을 확보하고, 계절적 수요 및 변화하는 수요수준을 충족하는 능력을 포함하여 고객에게 제품과 서비스를 성공적으로 전달하는 조직의 능력을 말한다. 수용능력에는 모집, 선발, 내부충원 등과 같은 인적수요를 충족시키는 능력이 기본적이다. 또한 필요한 인적자원의 수요를 예측하는 능력이 필요하다. 한편 장기적으로는 내부에서 필요한 인원을 인적자원 개발과 경력관리를 통해서 충원하는 장기 인력계획의 수립 및 실천도 인적자원 수용능력의 중요한 부분이 된다.

인적자원의 잠재력과 수용능력에 대한 예로 J사를 검토한다. J사는 무선 데이터 통신서비스를 제공하는 회사이다. 조직의 성공을 위해서 인적자원을 효과적으로 활용하는 것은 모든 조직이 추구하는 바이지만 J사의 경우 하이테크 기업임과 동시에 고객과 직접 대면하는 고객접촉 부서에 근무하는 인원이 거의 대부분을 차지하고 있으므로 인적자원의 중요성은 더 말할 나위가 없다. 그러므로 J사의 경영진은 인적자원의 잠재력(capability)과 수용능력(capacity)을 최대한 개발하여 급변하는 경영환경에서 성공하는 조직이 되고자 한다.

J사는 인적자원의 관리를 전략적으로 접근하여 경영성과를 극대화하도록 인재경영전략을 수립하고 실천하고 있다. 이를 그림으로 표시하면 〈그림 6-14〉와 같다. 일반적인 중장기 경영전략 수립과정과 병행하여 중장기 인적자원 개발계획

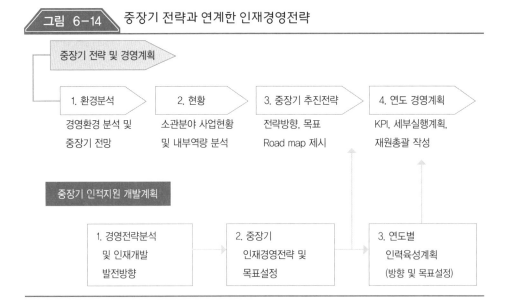

그림 6-14 중장기 전략과 연계한 인재경영전략

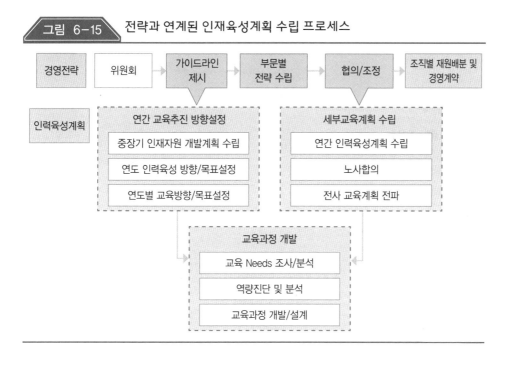

그림 6-15   전략과 연계된 인재육성계획 수립 프로세스

을 수립하고 연도별 인력육성계획을 작성하여 이를 최종 연도별 경영계획에 반영
시키는 방법을 사용하고 있다.

　이와 같은 연도별 인력육성계획의 수립은 〈그림 6-15〉와 같은 프로세스를 거
친다. 우선 경영전략이 구축되면 위원회를 거쳐서 첫 번째 단계인 연간교육 추진
방향 설정이 이루어진다. 중장기 계획이 수립되면 연도별 인력육성방향과 목표가
설정되고 연도별 교육목표가 결정된다. 두 번째 단계는 교육과정 개발단계로 교육
니즈의 조사와 분석이 이루어지며 역량진단 및 분석이 실시된 후 교과과정이 설계
된다. 마지막 단계는 세부교육계획 수립단계로 연간인력육성계획을 수립하고 이를
노사가 합의한 후 전사적으로 교육계획을 전파하는 방식으로 이루어진다.

　연도별 인력육성계획을 수립한 후 교육과정 개발 및 시행은 〈그림 6-16〉과
같이 다음의 다섯 가지 단계를 거친다. 우선 교육과정 개발을 위한 니즈 분석단계
에서는 경영전략, 최고경영자의 경영의지, 사업계획, 인적자원전략, 역할모델링
등에서 교육 니즈를 도출한다. 이 니즈를 충족시킬 수 있는 교육과정을 개발하고
역량진단을 거쳐서 부족한 역량을 개발할 수 있는 교육을 선택한다. 이후 세부 교
육과정을 설계하고 이를 확정한다. 마지막 단계인 교육시행 단계에서는 피교육자
와 학습계약을 체결한 후 내부인원을 선발하여 교육을 실시한다. 이 절차의 최종

그림 6-16   교육과정 개발 및 교육시행 절차

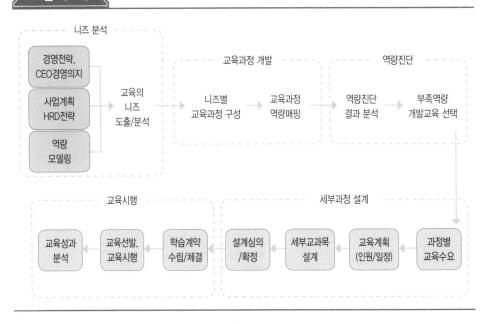

활동은 교육성과 분석활동이 된다.

(2) 채용과 배치

채용이란 조직이 충원계획에 따라서 새로운 조직원을 선발하는 과정을 의미한다. 과거의 채용방식은 대규모의 정기 채용방식이 주를 이루었고 현재에도 재벌 관련 대기업은 이러한 방식으로 채용을 하고 있다. 그러나 외국계 기업과 중소기업은 소규모의 인원을 필요할 때 필요한 인력을 채용하는 방식으로 바뀌고 있다. 기존의 채용은 대부분의 기업이 신입사원을 뽑는 신규채용이 주를 이루었으나 최근에는 타 기업에서 경력을 쌓은 경력사원을 뽑는 경력직 채용도 신규채용만큼 중요한 채용방식이 되었다.

배치란 조직이 필요로 하는 인재를 필요한 곳에 배치하는 과정을 의미한다. 배치를 위해서 우선 조직은 필요한 인재를 예측하고 이 인재의 수요를 파악하며 이들을 미리 채용하여야 한다. 또한 비록 채용된 인재가 경력직이라고 할지라도 조직 내에서의 교육과 훈련은 필수적이다. 이렇게 교육과 훈련이 된 인재를 적재적소에 배치하는 것은 조직의 성과를 높이기 위한 필수적인 과정이다.

2. 근무환경

(1) 근무환경

작업자의 근무환경은 작업자의 안전, 재해방지, 작업환경, 생활관련 지원 및 서비스 등도 기업의 장기적인 목적을 달성하도록 설계되고 실행되어야 한다.

조직은 직원의 안전 및 인간공학적 측면과 작업장의 보안을 고려하여 작업장을 설계하고 운영하여야 하며 이를 주기적으로 검토하고 개선할 필요가 있다. 주기적 검토에는 직원이 참여하여야 하며 자신의 의견을 제시하고 반영하는 시스템을 구축하여야 한다. 또한 이들과 함께 주요 작업장 요소를 개선하기 위한 성과척도나 개선목표를 세우고 이를 계획으로 수립하며 실행에 옮길 필요가 있다. 이러한 성과척도와 개선목표는 작업장 마다 다를 수 있기 때문에 이를 파악하고 이에 대한 차별화된 대책이 제시될 수 있다.

모든 조직은 최소한의 작업안전에 대한 최소한의 기준, 즉 법률적 규제조항을 충족시키도록 요구된다. 그러나 고성과 조직은 이러한 최소의 기준을 충족시킬 뿐만 아니라 그 이상을 행하는 프로세스를 가지고 있다.

조직은 재해나 위급한 사건을 대비하여 작업장을 준비하여야 한다. 예를 들어 9.11 사태와 같은 경우 어떻게 대피하여야 하며 조직의 전산 시스템은 어떤 백업 시스템을 갖추어야 하는지, 어떤 대피훈련을 하여야 하는지를 주기적으로 계획하고 실행하며 검토하여야 할 것이다. 또한 자연재해에 대한 대비도 필요하다. 홍수, 산사태, 폭설, 지진 등으로 인한 자연재해는 최근 더욱 빈번해지고 있으며 더 규모가 커지고 있는 추세이다. 화재의 경우도 마찬가지이다. 그러므로 이러한 재해에 대한 대비도 더욱 충실해질 필요가 있다.

(2) 복리후생

복지(well-being)는 복리후생(employee benefits)을 포함하는 광범위한 개념이다. 복지는 복리후생에 더하여 작업자의 안전, 재해방지, 작업장의 환경, 직원에 대한 생활관련 지원 및 서비스를 모두 포함하는 개념으로 볼 수 있다.

전통적으로 복리후생은 부가급부(fringe benefit)이나 보완급부(supplementary benefit)의 개념으로 기본임금에 더하여 주는 추가적인 혜택이다. 그러나 최근 복리후생 부분의 중요성이 점차 더 커져서 임금의 결정과정에서 같이 결정되는 경우가 대부분이다.

직원의 복지와 직원 만족 및 동기유발에 영향을 줄 수 있는 특정한 요인은 아주 많이 있다. 그 예를 들어보면 효과적인 직원 문제 혹은 고정해결, 안전요소, 경영진에 대한 직원의 견해, 직원 훈련, 개발, 경력 기회, 기술이나 작업조직의 변화에 대한 직원의 준비, 작업환경과 다른 작업 조건, 직원에 대한 경영진의 권한위양, 경영진에 의한 정보공유, 작업의 양, 협조와 팀워크, 인정, 서비스와 편익, 의사소통, 직업의 안전, 보수, 직업에 대한 기회균등 등이다. 이러한 요인은 직원에게 직접 혹은 간접적으로 영향을 주고 있는 요인이며 그 결과 성과에 직접적인 영향을 미치고 있는 요인이다. 이러한 요인을 평소에 잘 관리하는 것이 필요하며 이들을 주기적으로 검토하여 필요한 개선을 시행하는 시스템을 구축할 필요가 있다.

이들 외에도 직원 복지, 만족, 동기유발에 영향을 미치는 중요한 요소를 규명하는 것 자체가 대단히 중요한 일이다. 이러한 규명작업에는 직원의 적극적인 참여가 필요하며 그와 같은 참여만이 다양한 노동력과 여러 범주 및 각기 다른 유형의 직원에 따라서 요소를 구분하게 할 수 있으며 각기 다른 해결책을 만들어 낼 수 있다.

직원에 대한 지원은 서비스, 혜택, 정책 등을 통해서 지원된다. 이러한 여러 가지 대책이 모두 합해져서 직원 지원이 완성된다고 할 수 있다. 직원을 지원하는 방법에는 카운슬링(개인상담과 경력상담)의 제공, 경력개발과 고용서비스, 여가 혹은 문화적 활동, 직무 외 교육, 보육서비스, 직무순환 혹은 직무공유, 가족 혹은 지역사회 봉사를 위한 휴가, 가정 안전 훈련, 유연 근무 시간제, 재취업 알선, 은퇴 후 혜택(연장된 건강보험 포함) 등을 들 수 있다. 이러한 지원은 상당한 비용이 들 수 있으나 이는 오히려 고성과를 위한 최소한의 비용이라고도 할 수 있다.

이러한 지원은 다양한 노동력과 여러 범주 및 각기 다른 유형의 직원의 필요성에 맞추어 각기 다르게 제공되어야 한다. 이러한 필요성의 차이는 직원에 대한 광범위한 의견조사를 통해서 확인될 수 있다. 그러나 필요성의 차이에 따른 지원의 차이가 중요하기는 하지만 자칫하면 직원이 차별을 느낄 수 있으므로 이러한 차별감이 들지 않도록 하는 것 또한 중요하다.

앞에서 언급된 J사의 복지 시스템은 〈표 6-7〉과 같다.

기본적으로 모든 직원은 법정복지인 4대 보험에 가입되고 있으며 법정 외 복

표 6-7		J사의 복지 시스템
분 야		**주요 복지항목**
법정복지	4대 보험	• 국민연금, 건강보험, 산재보험, 고용보험 • 안정적 생활지원: 주택/생활자금 융자, 유치원~대학 학자금 지원 • 여가, 휴식, 건강관리로 삶의 질 향상: 수련관, 콘도, 하계 휴양시설, 체육시설 제공 등
법정 외 복지	기업 복지	• 재해보장: 단체보험 • 자기계발 기회제공: 연수원, 해외연수 등 • 가족존중의 가치관 전달: 배우자 검진지원, 경조비, 재난 구호금, 예식장 제공 등 • 맞벌이 등 육아지원: 직장보육시설 운영
	자율적 복지	• 퇴직 후 풍요로운 노후생활(개인영역): 개인연금 지원

지로 기업복지인 안정적 생활지원, 여가, 휴식, 건강관리, 단체보험, 자기계발 기회제공, 가족존중, 육아지원이 제공된다. 또한 자율적 복지인 개인연금지원 등이 이루어진다.

J사의 복지제도는 같은 산업에 종사하고 있으며 비슷한 규모의 회사와 비교하여 볼 때 상당히 잘 되어 있다. 특히 맞벌이 부부를 위한 육아지원제도와 직장보육시설 운영은 중요한 복지혜택 중의 하나이다. 또한 자율적 복지로 개인연금을 지원하는 제도도 주목할 만하다.

3. (주)명왕성 낚시 사례

(1) 인적자원 복지 및 근무환경

1) 인적자원 잠재력과 수용능력

인적자원의 잠재력과 수용능력 – 니즈의 평가

(주)명왕성 낚시의 상위 리더십 팀은 프로세스의 현재 성과 및 예상 성과, 직원의 스킬과 교육상황, 회사목표, 전략목표, 예상 매출 성장률과 부서 및 전사 SWOT 분석((주)명왕성 낚시 사례의 제2장의 '전략목표와 실행계획 관련 인적자원 계획' 참조)을 통해 잠재력과 수용능력을 평가한다. 여기서 발견된 사항은 인적자원 계획(그림 6-17)에 반영되고 인적자원 요구를 포함하는 상세한 단기 예산은 각 부

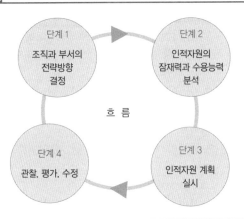

그림 6-17 인적자원 기획 모델

서에서, 장기 예산은 상위수준의 계획에서 수립된다. 잠재력 및 수용능력 평가는 격주 열리는 인적자원 회의와 분기 인적자원 회의에서 검토된다. 여기서 장단기 자원 부족을 해결하기 위한 행동항목이 전략기획 프로세스에 전달된다. 이렇게 자주 검토함으로써 고객수요의 변화에 빠르게 대응할 수 있게 한다. 회사의 실행계획은 주요 이해관계자와 관련된 자원요구량을 결정한다. 2014년에 물류부문 프로세스의 낮은 성과(그림 8-7)를 분석한 결과 주원인이 시간제 직원이 필요함에도 불구하고 적시에 공급되지 않았기 때문이라는 것을 알게 되었다. 이에 따라 회사는 시간제 직원의 선발과 충원 프로세스를 개선하였고 주별 인적자원 회의를 추가하였다. 결과적으로 2014년의 성과는 성공적이어서 인적자원 회의는 격주로 열리게 되었다.

채용과 배치

① 신입사원의 채용, 업무배치 및 유지

인적자원 계획은 전략계획과 정렬되도록 작성되므로 회사목표와 전략목표의 우선순위에 근거하여 채용의 우선순위가 결정된다. 회사는 채용 프로세스를 통해서 채용하는데 이 프로세스는 3년 앞을 내다보고 채용 니즈를 예상하며 선호되는 후보직군을 규정한다. 그 다음 채용후보자를 모집하며 후보자를 평가하고 적임자에 대한 협상을 끝낸 후에 채용주기의 개선을 검토하는 것으로 마무리된다. 채용단계의 제1단계는 입사지원서나 이력서 제출, 제2단계는 설문조사, 제3단계는 전화면접 및 인성검사, 제4단계는 인사관리 부서, 동료 및 부서장과의 면접, 제5단계는 경력개발팀과의 면접이 시행된다. 이런 단계를 거쳐 회사는 회사가치와 행동강령을 준수하며 문화적으로 적합한 사람을 채용한다.

회사는 오리엔테이션 프로세스를 통해 신입직원을 배치한다. 이 프로세스에서 직무를 시작하기 전까지 신입직원에 대한 체계적인 추적이 이루어진다. 채용 후 90일 이내에 이직하는 직원의 상황을 검토하여 회사는 오리엔테이션 프로세스에서 미흡한 점을 파악한다. 2012~2013년의 결과 분석은 〈그림 8-30〉과 같다. 오리엔테이션 프로세스는 2014년 이후 몇 차례 개정되었다. 2014년에 오리엔테이션은 단지 4시간만 진행되었는데 이것만으로는 신입직원이 회사에 확고하게 정착하도록 하기에는 부족하다는 것을 알게 되었다. 현재 오리엔테이션은 4시간씩 3일간 지속되는데 여기에는 미션·비전·가치와 행동강령의 전달과 숙지가 포함된다.

회사는 직원 성과관리 시스템 및 학습·개발 시스템을 통해서 채용 프로세스의 초기부터 신입직원을 관리한다. 최근 인력획득 프로세스의 성과를 검토한 결과 '채용권유에 대한 수락률'이 베스트 프랙티스의 벤치마크인 87.6%에서 95.6% 사이의 범위를 초과한 97%인데 이는 회사의 목표인 92%도 초과달성한 것이다.

② 다양한 신입직원의 채용

채용 광고 및 실제 채용은 주로 회사의 관련 업계와 근처 지역사회를 중심으로 이루어진다. 회사는 낚시업계와 강한 유대관계가 있으며 낚시업계 내에서의 채용은 대한낚시산업협회와 같은 업계관련 기관을 통해서 이루어진다. 또한 업계에 관련된 인재를 채용하기 위해서 직원추천제를 활용한다. 지역 내에 있는 다수의 전문대학과 4년제 대학을 통해서 다양한 고학력 인재를 채용한다.(표 1-4 참조) 인터넷, 채용박람회와 지역신문 등의 다양한 채용 메카니즘을 활용하여 다양한 신입직원을 채용하고 있다.

직무의 완수: 인적자원의 관리 및 조직

인적자원은 ISO로 인증된 관리 프로세스를 통해 관리된다. 회사 내의 모든 프로세스에 대해 프로세스 요약과 업무지시서를 사용한다. 또한 업무를 지시하고 조직하며 그 성과를 측정하기 위해 프로세스 맵과 척도를 활용한다. 회사의 미션·비전·가치·회사목표·전략목표와 잘 부합된 핵심역량은 회사의 핵심 프로세스를 통해 유지된다. 또한 이 핵심역량을 업무 프로세스와 ISO 관리 프로세스에 통합시킴으로써 전략과 업무지시를 전개한다. 이와 같은 방식으로 고객중시와 사업중시의 관점을 유지하고 있다. 전략적 도전을 중점적으로 다룰 실행계획은 전략기획 프로세스를 통해 직접적으로 관리된다. 이 프로세스는 이들 실행계획의 문제발생 시 기민하게 대응하도록 하기 위해 부서별로 준비된다. 또한 회사는 고용 프로세스와 기능을 활용하고 업무시간과 초과시간을 변경시켜 변화하는 사업 니즈에 대응할 수 있는 시간적 여유를 갖고 있다. 초과성과에 대한 기대는 회사의 미션·비전·가치와 행동강령을 구현하는 직원을 채용하는 데서 시작된다. 또한 초과성과 기대는 직원성과 관리 시스템 특히, 개인별 성과개발영역에서 관리되고 조직화되는데 여기서 직원의 성과를 더 높은 수준으로 향상시키며 성과를 보상 및 인정 프로세스와 직접 통합시킨다.

인적자원의 변화관리

① 잠재력과 수용능력의 요구변화와 인적자원 관리

회사는 직원 성과검토에서 나온 직원과 상사의 자료를 활용하여 개인별 개발계획을 작성한다. (그림 6-18 참조) 이 계획은 부서, 회사목표 및 전략목표와 부합시킴으로써 전략계획 프로세스와 통합된다. 회사는 교차훈련, 부서별 과제부가(예, 린 사고방식), 직접 학습·개발계획(예, 식스시그마의 추구), 사업보고회에서의 변화 커뮤니케이션 등을 실행한다. 이들을 통해 회사는 지속가능성을 유지하고 자원의 낭비를 감소시키며 직원이 개인별 개발계획을 개선하도록 한다.

② 니즈의 연속성 유지와 인적자원 감축에 대응하는 인적자원 관리

전략기획 프로세스에서는 단기, 중기, 장기의 니즈가 파악되고 이들 니즈가 인적자원 계획에 통합된다. 특히 인적자원 계획에서는 학습·개발 니즈가 중점적으로 다루어진다. 추가적으로 교차훈련 프로세스의 실행 결과 모든 직원은 정해진 수준의 교차훈련을 이수하게 되었다. 이로써 변화하는 니즈에 대응할 수 있는 인적자원의 여유를 가질 수 있게 되었다. 인적자원 감축을 최소화하기 위해서 회사는 교차훈련, 인력의 재배치, 내부승진(그림 8-32 참조)을 시키고 있다. 또한 사업보고회, 부서 지식공유 및 멘토링 세션 등에서 기존의 스킬과 직무를 진부화시킬수도 있는 주요 변화에 대해 정보를 제공하고 있다. 인적자원의 감축을 막기 위해 회사는 잠재력과 수용능력을 격주로 검토하며 현재 니즈 평가 및 미래 니즈 계획수립을 위해 분기별로 인적자원 중시회의를 갖는다. 다행히도 현재까지 회사는 인적자원을 감축한 경험이 없으나 만약 감축이 필요하다면 퇴직금, 카운슬링 및 전직 지원서비스를 제공할 계획이다.

그림 6-18 | 통합된 인적자원 성과관리 시스템과 학습·개발 시스템

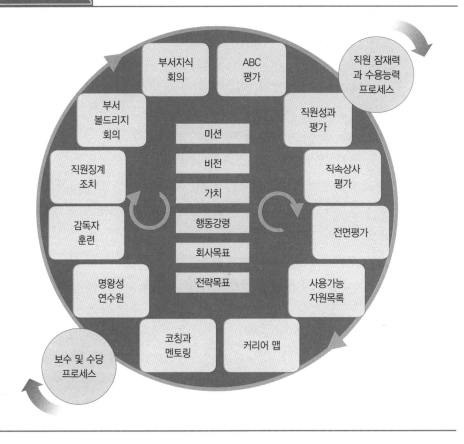

2) 근무환경

인적자원의 근무환경

① 인적자원의 건강과 안전

회사는 인적자원의 업무분위기 프로세스를 직원 핵심 요구사항에 맞추며, 전략기획 프로세스를 통해 개선을 통합시키고, 인적자원 헌신과 만족도 조사와 프로세스 척도의 결과를 주시하며, 지속적 개선 프로젝트 목록을 투입자료로 활용함으로써 다음과 같은 이슈를 중점적으로 다룬다. 쾌적한 환경의 시설유지, 건물검사, 예방적 보전 프로세스(보전과의 통합) 등을 행하고 법률서비스, 재무 상담 및 정신건강 서비스와 같은 근무관련 혜택을 줌으로써 인적자원의 건강을 유지한다. 업무환경 안전은 한국산업안전보건공단과 전국화재예방협회의 규정을 준수하는 안전

계획에 의해 보장되고 보상 및 인정 프로세스와 통합을 통해 구축된다. 이때 보상 및 인정 프로세스는 안전한 환경을 보장하도록 고안된 여러 가지 업무분위기 조성 프로세스로 이루어져 있으며 궁극적으로 '안전하고 편안한 업무환경'이라는 직원 핵심 요구사항을 충족시킨다. 2014년에 회사는 월례 안전훈련을 위해 '트레이너 훈련시키기'라는 개념을 도입하였다. 여기서 직원 건강 및 안전전문가가 관리자를 직원에 대한 교육자로 활용하고, 트레이너 대 학생 비율을 낮추며, 이해도와 지식 보유율을 개선하였다. 또한 이 전문가는 사고나 준사고가 났을 경우 직원에게 적절한 안전훈련을 시킬 수 있도록 작업스케줄의 변화를 허용하도록 하였다. 업무환경 보안은 건물보안을 중점적으로 다루는 정책, 절차 및 시스템에 대한 교육을 통해 보장된다. 이 정책과 절차 및 시스템에는 신분 표찰, 괴롭힘과 폭력방지정책, 방문객 내방 프로세스와 경보 시스템 등이 포함된다.

　② 근무환경 개선을 위한 성과측정 방법과 목표치

　인적자원의 니즈는 인적자원 헌신과 만족도 조사에서 평가된다. 인적자원 건강지표는 수질검사, 난방·환기 및 공조검사, 청력검사 등을 통해 측정된다. 회사는 인적자원 건강의 척도로 '신뢰도율'(그림 8-37)을 추적 관찰하고 있는데 향후 3년 동안의 목표치는 97.4%이다. 업무환경 안전척도로는 재해율(그림 8-36), 인체 공학 안전사고율, 응급처치 및 심폐소생술(CPR)을 훈련한 직원수 등이 있다. 향후 3년간 재해율은 0.5%, 근로손실시간비율은 0.1%의 개선목표를 수립하고 있다. 업무환경 보안은 보안규정 위반건수(회사목표는 0임), 위협, 경보, 실수 경보와 직원의 규정위반 신고건수 등으로 측정된다. 이들 측정치는 법규·윤리·규제 준수보고서에 나타나 있다. (표 8-6 참조) 2016년의 개선목표에는 OSHA 자발적 보호 프로그램의 '스타'급 인증을 취득하기 위한 실행계획도 포함된다.

　③ 근무환경 관련 성과측정 방법에 있어 다른 조직과의 차이점

　부서별 자료를 통해 회사는 물류환경과 사무실 환경 사이의 주된 차이가 인간공학적인 요소라고 판단하였다. 사무실 환경설계는 컴퓨터를 오래 사용하기 위한 인간공학적 요소를 고려하며 창고설계는 적하 및 운송되는 물건의 무게에 대한 인간공학적 요소를 고려한다. 근무환경의 안전과 인간공학적 고려는 직원 근무습관과 사무실에 대한 인간공학검사를 통해 평가된다.

표 6-8	인적자원 지원 (정책, 서비스 및 수당)
1. 직장의료보험	8. 유연근무제
2. 국민연금	9. 수업료 보조
3. 산재보험	10. 직원 공동구매 프로그램
4. 고용보험	11. 산업관련 행사참가 허가
5. 생명보험	12. 대한프로낚시연맹 회비지원
6. 봉급의 가불 시스템	13. 성과급 지급
7. 유급휴가	

복리후생

① 복리후생 및 인사서비스 관련 지원

인적자원 부서는 개선정책, 서비스 및 수당(표 6-8 참조)을 유지하고 실행하며 매년 검토하고 있다. 직원 핵심 요구사항과 정렬되며 미션선언문, 행동강령, 회사목표 등과 부합하고 법규 준수를 하도록 상위 경영진과 이사회가 이것을 승인한다. 회사는 여러 회의, 인트라넷, 신입직원 오리엔테이션 등에서 정책, 서비스 및 수당제도를 전파한다. 인적자원 헌신과 만족도 조사에서 나온 직원 복리후생 만족도 점수를 평가하여 회사는 2014년에 성과 차이(그림 8-38)를 파악하였다. 직원의 피드백에 대한 자세한 분석은 부서 지식공유회의와 인적자원 헌신과 만족도 조사를 통해 수집되었고 2015년의 실행계획에 반영되었다. 이 실행계획은 관리자와 경영자를 위해 교육용 도구인 '관리자 팩트북'을 만들어 전파하는 것이었는데 그 목적은 정책, 서비스 및 수당에 대한 직원의 질문에 더 잘 대답하도록 하는 것이었다.

② 직급별, 부서별, 계층별 다양한 요구의 충족

회사는 직원이 자신의 니즈, 비용과 개인별 선호에 따라 수당을 선택할 수 있도록 포괄적 수당 및 서비스 패키지를 제공한다. 미션·비전·가치, 행동강령과 직원 핵심 요구사항이 개정되면 정책이 수정된다.

📋 **토의 문제**

(주)명왕성 낚시 사례의 다음 사항에 대한 강점과 약점은 무엇인가?

1. 고성과 조직문화 형성과 인적자원 육성
2. 성과관리 시스템
3. 학습 · 개발 시스템
4. 학습 · 개발 시스템의 유효성과 효율성 평가
5. 인적자원의 경력관리와 승계계획
6. 인적자원 헌신의 평가방법
7. 인적자원 잠재력과 수용능력 니즈의 평가 및 관리
8. 채용, 업무배치 및 유지
9. 인적자원의 관리 및 조직
10. 잠재력과 수용능력의 요구변화와 인적자원 관리
11. 인적자원의 건강과 안전
12. 근무환경 관련 성과측정 방법
13. 복리후생 및 인사서비스 관련 지원

Introduction to Management Quality

Chapter **7**

프로세스
관리

제 1 절 업무 시스템
제 2 절 업무 프로세스

프로세스 관리체계도

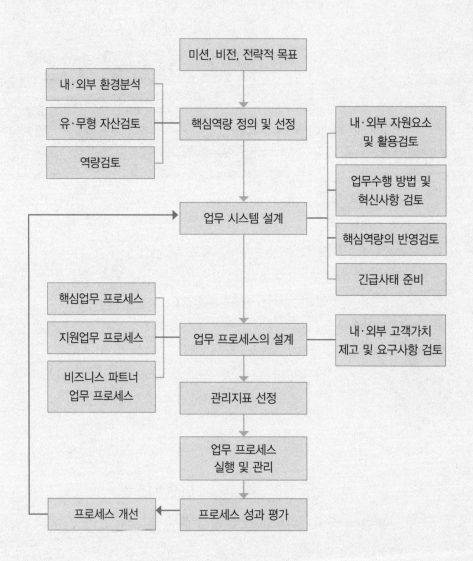

Chapter

7

프로세스 관리

일반적으로 프로세스란 '일이 처리되는 경로, 과정, 절차'로 정의될 수 있다. 이 정의에 기반을 두어 업무 프로세스를 다시 정리하면 '프로세스란 투입된 자원이 상품과 서비스를 만들기 위해 거치는 경로, 과정, 절차의 집합'이라고 정의될 수 있다. 따라서 프로세스의 관리는 조직의 목적을 달성할 수 있도록 상품과 서비스가 만들어져 가는 과정에서 거치는 경로, 과정, 절차에 대한 관리이다. 프로세스 관리에는 일반적으로 다음 사항이 고려된다.

첫째, 목표가 있어야 한다. 예를 들면 아웃 백 스테이크 하우스(Outback Steakhouse)의 대기관리 프로세스를 보자. 이 프로세스의 목표는 고객 대기에 대한 적정한 처리이다. 적정한 처리에는 고객이 기다림으로써 발생할 수 있는 짜증, 불편함 등에 대한 최소화가 포함된다. 회사는 이를 위해 고객이 대기하게 되면 페이저(Pager)를 지급하고 순서가 되면 페이저가 울린다. 고객은 매장 앞에서 답답하게 기다리지 않고 이 페이저를 들고 매장 근처에서 자유스럽게 자기 활동을 할 수 있다. 또한 매장 앞에서 기다릴 경우에는 기다림과 배고픔을 줄일 수 있도록 웨이팅 푸드 서비스(Waiting Food Service)를 제공한다. 이렇게 함으로써 대기관리로 인한 지루함, 짜증, 불편함을 최소화하는 목표를 달성한다.

둘째, 이 목표는 관리되어야 한다. 전술한 프로세스를 보자. 이 프로세스에는 페이저 지급, 대기 예정시간에 대한 알려줌, 순서별 처리, 회수, 그리고 웨이팅 푸드 서비스 제공 등 다양한 활동이 있다. 활동에는 목표가 있고 목표에 따르는 성과가 있어야 한다. 성과의 추적은 사전에 준비된 측정지표에 의하여 행하여진다. 추적된 성과는 피드백 되고 추가적인 고객 요구사항이나 내부 자원과의 관계 등을

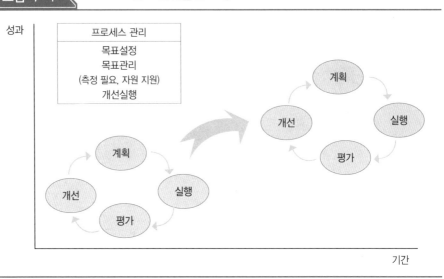

그림 7-1 프로세스 관리 순환발전 과정

반영하여 개선에 활용된다.

셋째, 목표를 달성하기 위해서는 적정한 지원이 필요하다. 지원에는 프로세스를 수행하기 위해 필요한 인력, 장비, 예산 등이 포함된다.

넷째, 실행된 프로세스는 평가를 통해 개선을 실행한다. 조직은 살아 움직이는 유기적인 조직이다. 유기적인 조직에는 성장과 발전이 필요하다. 이를 위해서는 〈그림 7-1〉과 같은 계획, 실행, 평가, 그리고 개선이 필요하며 이러한 순환과정은 한 번에 그치는 것이 지속적인 반복과정을 통해 성장 발전을 한다. 실행된 프로세스는 다시 평가, 개선되는 순환과정을 거친다.

프로세스 관리는 조직의 전체적인 관점에서 보면 몇 가지 고려되어야 할 중요 사항이 있다. 조직은 생명체와 같이 살아 움직여야 하므로 주변 환경에 적응하여 경쟁력을 키워야 한다. 외부 환경변화에 적응하여 경쟁사 대비 유리함을 제공하여야 한다. 즉, 전략적 우위를 가져올 수 있는 차별적 능력을 유지하여야 한다. 이것이 바로 핵심역량이다.

조직은 핵심역량이 확정되면 이를 실행할 수 있는 시스템, 즉 업무 시스템을 구성한다. 효율적이고 효과적인 업무 시스템의 구축을 위해서는 업무 시스템의 설계가 필요하다. 업무 시스템의 설계에는 고객, 공급사, 협력사 및 파트너사를 포함한 모든 이해관계자의 가치창조가 고려된다. 가치창조, 즉 프로세스 성과개선에는 사이클 타임 단축, 비상시 대응책 마련, 지속적 개선, 혁신과 조직학습 등이 포함된다. 또한 업무 시스템의 설계에는 이해관계자의 빠른 요구사항에 대한 신속하고 유연한 대응도 고려되어야 된다. 시장변화에 따른 상품과 서비스의 빠른 대응과 광범위한 고객화 서비스 등 폭넓은 대응능력 등이 포함된다.

업무 시스템은 일반적으로 핵심프로세스와 지원 프로세스 그리고 비즈니스 파트너 프로세스로 구성된다. 핵심프로세스는 상품과 서비스의 설계로부터 산출 및 전달에 직접적으로 관련되는 업무활동이며 지원 프로세스는 이를 지원하는 업무활동이다. 비즈니스 파트너 업무 프로세스는 공급사, 납품사 등 외부 기관과 관련된 업무활동이다. 조직은 이러한 업무 시스템을 적정하게 관리하며 특히 예기치 못한 비상사태를 대비한 준비와 대책까지도 고려한다.

조직의 성공과 발전을 위해서는 업무 프로세스에 대한 계속적인 관리가 필요하다. 관리에는 업무 프로세스에 대한 관리지표의 선정과 함께 선정된 지표에 대한 정기적인 측정과 평가, 분석 및 개선 실행이 포함된다.

제 1 절 업무 시스템

조직은 경쟁사 대비 유리함을 제공하고 전략적 우위를 가져올 수 있는 핵심 역량을 찾아야 하고 이를 업무 시스템에 반영하여야 한다. 업무 시스템은 바로 상품 및 서비스의 설계, 생산 및 전달에 관련된 업무활동의 집합이다.

조직은 핵심역량이 반영된 큰 틀의 업무 시스템을 설계한 후 이 시스템을 실행하는 세부 업무 프로세스를 설계하여 실행한다. 실행활동에는 고객 및 시장변화와 요구사항을 반영하고 측정과 분석, 평가와 개선실행이 포함된다. 또한 예기치 못한 위험에 대비하여 비상사태를 고려한 준비와 대책도 포함된다.

1. 업무 시스템 설계

(1) 업무 시스템 설계와 혁신

업무 시스템은 전술한 바와 같이 상품 및 서비스의 설계, 생산 및 전달에 관련된 업무활동의 집합이다. 즉, 결정된 핵심역량을 창출할 수 있도록 수행하는 업무활동 전체 시스템을 의미한다. 업무 시스템의 설계는 일반적으로 관련 업무 담당부서에 의해 기초 안이 작성되며 임원 전략회의 등 검토단계를 거쳐 결정된다. 업무 시스템에는 상품과 서비스의 개발과 제공에 관련된 업무 수행절차와 방법, 물적 요소 등도 관련된다. 특히 조직이 포함된 공급체인 내의 상호연계된 모든 구성 주체까지도 관련된다.

업무 시스템은 일반적으로 핵심프로세스, 지원 프로세스와 비즈니스 파트너 프로세스로 구성된다. 상품과 서비스의 설계로부터 산출 및 전달에 직접적으로 관련된 업무활동인 핵심프로세스와 이 업무를 지원하는 지원 프로세스, 그리고 공급사 및 납품사 등 외부 기관과의 관련 업무인 비즈니스 파트너 프로세스이다.

구축된 업무 시스템은 고객을 포함한 중요 이해관계자의 요구사항을 지속적으로 충족시키기 위해 혁신된다. 혁신에는 구성원의 제안 및 지식경영자료, 각 부서 및 팀별 의견, 고객의 의견, 정기적 경영검토사항, 각종 검토보고서 및 평가사항, 기타 경쟁사, 공급사 및 납품사 등 기타 이해관계자의 입력자료 등이 활용된다.

업무 시스템의 혁신은 경영계획에 따라 정기적으로 이러한 자료에 기초하여 실행된다. 계획된 사항은 세부실행계획을 수립하여 해당 조직에 전달되어 개선에 반영된다. 실행된 업무 시스템의 혁신 결과는 지식자산화하여 공유된다.

업무 시스템의 구축에는 다음 사항이 고려된다. 업무 시스템은 관련된 업무 프로세스의 집합이므로 전체적인 균형성과 효율성을 위해 전체적인 시각에서의 접근, 즉 시스템적 접근이 필요하다. 업무 시스템의 설계에는 이러한 관점이 반영 된다.

〈그림 7-2〉는 P사의 업무 시스템 설계 사례이다. 회사의 업무 시스템은 대내·외 환경요소로써 정부지침, 규제사항, 협력사 요구사항, 대외감사, 내부 인력 및 재무관련 사항에 대한 검토에 따라 사규, 품질경영 시스템, 품질보증계획서와 절차서에 따라 설계되었고 특히 핵심역량인 기술력과 고객지향성을 실현할 수 있도록 하였다. 회사는 이 절차서를 ERP 시스템에 등록하여 전체 구성원이 공유하고 표준화되도록 하고 있다.

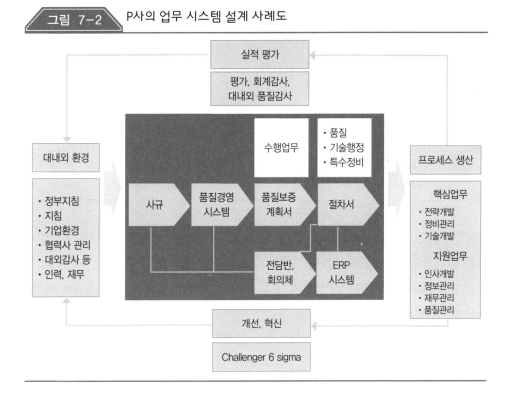

그림 7-2 P사의 업무 시스템 설계 사례도

업무 프로세스는 핵심업무 프로세스와 지원업무 프로세스로 구분하여 실행한다. 핵심업무 프로세스에는 전략개발, 장비관리와 기술개발 등이 포함되어 있으며 지원업무 프로세스에는 인사개발, 정보관리, 재무관리 및 품질관리 업무 등이 포함되어 있다.

업무 시스템은 정기적인 회계감사, 품질감사를 통해 철저히 검증하고 있으며 외부 자원은 품질절차에 따라 등록 관리되고 있다.

회사는 지속적인 업무 시스템의 혁신을 위해서 제안, 소그룹 활동 및 6시그마 등 개선도구를 활용하고 있으며 고객과 협력사의 요구사항과 의견도 반영하고 있다.

〈그림 7-3〉은 또 다른 Q사의 고객과 시장의 의견(VOC: Voice of Customer) 및 변화를 실시간으로 반영할 수 있도록 한 업무 시스템 설계도이다. 회사의 업무 시스템 중 핵심프로세스는 다음과 같이 구성된다. 시장과 고객의 변화를 바탕으로 전략을 개발하고 네트워크를 구축하며 수립된 전략에 부합한 상품 및 서비스를 개

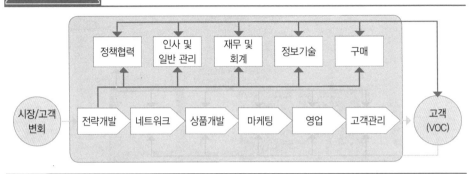

그림 7-3 Q사의 업무시스템 설계도

발하고 개발된 상품과 서비스를 전달하는 마케팅활동과 영업활동, 그리고 고객에 대한 관리활동으로 이루어진다. 정책협력, 인사 및 일반관리, 재무 및 회계, 정보 기술과 구매활동은 핵심프로세스가 원활하게 이루어질 수 있도록 지원하는 지원 프로세스이다.

회사의 업무 시스템은 유연성이 있고 지속적인 혁신과 개선이 가능하도록 설 계되고 있다. 전략기획, 경영지원파트에서는 열린, 자율, 창의적 조직구성을 목표 로 전사 혁신과 열린 조직문화 구축을 지원하고 있고 전 부문에서는 자주 개선 활 동을 하여 상시적인 프로세스 혁신이 이루어지도록 한다. 필요할 경우에는 프로세 스 혁신팀 FET(Fully Empowered Team)을 구성하기도 한다. 실천계획과 결과(성 공, 실패사례)는 전사 경영회의와 혁신포럼 등을 통해 경영진에게 보고되며 사보, 사내방송, 정보시스템 탑재 등을 하여 전체 구성원이 공유되도록 한다.

회사는 환경변화가 빠른 업계 특성을 고려하여 환경변화를 조기에 파악하고 신속하게 대응할 수 있도록 고객통합지표로 이상관리를 하고 있다. 고객관련 지 원부서에서는 고객센터에 고객관련 자유 의견 토론의 장을 개설하여 고객관련 의 견을 청취하여 수집하고 있으며 기타 다양한 매체를 통해 수집되는 고객의 소리를 상시 모니터링하여 즉시 대응이 가능하도록 지원하고 있다. 이렇게 수집된 지표 및 의견은 관련 프로세스 개선과 연계되도록 하고 있다. 대리점, 고객센터 등 협 력사로 수집된 의견도 같은 방법으로 프로세스 개선에 활용되고 있다.

(2) 업무 프로세스 아웃소싱 결정

조직은 필요에 따라 업무 시스템 내의 업무 프로세스를 아웃소싱, 즉 외부자원을 활용하게 된다. 외부자원의 활용은 조직의 지속성에 중요한 영향을 미칠 수 있기 때문에 다각적인 요인에 대한 검토가 필요하다. 일반적으로 아웃소싱의 검토 요인에는 회사목표, 전략목표 및 운영상의 중요성 등이 포함된다. 업무 프로세스의 아웃소싱 의사결정과정은 중요한 결정이기 때문에 의사결정 위험을 최소화하기 위해 표준화된 절차에 의하여 실행된다.

각 프로세스 담당부서 혹은 팀에서는 아웃소싱 검토기준을 고려하여 아웃소싱이 필요할 경우 아웃소싱 결정에 대한 기초자료를 만든다. 이 자료는 경영진이 참여하는 전략회의에 제출되며 자료 검토과정을 통해 아웃소싱 여부를 결정한다. 결정된 사항은 관련 부서, 팀에게 전달되며 실행된다.

(3) 핵심역량 결정과 반영

핵심역량은 전술한 바와 같이 '변화하는 시장과 서비스 환경에서 경쟁사 대비 유리함을 제공하고 전략적 우위를 가져올 수 있는 차별적 능력'이다. 미시간대학 비즈니스스쿨의 프라할라드(C.K. Prahalad) 교수와 런던 비즈니스스쿨의 게리 하멜(Gary Hamel) 교수는 핵심역량을 '단순히 그 기업이 잘하는 활동을 의미하는 것이 아니라 경쟁기업에 비하여 훨씬 우월한 능력, 즉 경쟁우위를 가져다주는 기업의 능력으로서 보다 우수한 수준으로 고객에게 만족을 제공할 수 있는 기업의 힘'으로 정의하고 있다. '국가품질상 경영시스템(2011)'에서는 핵심역량의 조건으로 다음 네 가지를 들고 있다. 첫째, 경쟁사 대비 차별적 우위가 있고, 둘째, 고객가치 창조에 기여할 것, 셋째, 경쟁사가 모방할 수 없는 희소성이 있고, 넷째, 다른 사업의 적용가능성이 있을 것 등이다.

이 두 가지 의견을 종합하면 핵심역량은 경쟁사 대비 유리함을 제공하고 전략적 우위를 가져올 수 있는 차별적 능력, 즉 지식, 스킬 및 특성으로 정의될 수 있다.

조직은 고객과 시장환경 변화에 따라 적절히 대응하여 차별적 경쟁력을 확보하여야 한다. 이를 위해 조직은 비전을 설정하며 설정된 비전에 따라 경영목표를 수립하며 이를 효과적, 효율적으로 달성될 수 있도록 전략을 수립한다. 전략에는 경쟁사 대비 유리함을 제공하고 전략적 우위를 가져올 수 있는 차별적 능력인 지식, 스킬 및 특성, 즉 핵심역량이 반영되어야 한다. 〈그림 7-4〉는 이 같은 과정을 반영한 핵심역량의 반영흐름도이다.

조직의 핵심역량은 조직의 발전과 함께 변화한다. 고객가치의 변화, 신기술

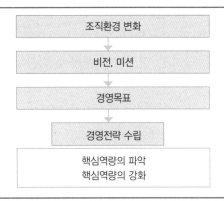

그림 7-4 핵심역량의 반영흐름도

도입, 새로운 경쟁자 출현 등 환경변화는 조직의 핵심역량을 변화하게 한다. 조직은 지속적인 핵심경쟁력의 파악과 반영이 필요하다.

핵심역량의 파악은 일반적으로 다음 절차를 거친다. 우선 핵심역량을 검토할 조직을 결정한다. 결정된 조직에서는 외부환경 변화에 대한 분석과 함께 내부 자원을 검토한다. 구성원의 직무와 역량관련 분석을 하며 부가가치 기여도도 함께 파악한다.

검토과정에는 일반적으로 경쟁사 대비 유리함을 제공할 수 있는 유·무형 자산과 인적자원 역량 등을 포함한 시장점유율, 수익성, 특허건수, 직원 역량과 전문역량 정도, 그리고 고객가치 증대 등이 고려된다. 파악된 자료는 취합되어 여러 분석방법을 활용하여 검토된다. 검토는 워크샵, 설문조사, 전문가 그룹 인터뷰, 위원회 회의 등의 방법이 활용된다.

고객가치에 대한 검토는 차별적 경쟁력에 많은 영향을 미치기 때문에 다른 요인보다 심도 있는 검토가 필요하다. 전체 공급사슬측면에서 고객가치 창조와 증대에 기여할 수 있는 요소를 찾는 것이 중요하다. 또 다른 중요 검토요소는 조직이 설정한 미션과 비전 등과의 연계성이다. 핵심역량은 이들의 실행에 또 하나의 효율적 수단이므로 상호연계성 검토가 필요하다.

핵심역량은 일반적으로 경영진의 핵심전략회의를 거쳐 결정하되 상기 전술한 요소에 대한 검토를 기반으로 표준화된 업무 실행절차에 의하여 결정된다. 만약 핵심역량의 결정시 내부자원이 부족할 경우에는 전략적 제휴 및 기업 인수, 통합을 통하여 보완한다. 조직은 결정된 핵심역량을 업무 시스템과 업무 프로세스에

표 7-1	R사의 핵심역량의 도출 3단계		
준비단계	**본단계**	**정리단계**	
• 작업목적 및 범위 설정 • 계획 수립 - 분석대상 범위 - 분석주체/기간/방법 - 전담반 구성 및 선정 • 각종 조사표 양식 설계	• 예비조사 • 직무조사 • 역할 그룹핑 • 역량도출 • 역량별 행동특성 도출 • 설문조사 - 본사, 4개 사업소(836명)	• Focus Group 검증 - Work Shop 개최 - 핵심역량 검증방법 • 핵심역량 사전(Core Competency Dictionary) 및 역량요건서 작성	

반영한다.

〈표 7-1〉은 R사의 핵심역량의 결정단계 표이다.

이 기업은 핵심역량을 결정하기 위해 비전과 경영목표 등과의 상호연계성을 고려하여 다음 세 단계의 결정과정을 거치고 있다.

첫째 준비단계로 실무조직을 구성하고 관련 업무계획과 절차 등을 수립한다. 핵심역량을 도출하기 위해 목적과 범위를 설정하고 구체적인 업무 실행계획을 수립한다. 계획에는 분석대상 범위의 설정과 분석주제, 기간, 방법, 그리고 이를 수행할 조직인 전담반 구성과 선정이 포함된다. 또한 내·외부 구성원에 대한 의견조사 및 검토를 위한 각종 조사방법과 조사양식 등의 설계가 포함된다.

둘째, 본 단계로 조사를 실행한다. 이 단계에서는 예비조사, 직무조사, 역할 그룹핑, 역할도출, 역량별 행동특성 관련 사항에 대하여 설문조사가 실시된다. 이 조사에는 외부환경 변화와 함께 유·무형 자산 특히 인적자원의 역량에 대한 의견조사 등이 포함된다.

셋째, 정리단계로 핵심역량을 결정한다.

조사분석된 결과는 다양한 검증방법의 활용과 여러 회에 걸친 회의, 워크숍 등을 통하여 검토되며 최종 임원회의에 의해 결정된다. 결정된 핵심역량은 핵심역량 사전에 등재되며 실행된다.

회사는 시장의 규제완화와 관련 기기 시장 확대, 각종 정부규제, 요금인하 압박 등으로 업계 내 경쟁력 유지가 어렵다고 예측하고 있다. 이렇게 어려운 시장 속에서 회사의 비전과 전략목표를 달성하고 성장하기 위해서는 지속적인 고객창출과 가치전달이 필요하다고 판단하고 있다.

전술한 세 단계를 거친 후 회사는 지속적인 고객창출 수단으로는 경쟁사 대비 자사의 보유역량을 비교한 결과 적은 자원으로 높은 가입자 순증목표를 달성할 수 있는 방법으로 '소매역량 강화'와 '고객가치 혁신역량 강화'를 최종 핵심역량으로 결정하였다.

2. 핵심업무 프로세스

(1) 업무 프로세스 개념

업무 프로세스는 구축된 업무 시스템에 따라 이를 구체적으로 실행하는 데 필요한 실행활동 흐름이다. 실행활동 흐름은 효율성을 위해 최적의 흐름이 되어야 한다. 만약 조직의 환경이 변화하여 목표와 전략이 수정되면 업무 시스템이 바뀌고 이에 따라 업무 프로세스도 같이 바뀐다.

종전의 업무실행은 생산성, 효율성을 위해 분업화, 전문화를 추구하였고 이에 따라 접근도 전체적 흐름에 기반을 두지 않고 개별 업무 중심으로 접근하였다. 개별 업무 중심의 접근은 부분 최적화를 가져올 수 있었으나 전체적인 측면에서는 비효율성을 가져왔다. 특히 업무 유연성과 빠른 업무전환 등에서는 많은 문제점이 발생되었다. 최근 들어 이 같은 문제점은 정보지원 시스템의 발전과 담당조직의 유연성 있는 개편으로 해결될 수 있게 되었다. 정보지원 시스템과 기반 조직의 발전은 전체적인 관점에서의 관리와 흐름에 대한 관리를 가능하게 하였다.

전체적인 흐름에 의한 업무 프로세스 관리의 목적은 고객가치의 증대를 통한 차별적 경쟁력 확보에 있다. 업무 프로세스는 상품과 서비스를 설계와 창출, 그리고 인도하는 데 관련된 활동이다. 이때 고객가치 증대에는 내부 구성원, 주주, 구매자, 공급자, 협력업체 등 내·외부 주요 이해관계자에 대한 가치 모두를 의미한다.

(2) 업무 프로세스 구분과 관리

마이클 포터(M. Porter)는 조직의 활동을 가치사슬(value chain)측면에서 부가가치 창출방법에 따라 주활동(primary activities)과 지원활동(support activities)으로 구분하였다. 주활동은 부가가치를 직접 창출하는 활동이며 일반적으로 생산·운송·마케팅·물류·서비스 등으로 나누어진다. 지원활동은 부가가치가 창출되도록 지원하는 하는 활동으로 구매·기술개발·인사·재무·기획 등으로 분류된다.

이러한 분류의 목적은 부가가치 창출에 직접 또는 간접적으로 관련되는 활동 등을 분석하여 관련 핵심활동이 무엇인가를 파악하는 데 있다. 또한 파악된 각 핵심활동은 활동별 강점이나 약점 및 차별화 요인을 분석하고 또한 각 활동간에 상호 연관관계를 분석함으로써 개선을 실행함에 있다. 이렇게 함으로써 조직은 차별적 경쟁우위를 구축한다.

조직은 전술한 것과 같이 각 활동에 대한 적절한 구분과 구분된 활동에 대한 관리가 필요하다. 구분된 활동은 전체적인 관점에서 연결된 업무 흐름으로 파악된다. 파악된 업무흐름의 검토에는 고객가치와 조직수익성이 같이 검토된다.

일반적으로 업무 프로세스의 구분은 마이클 포터의 구분과 비슷하게 핵심업무 프로세스와 지원업무 프로세스, 그리고 비즈니스 파트너 업무 프로세스로 구분된다.

핵심업무 프로세스는 상품 및 서비스를 설계하며 창출하고 전달하는 데 직접적으로 관련된 활동흐름이다. 이 프로세스에는 혁신, R&D, 기술수집, 정보 및 지식관리, 공급체인관리, 공급자 제휴, 아웃소싱, M&A, 글로벌 확대, 프로젝트 관리, 판매와 마케팅을 위한 활동 등이 포함된다.

지원업무 프로세스는 핵심업무 프로세스가 원활하게 이루어지도록 지원하는 활동이다. 여기에는 재무와 회계, 설비관리, 법률적인 서비스, 인적자원서비스, PR, 다른 관리적인 서비스가 포함된다.

비즈니스 파트너 업무 프로세스는 공급체인 내에 있는 공급자, 납품업자 등 각 협력업체와 관련된 프로세스이다. 이 프로세스는 업종 및 기업특성에 따라 핵심업무 프로세스 혹은 지원업무 프로세스에 포함하여 실행하기도 한다.

〈그림 7-5〉는 R사의 업무 프로세스 구분 사례이다. 회사는 그림에서 보는 바와 같이 주요 업무 프로세스를 가치창출, 가치증대, 가치전달 과정에 따라 핵심업무 프로세스와 지원업무 프로세스로 구분하고 있다.

회사의 핵심업무 프로세스는 고객에게 전달되는 상품 및 서비스의 계획, 창출, 전달활동과 협력기업과의 업무활동을 모두 포함하여 설정하였다. 핵심업무 프로세스에는 전략개발이 포함되며 가치창출 활동으로 네트워크, 상품 및 서비스 개발업무가 포함된다. 가치전달 활동에는 마케팅, 영업업무가 있으며 가치증대 활동에는 고객관리 및 고객불만 해결이 있다. 협력사관계 관리업무는 전체 업무와

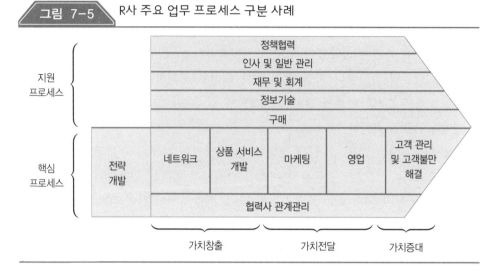

| 그림 7-5 | R사 주요 업무 프로세스 구분 사례 |

연계되도록 설정되어 있다.

　지원업무 프로세스는 핵심업무 프로세스가 원활히 이루어지도록 지원하는 활동으로 구분된다. 정책협력, 인사 및 일반관리, 재무 및 회계, 정보기술 및 구매업무 활동이다.

　또 다른 회사는 핵심업무 프로세스와 지원 프로세스를 다음과 같이 구분하고 있다. 핵심프로세스는 핵심역량인 '소매역량'과 '고객가치 혁신역량'이 실행되도록 설계되고 있다.

　각각의 업무 프로세스를 보면 전략개발 프로세스는 전략방향을 제시하는 프로세스이다. 회사는 핵심역량인 '소매역량'과 '고객가치 혁신역량'이 강화할 수 있도록 전략방향을 수립한다. 회사는 이렇게 수립된 전략방향에 따라 상품 및 서비스를 제공할 수 있도록 망을 설계하고 보수한다.

　즉, 고객 및 시장의 변화 요구를 반영한 상품 및 서비스를 개발하는 고객가치 창조활동을 한다. 개발된 상품과 서비스는 마케팅과 영업활동을 통하여 고객과 시장에 전달하며 전달된 후에는 고객가치를 증대시킬 수 있는 고객관리 및 고객불만 해결관련 업무 프로세스를 한다.

　관련된 세부 업무 프로세스와 핵심역량과의 연관성 분석과 경영기여 내용검토는 〈표 7-2〉와 같다.

　회사의 지원업무 프로세스는 핵심업무 프로세스가 원활하게 이루어지도록 지

| 표 7-2 | | 업무 프로세스의 구분과 관련 핵심역량 검토 | | | |

구분	프로세스	핵심역량		경영기여 내용
		소매역량	고객가치 혁신역량	
핵심	전략개발	◎	◎	자원 선택과 집중을 통하여 조직의 성공과 지속적 성장
	네트워크 개발, 유지·보수	○	◎	고객가치 제공의 기반 제공 및 서비스 품질유지 개선
	상품 및 서비스 개발	○	◎	고객관점의 상품 및 서비스 개발로 고객의 가치창출
	마케팅	△	◎	고객관점에서 전달가치를 창출하고 정확하게 전달
	영업	◎	○	상품 및 서비스의 고객가치를 전달을 통한 고객만족
	고객관리 및 고객서비스	△	◎	고객관리와 고객서비스를 통한 고객가치 증대 및 고객만족
	Agent 관계 관리	◎	△	대리점 영업지원 체계를 통한 고객만족을 통한 매출 증대
지원	구매	△	△	협력업체의 경쟁력 강화를 위한 육성 및 지원으로 상품 및 서비스의 품질 강화
	정보기술	○	◎	IT 인프라 운영 및 정보보안체계를 기반으로 원활한 서비스를 제공하여 사업의 지속적 유지
	재무 및 회계	△	△	원활한 자금의 흐름으로 적기에 경쟁력을 갖추기 위한 투자 등 자금 집행 지원을 통한 조직의 경쟁력 확보
	인사 및 일반 관리	◎	◎	구성원의 상호이해와 신뢰의 바탕 위에서 일체감을 형성하고 열의를 가지고 기업의 유지 및 발전에 기여
	정책협력	△	○	정부기관과 협력하여, 통신 정책개발 및 유효경쟁체제 유지

* ◎: 관련 높음, ○: 관련 있음, △: 보통

원하는 프로세스로 구매, 정보기술, 재무 및 회계, 인사 및 일반관리, 정책협력 업무 프로세스로 구성되어 있다.

구매업무 프로세스는 협력업체와의 상호 원원할 수 있는 구매 및 협력업무이다. 정보기술 업무 프로세스는 전사 사업전략과 연계된 정보지원 업무이고 재무 및 회계업무 프로세스는 전략의 실행에 필요한 투자의 실행과 투자로부터 회수된 재무자원의 관리, 자원실행의 성과분석을 통한 낭비요소 감소 등에 관련된 업무활동이다.

인사 및 일반관리 업무는 구성원의 상호이해와 신뢰의 바탕 위에서 일체감을 형성하고 열의를 가지고 기업의 유지와 발전에 도움을 주는 업무활동으로 구성되고 있으며 정책업무 프로세스는 새로운 통신관련 정책 도입 및 경쟁사간 경쟁체제 유지 및 발전에 관련된 업무로 구성된다.

(3) 고객 요구사항 결정

업무 프로세스 구분의 목적은 가치사슬(value chain)측면에서 부가가치에 기여하는 활동을 분석하여 고객가치 증대와 수익성을 높일 수 있는 개선요소를 찾는 데 있다. 이러한 활동은 업무 프로세스의 전체적인 흐름에 기반을 둔 투입과 산출 대비 성과로 검토된다. 성과검토 기준 중에 중요한 하나는 전술한 것과 같이 고객과 시장의 가치이다. 여기에는 고객과 시장의 요구나 기대를 어떻게, 얼마만큼 경쟁력 있게 반영하느냐가 포함된다. 고객의 기대나 요구사항은 현재시장 중심 뿐만 아니라 과거, 미래시장 모두를 포함한다.

일반적으로 고객은 경영환경 변화 특히 관련 기술 인프라 변화에 따라 더 많은 요구와 기대를 하게 된다. 이러한 기대와 요구를 수용하여 주요 프로세스 개선에 반영하기 위해서는 이 요구와 기대를 파악하기 위한 수단이 필요하다. 이 수단은 수집방법에 따라 직접 파악 수단과 간접 파악 수단 등으로 구분할 수 있다.

직접 파악 수단은 고객으로부터 직접 기대나 요구사항을 파악하는 방법으로 그 처리절차는 〈그림 7-6〉과 같다. 접수방법은 접수 수단에 따라 온라인과 오프라인으로 구분될 수 있다. 온라인 방법은 홈페이지, 콜센터, 유선전화와 팩스 등이 활용되며 오프라인 방법은 고객의 직접 방문 의견제시, 고객의견 엽서수집 및 각종 의견조사 등을 들 수 있다.

간접적인 파악 수단에는 각종 연구자료나 매스컴에 발표된 자료를 수집하거

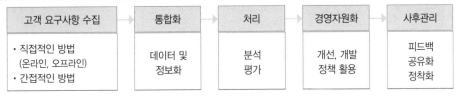

그림 7-6 고객 요구사항 파악절차

고객 요구사항 수집	통합화	처리	경영자원화	사후관리
• 직접적인 방법 (온라인, 오프라인) • 간접적인 방법	데이터 및 정보화	분석 평가	개선, 개발 정책 활용	피드백 공유화 정착화

나 해당 업종별 발표자료나 경쟁력 있는 선도기업에 대한 벤치마킹 자료의 활용 등이 있다.

이 두 방법에 의해 파악된 각종 고객 및 시장의 기대나 요구사항은 업무 프로세스 개선에 활용된다. 고객 요구사항 파악의 일반적인 절차는 다음과 같다.

첫째, 고객 요구사항을 수집하며 둘째, 수집된 데이터와 정보는 통합화한다. 셋째, 정기적인 분석과 평가를 한다. 넷째, 분석된 데이터와 정보는 업무 프로세스 개선과 개발 등 경영자원화에 활용한다. 다섯째, 자원화한 후 이 내용은 피드백, 공유화, 정착화과정인 사후관리 과정을 거친다. 고객 요구사항의 정보화과정은 기업규모에 따라 통합 지원 정보 시스템에 일괄 등록하여 통합되거나 별도의 사무자동화 수단을 활용하여 통합될 수 있다.

〈그림 7-7〉은 고객 요구사항을 업무 프로세스 개선에 적용하는 체계도 사례이다. 회사는 VOC를 수집하여 고객의 기대 및 요구사항을 파악한다. 수집 수단은

그림 7-7 고객 요구사항의 파악과 개선 활용 체계도

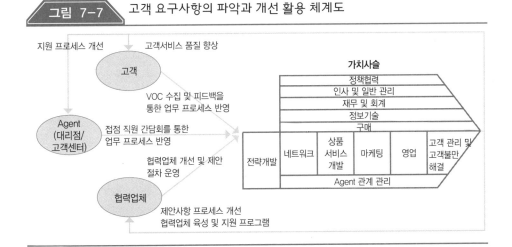

홈페이지, 콜센터, 유선전화 및 팩스 등의 활용과 고객 직접 방문 의견제시, 고객 의견 엽서와 각종 고객만족도 조사 등이며 수집된 VOC는 업무 프로세스에 반영되고 피드백 된다.

협력업체의 요구사항은 관련 업무 프로세스 절차에 근거를 두어 간담회와 상호연계 정보 시스템을 통하여 수집되고 반영된다. 수집된 정보는 협력업체 육성 및 지원 프로그램에 반영된다. 대리점/고객센터의 요구사항 수집은 접점 직원 간담회를 통하여 파악되어 관련 업무 프로세스 개선에 반영된다.

이렇게 파악된 요구사항은 통합 정보화되어 가치사슬측면에서 전체 업무프로세스 개선에 반영된다.

(4) 고객 요구사항 반영

고객 및 시장 요구사항은 전체 업무 프로세스 흐름에 따라 반영되어야 된다. 즉, 업무 프로세스의 설계와 유지, 개선에 모두 반영되어야 된다. 다음 사항은 업무 프로세스 설계, 유지 및 개선에 고객 요구사항 반영시 중요하게 검토되어야 될 요소이다.

- 첫째, 고객, 공급자, 파트너, 협력사의 요구사항을 고객가치 증진과 수익성 측면에서 어떻게 반영할 것인가?
- 둘째, 반영된 업무 프로세스의 설계, 유지, 혁신은 어떻게 할 것인가?
- 셋째, 경영환경 변화에 따른 시장의 요구사항인 신기술, 신지식의 도입 및 정착 등에 필요한 업무 프로세스의 유연성은 어떻게 반영하며 유지할 것인가?
- 넷째, 품질, 생산성, 비용, 사이클 타임 등 경쟁우위 요인을 어떻게 반영하며 개선할 것인가?

〈그림 7-8〉은 수집된 고객정보를 활용하여 업무 프로세스의 개선방향을 결정하는 B사 사례이다. 이 회사는 '내방고객 요구사항에 대응하는 과정'에 대한 업무 프로세스를 분석하였다.

회사는 평소 업무 프로세스의 관리기준을 시간, 비용, 생산성 관점에 두고 있다. 회사는 방문고객의 요구사항 대응업무 프로세스를 분석한 결과 10개의 단계가 거치게 되는 것을 파악하였다.

회사는 전체 대응업무 프로세스에 대한 개선을 하기 위해 개선기준을 설정하

그림 7-8 내방 고객의 요구사항에 대응하는 업무 프로세스 개선 방향결정 사례

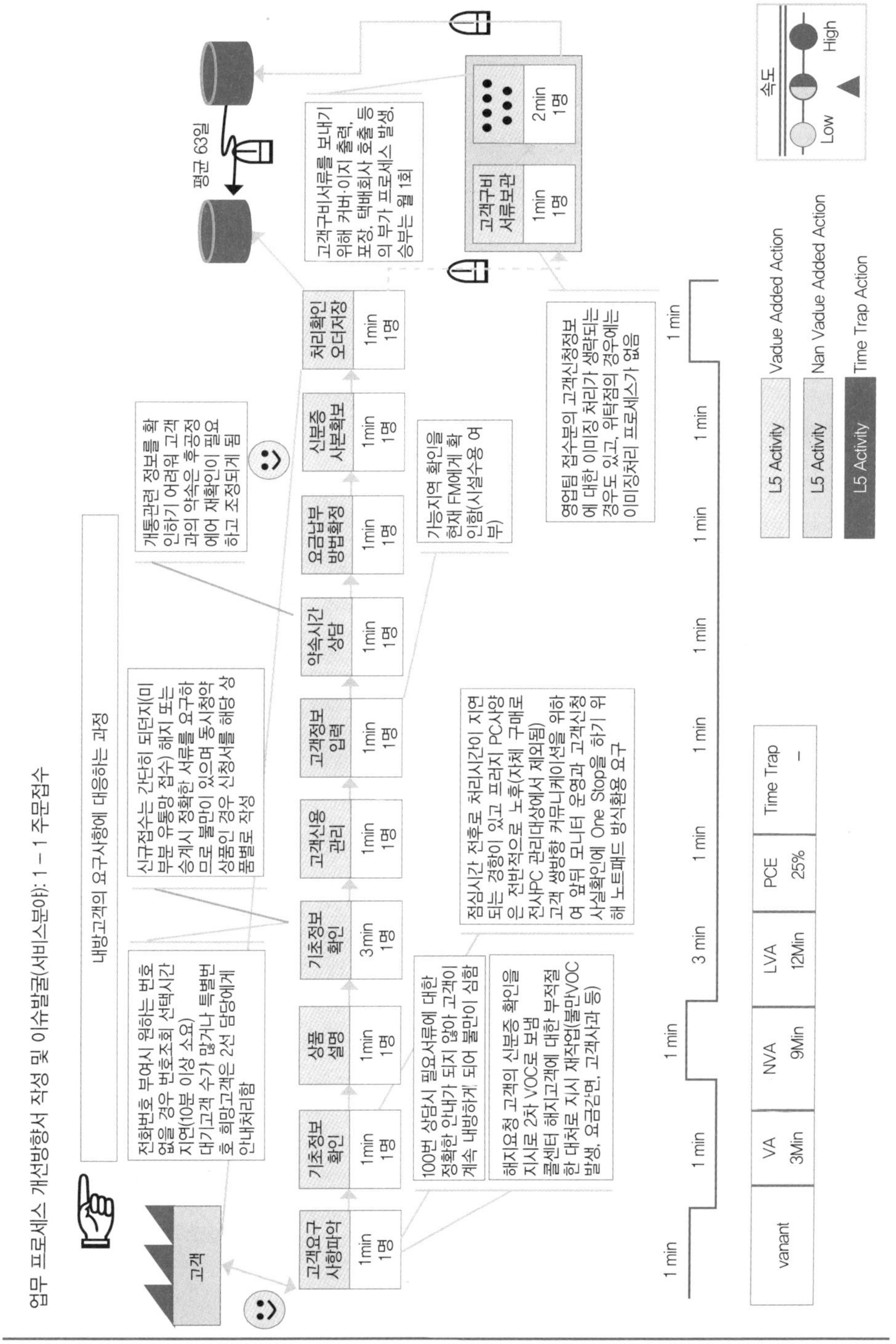

였다. 개선기준은 내부 고객에게 가치를 주는 활동일지라도 외부 고객에 직접적인 가치를 제공하지 못하는 비부가가치 활동(None Value Activity)과 가치활동(Value Activity)으로 구분하였다.

이 기준에 의해 고객 대응업무 프로세스 분석한 결과 VA는 3분, NVA는 9분으로 분석되었다. 분석된 결과는 단계별 업무 프로세스의 가치, 낭비요인, 소요시간과 소요자원을 포괄적으로 분석한 결과 전체 시간인 12분 대비 25%의 프로세스 사이클 효율성(Process Cycle Efficiency)을 가져올 수 있는 개선방향을 찾을 수 있었고 이를 반영하여 업무 프로세스의 개선을 실행하였다.

또 다른 회사는 다음과 같은 과정을 거쳐 고객 요구사항을 반영하고 있다.

회사는 다양한 수단을 활용하여 고객, 공급자 및 협력업체로부터 요구사항과 관련 의견을 수집하며 이 의견은 해당 부서로 피드백한 후 업무 프로세스 개선에 반영하고 있다.

고객의 잠재적 요구사항이나 불편사항은 중요 의견으로 일부 프로세스가 아닌 전체 업무 프로세스 측면에서 검토되어 피드백되고 개선에 반영된다. 대리점, 고객센터와 협력업체의 개선 및 제안사항도 타당성을 검토한 후 관련 업무 프로세스 개선에 즉각 반영될 수 있도록 한다.

회사는 업무 프로세스 설계와 개선에 고객 요구사항을 우선적으로 반영하고 새로운 기술의 발전과 조직변화 등도 반영하는 체제를 갖추고 있다. 특히 모든 업무 프로세스의 설계와 개선은 고객관점에서 검토와 검증을 통하여 반영된다.

업무 프로세스의 검증은 고객관련 사항과 사이클 타임, 생산성과 비용절감 등의 요인을 기반으로 한다. 기타 프로세스별 특성에 따라 품질, 비용 및 납기 등을 주요 지표로 설정하여 이상 변동사항을 측정하는 이상관리가 되고 있으며 그 결과는 업무 프로세스 관리와 개선에 반영된다.

3. 긴급사태 준비

(1) 긴급사태와 위기 구분

긴급사태란 예측하지 못한 재난과 비상사태의 발생으로 약속된 상품과 서비스를 제공하지 못하는 경우를 말한다.

긴급사태와 위기의 발생은 초기에 적절히 대응하게 되면 그 영향을 감소시킬 수 있다. 만일 그렇지 못할 경우에는 그 영향은 확대되어 업무마비, 불안감, 긴장감을 가져오게 되며 그로 인해 부정적인 영향은 더욱 확대될 수 있다.

고객의 문의와 항의는 쇄도하게 되며 이로 인해 구성원은 더욱 당황하여 우왕좌왕하게 된다. 이로 인해 조직의 위기는 더욱 확산된다. 확산된 내용은 더욱 확대되어 언론기관을 통해 보도되며 금융기관, 주주, 협력사 등 이해관계자 집단의 질책과 항의를 받게 된다. 이러한 위기는 결국 조직의 존립에 영향을 미치게 된다. 따라서 긴급사태에 대한 준비와 대응업무 시스템은 조직의 존립을 위해 필수요소이며 관리되어야 한다.

일반적으로 긴급사태를 가져오는 위기는 위기의 발생과 이에 대한 대응시간의 여유정도에 따라 폭발적 위기(Exploding Crisis), 즉각적 위기(Immediate Crisis), 점진적 위기(Emerging/Building Crisis), 만성적 위기(Continuing/Sustaining Crisis)로 구분될 수 있다.

폭발적 위기는 사건의 원인과 문제를 파악하고 대응방안을 수립할 시간적 여유가 없는 위기로 훈련된 습관에 의해 관행적으로 대처해야 되는 위기이다. 예를 들면 화재, 지진, 수해 등 주로 시간적 여유가 전혀 없는 위기이다.

즉각적 위기는 폭발적 위기보다는 시간적 여유가 있는 위기이나 즉각적인 대응이 필요한 위기이다. 여기에는 서비스 실패에 대한 언론 확대, 고발성 언론 등이 포함된다.

점진적 위기는 위기가 점진적으로 확대되어 가는 위기로 위기의 문제점 파악과 대응방법에 시간적 여유가 있으나 그 위험성은 점차 확대되어가는 위기이다. 그 예로 노사간의 갈등 확대, 각종 소송의 진행 등이 포함된다. 만성적 위기는 대응방안을 수립할 시간적 여유는 있으나 언제 이 위기가 표면화되어 확대될지 모른다. 이 위기는 상황에 따라 잠재적 영향까지도 고려하여 문제점 파악과 대응을 필요로 한다. 그 예로는 각종 비방, 유언비어, 가십성 보도 등이 있다.

이러한 긴급사태는 발생하는 위험요인별로 분류하면 자연재해, 인적재해, 인적장애, 기술적 장애 등으로 구분할 수 있다. 자연재해는 화재, 지진, 수해 등으로 인하여 발생되는 위기로 일반적으로 통제하기 어려운 위험이다. 인적재해는 파업, 테러 등에 의해 발생하는 위기이며 어느 정도는 통제 가능한 위험이다. 인적장애는 담당자 실수, 관련 규정 미준수로 인한 업무 오류 등 구성원 실수 및 오류로 인하여 발생하는 위험이다. 기술적 장애는 상품 및 서비스 제공 기반시설의 장애, 기술적 지원 부족에서 오는 오류이다. 이 두 오류는 사전예방과 관리 등을 통하여 어느 정도 통제 가능한 위험이다.

위기발생은 위기원인 소재에 따라 조직 내부에 있는 위기와 조직 외부에서 오는 위기로 구분할 수 있다. 조직 내부 위기는 관리와 통제를 통하여 감소시킬 수 있다. 그러나 조직 외부에서 오는 위기는 통제 불가능한 위기이다. 지진, 해일 등 자연재해나 리먼 브라더스 사태와 같은 위기는 외부로부터 발생된 위기이다. 이 위기는 통제 불가능하지만 이 위험을 배제하거나 최소화시킴으로써 피해를 최소화시키고 확산을 방지시킬 수 있다.

긴급사태와 위기를 재해에 기반을 두어 구분하고 있는 회사가 있다.

회사는 재해를 자연재해와 인적재해, 그리고 허용기준을 초과한 장시간 서비스 중단의 경우로 분류하고 있으며 재해 및 대응계획을 수립하고 있다. 재해 및 장애 대응계획은 전사적으로 수립하되 각 사업부문별로도 구분하여 수립하고 있다. 수립된 계획에 따라 예방점검과 보완활동을 하고 있으며 정기적인 훈련의 실시와 결과에 대한 보완을 하고 있다.

회사는 재해를 통제 불가능한 자연재해와, 인적피해, 통제 가능한 인적장애와 기술적 장애로 분류하고 있다.

자연재해는 화재, 지진, 장마, 태풍 등으로 구분하고 인적재해는 노조파업, 시민폭동, 폭탄테러 등으로 분류된다. 인적장애는 시스템 운영실수, 해커의 침입, 바이러스 침해 등이고 기술적 장애는 운영체제의 결함, 응용 프로그램의 결함 등의 시스템 장애와 정전단수, 단수, 누수, 설비장애, 건물의 손상과 같은 기반구조 장애로 구분하여 대응계획을 수립하고 있다.

(2) 관리원칙

긴급사태 준비는 긴급사태나 위기로부터 조직을 보호하는 방법이다. 긴급사태나 위기발생시 약속된 상품과 서비스 제공을 보장하고 조기에 회복하기 위한 대책이다. 이를 위해서는 관리원칙이 필요하다. 관리원칙에는 예방과 관리 대책, 관리의 지속성 유지 대책, 중단발생시 조기회복 대책이 포함된다.

이 같은 관리원칙을 준수하기 위해서는 이 업무를 수행할 조직과 이를 지원할 수 있는 업무 시스템이 필요하다.

조직은 조직의 규모, 업종의 특성에 따라 전담 조직 혹은 중복업무 조직으로 수행될 수 있다. 기업에 따라서는 전담 조직과 함께 별도의 위원회제도를 활용하여 관리되는 경우가 있다.

　업무의 수행은 분류된 위기유형에 따라 업무관리 규정과 세부 업무지침 등에 따라 한다. 이 경우 기업특성에 따라 재난 및 비상사태의 영향성이 큰 경우에는 그 심각성에 따라 위험을 등급화하고 이에 따른 행동지침을 세부적으로 제정하여 실행될 수 있다. 긴급사태에 대한 행동지침에는 구성원의 역할, 책임, 행동 요령 등이 포함된다. 업무의 집행은 사전에 대응하는 방법과 긴급사태 발생시 대응방법 그리고 긴급사태 후 대응방법으로 구분되어 대응된다.

　사전 대책에는 담당조직 구성과 관련 업무의 규정, 세부지침의 제정, 관련 정보 시스템, 장비시설의 보완이 있다. 이를 전사적으로 실행하기 위해서는 전사적 규정과 시행세칙의 제정 외에 업무관련 감독당국의 해당 규제, 업종별 협약, 약관, 관행 등 기본적인 규제와 룰 등에 대한 대책이 포함된다. 또한 이를 보증할 사전 예방 및 관리 대책이 필요하다. 여기에는 표준관리지표의 설정과 이 지표에 의한 정기적인 측정과 검토, 개선의 실행이 포함된다. 일부 업종에서는 이러한 규제와 룰을 준수하지 않고 관행적으로 처리하다가 일정 시점에 고객불만형태로 제기되고 언론기관에 확산됨으로써 곤혹을 치르는 기업도 있다.

　긴급사태 위기를 줄이기 위해서는 구성원에 대한 정기적인 교육과 훈련이 필요하다. 교육과 훈련에는 관련 규정과 시행세칙, 비상시 행동요령 등이 포함될 수 있으며 비상시 업무 시스템, 주요 시설 및 자료관리, 각종 사례 교육 등이 포함된다.

　긴급사태 발생시 조직은 사전에 준비된 규정, 세부지침 혹은 업무매뉴얼에 따라 대응한다. 이 대응방법에는 대체 및 외주 인력의 활용과 대체 수단의 운영, 주요 시설 및 서비스 공간 제공 방안 등이 같이 고려된다. 또한 조직은 핵심업무 프로세스와 지원업무 프로세스 유지를 위한 공급체인 내의 각 주체와의 관계유지 대책의 실행도 고려한다.

　기타 전기, 교통, 통신 등 물적지원 확보 대책 등도 같이 포함한다. 부가적으로 이러한 서비스 제공 기반 기술적 인프라에 대한 대책으로 지원정보 시스템의 가용성 확보를 위한 서버, 네트워크, 데이터와 정보자료의 유지관리 대책도 고려된다.

　긴급사태 후 대응방법으로는 사태 결과에 대한 문제와 원인 분석, 유사 문제

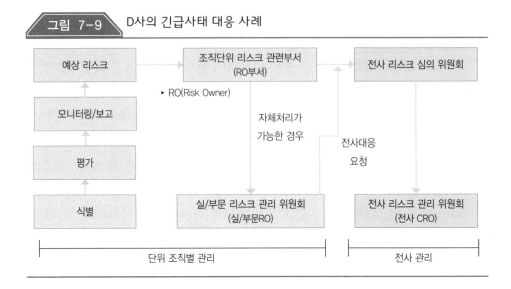

그림 7-9 D사의 긴급사태 대응 사례

점에 대한 검토와 보완대책의 수립, 재발방지 대책 실행이 있다.

다음은 D사의 긴급사태에 대한 대응사례이다 회사는 〈그림 7-9〉에서 보는 바와 같이 긴급사태를 준비하고 있다.

회사는 전담 조직으로 ERM(Enterprise Risk Management) 조직을 구성하고 단위 조직별 관리위원회와 전사 심의위원회를 두고 있다.

사전적 리스크 대응으로 전담 조직은 사전에 구분된 위험유형에 따라 정기적으로 핵심 프로세스와 지원 프로세스, 전기, 교통, 통신 등 물적지원 확보 대책, 서비스 제공 기반 기술적 인프라에 대한 평가를 한다. 이때 감독당국의 해당 규제, 업종별 협약, 약관, 관행 등에 대한 표준관리지표도 평가된다. 평가된 결과는 실/부문 리스크 관리 위원회를 거쳐 전사 리스크 관리 위원회에 전달되며 이 위원회는 회의를 통해 전사적 리스크를 최소화한다.

기타 단위 조직별 위험 관리는 부서 단위별로 개별 위험을 식별하고 이 위험에 대한 모니터링 보고를 통해 예상 위험을 평가하여 관리된다. 평가내용은 담당부서를 거쳐 단위별 위원회와 전사 위원회를 통하여 대책이 수립된다. 수립된 대책은 규정화되거나 지침화되어 전사적으로 공유된다.

다음은 또 다른 E사의 재해 및 긴급사태에 대한 대응 사례이다.

회사는 긴급사태에 대한 관리원칙은 지식경제부가 수립한 '정보통신 실시계획'에 기반을 두어 자체 제정한 규정을 따르고 있다.

그림 7-10 E사의 재해 및 긴급사태 관리 시스템

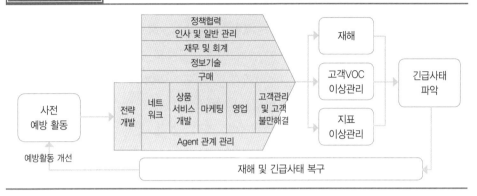

회사의 긴급사태 관리는 예방, 대비, 대응, 복구의 4단계로 이루어진다. 예방 활동에는 구성원에 대한 대책과 시스템 대응 대책으로 분류된다. 구성원 대책에는 재해유형별 대응계획에 대한 주기적인 구성원 교육과 모의훈련을 실시하고 있고 시스템 예방 대책은 시스템 분산 배치 및 이중화 백업 시스템을 하고 있다. 이러한 활동은 실행 후 결과에 따라 개선에 반영된다.

대비활동은 고객 VOC 이상관리, 지표 이상관리, 경비체계 점검을 통해 24시간 실시간 정보공유 시스템으로 운영되고 있다. 만일 재해 및 긴급사태가 발생하면 이에 대한 대응은 사전에 수립된 대응계획에 따라 유관부서와 협력업체가 협력하여 대처한다. 대응을 하고 난 후에는 대체자원과 인력이 투입되어 원인과 결과를 분석하고 재발방지 대책을 마련하는 복구활동을 한다. 이러한 활동 결과는 사전 예방 활동에 반영된다.

4. (주)명왕성 낚시 사례

(1) 업무 시스템 설계

1) 업무 시스템 설계와 혁신

(주)명왕성 낚시는 전체 업무 시스템을 다음과 같이 설계하며 혁신하고 있다. 회사의 주요 업무 시스템은 핵심업무 프로세스인 상품구매, 마케팅, 주문처리 및 물류로 구성된 상품유통 시스템이다. 회사의 업무 시스템과 프로세스는 전략기획 프로세스와 프로세스 관리 프로세스를 거쳐 설계되고 있으며 업무 시스템의 혁

신은 이해관계자의 요구사항의 지속적인 반영에 두고 있다.

혁신의 원천자료는 구성원의 의견, 지속적 개선 프로젝트 목록, ISO 품질경영체제 인증심사 결과에 따른 시정과 예방 조치 자료, 국가품질상 피드백 보고서, 부서 지속적 개선 프로젝트 목록 및 기타 이해관계자의 입력자료 등이다. 혁신의 기회는 연간 마스터 플래닝 캘린더 회의를 통해 확인되며 부서 실행계획, 전사 실행계획, 혹은 린 카이젠 혁신대회 반영을 위해 전략기획 프로세스에 전달된다.

부서 실행계획, 전사 실행계획은 계획, 조직, 충원, 집행 및 통제(POSEC) 모델에 따라 수행된다. 실행계획의 조직단계에서는 핵심 이해관계자 요구사항이 파악되며 이것은 업무 시스템과 프로세스 설계에 활용된다.

업무 시스템의 핵심프로세스에 대한 내부 존속과 외부자원 활용 결정

업무 시스템의 핵심 프로세스에 대한 내부 존속 혹은 외부자원 활용 결정은 다음과 같다. 상위 리더십 팀은 매년 2월 전략계획회의에서 프로세스 아웃소싱 검토요소를 활용하여 핵심업무 프로세스의 내부 존속 혹은 외부자원 활용을 결정한다.

전략회의 개최에 앞서 각 부서는 표준화된 프로세스 검토요소를 활용하여 부서 내의 프로세스에 대한 분석을 실시한다. 검토요소에는 회사목표나 전략목표 뿐만 아니라 운영상의 중요성 등도 포함된다. 각 부서는 이 회의에 부서별 아웃소싱 기준을 고려한 프로세스에 대한 추천서를 제출한다. 이 추천서는 전략회의에서 검토되며 만약 추가변경이 승인된 프로세스는 부서 전략기획 프로세스에 반영된다. 즉, 어느 부서가 부서 내 프로세스 중 어느 프로세스를 아웃소싱하기로 결정하는 경우, 부서는 프로세스에 대한 추천서에 이 내용을 추가하여 전략계획회의에 제출한다. 상위 리더십 팀이 참가하는 전략계획회의에서는 이 내용을 검토하여 승인하고 각 부서에서는 이를 부서 전략기획 프로세스에 반영한다.

(주)명왕성 낚시는 핵심업무 프로세스를 "고객 핵심 요구사항을 제공하는 프로세스"로 정의하고 있다. 2014년 상위 리더십 팀은 전략계획회의에서 경쟁적 우위를 유지하기 위해 핵심업무 프로세스에 관련된 프로세스를 회사 내부에 남기기로 결정하였다. 그러나 마케팅관련 부서에서는 마케팅관련 프로세스 중에 카탈로그 인쇄 프로세스가 내부에서 하기에는 과도한 자원이 소요된다는 것을 알았다. 따라서 부서에서는 이 내용을 부서 프로세스에 대한 추천서에 삽입하여 전략계획회의에 제출하였고 그 결과 전략계획회의에서는 이를 승인하였다. (주)명왕성 낚

시는 경쟁적 우위를 유지하기 위해 핵심업무 프로세스에 관련된 프로세스를 회사 내부에 남기기로 결정하였지만 카탈로그 인쇄 프로세스가 내부에서 실행하기에는 과도한 자원이 소요되기 때문에 아웃소싱을 승인하기로 결정한 예이다.

2) 핵심역량의 결정과 업무 시스템 연계성

(주)명왕성 낚시는 핵심역량의 결정과 업무 시스템과의 연계성을 다음과 같이 하고 있다. 핵심역량은 매년 상위 리더십 팀이 참여하는 전략계획회의에서 결정한다. 회의에서는 기획팀이 주관하고 업무관련 각 팀장급이 참여한 '핵심역량 검토 태스크 포스 팀'이 제출한 자료를 참고한다.

자료의 주요 내용은 〈그림 7-11〉과 같다. 자료에는 첫째, 유·무형 자산, 인적자원 역량, 고객가치의 변화, 신기술 도입 및 새로운 경쟁자 출현에 대한 분석이 포함된다.

둘째, 이 자료를 근거로 하여 경쟁사 대비 경쟁적 우위와 전략적 도전을 함께 검토하며 셋째, 회사의 비전과 미션, 경영목표, 전략적 위치 및 전략적 실행계획과의 연계성도 함께 검토된다.

넷째, 만약 회사가 갖고 있는 능력과 역량이 부족하다고 판단될 경우에는 전략적 제휴나 인수, 합병 등 외부자원을 활용하거나 직원 역량개발과 새로운 경영

그림 7-11　핵심역량 결정 고려요소

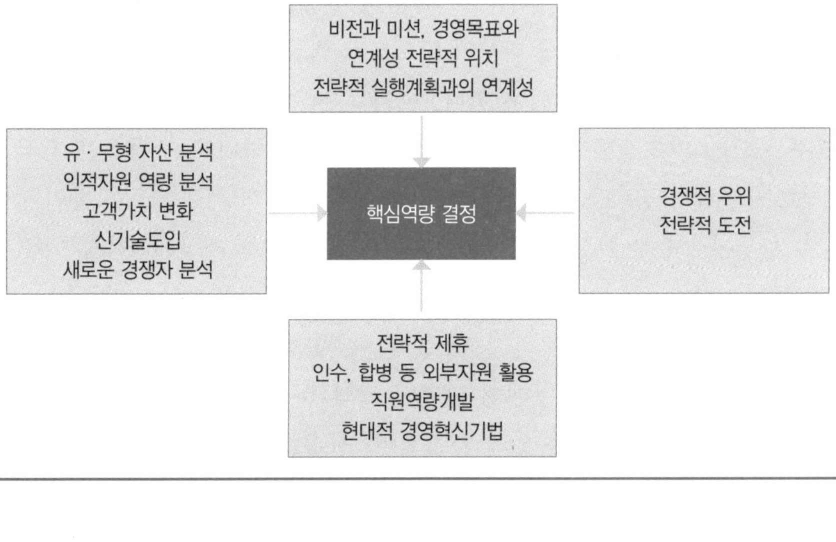

혁신 기법의 도입 등 내부자원 개발계획도 함께 수립한다.

회의에서는 이러한 단계를 거쳐 핵심역량을 결정하며 결정된 핵심역량을 높일 수 있는 실행과제도 함께 검토한다. 검토된 결과는 회사목표와 전략적 목적을 달성하고 핵심역량을 높일 수 있는 실행계획을 수립하는 데 반영된다.

이러한 단계를 거쳐 (주)명왕성 낚시가 결정한 핵심역량은 "고객 핵심 요구사항을 잘 반영할 수 있는 핵심프로세스의 유지"이다. 핵심프로세스는 고객 핵심 요구사항을 제공하는 데 직접적으로 관련된 프로세스로서 상품구매, 마케팅, 주문처리 및 물류이다. 핵심프로세스의 운영전략은 고객 핵심 요구사항을 반영하고 경쟁사들이 모방하기 어렵도록 하는 것이다.

(2) 핵심업무 프로세스

1) 핵심업무 프로세스 구분

(주)명왕성 낚시의 핵심업무 프로세스는 고객 핵심 요구사항을 제공하는 프로세스로 상품구매, 마케팅, 주문처리 및 물류로 구성된다. 상품구매는 상품을 선택하고 구매하는 프로세스이며 마케팅은 고객에게 상품정보를 의사소통하는 프로세스이다. 주문처리는 고객의 주문을 처리하고 물류는 주문에 대한 포장과 배송을 처리하는 프로세스이다.

고객가치, 성공 및 지속가능성 반영

(주)명왕성 낚시는 고객가치, 수익성, 재무적 수익, 조직의 성공 및 지속가능성을 다음과 같이 반영하고 있다. 고객가치의 반영은 고객 핵심 요구사항에 부응할 수 있는 핵심업무 프로세스 제공에 있으므로 핵심업무 프로세스는 고객의 핵심 요구사항을 제공하도록 설계되어 있다. 예를 들어, 고객의 상품구매에 관련된 핵심 요구사항인 "가격경쟁력"은 상품구매 프로세스와 하위 프로세스인 가격 관리 프로세스를 통해 제공하도록 설계되어 있고 물류의 고객 핵심 요구사항이 '신속한 배송'의 경우에도 물류 프로세스와 배송 프로세스를 통해 제공된다.(표 7-3 참조)

핵심업무 프로세스는 이해관계자의 요구사항을 충족함으로써 수익성, 조직의 성공, 지속가능성을 높이고 궁극적으로는 회사목표를 달성하도록 설계되어 있다.

예를 들어, 고객의 상품구매에 관련된 핵심 요구사항인 "가격경쟁력"은 상품구매의 가격 관리 프로세스를 통해 충족되며 "신속한 배송"은 물류의 배송 프로세스를 통해 달성된다. 여기에는 "순매출액 대비 순이익률"과 "주문당 전체비용"과 같은 주주의 핵심 요구사항도 반영되어 있다. 즉, 수익성관련 지표도 측정되며 관리되고 있다. 핵심프로세스는 이처럼 이해관계자인 고객과 주주의 요구사항을 충족시킬 수 있도록 설계됨으로서 수익성, 성장성 및 지속가능성을 확보할 뿐만 아니라 회사목표를 달성하도록 되어있다. 상품구매 프로세스의 가격 관리 프로세스는 구매고객에게는 가격경쟁력과 함께 주주의 핵심 요구사항인 수익성을 동시에 충족시킬 수 있도록 되어있어 회사의 성장과 지속가능성을 모두 달성하도록 한다. (표 7-3 참조)

　　(주)명왕성 낚시는 핵심프로세스가 현재의 이해관계자 요구사항에 부합되도록 하기 위해 전략기획 프로세스와 프로세스 관리 프로세스가 상호정렬되도록 하고 있다. 또한 회사는 회사목표와 핵심프로세스의 BSC성과에 대하여 매월 모니터링을 하고 있다. 월간 모니터링을 통해 이해관계자의 요구사항에 대한 충족과 부족정도를 파악하고 있다. 이해관계자의 핵심 요구사항을 반영하는 프로세스를 제공하고 성과에 대하여 체계적인 모니터링과 관리를 계속함으로써 조직의 성공과 지속가능성을 유지하고 있다.

　　부가적으로 지속가능성은 볼드리지 범주회의와 린 카이젠 혁신대회, ISO 품질경영체제 인증심사 및 현대적 경영혁신기법 구현 속에 포함되어 있다. 특히 현대적 경영혁신기법의 실행은 핵심업무 프로세스의 효과성과 효율성을 향상시키고 수익성, 성공 및 지속가능성을 높이는데 많은 기여를 하고 있다.

2) 핵심업무 프로세스의 요구사항 결정

　　핵심업무 프로세스는 고객의 핵심 요구사항을 전달하는 프로세스이다. (주)명왕성 낚시는 핵심업무 프로세스의 요구사항을 다음과 같이 결정한다. 고객의 핵심 요구사항의 결정은 분기 고객 중시회의에서 한다. 이 회의에서는 반기에 실시하는 고객 요구사항 설문조사에 근거하여 고객 핵심 요구사항과 우선순위를 규명하고 정한다. 또한 각 고객 그룹간에 핵심 요구사항 간에 차이가 있는지도 확인한다. 분기 고객 중시회의에서 결정한 고객 핵심 요구사항은 프로세스 관리회의를 통해 프로세스에 반영된다. 상위 리더십 팀은 프로세스 관리회의에서 고객 핵심 요구사항을 참고하여 프로세스 요구사항을 결정하고 이를 프로세스에 반영한다.

　　(주)명왕성 낚시는 핵심업무 프로세스가 고객 핵심 요구사항을 어느 정도 반

영하는가를 측정, 분석하여 미흡한 경우 개선을 한다. 측정된 성과는 성과검토회의에서 검토된다. 고객 핵심 요구사항은 〈표 1-7〉에 나열되어 있다.

성과검토회의에서, 상위 리더십 팀은 고객 핵심 요구사항에 대한 프로세스 개선사항을 확인하고 프로세스 관리회의를 통해 프로세스에 반영한다. 그 예로, 회사는 2014년 프로세스 개선을 위해 고객의 핵심 요구사항과 이들의 우선순위에 대하여 조사하였다. 그 결과 고객이 가장 필요로 하는 요구사항은 가격경쟁력, 상품가용성, 정확성 및 완벽한 배송순이었다. 그 결과는 프로세스 관리회의에서 검토되고 프로세스 개선에 반영되었다.

고객 핵심 요구사항과 관련된 프로세스 및 측정지표는 〈표 7-3〉과 같다.

표 7-3 핵심프로세스와 이해관계자 가치

핵심 프로세스	하위 프로세스	측정지표	가 치	핵심 요구사항	이해 관계자
물류	배송	주문당일 배송처리 배송정확도 포장품질 주문당 전체 비용	고객가치 고객가치 고객가치 수익성	신속한 배송 정확하고 완벽한 배송 정확하고 완벽한 배송 재무성과	고객 고객 고객 주주
마케팅	간행물	응답속도: 전단지 응답률: 마케팅 　　　　카탈로그	고객가치	탁월한 커뮤니케이션 탁월한 커뮤니케이션	고객 고객
상품 구매	상품구색관리 재고관리 가격관리 상품선택관리 가격관리 재고관리	신상품 수 재고율 가격경쟁력 총매출증가율 순매출액대비순이익률 재고회전율	고객가치 고객가치 고객가치 성장성 재무환원율 재고수익성	상품구색 상품가용성 가격경쟁력 재무성과 재무성과 재무성과	고객 고객 고객 주주 주주 주주
주문처리	접수처리운영 접수처리운영 결과관리	수익배분 시간 서비스 요인 주문포기 주문당 전체비용	재무환원율 고객가치 고객가치 수익성	재무성과 주문용이성 주문용이성 재무성과	주주 고객 고객 주주

(3) 긴급사태 준비

재해나 긴급사태에 대비하여 업무 시스템과 사업장을 다음과 같이 준비하고 있으며 조직재해 및 긴급사태 준비 시스템은 예방, 관리 및 업무의 지속성과 복구로 하고 있다. (주)명왕성 낚시는 사업 연속성계획, 재해 복구계획과 수많은 응급 세부계획으로 이루어진 어떤 상황에도 적용되는 통합적 비상계획을 갖고 있다. 이 계획은 매년 통합적 비상계획 훈련과 프로세스 관리회의를 통해 평가되고 개선된다. 업무 시스템과 사업장의 원활한 실행은 여러 번에 걸쳐 실시되는 연간 통합적 비상계획 훈련과 위험에 대한 구분, 검토 및 훈련을 통해 이루어진다.

(주)명왕성 낚시는 〈표 7-4〉에서 보는 바와 같이 사업활동별로 각 부서 활동을 통합하여 업무 시스템의 재해와 긴급사태에 대비하고 있다. 통합적 비상관리계획에는 사업활동별 부서의 정상업무 복구시간 목표가 제시되어 있다. 통합적 비상계획은 대비태세를 높이기 위해 정부 비상기획위원회와 교류하고 그 기준과 원칙을 준수하고 있으며 관련 우수 사례를 참고하여 개선하고 있다.

표 7-4 　프로세스 정상업무 복구목표

항 목	복구목표			
사업활동	50%	65%	80%	100%
핵심프로세스				
매우 중요	2일	7일	14일	120일
중요	3일	10일	21일	120일
필요	5일	14일	30일	120일
기타	7일	28일	60일	120일
지원프로세스: 비IT분야				
매우 중요	5일	25일	60일	270일
중요	10일	45일	90일	270일
필요	28일	60일	120일	270일
기타	60일	120일	180일	270일
지원프로세스: IT분야				
매우 중요	-	-	-	2일
중요	-	-	-	3일
필요	-	-	-	5일
기타	-	-	-	7일

업무지속성 유지계획의 위험 평가는 위험에 대한 확률과 영향정도에 따라 우선순위를 정하고 있다. 위험에 대한 높은 평가는 위험에 대한 높은 우선순위를 나타낸다. 예를 들면, 회사가 위치한 지역에서 태풍발생 확률은 벼락보다 낮지만 태풍의 영향은 벼락보다 더 크다. 이것을 근거로 하여 태풍은 벼락보다 더 높은 위험으로 평가한다.

통합적 비상계획은 사업운영과 일반적 시설 대비책에 대한 체계적인 월간 검사 프로세스와 여러 고용방침, 예방 및 관리에 중점을 두고 있다. 이 계획서에는 지휘계통의 식별, 주요 역할, 비상 대응 체크리스트, 개별 사업 단위 요구사항, 복구전략 및 각종 비상 특정지침 등 운영 및 복구의 연속성을 위한 세부사항이 자세하게 반영되어 있다.

그 예로 〈표 7-4〉는 각 사업활동에서 업무 중요도별 프로세스 정상업무 복구시간 목표를 주고 있다. 회사 사업활동 중 핵심프로세스에서 "매우 중요 프로세스"의 경우 정상업무 복구시간 목표는 2일 이내에는 50%, 120일 이내에 100%이다. 이와 같이 회사는 재해 및 긴급사태 발생시 정상업무 복구에 대한 관리를 하고 있다.

제 2 절 업무 프로세스

업무 프로세스는 전술한 바와 같이 '변화하는 내·외부 조직환경 속에서 고객가치 창조와 증대에 기여하는 최적 업무수행 활동'이다.

조직의 내·외부 조직환경은 끊임없이 변화한다. 조직은 이 변화하는 환경 속에서 적정한 대응과 개선을 통해 차별적 경쟁력을 유지해야 한다. 업무 프로세스의 관리와 개선에 관련된 이러한 절차를 보면 〈그림 7-12〉와 같다.

조직의 환경은 변화한다. 조직은 이 환경변화를 정기적·부정기적으로 측정하며 이에 대응하여 적절한 전략을 수립하게 된다. 이 전략에는 경쟁사 대비 유리함을 제공하고 전략적 우위를 가져올 수 있는 차별적 능력, 즉 핵심역량이 규명되어 녹아 들어간다. 이를 시장에서 실행하기 위해서는 적정한 비즈니스 모델의 구축이 필요하다. 구축된 비즈니스 모델은 실제 업무처리 활동들에 의해 실행된다. 이 실

그림 7-12   업무 프로세스 구축체계도

행활동이 바로 업무 프로세스이다. 업무 프로세스는 기능에 따라 핵심업무 프로세스와 지원업무 프로세스, 비즈니스 파트너 업무 프로세스로 구분되며 또 다시 세부활동인 서브 프로세스로 나누어진다.

조직은 업무프로세스 효율적인 구축과 관리에는 일반적으로 다음 사항이 고려된다.

- 첫째, 고객가치 창조 및 증대에 관점을 두어야 하며 관리를 위해서는 전체적인 관점, 즉 전체 업무 프로세스의 최적화를 추구한다.
- 둘째, 이를 위해 체계성 있는 업무 프로세스 관리 시스템을 구축한다.
- 셋째, 환경변화에 따라 프로세스의 변화와 조정을 실행한다. 경영환경 변화에 따라 조직의 비전과 경영목표, 전략 및 비즈니스 모델이 변화되면 이 변화에 대응하여 업무 프로세스도 변화와 조정을 실행한다.
- 넷째, 실행되고 있는 업무 프로세스는 정기적·부정기적으로 측정한다. 업

무 프로세스는 사전에 설계된 대로 실행되어야 하며 이를 확인하기 위해 설정된 측정지표에 의해 측정되어야 한다. 측정된 결과는 분석, 평가 및 개선에 반영한다.

· 다섯째, 업무 프로세스 개선활동을 위해서는 체계적인 개선체계 프로세스 구축과 다양한 지식경영 활동을 활용한다. 프로세스 개선은 단계적, 점진적 및 반복적으로 실행하는 것이 효율적이며 공급체인 내의 모든 객체가 참여하는 것이 좋다. 이를 위해서 조직은 내적으로는 내부 구성원이 전사적으로 참여할 수 있는 각종 제안활동, 소그룹 활동, CoP, 및 6시그마 활동 등 다양한 개선활동을 활용한다.

조직 외적으로는 협력업체 등 외부고객의 다양한 요구사항과 의견을 반영할 수 있는 의사소통 채널을 활용한다.

1. 업무 프로세스 설계

조직은 고객가치 창출을 위해 주요 업무 프로세스를 설계한다. 조직의 업무 프로세스는 조직의 존재 이유인 미션과 비전을 달성하는 중심활동으로서 고객의 핵심 요구사항을 충족시키는 업무활동이다. 업무 프로세스의 설계는 이를 실행하는 업무과정과 활동이 명시되는 것이다.

업무 프로세스 설계에는 일반적으로 고객 핵심 요구사항 외에 조직의 성공과 지속가능성, 재무적 수익성과 함께 신기술, 조직지식, 민첩성을 위한 잠재적 요구사항 등도 반영된다. 또한 사이클 타임, 생산성, 비용관리 등 효율성과 효과성 요소도 검토된다.

업무 프로세스 설계는 조직창업시 처음 설계되기도 하며 이미 있는 경우는 환경변화나 사업구조 변화에 따라 보완되거나 수정된다. 업무 프로세스의 설계를 위해서는 일반적으로 실행조직과 이를 지원하는 관련 시스템이 필요하다. 실행조직은 기업규모에 따라 상시, 일시적, 혹은 전업, 겸업 조직으로 운영된다. 이 조직은 기업의 특성, 규모에 따라 자율적으로 운영하되 관련 업무를 수행될 수 있도록 한다. 실행시스템은 조직이 업무를 실행할 수 있도록 지원하는 시스템으로 관련 업무처리 절차, 규정, 지침 및 지원정보 시스템 등이 있다.

업무프로세스 설계절차에는 다음 내용이 포함되어야 한다.

- 첫째, 주요 업무 프로세스 설계는 경쟁력과 전략적 우위를 가져올 수 있도록 최적의 활동흐름이 되도록 한다. 이를 위해서는 전체적인 관점에서 미래의 시장변화와 요구까지 반영되어야 하며 조직의 핵심역량이 녹아 들어갈 수 있도록 한다.
- 둘째, 핵심역량이 녹아 들어간 업무 프로세스는 그 업무 프로세스 특성과 역할에 따라 핵심업무 프로세스와 지원업무 프로세스 그리고 비즈니스 파트너 업무 프로세스로 구분된다. 조직에 따라서는 비즈니스 파트너 업무 프로세스는 따로 분류되지 않고 핵심업무 프로세스와 지원업무 프로세스에 포함되기도 한다.
- 셋째, 구분된 업무 프로세스는 그 업무활동 흐름내용이 결정되고 결정된 내용에 대하여 구체적인 업무흐름도가 작성되고 관련 문서화가 실행된다.
- 넷째, 이렇게 설계된 업무 프로세스는 정기적인 검토와 평가를 통해 개선이 실행된다.

〈그림 7-13〉은 F사의 업무 프로세스 결정 과정 사례이다.

이 기업은 업무 프로세스를 설계하기 위해 맨 먼저 담당조직을 구성하였다. 이 조직은 상근 조직으로써 겸업을 하며 중요 의사결정은 위원회 조직에 의하여 결정된다. 이 조직은 신규업무 프로세스의 설정과 기존업무 프로세스의 개선 담당 업무를 수행한다.

그림 7-13 F사의 업무 프로세스 설계과정 체계도

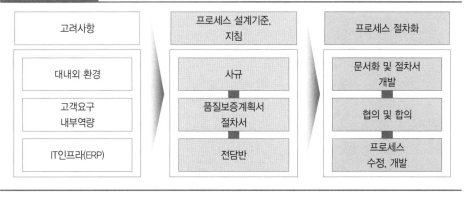

업무 프로세스 설계에는 대·내외 환경변화, 내부 인적자원과 자원역량을 검토하고 고객 요구사항, 고객가치 증대, 그리고 이를 지원할 수 있는 지원정보 시스템 등이 같이 고려된다. 특히 핵심역량의 반영과 전체적인 관점에서 효율성이 있도록 하는 데 중점을 둔다.

이때 프로세스 설계 및 개선에 있어 범할 수 있는 오류를 제거하기 위해 규정화된 설계기준 지침, 사규, 품질보증계획서, 절차서를 따르는가가 검토된다. 검토를 끝낸 프로세스는 관련 전담반에 의해 재검토되며 문서화 및 절차화가 실행된다.

문서화 및 절차화가 끝난 프로세스는 관련 부서의 협의와 합의 그리고 위원회 결정 등을 거쳐 지원정보 시스템에 탑재되어 전체 구성원과 공유된다. 공유된 프로세스는 필요에 따라 또다시 수정 검토되고 개선된다.

조직에 따라서는 그 조직의 특성, 규모에 따라 수정 및 검토과정이 사업부 및 팀별로 권한 위임되어 결정과정이 짧은 경우도 있다. 즉, 사업부, 팀별 정보 시스템을 통한 수정 건의, 전담조직의 검토, 위원회에 상정, 수정 및 개선 결정, 그리고 전사적 정착 등으로 하는 경우도 있다.

또 다른 G사의 업무 프로세스별 설계를 보면 〈그림 7-14〉와 같다.

전체 업무 시스템은 핵심프로세스와 지원 프로세스, 하위 프로세스로 구성된다. 핵심프로세스는 전략개발, 네트워크, 상품 및 서비스 개발, 마케팅, 영업 고객

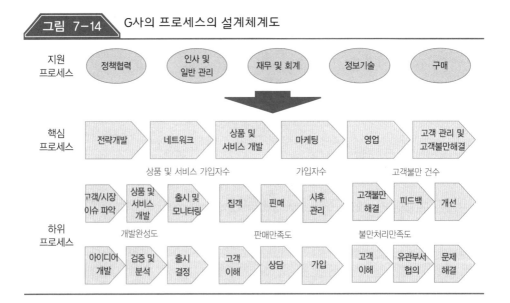

그림 7-14 G사의 프로세스의 설계체계도

관리 및 고객불만 해결로 구성되며 이를 지원하는 지원 프로세스는 정책협력, 인사 및 일반 관리, 재무 및 회계, 정보기술, 구매로 구성된다. 하위 프로세스는 그림과 같이 18개로 구성된다.

핵심프로세스 중 상품 및 서비스 개발 프로세스는 고객과 시장의 변동이 파악되고 변동에 적합한 상품 및 서비스를 개발된 후 그 반응이 모니터링되어 상품개발 완성도에 반영되도록 설계된다. 이때 반응 파악의 기반이 되는 지표로 '상품 및 가입자 수'가 활용된다.

영업 프로세스는 가입자 수에 기반을 두어 설계되며 판매는 고객 요구사항과 상담을 통한 판매만족도가 반영된다. 고객관리 및 고객불만 프로세스는 불만처리 만족도로 반영되도록 설계된다.

업무 프로세스는 하위 프로세스로 전개되며 각 특정에 맞는 지표로 관리되어 지속적인 설계 반영과 혁신이 반영되도록 하고 있다.

2. 업무 프로세스 관리

(1) 업무 프로세스 관리조직

업무 프로세스 관리의 목적은 설계된 업무 프로세스의 효율적인 실행과 실행된 프로세스에 대한 개선에 있다. 효율적인 업무 프로세스 관리를 위해서는 일반적으로 사람과 조직, 개선 시스템의 구축과 지원정보 시스템의 세 가지 요소가 있어야 하며 이 요소는 상호연계성을 갖고 시스템적으로 운영되어야 한다.

업무 프로세스의 관리조직은 상위 조직에서부터 하위 조직까지 상호연계성이 있도록 구성하는 것이 효율적이다. 프로세스는 일반적으로 기능별 혹은 특성별로 구분될 수 있으며 이는 다시 기업규모에 따라 글로벌, 메가, 서브 등으로 나누어질 수 있다. 조직에 따라서는 다시 세부 하위 업무 프로세스 등으로 세분화될 수 있다. 이렇게 나누어진 각각의 프로세스에는 효율적인 관리를 위해 관리조직과 책임자가 배정된다.

업무 프로세스의 효율적인 관리를 위해서는 관리지침과 가이드라인이 설정이 필요하다. 업무 프로세스 관리자는 이 지침과 가이드라인에 따라 적정한 측정, 평가, 분석 및 개선을 실행하며 업무 프로세스 관리자에게는 업무 프로세스 관리방법과 관리도구가 제공되어야 한다. 또한 적절한 책임과 권한을 부여하되 책임 수

> **그림 7-15** K사의 업무 프로세스 관리조직 사례

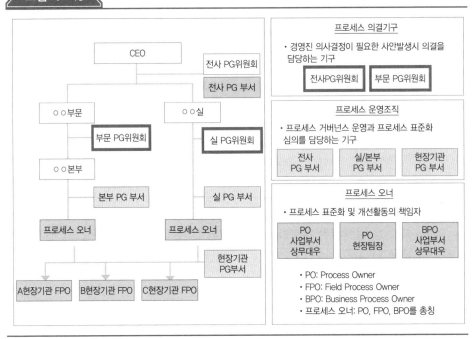

행에 대한 보상, 차후 발전기회 등 동기유발적 요소도 고려되어야 한다.

〈그림 7-15〉는 K사의 업무 프로세스 운영 및 관리, 의사결정에 대한 사례이다.

회사의 업무 프로세스 운영 및 관리조직은 CEO를 정점으로 각 부문과 본부, 프로세스 오너(Process Owner), 현장기관 FPO(Field Process Owner)로 구성되어 있다.

상위 조직인 전사 업무 프로세스 거버넌스(전사 PG: Process Governance) 조직과 중간 조직인 실/본부별 업무 프로세스 거버넌스 조직, 하위 조직인 현장기관 업무 프로세스 거버넌스 운영조직으로 구성되어 있다. 이 조직은 업무 프로세스의 거버넌스 운영과 업무 프로세스의 표준화에 대한 심의를 담당한다.

프로세스 표준화 및 개선활동 책임자는 본부 산하 각 프로세스 오너(Process Owner)인 경우는 상무대우를, 그 하부의 현장기관 프로세스 오너(Field Process Owner)인 경우는 현장 팀장을, 실 하부의 비지니스 프로세스 오너(Business Process Owner)는 상무대우로 임명하고 있다.

프로세스관련 의사결정이 필요한 사안발생시 경영진의 의결을 담당하는 기구로는 전사 PGC(Process Governance Committee)와 부문 PG(Process Governance)을

두어 전사적인 업무 프로세스가 관리되고 있다.

(2) 업무 프로세스 관리 시스템

업무 프로세스의 효율적인 관리를 위해서는 표준화된 관리 시스템이 있어야 한다. 관리 시스템은 전술한 바와 같이 사람과 조직, 개선 시스템의 구축과 지원 정보 시스템의 세 가지 요소들이 상호연계성을 갖고 운영되어야 한다.

일반적으로 업무 프로세스 관리조직은 전사적으로 관리를 실행할 수 있도록 상위 조직에서부터 하위 조직까지 상호연계성 있게 조직되어야 하되 업무실행에 대한 의사결정을 하는 위원회 조직을 둘 수 있다. 조직관련 업무는 문서화된다.

관리조직은 조직규모에 따라 전임 혹은 겸임 조직으로 운영될 수 있고 업무 프로세스 관리 전반에 대한 업무를 담당한다. 업무 프로세스의 측정은 하위 단위 관리조직 혹은 생산현장, 서비스 접점 구성원 중에서 담당자를 지정하여 될 수 있다. 수집된 데이터와 정보는 조직 내 정보 시스템에 입력되며 관리조직에 의해 정기적으로 측정되어 분석되고 관리 및 개선에 반영된다. 이러한 개선은 관련 규정과 지침에 근거하여 실행하되 단계별, 점진적, 반복적으로 실행된다.

Burlton(2001)은 성공적인 업무 프로세스 관리 시스템을 위해 다음과 같은 10가지 요소가 제시하고 있다.

- 첫째, 프로세스 측정지표가 설정되어야 한다.
- 둘째, 프로세스의 개선은 이해관계자의 요구에 기반을 두어야 한다.
- 셋째, 개선에 대한 의사결정은 이해관계자에게 공개되고 공유되어야 한다.
- 넷째, 기능조직에서 프로세스 중심조직으로 변화되어야 한다.
- 다섯째, 전사적인 관리가 되어야 한다.
- 여섯째, 정보의 수집, 관련 정보의 분석, 혁신적 개선활동, 설계 요구사항 반영 등은 표준화된 절차에 따라야 한다.
- 일곱째, 단계적인 접근방식의 업무 프로세스 개선이 필요하다.
- 여덟째, 반복적, 점진적인 프로세스 개선이 되어야 한다.
- 아홉째, 업무 프로세스 관리조직의 역할과 책임은 적절한 분배되며 권한과 성과, 보상, 개인적 성장기회가 제공되어야 한다.
- 열번째, 지속적인 개선이 추진되어야 한다.

그림 7-16   L사의 업무 프로세스 관리 시스템

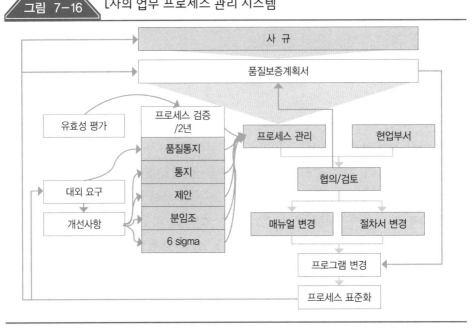

〈그림 7-16〉은 L사의 업무 프로세스 관리 시스템 사례이다.

회사는 그림과 같이 표준화된 업무 프로세스 관리 시스템을 구축하고 있다. 업무 프로세스의 관리는 관리 주무부처를 지정하여 관리되고 관리는 관련 법규, 사규, ISO 9001/2008, 고객사 품질감사, 조직 및 정책변경 등에 기반을 두고 있다.

업무 프로세스의 관리내용과 결과는 각각의 업무절차서에 반영되고 프로세스 매핑 등을 거쳐 통합 정보 시스템에 저장되어 전체 구성원과 공유됨으로써 정형화, 표준화를 하고 있다.

회사의 업무 프로세스의 측정자료는 자체 업무 프로세스 관리 시스템을 통하여 수집된다. 사례에서 보는 바와 같이 대외 요구를 통해 접수된 개선 요구사항은 회사 내 혁신활동 기구인 제안활동, 소그룹 활동, 6시그마 활동 등을 통하여 적절한 개선내용이 발굴된다.

지체 업무 프로세스 관리 시스템을 통하여 수집된 결과와 개선 요구사항은 프로세스 관리조직에 의해 토의, 검토 등을 거쳐 개선 및 보완 반영 유무가 결정된다. 이때 전사적 효율성 등도 같이 검토된다.

개선하기로 결정된 사항은 관련 위원회의 심의와 결재과정을 거쳐 개선에 반영된다. 개선을 실행한 사항은 품질보증계획서와 사규 개정 및 제정에 반영되며 전사적으로 정착될 수 있도록 한다. 회사는 또한 업무절차서와 프로세스와의 유효성을 검정하기 위해 최소 2년 기준으로 이질성을 평가하고 있다.

(3) 지원정보 시스템

업무 프로세스의 운영과 관리를 위해서는 많은 양의 데이터와 정보를 지원할 수 있는 관련 지원정보 시스템이 필요하다. 지원정보 시스템은 조직의 규모, 특성에 따라 적정하게 선택될 수 있으며 여러 가지 기능이 통합 관리될 수 있다.

지원정보 시스템은 업무 프로세스 운영 및 관리에 관련된 데이터와 정보를 저장, 분석, 평가하고 출력하는 데 활용된다. 지원정보 시스템은 일반적으로 전사적 업무지원 정보 시스템에 포함되어 사용되나 별도의 정보 시스템을 운영할 경우에도 운영체제의 통합된 관리가 필요하다.

지원정보 시스템의 데이터와 정보에는 관련 업무 프로세스 관리조직의 역할과 책임, 권한 위임사항, 성과평가와 연계된 보상, 특히 개인적 성장기회 제공과 관련된 사항, 업무 프로세스별 측정지표 설정과 모니터링 지원, 모니터링 및 측정결과의 분석, 개선 지원, 내·외부 고객 요구사항과 각종 혁신활동 사항 반영, 구성원과 이해관계자와의 어플리케이션 지원 등이 포함된다.

통합 정보지원 시스템은 필요에 따라 공급체인 내의 모든 구성원과 관련 데이터와 정보들이 공유되며 공급체인의 프로세스의 표준화, 정형화 등에 활용된다.

다음은 N사의 전사적 자원관리 지원정보 시스템을 구축 사례이다.

회사는 〈그림 7-17〉에서 보는 것과 같은 ERP시스템을 구축하고 있다. 회사의 전사포탈(EP: Enterprise Portal)은 지식의 창출, 축적, 활용의 지식경영(KMS, Knowledge Management System)과 문서관리(EDMS: Electionic Data Management System), 그리고 의사결정 지원과 구성원 커뮤니케이션 지원 그룹웨어(GW: Group Ware), 검색부문으로 구성되어 있다.

업무 프로세스의 혁신을 위해 업무모듈별로 프로세스 혁신(PI: Process Innovation)과제와 세부 개선과제, 그리고 지식경영, 고객만족관련 정보에 기반을 둔 프로세스 개선과제를 통합정보화 함으로써 프로세스 혁신에 대한 구성원의 공감대 형성과 참여에 대한 활성화를 유도하고 있다.

또한 회사는 협력업체 관련 업무 프로세스도 ERP 중심 통합정보 시스템에 연

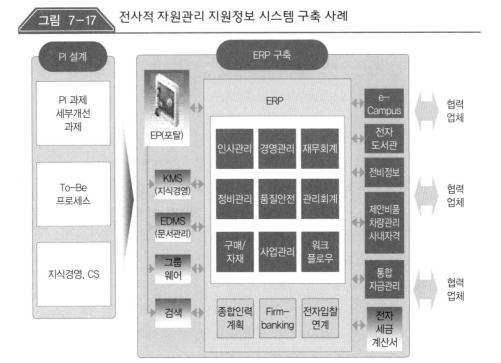

그림 7-17 전사적 자원관리 지원정보 시스템 구축 사례

계되도록 함으로써 실시간 통합관리와 프로세스의 표준화, 정형화 등에 활용 가능하도록 하고 있다.

(4) 업무 프로세스 관리 측정지표

업무 프로세스는 사전에 설계된 목적에 따라 실행되어야 하며 이를 확인하기 위해서는 측정지표를 의해 정기적, 부정기적으로 측정된다. 측정된 지표는 분석과 평가를 거쳐 개선에 활용된다.

일반적으로 업무 프로세스의 측정지표는 사전에 프로세스 설계 목적에 기반을 두어 결정된다. 측정지표는 입력 대비 출력과의 연관성, 상호작용 중심으로 작성하되 상호연계 평가가 가능하도록 설정되는 것이 유리하다.

일반적으로 업무 프로세스의 측정지표는 다음 사항이 고려된다.

• 첫째, 측정이 가능하도록 한다.
• 둘째, 사전 프로세스의 설계 요구사항과의 연계성이 있도록 한다.

- 셋째, 활용 목적에 부합되도록 이용자 누구나가 이해하기 쉽도록 한다.
- 넷째, 목표설정 및 관리가 쉽도록 한다.
- 다섯째. 사람·업무비중 및 성과간에 균형성이 있도록 한다.
- 여섯째, 통제 가능하도록 한다.

이렇게 설정된 측정지표는 실시간 혹은 정기적, 부정기적으로 모니터링되며 수집된 정보는 지원정보 시스템에 저장된다. 저장된 측정정보는 정기적인 분석과 평가를 거쳐 개선에 활용된다.

⟨표 7-5⟩는 N사의 업무 프로세스 측정지표 사례이다.

회사의 업무 프로세스는 그림과 같이 기술개발 프로세스, 정비서비스 프로세스, 지원 프로세스, 그리고 협력업체관리 프로세스 등으로 나누고 있다. 기술개발 프로세스는 성과지표로 기술성, 경제성, 활용성 개념이 설정되고 관련 지표내용에는 지적재산권활용 등이 포함되고 있다. 프로세스 목표로는 '특허기술을 활용한 연계사업추진 150억 원 수주'에 두고 있다.

나머지 업무 프로세스의 성과지표 기본개념과 측정지표, 프로세스 목표/성과 등은 표와 같다. 설정된 측정지표는 개념파악이 쉽고 측정이 가능하며 이용자 누구나가 이해하기 쉽고 목표설정 및 관리가 용이하게 설정되도록 하고 있다.

또한 설정된 지표는 관련 조직 담당자에 의해 정기적으로 측정된다. 측정된 결과는 통합 지원정보 시스템인 ERP 시스템에 입력된다. 입력된 데이터와 정보는

표 7-5 N사의 업무 프로세스의 측정지표 선정

프로세스	성과지표	프로세스 지표내용(예시)	프로세스 목표/성과
기술개발 프로세스	기술성 경제성 활용성	지적재산권 활용	특허기술 이용한 연계사업 추진 150억 원 수주
정비서비스 프로세스	안전성,품질 (사전지표)	무결정 정비수행 품질검사수행	4년 연속 당사 귀책 없음 정비품질확보
지원 프로세스	사이클 타임	월, 분기 회계결산 일수단축 예산편성 소요기간 제증명 발급소요시간	D+8 ⇨ D+3로 D+75 ⇨ D+50 2시간 ⇨ 30분
협력업체 관리 프로세스	적합성	품질보증능력	품질보증 이행상태 평가

정기적으로 분석되어 평가된다. 평가 결과는 표준화된 절차에 의해 업무 프로세스 개선에 활용된다.

3. 업무 프로세스 개선

업무 프로세스의 개선은 업무 프로세스의 고객가치와 조직수익성을 높일 수 있는 개선요소를 찾는 데 있다. 이를 위해서는 사람과 조직, 개선 시스템의 구축과 지원정보 시스템의 세 가지 요소들이 상호연계성을 갖고 운영되어야 한다.

개선관리 조직은 전술한 바와 같이 조직의 규모에 따라 별도의 전담조직, 혹은 혼합조직으로 구성되며 의사결정을 지원하는 위원회 조직 등으로 구성할 수 있다.

개선 시스템 내의 개선정보 파악 수단은 〈표 7-6〉과 같이 수집 수단에 따라 내부 자료와 외부 자료로 구분될 수 있다.

내부 자료에는 주요 업무 프로세스에 대한 측정 결과 자료가 있다. 핵심업무 프로세스 지표, 지원업무 프로세스 지표, 비즈니스 파트너 업무 프로세스 측정지표가 있으며 다시 글로벌, 메가, 서브 프로세스 지표 결과 등으로 나누어질 수 있다. 또한 내·외부 고객에 대한 의견 조사자료, 업무 프로세스관련 조사자료 등이 있다. 내부 구성원의 지식경영 활동자료인 제안활동, 소그룹 활동, CoP 및 6시그마 활동자료 등이 포함될 수 있다.

외부 자료로는 공급사, 협력사 등을 포함한 비즈니스 파트너 요구사항, 고객

표 7-6 개선정보 파악 수단

구 분	수 단	방 법
내부 자료	주요 업무 프로세스 측정지표	핵심업무 프로세스 지표 지원업무 프로세스 지표 비즈니스 파트너 업무 프로세스 측정지표
	내부조사 자료	내·외부 고객관련 의견 조사자료 업무 프로세스관련 조사자료
	지식경영 활동	제안활동, 소그룹 활동, CoP, 6시그마 활동 등
외부 자료	외부 고객관련 자료	공급사, 협력사 등을 포함한 비즈니스 파트너 요구사항, 고객 요구사항
	외부기관 평가자료	각종 연구자료, 매스컴관련 자료, 산업별 분석자료, 선도기업 벤치마킹, 각종 외부 평가 분석자료

요구사항, 외부 평가사항(ISO, 한국서비스 대상, 국가품질상 등) 등이 있다.

　자료의 파악방법은 수단에 따라 직접 파악방법과 간접 파악방법으로 구분될 수 있다. 직접 파악방법 자료로는 홈페이지, 콜센터, 유선전화, 팩스, 고객의 직접 방문 의견제시, 고객의견 엽서 및 각종 의견조사 등이 있으며 간접 파악방법 자료로는 각종 연구자료, 매스컴관련 자료, 산업별 분석자료, 선도기업 벤치마킹, 각종 외부 평가 분석자료 등이 있다.

　파악된 자료는 조직의 규모 및 특성에 따라 통합 지원정보 시스템에 일괄 등록되거나 별도의 사무자동화 수단을 활용하여 통합될 수 있다. 통합된 자료는 전술한 바와 같이 관리조직에 의해 분석, 평가된다. 관련 조직은 업무처리 절차에 따라 분석 평가를 실시한 후 상위 의사결정 조직의 재검토, 토의 등을 거쳐 보완이나 개선이 실행된다. 보완과 개선은 내부 구성원의 지식경영 활동인 제안활동, 소그룹 활동, CoP 및 6시그마 활동에 활용될 수 있다.

　보완이나 개선을 실행한 사항은 품질보증계획서와 사규 개정 및 제정에 반영되며 전사적으로 정착될 수 있도록 한다.

　〈그림 7-18〉은 O사의 업무 프로세스 개선체제 운영의 사례이다.

　회사는 업무 프로세스 개선을 위해 전체 구성원이 참여하는 전사 Work Diet 활동과 현장 제언 시스템(VOB: Voice of Business Process)의 수집자료, 성과연계 업무 프로세스 개선관련 자료를 수집한다. 수집된 자료는 담당조직에 의해 전략과의 일치성을 확인하며 목표를 설정한다.

　조직은 개선을 실행할 조직의 역량을 점검한 후 개선에 따른 변화관리 및 사용자에 대한 교육방안을 검토한다. 이후 프로세스 개선에 따른 변경관리 방안이 수립되고 제 기준이 정립된다. 프로세스 개선에 필요한 필요자원이 정의되며 일정 계획 수립과 장애 대응책이 검토된다. 이렇게 준비된 개선안은 시범 운영되며 그 결과는 검토되어 전사 개선에 적용된다.

　또 다른 P사의 업무 프로세스의 개선체제는 〈그림 7-19〉와 같다.

　개선활동에 대한 관리는 통합 관리되고 있으며 업무 프로세스 개선을 위해 전문가 그룹 CoP 활동, 제안활동, 6시그마 및 소집단 활동, 그리고 우수사례들이 활용되고 있다. 혁신적인 개선안은 적정한 심사과정을 거쳐 지적재산권 출원에 사용된다.

　업무 프로세스의 개선은 개선하고자 하는 업무 프로세스의 개선안을 전술한

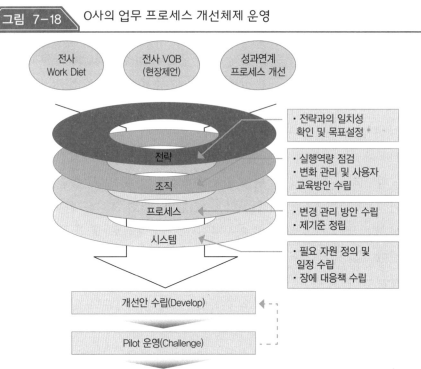

그림 7-18 O사의 업무 프로세스 개선체제 운영

그림 7-19 P사의 업무 프로세스 개선

개선 프로세스에 의해 실행된다. 도출된 개선내용은 통합정보 시스템에 입력된다.

담당부서에서는 관련 부서와 개선에 따르는 문제점과 혁신성, 개선성과 등을 협의한 후 관련 위원회의 검토와 결재과정을 거쳐 개선실행에 반영한다. 결정된 개선안은 표준화를 위해 절차서의 제정 혹은 개정을 한 후 통합정보 시스템에 등록되어 전체 구성원이 공유된다.

4. (주)명왕성 낚시 사례

(1) 업무 프로세스 설계와 혁신

(주)명왕성 낚시는 업무 프로세스의 주요 요구사항을 충족시키기 위해 다음과 같이 설계와 혁신을 하고 있다. 새로운 업무 프로세스의 설계는 전략기획 프로세스의 액션플랜을 통해 실행된다. 계획, 조직, 충원, 집행 및 통제(POSEC)단계를 활용한 액션플랜에는 업무 프로세스 요구사항이 정의되어 있으며 관련 프로세스 설계가 도입되어 있다.

프로세스 관리와 혁신을 위해서는 프로세스 성과를 측정하고 있으며 성과측정 결과에 기반을 두어 혁신에 반영하고 있다. 프로세스의 관리를 위한 측정치의 설정은 측정을 실행하는 통제부서에서 한다. 부서와 회사 프로세스 관리회의에서는 프로세스가 실행된 후 지속적으로 요구사항에 부합되는가를 확인하기 위해 월별로 모니터링을 실시한다.

이러한 프로세스의 혁신도 새로운 업무 프로세스의 설계와 같이 전략기획 프로세스의 POSEC단계를 활용한 액션플랜을 통해 실행된다. 프로세스의 혁신 반영 요소에는 다음과 같은 여러 경로가 있다. 프로세스 관리회의 성과검토 프로세스, ISO 시정 및 예방 조치, 국가품질상 피드백 보고서, 부서 고객의견 게시물 목록 및 기타 이해관계자의 입력자료 등이다. 이 프로세스 개선 아이디어는 전략기획 프로세스에 전달된다.

1) 신기술, 지식을 반영한 프로세스 설계와 개선

(주)명왕성 낚시는 첨단기술 활용이라는 회사의 미션을 달성하기 위해 프로세스 설계와 개선에 신기술에 대한 분석과 활용을 다음과 같이 도입하고 있다. 이 활동은 성과측정과 이해관계자 입력자료를 검토하여 이루어진다. 핵심업무 프로

세스의 신기술 반영과 개선은 실행계획의 단계(POSEC)를 거쳐 수행된다.

다음은 배송 프로세스의 설계와 개선에 신기술의 도입에 대한 분석을 이용한 예이다. 회사의 물류 핵심프로세스의 경우 정확한 배송주문처리 정확도(주문처리 프로세스를 정확하게 처리하는 주문처리 수의 비율)는 91%였다. 이 측정치는 주문처리 프로세스에 개선의 여지가 있다는 것을 보여준다. 전사 실행계획 형태의 프로세스 개선 프로젝트를 수행하고 있는 물류담당 이사는 실행 가능한 여러 다른 기술을 연구하였다. 그 결과 주문처리 프로세스에 휴대형 스캐너 기술을 도입하기로 결정하는 것이었다. 이 기술의 도입으로 인해 주문처리 프로세스의 정확도는 91%에서 94.5%로 크게 향상되었다. 이러한 프로세스의 개선은 주문에 대한 재처리를 감소시켜 지난 1년 동안 약 6천만 원의 비용 절감을 가져왔다.

(주)명왕성 낚시는 프로세스 설계와 개선에 조직의 지식을 활용하기 위해 실행계획 요구사항 개발에 핵심 이해관계자를 참여시키고 있다. 회사는 이러한 참여를 통해 이해관계자의 지식을 프로세스에 적정하게 반영함으로써 프로세스의 원활한 실행과 프로세스의 맹점을 확인하고 개선시킨다.

2) 프로세스 설계의 효율성과 효과성 확보

(주)명왕성 낚시는 프로세스 설계에 린 사고의 원리를 적용함으로써 사이클 타임, 생산성, 비용통제, 기타 효율성 및 효과성을 충족시키고 있다. 린 원리를 활용함으로써 고객의 핵심 요구사항과 다른 이해관계자 요구사항을 동시에 만족시키고 있다. 린 원리에 근거하여 프로세스를 설계하고 계획과 실제 사이클 시간과의 비교를 통해 비용통제는 물론 실제 꼭 필요한 자원만을 할당하고 있다. 이 원리의 도입은 프로세스를 계획단계에서 최고의 효율성과 생산성이 보장되도록 하며 또한 미래 요구에 대한 민첩한 대응을 가능하게 한다.

예를 들면, 2015년, 린 원리를 적용한 물류의 배송 프로세스에 대한 품질관리 실행계획에서, 프로젝트 팀은 새롭게 제안된 프로세스 변경의 개선효과의 타당성을 확인하고 싶었다. 린 원칙을 활용한 결과, 계획과 실제 사이클 타임을 비교하여 정확도는 물론 개선계획의 유효성도 확인할 수 있었다. 이렇게 함으로써 물류 프로세스에 있어 고객 핵심 요구사항인 "빠른 배송"과 이해관계자인 주주의 핵심 요구사항인 "재무적 성과"뿐만 아니라 미래 사업 변화에 대한 민첩한 대응을 할 수 있게 되었다.

(2) 업무 프로세스 관리

1) 업무 프로세스의 운영과 관리

(주)명왕성 낚시는 다음과 같은 업무 프로세스의 운영과 관리를 통해 프로세스 요구사항을 충족시키고 있다. 실행계획서에 업무 프로세스 요구사항을 명시하여 업무실행에 요구사항이 반영되도록 하고 있으며 관리와 통제를 위해 프로세스 측정지표를 설정하여 점검함으로써 프로세스 설계 요구사항이 충족되도록 하고 있다.

실행계획서에는 관련 프로세스 활동이 요약되어 있으며 관련 작업지시서에는 프로세스에 대한 일상적인 운영에 대한 명령과 지침, 실행계획 목표 등이 기록되어 있다. 이렇게 하여 업무실행이 업무 프로세스의 요구사항에 적합하도록 하고 있다.

체계적인 ISO 품질경영체제 인증심사의 실행은 프로세스의 일상적 운영이 작업지시서를 일관되게 따르게 하며 목표에 미달하는 프로세스를 파악하는 데 도움이 된다.

또한 프로세스 관리회의와 부서 프로세스 회의에서는 프로세스가 지속적으로 설계 요구사항에 맞도록 운영되는지를 확인하며 개선에 반영하도록 하고 있다. 이를 위해 월간 단위로 모니터링을 실시하고 그 결과는 프로세스 관리회의와 부서 프로세스 회의에서 보고된다. 또한 프로세스를 관리와 개선을 위한 참고자료로 직원, 고객, 벤더의 입력자료를 활용한다. 이 입력자료는 월례 전략계획 및 프로세스 관리회의를 통해 검토되며 전략기획 프로세스와 프로세스 관리 프로세스를 통해 개선에 반영되고 있다.

입력자료와 적정성

업무 프로세스의 관리와 개선을 위해 입력자료를 다음과 같이 활용하고 있으며 그 적정성을 확보하고 있다. 입력자료는 구성원 참여로부터 얻은 제안 프로그램 자료, 프로세스 관리회의와 개선 프로젝트에서 얻은 자료, 고객만족도 조사와 CEO 핫라인 자료로부터 획득한 고객관련 자료, 벤더만족도 조사와 벤더와의 회의를 통해 얻은 벤더관련 자료 등이다.

고객과 벤더만족도 조사는 벤더의 핵심 요구사항에 대한 성과관련 측정치로 수집된다. 이 자료는 성과검토회의에서 검토된다. 만약 요구사항 목표가 충족되지 않으면, 관련 프로세스에 대한 성과측정치(그림 8-15) 핵심 요구사항에 대한 고객만족)에 대하여 조사한다. 만약 추가 보완과 개선이 필요하다면, 프로세스 관리 회의에서 분기 고객중시 회의자료와 프로세스 관리 회의자료, 상위 리더십 팀이 참가하는 볼드리지 범주 회의자료와 협력업체의 자료 등을 같이 검토한다. 검토 결과 실행계획이 요구되는 보완과 개선사항은 전략기획 프로세스에 전달한다.

다음은 고객이 입력한 자료에 기반을 둔 프로세스 보완과 개선의 예이다. 프로세스 관리회의의 주요 회의내용은 고객의 소리(VOC) 프로세스에서 나온 결과에 대한 논의이다. 논의 주제 중 하나는 신용카드 프로세싱 프로세스에 있어 기업은행 카드를 추가하는 것이었다.

고객 피드백에서도 기업은행 카드의 사용불가에 대한 고객불만이 제기되었었다. 이 정보는 (주)명왕성 낚시의 경쟁적 위치를 확인할 수 있는 비교 데이터 및 경쟁력 분석 프로세스에도 나타났었다. 또한 고객이 지적한 프로세스 개선제안에도 확인되었다. (주)명왕성 낚시는 기존의 신용카드 승인 프로세스를 재검토하고 기업은행 카드의 사용을 허용하도록 하는 신용카드 지불 프로세스를 수정하였다. 이 결과 새로운 고객 33,220명에게 첫 구매에서 기업은행 카드를 사용할 수 있게 하였다. 이렇게 함으로써 접수처리 운영 프로세스의 고객 핵심 요구사항인 "주문 용이성"을 충족시킬 수 있는 주문처리 운영프로세스를 유지할 수 있었다.

프로세스 측정지표의 활용

(주)명왕성 낚시는 프로세스 관리와 통제에 반영되는 측정지표를 다음과 같이 설정하며 개선에 반영하고 있다. 업무 프로세스의 핵심성과 측정치는 회사목표에 대한 성과측정치 〈그림 8-39〉, 핵심프로세스 BSC 〈그림 8-45〉와 하위 프로세스 BSC(표 7-7 참조)로 구성되어 있다.

핵심프로세스는 하위 프로세스로 구성되어 있으며 하위 프로세스 BSC를 설정하고 있다. 핵심프로세스와 하위 프로세스는 설정된 측정치에 의하여 모니터링을 실시한다. 핵심프로세스 관리를 위해 하위 프로세스 측정치를 합계한 핵심프로세스 BSC가 있고 이것은 핵심프로세스 관리와 개선에 활용된다. 프로세스는 회사목표를 달성하도록 설계되어 있으므로 회사목표 달성에 대한 성과검토는 프로세스 성과 관리와 개선에 활용된다.

그 예로 고객의 상품 회수 프로세스의 성과를 측정한 결과, 측정치가 목표보다 낮았다. 따라서 회사는 그 원인을 파악하여 프로세스 개선 실행계획을 수행하였다. 개선 실행계획에는 프로세스 성과개선을 위해 린 사고의 프로젝트를 도입하

표 7-7	일부 하위 프로세스의 BSC			
하위 프로세스	측정치	2013	2014	2015
회수	같은 날 회수	700	900	1,000
	회수비용	10원	12원	15원
주문처리	주문당 비용	5원	6원	7원
	같은 날 주문처리	800	1,000	1,100
배송	같은 날 배송	750	950	1,050
	배송포장품질	95	98	99
	배송정확도	95	98	99
	시간당 배송라인 수	20	23	25
	주문당 비용	10원	13원	15원

기로 하였고 그 결과 전체 프로세스 중 부가가치가 없는 일부 하위 프로세스를 제거할 수 있었다. 그렇게 하여 관련 프로세스의 효율성을 크게 개선할 수 있었으며 고객의 상품 반환요구에 같은 날 반환을 가능하게 함으로써 고객 핵심 요구사항인 "주문용이성"에 부응할 수 있었다.

2) 업무 프로세스의 관리비용 통제, 결함과 서비스 오류 및 재작업 방지

업무 프로세스의 관리비용을 통제하고 결함과 서비스 오류 및 재작업을 방지하기 위해 다음과 같이 하고 있다. 전체 프로세스 비용을 통제하기 위해, 프로세스 BSC에는 비용과 효율성을 관리하는 데 도움을 줄 수 있는 주문관련 비용효율성 성과분석을 하고 있다. 또한 회사가치인 "전사적 학습"의 일환으로 전체 직원을 대상으로 세 가지 린 학습훈련을 실시하였다. 더 나아가 모든 상위 리더와 엄선된 정규직원을 대상으로 네 개의 린 학습훈련 프로젝트(전략계획의 일부)를 추가 실시하였고 이를 통해 전사적으로 프로세스 관리 프로세스에 린 원칙을 도입하였다. 린 원칙이 프로세스 관리에 도입됨으로써 프로세스의 관리비용을 절감할 수 있었고 프로세스 관리비용 효율성을 개선하였다.

(주)명왕성 낚시는 결함과 서비스 오류 및 재작업을 방지하기 위해 관련 프로세스에 대한 프로세스 성과를 측정하고 있으며 성과측정 결과와 이해관계자 입

력자료인 제안 프로그램 자료, 프로세스 관리회의와 개선 프로젝트 실행에서 얻은 자료, 고객만족도 조사와 CEO 핫라인 자료로부터 획득한 고객관련 자료, 벤더 만족도 조사와 벤더와의 회의를 통해 얻은 벤더관련 자료 등을 활용하여 결함과 서비스 오류 및 재작업에 대한 보완을 하고 있다.

또한 결함, 오류 및 재작업을 방지하기 위해서 작업지시서가 작성되고 있으며 정기적인 내부 ISO 품질경영체제 인증심사를 통해 각각의 프로세스가 작업지시서에 따르도록 하고 있다. 재고에 대해서도 매년 재고확인을 실시하고 있으며 문제발생시에는 담당부서에 보고하여 조치하고 있다.

회사는 특히 배송 프로세스에 있어 고객의 핵심 요구사항인 "정확하고 완벽한 배송"을 보장하기 위해 관련 프로세스에 대하여 세 번의 확인을 하고 있다. 첫 번째 시스템 확인은 분류 프로세스에서 한다. 분류 프로세스에서 핸드헬드기술사용은 프로세스 개선 대책 실행으로 2014년에 도입하였다.

핸드헬드 기술은 주문에 맞게 상품이 선택되도록 하기 위한 시스템 체크 역할을 한다. 두 번째 시스템 체크는 배송을 위해 올바른 상품과 수가 선택되었는지를 확인하는 것이다. 세 번째 시스템 체크는 포장된 후에 예상되는 무게와 외부설정 공차허용을 식별하는 포장무게 시스템에 대한 확인이다. 이러한 확인절차를 실행함으로써 정확하고, 완전한 배송을 보장하고 있다.

회사의 ISO 품질경영체제 인증 내부 심사일정은 매년 심사비용을 최소화하고 필요한 곳에 심사가 집중되도록 하기 위해 이전 감사 결과와 지난 프로세스 성과, 프로세스 고려사항 등을 반영하여 상황에 따라 적정하게 조정한다. 이렇게 하여 효율적인 심사가 되도록 하고 있다.

(3) 업무 프로세스 개선

1) 업무 프로세스 개선

(주)명왕성 낚시는 보다 나은 성과를 달성하고, 변동성을 줄이고 프로세스를 현재의 사업요구와 방향에 맞도록 하기 위해 업무 프로세스를 다음과 같이 개선하고 있다.

핵심성과 측정치는 회사목표, 고객만족도(조사 결과), CEO 핫라인 자료(조사 결과), 벤더만족도(조사 결과), 주주만족도, 현대적 경영혁신기법 실행성과 및 재무적 성과 등이다. 이 결과는 성과검토회의에서 검토되며 성과부족에 대한 논의는 프로세스 관리회의에서 한다.

프로세스 관리회의에서는 프로세스 관리 프로세스를 통해 프로세스 성과를 모니터링하고 개선에 반영한다. 또한, 성과를 측정한 결과, 목표보다 낮을 때나 받아들일 수 없는 추세가 보고될 때에는 프로세스 개선 팀의 원인 분석자료와 ISO 품질경영체제 인증심사 관련 자료 등을 확인한다. 이 서류의 확인을 통해 프로세스 성과미흡의 근본적인 원인을 규명하고 해결책을 마련한다. 해결책은 복잡성에 따라 린 카이젠 혁신대회 혹은 부서 실행계획, 전사 실행계획으로 실행한다.

개선 실행계획 일정은 부사장이 참여하는 프로세스 관리 프로세스에서 결정된다. 이 회의에서는 프로세스 개선목표와 베스트 프랙티스 자료를 함께 검토하여 개선내용을 확인한다.

개선은 역시 린 카이젠 혁신대회 혹은 부서 실행계획, 전사 실행계획으로 실행된다. 이러한 개선은 회사의 전략적 목적에 맞도록 하며 이 내용은 프로세스 관리회의에 보고된다. 프로세스 관리회의에서는 프로세스 요구사항에 대한 영향을 검토하며 실행계획이 요구되는 변경사항은 전략기획 프로세스에 전달된다.

2) 개선 결과 공유

(주)명왕성 낚시는 체계적으로 전사적인 학습과 개선을 전개하는 다양한 메커니즘을 유지하고 있다. 회사 내에는 주요 변화의 역사적 기록이 있는 발간자료를 보관하는 인트라넷이 있으며 그 외에도 실행계획에 대한 표준화된 사후 검토자료, 전사 실행계획, 부서 실행계획, 린 프로젝트 추진 결과 및 개선 프로젝트 리스트 등 같은 정보가 보관되어 모든 직원이 사용할 수 있도록 하고 있다. 이러한 정보는 직원과 이해관계자 그룹 특히 벤더와 공유되며 개선과 혁신에 활용된다.

예를 들면, "상품구매"부서와 "물류"부서의 협동으로 개선이 이루어진 사례가 있다. "상품구매"부서에서는 고객주문 상품간 상관관계 분석 결과를 "물류"부서와 공유하여 배송 프로세스를 개선하였다. 상관관계가 높은, 즉 자주 동반구매되는 상품을 창고에서 가깝게 배치함으로써 배송효율성을 크게 증가시킬 수 있었다. 이 개선은 고객 핵심 요구사항인 "신속한 배송"에 크게 기여하였다.

📜 **토의 문제**

(주)명왕성 낚시 사례의 다음 사항에 대한 강점과 약점은 무엇인가?

1. 업무 시스템 설계와 혁신
2. 핵심역량의 결정과 업무 시스템 연계성
3. 핵심업무 프로세스 구분
4. 핵심업무 프로세스의 요구사항 결정
5. 재해 및 긴급사태 대응
6. 업무 프로세스 설계와 혁신
7. 업무 프로세스의 운영과 관리
8. 입력자료와 적정성
9. 프로세스 측정지표의 활용
10. 업무 프로세스의 관리비용 통제, 결함과 서비스 오류 및 재작업 방지
11. 업무 프로세스 개선

Introduction to Management Quality

Chapter **8**

경영성과

제 1 절   상품과 서비스 성과

제 2 절   고객중시 성과

제 3 절   재무와 시장 성과

제 4 절   인적자원 중시 성과

제 5 절   프로세스 성과

제 6 절   리더십 성과

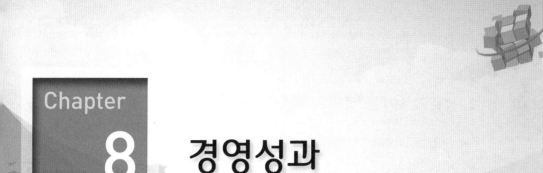

Chapter 8 경영성과

조직의 경영성과는 제2장부터 제7장까지의 요구사항에 대한 조직의 성과이다. 여기에는 상품과 서비스 성과, 고객중시 성과, 재무와 시장 성과, 인적자원 중시 성과, 프로세스 성과 및 리더십 성과를 포함한다. 경영성과는 수준과 경향으로 제시되어야 한다. 성과의 수준은 유사한 상품과 서비스를 산출하는 경쟁사 대비 비교지표/척도, 목표 대비 지표/척도 등 상대적인 자료로 제시되고 추세 파악이 가능하도록 제시되어야 한다.

제1절 상품과 서비스 성과

이 범주는 조직이 고객을 위해 제공했던 상품과 서비스에 대한 성과에 대한 평가이다.

전략기획 과정에서 조직은 상품과 서비스의 산출 및 제공과정에 필수적으로 반영되어야 할 고객가치 제고 및 기대와 요구 반영을 위한 고객 핵심 요구사항을 결정하게 된다. 상품과 서비스 성과는 바로 결정된 고객 핵심 요구사항에 대한 성과를 보여주는 것이다. 즉, 전략기획 과정에서 결정된 고객 핵심 요구사항 항목과 연계된 성과를 보여주는 부분이다.

1. 상품과 서비스 성과의 수준과 경향

(1) 상품과 서비스 성과의 척도/지표

고객 핵심 요구사항과 관련된 항목은 많을 수 있다. 예를 들면 조직이 결정한 고객 핵심 요구사항의 특성에 따라 상품 및 서비스의 품질관련 특성, 즉 성능, 내구성, 신뢰성, 공감성, 대응성, 유형성, 확신성 등으로 설명되어 질 수 있으며 기타 고객존중서비스, 접근용이성, 커뮤니케이션, 상품 구색, 상품가용성, 신속한 배송, 정확하고 완벽한 배송, 가격경쟁력, 지식 등 다양한 항목이 선택될 수 있다.

조직은 상품 및 서비스 성과 평가의 효율성과 객관성을 제고시키기 위해 비교자료를 활용한다. 비교자료는 월드 클래스 급, 국내 클래스 급, 산업별 베스트 프랙티스 급 혹은 각 항목별 베스트 프랙티스 급 자료가 활용될 수 있다. 기타 경쟁사나 베스트 프랙티스 회사자료, 유사조직의 자료 등이 활용될 수도 있고 비교자료 산출이 불가능한 경우 목표 대비 달성도로써 제시될 수 있다.

성과자료는 추세나 경향이 파악될 수 있도록 하는 것이 바람직하다. 보다 용이한 파악과 분석을 위해 도표 등을 활용하고 지표 혹은 척도로 제시되도록 한다.

추세나 경향이 분석되기 위해서는 가능하면 최소 3개년 이상의 성과자료가 제시되어야 하나 자료제시가 불가능한 경우 다른 보충자료가 설명되는 것이 좋다. 만약 추세나 경향이 불규칙한 변동이 보일 경우는 이에 대한 원인규명과 함께 대응책도 포함시키는 것이 합리적이다.

2. (주)명왕성 낚시 사례

회사는 성과를 평가하기 위해 베스트 프랙티스 회사에 대한 비교자료를 지속적으로 찾고 있다. 전략기획 프로세스에서 비교자료는 핵심지표의 목표 수립에 대한 타당성을 조사하고 전략적 우위와 혁신 기회를 결정하는데 도움을 주기 위해 사용된다. 비교자료는 ① 벤치마크, 월드 클래스, 국가품질상 수상기업, ② 경쟁사, ③ 산업, ④ 외부 비교기업(유사조직), ⑤ 내부의 순서로 부서장이 선택한다.

(1) 상품과 서비스 성과에 관한 척도/지표의 결과

회사는 상품유통 업무 시스템에 관한 고객 핵심 요구사항에 연계된 프로세스

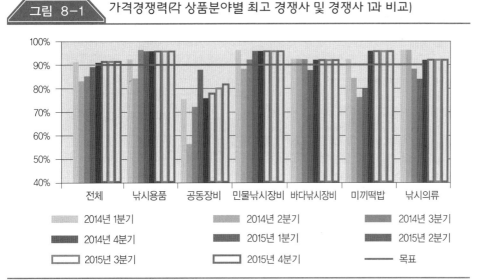

그림 8-1 가격경쟁력(각 상품분야별 최고 경쟁사 및 경쟁사 1과 비교)

측정치를 사용하여 상품성과를 측정한다. 회사는 제2절(고객중시 성과)에서 제시된 것과 같이 제1의 회사목표인 '고객만족'과 관련된 고객 핵심 요구사항에 대한 고객인식을 이용하여 고객중시 성과를 측정한다.

1) (고객 핵심 요구사항) 가격경쟁력

회사의 가격경쟁력은 가장 인기 있는 15개의 상품가격을 각 상품분야에 최고 경쟁사 및 경쟁사 1이 제시하는 가격과 비교하여 측정한다. 이 척도는 경쟁회사와 비교할 때 자사의 가격이 매우 경쟁력이 있다는 것을 보여준다.

또한 이 척도는 제1의 회사목표인 '고객만족'에 부합하는 고객 핵심 요구사항인 '가격경쟁력'과 직접 관련이 있다.

• 판매촉진 매출액 및 마진: 회사의 판매촉진 매출액 및 마진은 전략적 경쟁우위 전략인 '인기 상품의 집중광고 전략'과 고객 핵심 요구사항인 '가격경쟁력'과 직접적으로 관련되어 있다. 이 성과는 회사의 이러한 차별적 비즈니스 모형으로 인하여 타 회사의 성과와는 비교하기 어렵다.

회사는 또한 총마진목표를 유지하기 위해서 판매촉진으로 인한 매출 비중을 일정하게 제한하고 있다. 이러한 관행은 회사가 고객 핵심 요구사항인 '가격경쟁력'과 주주 핵심요구사항인 '재무성과'를 동시에 충족시키도록 하고 있다.

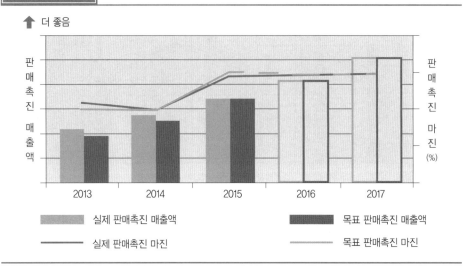

그림 8-2　판매촉진 매출액 및 마진

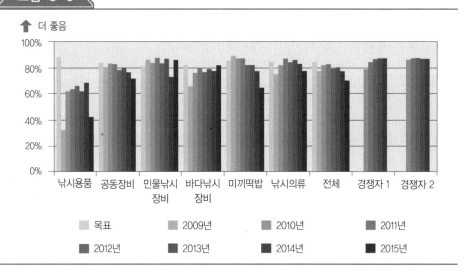

그림 8-3　상품범주별 재고보유율

2) (고객 핵심 요구사항) 상품가용성: 재고보유율

재고보유율은 판매가능한 상품의 수를 총상품 수로 나눈 것이며 고객 핵심 요구사항인 '상품가용성'과 재고관리의 전략적 우위인 '품절제로'의 상품전략과 직접적으로 관련되어 있다. 〈그림 8-3〉을 참조하라.

2013년 이후 이 산업은 산업 생산능력을 초과하는 수요 급증이 있어 2015년

그림 8-4   배송포장품질

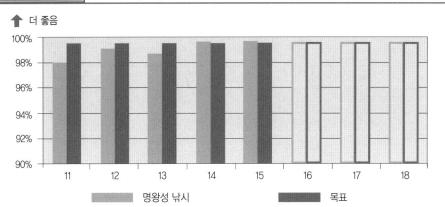

의 재고보유율이 하락하였다. 이는 산업 전체의 전략적 도전 과제이었다.

　이러한 상황은 산업 전반에 걸친 현상이기 때문에 회사는 이러한 재고보유율 하락이 고객만족에 영향을 미치지 않는다고 분석하였다. 그럼에도 불구하고 회사는 이 측정치를 완화시키기 위한 활동계획을 수립하였다. 여기에는 계절별 시작/종료 일자, 미래 매출액 승수 개선, 과잉재고의 관리 및 대량구매 한계치가 포함된다.

3) (고객 핵심 요구사항) 정확하고 완벽한 배송
- 배송포장품질: 배송포장품질은 배송용 포장패키지의 표본을 점검함으로써 측정된다. 이는 고객 핵심 요구사항인 '정확하고 완벽한 배송'과 직접 관련 이 있다. 고객 핵심 요구사항을 충족시키기 위해 포장패키지가 완벽하게 고 객에게 도달하도록 상품의 정확성과 양 뿐만 아니라 포장의 질도 점검한다.
- 배송정확도: 배송정확도는 배송직원의 상품에 대한 정확한 스캔 횟수를 전 체 스캔 횟수로 나눈 것이며 고객 핵심 요구사항인 '정확하고 완벽한 배송' 과 직접 관련이 있다. 〈그림 8-5〉에서와 같이 회사는 지난 5년간 목표를 달 성하였거나 약간 미달하였다. 회사의 비교 대상으로 내부에서 가장 높은 성 과를 보인 25명의 평균을 사용하였다.

4) (고객 핵심 요구사항) 상품구색: 상품의 수
상품의 수는 고객 핵심 요구사항인 '상품구색'과 회사의 전략적 우위인 '완벽

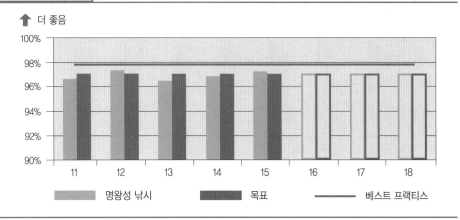

그림 8-5 배송정확도

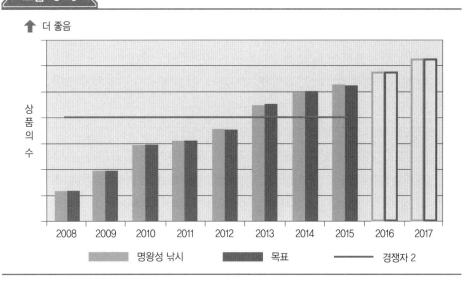

그림 8-6 전체 상품의 수

한 상품구색 전략'에 직접적으로 연계되어 있다.

〈그림 8-6〉에서 보면 회사의 상품관련 요소는 2008년 이후 급격하게 증가하여 이러한 고객 핵심 요구사항을 더 잘 충족시키고 있다. 또한 이는 회사가 제1의 회사목표인 '고객 만족' 달성에 기여하며 회사에게 경쟁적 우위를 제공한다. 여기에 포함된 것은 경쟁사 2에 대한 비교이다. 상품의 수는 산업에 따라 다르기 때문에 베스트 프랙티스 비교는 적절하지 않다.

5) (고객 핵심 요구사항) 신속한 배송: 당일 배송

당일 배송은 고객 핵심 요구사항인 '신속한 배송'과 직접적으로 연결된 배송 프로세스 효율성에 대한 척도이다. 이는 저녁 6시 전에 주문받아서 당일 배송한 주문 수를 그날 받은 모든 주문 수로 나눈 것이다. 2005년부터 회사는 오후 2시 전에 주문받아서 당일 배송한 주문 수로 계산하였으나 2010년 8월에는 이 프로세스를 개선하여 오후 4시까지 주문받아 당일 배송한 주문 수로 계산식을 변경하였다.

2013년에 목표에 미달한 성과가 나온 이유는 시간급 직원 및 감독직원의 충원이 부족하여 물류부문의 계획과 통합이 제대로 안 이루어졌기 때문이다. 그 결과, 회사는 시간급 직원 및 감독직원에 대한 인적자원계획 프로세스를 개선하였다. 그래프에서 보이는 것과 같이 이 같은 충원 프로세스는 2014년에 거의 목표치에 근사한 성과를 달성하였으며 앞으로도 목표수준의 성과를 달성할 것으로 예측된다. 일반적으로 모든 상품패키지는 여러 상품 유형을 한꺼번에 넣어 보내고 같은 정도의 긴급성을 가지고 배송하기 때문에 성과척도는 세분화될 수 없다.

이 회사의 성과는 이 산업에서 베스트 프랙티스이다. 〈그림 8-7〉에서는 당일 낮 12시까지의 성과(동일산업 내 타 회사) 및 당일 저녁 6시까지의 성과((주)명왕성 낚시)를 비교하고 있다.

그림 8-7   당일 배송

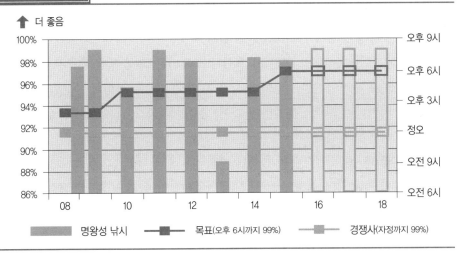

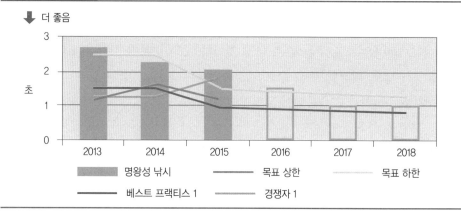

그림 8-8 웹사이트 속도(홈페이지 로딩시간)

⬇ 더 좋음

범례:
- 명왕성 낚시
- 목표 상한
- 목표 하한
- 베스트 프랙티스 1
- 경쟁자 1

6) (고객 핵심 요구사항) 접근용이성

• 웹 사이트 속도: 웹 사이트 속도는 고객 핵심 요구사항인 '접근용이성'과 직접적으로 관련된다. 이 목표의 달성을 위해 회사는 신속하게 주문을 처리하여야 한다. 주문처리 속도는 웹과 전화로 나누어서 측정된다.

〈그림 8-8〉의 웹 사이트 속도는 홈페이지를 로딩시키는데 걸리는 시간을 초로 측정한 것이다. 웹 사이트 속도는 홈페이지 로딩시간과 탐색속도로 나누어 볼 수 있으나 탐색속도는 여기에 게시하지 않았다. 홈페이지 로딩시간은 전국의 네 곳에서 매일 매시간 측정하고 있다. 회사는 이 성과를 베스트 프랙티스 1 및 경쟁사 1과 비교하고 있다.

• 연간 시간 서비스 요인: 연간 시간 서비스 요인은 고객 핵심 요구사항인 '접근용이성'과 관련이 있다. 전화의 시간 서비스 요인은 전화로 주문을 받는 속도를 의미하며 고객접촉센터에 들어오는 전화 중 20초 이내에 응답하는 전화의 비율을 말한다.

지난 몇 년 동안 엄청나게 늘어난 매출에도 불구하고 〈그림 8-9〉를 보면 시간 서비스 요인이 목표에 약간 미달하였다. 이 목표는 회사의 베스트 프랙티스의 성과와 비슷하게 설정되어 있다. 2013년 베비붐 세대의 은퇴가 시작된 후 낚시붐이 일어나 산업 생산능력을 초과하는 수요 급증 때문에 2015년의 시간 서비스 요인이 감소하였다. 다음의 주간 시간 서비스 요인에서 보이는 것과 같이 시간 서비스 요인은 이 산업에 미치는 환경변화에도 불구하

연간 시간 서비스 요인

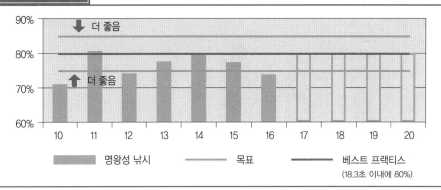

그림 8-10   주별 시간 서비스 요인

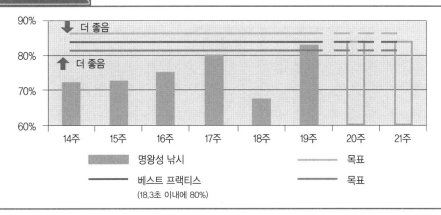

고 바람직한 성과를 보이고 있다.

· 주별 시간 서비스 요인: 주별 시간 서비스 요인은 고객 핵심 요구사항인 '접근
  용이성'과 관련이 있다. 〈그림 8-10〉은 개정된 충원계획과 다수의 실행계획
  에 따른 현재의 추세를 보여주는 주별 그래프이다.

· 웹과 전화 가동시간: 회사의 핵심커뮤니케이션 메카니즘은 고객 핵심 요구사
  항인 '접근용이성'을 충족시키는데 매우 중요하다. 회사는 가동시간을 전화
  와 웹으로 나누어 측정한다.

· 웹 가동시간: 웹 가동시간은 어느 기간 동안 웹사이트가 활용 가능한 시간을
  전체 시간으로 나눈 것이다. 회사는 가동시간을 개선하기 위해 2013년부터
  웹 쇼핑카트와 체크 아웃 앱을 다시 작성하는 실행계획을 가지고 있으며 이

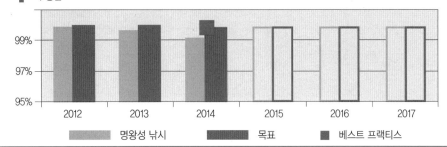

그림 8-11 웹 가동시간

↑ 더 좋음

범례: 명왕성 낚시 / 목표 / 베스트 프랙티스

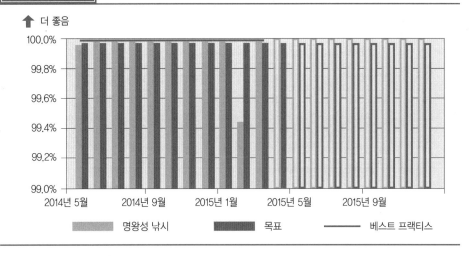

그림 8-12 전화 가동시간

↑ 더 좋음

범례: 명왕성 낚시 / 목표 / 베스트 프랙티스

를 반영하여 목표를 수정하였다. 〈그림 8-11〉은 이를 보여준다.

• 전화 가동시간: 전화 가동시간은 고객 핵심 요구사항인 '접근용이성'과 관련이 있다. 이 데이터 베이스를 활용하여 회사는 예상치 못한 가동불능시간을 추적하는데 이를 매월 누적하여 100%에서 빼면 가동시간이 계산된다. 〈그림 8-12〉에서 나타난 전화 가동시간은 베스트 프랙티스에 근접한다.

7) (고객 핵심 요구사항) 고객존중 서비스

고객존중 서비스란 우호적이며 정중하고 공손하며 윤리적인 서비스를 의미한다. 이 항목은 〈그림 8-15〉(고객만족도)와 〈그림 8-16〉(핵심 요구사항별 고객만족도) 중 네 번째 요구사항인 '고객존중 서비스'를 참조한다.

8) (고객 핵심 요구사항) 지식

이 항목은 〈그림 8-15〉(고객만족도)와 〈그림 8-16〉(핵심 요구사항별 고객만족
도) 중 여덟 번째 요구사항인 '지식'을 참조한다.

9) (고객 핵심 요구사항) 탁월한 커뮤니케이션

· 팜플렛 반응률: 팜플렛 반응률은 고객 핵심 요구사항인 '탁월한 커뮤니케이
션'과 관련이 있는데 여기서 '탁월한 커뮤니케이션'이란 '적시에, 유의미하
며, 양질의, 마케팅 커뮤니케이션'을 의미한다.
회사는 모든 마케팅 커뮤니케이션에 대한 반응률을 조사하여 이 고객 핵심
요구사항의 충족정도를 가늠하는 지표로 활용하고 있으며 회사가 제1의 회
사목표인 '고객만족'을 달성하는데 기여하고 있다. 반응률은 팜플렛, 주 카탈
로그, 홍보용 이메일 등으로 구분된다. 소매 팜플렛 반응률은 팜플렛을 받은
고객 중에서 주문을 하는 고객의 비율을 나타낸다. 이 회사의 반응률은 베스
트 프랙티스이며 〈그림 8-13〉에서 보는 것과 같이 계속 개선되고 있다.

· 주 카탈로그 반응률: 〈그림 8-14〉의 주 카탈로그 반응률은 고객 핵심 요구사
항인 '탁월한 커뮤니케이션'과 관련이 있는데 여기서 '탁월한 커뮤니케이션'
이란 '적시에, 유의미하며, 양질의, 마케팅 커뮤니케이션'을 의미한다. 이는
주 카탈로그를 받은 후 주문을 하는 고객의 수를 송부한 카탈로그의 총수로

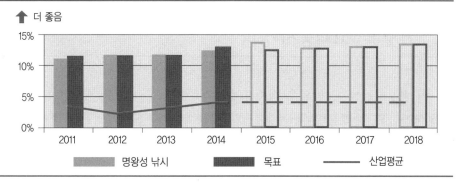

그림 8-13   팜플렛 반응률

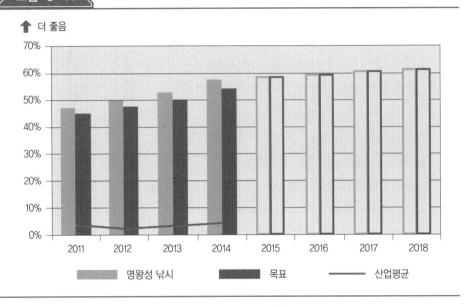

그림 8-14 주 카탈로그 반응률

나눈 것이다. 팜플렛 반응률과 같이 주 카탈로그 반응률도 고객 핵심 요구 사항의 충족정도를 가늠하는 지표로 활용하고 있다. 이 또한 No. 1 회사목 표인 '고객만족'을 달성하는데 기여하고 있다.

10) (고객 핵심 요구사항) 산업지원

이 항목은 〈그림 8-56〉의 주요 사회 공동체 지원, 한국프로낚시연맹 회합기 여금 등을 참조한다.

제 2 절 고객중시 성과

이 범주에서는 제4장의 고객중시의 결과로 나타난 성과를 제시한다. 특히 조 직의 고객만족, 고객불만족, 열성 고객과 관련된 고객중시 성과를 요약하여 제시 한다. 이러한 성과를 상품관련 요소, 고객 집단 및 세분시장별로 분리하여 서술하 며 경쟁회사 및 유사한 상품을 제공하는 조직과의 비교자료를 제시할 필요가 있다. 고객중시 성과에서는 조직이 얼마나 고객을 만족시키고 있으며 고객과 장기적인 관계를 유지하면서 열성 고객으로 만들고 있는가를 보여주어야 한다.

1. 고객중시 성과의 수준과 경향

(1) 고객만족 성과의 척도/지표

고객의 만족과 불만족에 대한 주요 척도나 지표의 현재 수준과 경향을 제시한다. 현재 수준은 경쟁사와 비교하여 조직의 수준이 어느 정도인지를 가늠하게 해주며 경향은 과거 3년간의 자료를 통해 조직의 경쟁력 추세를 알 수 있게 한다.

고객의 만족과 불만족을 나타내는 지표는 많다. 예를 들어 고객을 상대로 한 설문조사로 측정되는 고객만족도 및 고객불만족도, 고객이탈률, 고객 불평 횟수, 고객의 클레임 금액 및 건수 등을 들 수 있다. 한편 유사한 상품을 제공하는 경쟁회사나 다른 조직의 고객만족 수준과 비교한 조직의 고객만족 수준도 중요한 척도가 된다. 예를 들어 외부기관이 조사한 서비스 품질지수나 서비스 만족도, 외부기관이 인정한 고객관련 서비스 등급, 외부기관의 고객만족 관련 상 수상경력 등이 비교 척도로 사용될 수 있다.

이 문항에서 보고되는 고객만족, 불만족, 관계 구축 및 열성 고객관련 성과는 고객중시 범주에서 논의된 고객 집단 및 세분시장과 연결되어야 하며 고객의 소리 청취방법과 고객만족, 불만족의 결정방법과도 연결되어야 한다. 경쟁사나 비교되는 다른 조직의 고객만족과 관련하여 상품에 대한 고객만족의 척도와 지표가 포함되어야 하는데 여기에는 고객으로부터의 자료와 정보, 벤치마크 정보뿐만 아니라 독립된 기관으로부터의 자료와 정보도 포함할 수 있다.

(2) 고객관계 구축과 열성 고객 성과의 척도/지표

고객관계 구축과 열성 고객과 관련한 주요 척도나 지표의 현재 수준과 경향도 제시되어야 한다. 고객관계를 구축하고 열성 고객을 만드는 기업의 여러 시스템 및 정책 등을 실행한 성과가 주된 자료가 된다. 또한 상품에 대한 고객 라이프 사이클의 초기, 중기, 말기 등을 지나는 기간 동안의 조직의 고객성과도 같이 제시될 필요가 있다.

2. (주)명왕성 낚시 사례

(1) 고객만족(불만족)에 관한 척도/지표의 결과

여기에 나열된 척도·지표 외에 고객만족의 다른 지표는 〈그림 8-21〉의 상품반품률과 〈그림 8-22〉에 나타난 매출총액 결과이다.

1) (핵심지표) 고객만족

고객만족은 제일의 회사목표이다. 이는 회사 핵심지표이며 〈표 1-9〉(회사의 핵심지표)에 언급된 것과 같이 회사에 대단히 중요하다. 회사의 고객만족 설문조사에서 전반적인 만족이 평가된다. 유통산업 평가기관에서 지속적으로 높은 성과를 올리고 있는 경쟁자 1의 성과를 벤치마크 대상으로 활용하고 있다. 회사의 성과는 산업 내의 다른 회사와 비교할 경우 월등하며 거의 벤치마크 수준에 근접하고 있다. 회사의 2015년 전략계획에서는 벤치마크 수준으로 나아가기 위해 고객만족도와 충성도를 개선하는 전략목표를 수립하였다. 회사는 '플래티넘 사업'의 최우수 홈페이지 프로그램에서 네 번 연속하여 플래티넘 상을 수상하였다.

2) 고객 핵심 요구사항별 고객만족

고객 핵심 요구사항별 고객만족(그림 8-16)은 모든 고객 핵심 요구사항에서 높은 성과를 보이고 있는 〈그림 8-15〉의 그래프를 세분화한 것이다. 〈표 1-6〉(조직의 지배구조)에 고객 핵심 요구사항이 나열되어 있다. 회사는 현재 모든 고객 핵심 요구사항에서 우수한 성과를 보이고 있다. 열 번째 고객 핵심 요구사항인 '관련 산업 지원'은 회사의 취약 영역으로 판단되었다. 그러므로 회사는 이 요구사항의 성과에 대한 고객의 인식을 측정할 수 있도록 고객만족 설문조사에 문항을 추가하였다.

(2) 고객관계 구축과 열성 고객에 관한 척도/지표의 결과

1) 고객유지

고객유지는 충성도, 관계구축 및 열성의 지표이기에 회사는 매년 지속적으로 구매하는 고객의 35%에 대해 고객유지 척도를 측정한다. 이 척도는 고객 핵심 요구사항을 만족시키는 회사의 능력을 보여주는 지표이기도 하다. 회사의 성과는 〈그림 8-17〉과 같이 지난 몇 년 동안 목표를 초과하며 지속적으로 상승하는

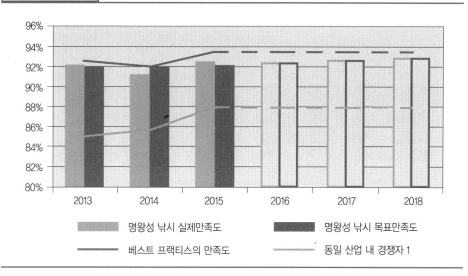

그림 8-15   고객만족도

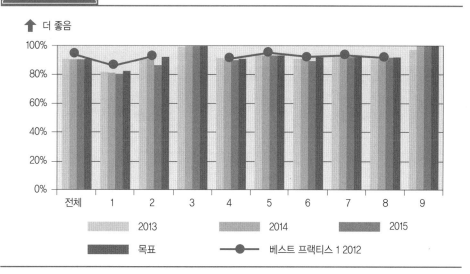

그림 8-16   고객 핵심 요구사항별 고객만족도

추세를 보이고 있다. 비록 고객유지에 관해 상당한 수준과 추세를 유지하고 있지만 2015년의 전략계획은 고객만족과 충성도의 향상이라는 전략목표를 수립하였다. 이는 회사의 가치인 '고객주도의 수월성'을 추구하는 제1의 회사목표가 고객만족이기 때문이다.

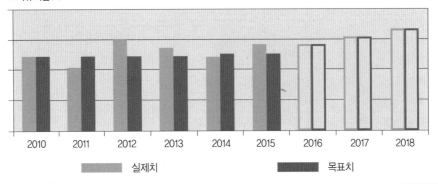

그림 8-17 고객유지율

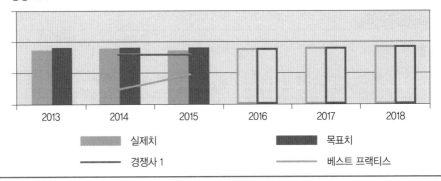

그림 8-18 고객충성도

2) 고객충성도

고객충성도는 '다시 구매할 의향이 있는가?'라는 고객만족 설문문항에 대한 고객응답으로 측정한다. 이는 충성도, 관계구축 및 열성의 척도이다. 이 척도는 고객 핵심 요구사항을 모두 충족시키는 회사의 능력을 나타내는 지표이다. 비록 〈그림 8-18〉에서 고객충성도에 관해 상당한 수준과 추세를 유지하고 있지만 2015년의 전략계획은 고객만족과 충성도의 향상이라는 전략목표를 수립하였다. 이는 회사의 가치인 '고객주도의 수월성'을 추구하는 제1의 회사목표가 고객만족이기 때문이다.

| 그림 8-19 | 활동적 고객수 및 성장률 |

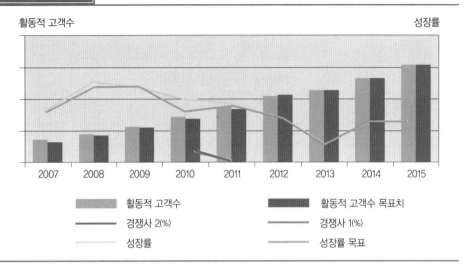

활동적 고객수   성장률

범례:
- 활동적 고객수
- 활동적 고객수 목표치
- 경쟁사 2(%)
- 경쟁사 1(%)
- 성장률
- 성장률 목표

(x축: 2007 2008 2009 2010 2011 2012 2013 2014 2015)

3) 활동적 고객

활동적 고객은 지난 12개월 동안에 구매한 적이 있는 고객의 수이다. 이 또한 충성도, 관계구축 및 열성의 척도이다. 활동적 고객의 성장률은 지속적으로 증가하는 것으로 추정되며 성과는 동일산업 내의 다른 두 경쟁사와 비교할 때 매우 우수하다. 회사의 목표는 주주 핵심 요구사항인 '재무성과'와 매년 회사의 합리 적인 성장추정치에 근거하여 수립된다. 회사가 성장하고 시장점유율이 증가함에 따라 회사는 실제의 시장점유율에 근거하여 예상성장률을 조정하여야만 한다. 〈그림 8-19〉에서 성장률은 단지 비교의 목적으로만 제시된다.

4) 평균 구매액

고객의 구매행동을 추적하는 여러 가지 방법이 있는데 그 중 하나가 평균 구매액이다. 평균 구매액은 고객의 구매금액을 평균한 값이며 〈그림 8-20〉에서 2010년부터 2014년까지 꾸준히 증가하였는데 그 이유는 회사가 고객 핵심 요구사항인 '상품 구색'을 충족시키기 위해서 상품관련 요소를 증가시켰기 때문이다.

5) 상품반품률

상품반품률은 고객불만족의 척도로 판매된 상품 중에서 반품된 상품의 퍼센

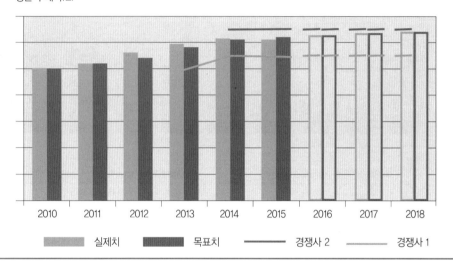

그림 8-20 | 평균 구매액

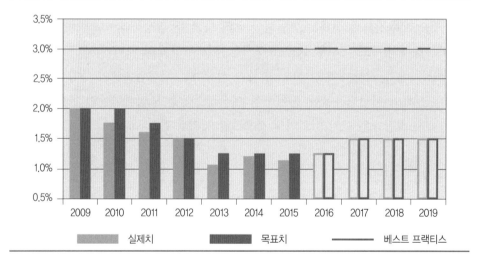

그림 8-21 | 상품반품률

트이다. 회사는 2009년 이후 이 지표는 항상 목표보다 초과달성하고 있다. 또한 동일산업 내의 벤치마크 대비 지속적으로 더 높은 성과를 보이고 있다. 2013년에 이 자료를 각 범주별로 구분하기 시작하였는데 각 범주별 성과는 지속적인 개선 추세를 보이고 있다. 예상치는 제품믹스의 변화에 기인하여 약간 증가하고 있지만 전반적인 예상치는 동일산업 내의 벤치마크에 비하여 상당히 낮다.

이렇게 낮은 반품률은 회사가 제공하는 상품의 품질 및 웹과 전화상으로 제공하는 지식과 상품정보의 질에 기인한다. 이때 지식과 상품정보의 질은 고객 핵심 요구사항인 '지식'과 관련되어 있다. (그림 8-21 참조)

제 3 절 재무와 시장 성과

재무와 시장 성과는 재무상 지속가능성과 시장에서의 성취를 보여주는 주요 재무와 시장 결과를 말한다. 여기서 제시되는 척도는 경영진이 재무상의 성과와 생존력을 평가하기 위해 지속적으로 관찰하는 항목이다.

1. 재무와 시장 성과의 수준과 경향

(1) 재무성과의 척도/지표

재무성과, 재무생존능력, 또는 예산성과의 총괄적 척도를 포함한다. 재무성과는 조직의 모든 프로세스로부터 얻어진다. 투자 대비 수익(ROI), 경제적인 가치의 증대, 이익률 및 유동성과 같은 재무와 시장성과의 주요 측정에 있어서 현재 수준과 경향을 그래프와 테이블로 보여 주어야 한다. 이 그래프와 테이블은 성과·결과 비교를 위하여 비교자료를 포함해야 한다. 이 비교 데이터는 세계적 우수기업의 벤치마킹을 했는지, 동종의 평균 표준기업을 비교했는지를 나타내야 한다.

여기서 보고되는 척도는 임원이 조직의 재무상 성과와 생존성을 알기위해서 필요로 하는 것이다. 적절한 재무성과 척도와 지표는 수익, 예산, 이익 또는 손실, 현금 상태, 순자산, 부채의 영향, 현금에서 현금으로의 순환시간, 주당 이익, 재무 운영효율성(회수, 어음, 수취금) 및 재무상 이익을 포함한다.

이 항목에 대한 응답은 투자 대비 이익, 운영수익, 수익성, 세분화된 시장/고객별 수익성 등과 같은 재무상 이익의 총괄적 척도를 포함한다. 여기에는 유동성 자산, 부채·자산 비율, 당일 가용 현금, 자산의 활용, 현금흐름 등의 재무상 생존과 관련된 지표를 포함할 수 있다. 비영리조직의 경우 추가적 척도로 예산, 예비

기금, 비용절감, 예산 대비 관리비 지출 비율, 기금총액 대비 모금비용 등과 관련된 성과를 포함할 수 있다.

　재무성과의 핵심척도와 지표를 요약하면 다음과 같다.

- 원자재, 에너지, 자본금 및 자산의 효율적 사용
- 자산의 이용
- 순자산 대비 이익
- 운영마진
- 세전마진
- 주당이익
- 비용을 충당할 충분한 수익의 생성
- 예산 내에서 조직의 운영

　척도와 지표는 최근 추세를 보여 주어야 한다. 주로 표나 그래프가 이용된다. 이러한 자료의 시각적 표현은 트렌드와 방향성을 쉽게 파악할 수 있게 하며 정보의 이해와 효율적 의사결정을 촉진시킨다.

　비교 데이터는 동종 산업에서의 최우수기업, 가장 큰 경쟁자 및 다른 적절한 벤치마킹 기업을 포함한다.

(2) 시장성과의 척도/지표

　시장점유율과 시장위치, 시장과 시장점유율의 성장률, 새로운 시장개척 등과 같은 시장성과의 주요 척도에 대해 현재 수준과 경향을 그래프와 테이블로 보여 주어야 한다.

　시장성과의 척도는 사업성장의 척도, 신상품, 프로그램 또는 서비스, 신시장(인터넷 시장 또는 수출시장) 또는 신상품, 프로그램 또는 서비스로부터의 수익 비율을 포함한다.

　비영리조직의 경우 자선 기부·기금과 새롭게 제공된 프로그램이나 서비스의 수와 같은 척도를 포함할 수 있다.

　더 좋은 재무와 시장성과는 더 높은 고객만족, 상품·서비스 품질, 직원의 동기부여와 사기, 효율적인 운영 결과, 법과 규정의 준수 및 윤리적 기업행위 등에서 나온다.

2. (주)명왕성 낚시 사례

(1) 재무성과에 관한 척도/지표의 결과

1) (핵심지표) 총매출액

총매출액은 회사 핵심지표이며 주주 핵심 요구사항인 '재무성과'에 직접 관련된다. 이 척도는 주주만족을 달성하는데도 매우 중요하다. 경쟁자가 규모면에서 다양하기 때문에 회사는 매출액 성장률로 경쟁자와 비교한다. 〈그림 8-22〉는 총매출액과 총매출액 성장률의 추세를 보여주고 있다. 총매출액은 왼쪽 y축상의 금액과 막대그래프로 표시되어 있다. 총매출액 성장률은 오른쪽 y축상의 %와 선그래프로 표시되어 있다. 지난 10년간의 불경기가 지나간 후에 회사의 총매출액 성장률은 경쟁자의 성장률을 크게 앞섰다.

이러한 결과는 회사의 사업 모델 개선과도 맥을 같이한다. 사업 모델 개선은 월간 카탈로그, 전품목을 망라한 연간 마스터 카탈로그 및 매월 판매촉진 전단지 배포, 경쟁적 우위와 현대적 경영혁신기법의 도전적인 실행을 가능하게 한 프로세스 전략의 개발 등을 포함한다. 회사는 볼드리지 기준을 사업 모델로 채택했다. 회사는 매출 성장이 지속될 것으로 예상하고 있으며, 주주 핵심 요구사항에 기초하여 매출목표를 설정하고 있다.

그림 8-22　총매출액

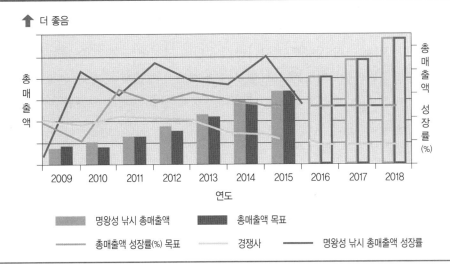

그림 8-23 순매출이익률

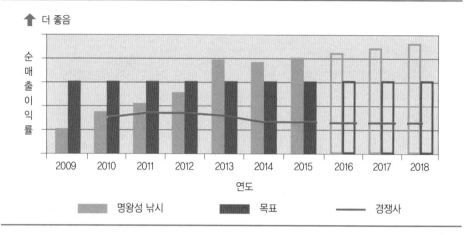

2) (핵심지표) 순매출이익률

순매출이익률은 회사 핵심지표이며 주주 핵심 요구사항인 '재무성과'와 직접적으로 관련된다. 이는 조직의 성과 파악에 매우 중요한 지표이다. 〈그림 8-23〉에서 보는 바와 같이 이 척도는 2009년 이래 비약적으로 증가하고 있다. 이러한 성과는 비용의 증가 없이 매출 성장을 이루고 있음을 나타낸다. 산업 내에서 규모가 가장 큰 경쟁자의 순매출이익률은 같은 기간 동안 일정수준에 머물렀다.

3) (핵심지표) 이익배분

이익배분은 회사 핵심지표이며 주주 핵심 요구사항인 '재무성과'와 직접적으로 관련된다. 이는 조직 성공뿐만 아니라 주주만족 달성에도 매우 중요하다.

〈그림 8-24〉의 이 척도는 2010년부터 현재까지 꾸준히 증가하였다. 이사회와 상위 리더십 팀의 직감에 기초한 예상치는 현재 성장 추세를 고려할 때 회사가 성취 가능한 수준이다.

4) (핵심지표) 재고회전

재고회전은 회사 핵심지표이며 조직 성공에 매우 중요하다. 또한 이 척도는 주주만족 달성에 매우 중요한 주주 핵심 요구사항인 '재무성과'에 직접적으로 관련된다. 〈그림 8-25〉에서 보는 것처럼 (주)명왕성 낚시는 재고회전에서 산업의

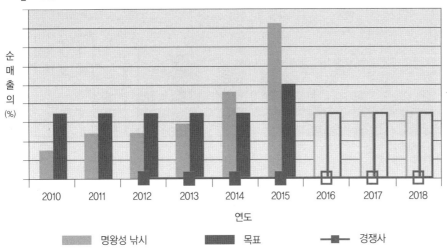

그림 8-24   이익배분

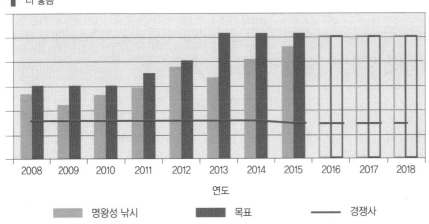

그림 8-25   재고회전

리더이다. 이는 회사의 재고관리 프로세스의 성과를 나타내는 훌륭한 척도이며, '절대로 품절없는' 상품전략을 지원하는 차별적 재고관리를 가능하게 한다. 더욱이 이 척도는 고객 핵심 요구사항인 '상품가용성'에 관련된다. 회사는 이 프로세스를 개선하기 위해 2014년에 수립한 많은 실행계획으로 인해 2015년 말에는 목표

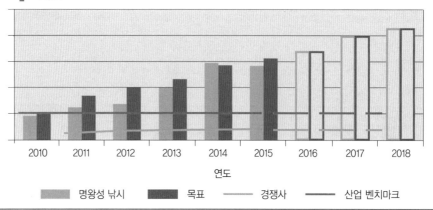

그림 8-26 세전 총자산이익률

더 좋음

명왕성 낚시   목표   경쟁사   산업 벤치마크

연도

를 달성할 것으로 예상하고 있다.

5) 총자산이익률

총자산이익률은 꾸준히 증가하고 있으며 경쟁자를 큰 폭으로 추월하고 있다. 이 척도는 주주 핵심 요구사항인 '재무성과'에 기여한다. 〈그림 8-26〉과 같이 2010년 이래 회사의 총자산이익률은 비약적으로 증가하였으며 산업의 벤치마크를 크게 추월하여 회사를 베스트 프랙티스로 만들었다.

(2) 시장 성과에 관한 척도/지표의 결과

경쟁환경 및 시장점유율은 회사의 경쟁적 우위인 '성장을 위해 기꺼이 재투자하려는 주주를 가진 수익성이 있는 회사'와 관련된다. 이 척도는 (주)명왕성 낚시와 경쟁사가 차지하고 있는 시장의 비율로 측정된다. 〈그림 8-27〉은 경쟁사와 비교해서 회사는 양호한 시장점유율 증가를 지속적으로 보여주고 있다. 이는 주주 핵심 요구사항인 '재무성과'를 파악하는 지표이다. 또한 회사목표인 '주주만족' 달성에 매우 중요한 사업 성상에 있어서 회사의 실행계획이 성공적으로 추진되고 있음을 나타낸다.

그림 8-27   시장점유율

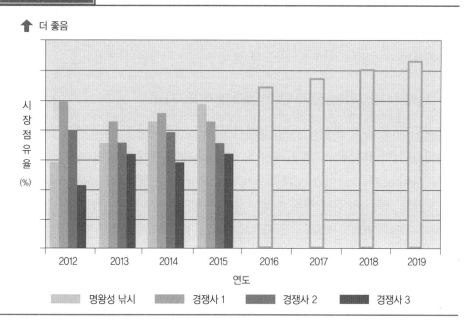

제 **4** 절   **인적자원 중시 성과**

  이 범주에서는 제6장의 인적자원 중시의 결과로 나타난 성과를 검토한다.
  이 범주의 목적은 조직이 모든 인적자원에 대한 생산적이며 열성을 갖게 하
며 보살피면서도 생산적인 근무환경을 얼마나 잘 창출하고 유지하는지를 보여주
는 데 있다. 인적자원 중시 성과도 주요 척도 및 지표의 현재 수준과 경향을 제시
하여야 한다. 또한 이때의 수준과 경향은 동일 지역의 다른 기업 및 같은 산업 내
의 다른 기업과의 비교도 필수적이다. 한편 벤치마크 기업이 있다면 벤치마크 자
료도 제시하는 것이 필요하다.

1. 인적자원 중시 성과 수준과 경향

우선 조직의 인적자원의 헌신, 만족 및 인적자원 개발에 대한 주요 척도 및

지표의 현재 수준과 경향을 서술한다. 또한 충원수준과 인적자원의 기술수준 등으로 나타나는 인적자원 잠재력과 수용능력에 대해서도 주요 척도 및 지표를 활용하여 현재 수준과 경향을 서술한다. 한편 인적자원의 건강, 복지 등으로 대변되는 근무환경에 대한 주요 척도 및 지표의 현재 수준과 경향을 서술한다.

(1) 인적자원의 헌신과 만족 성과의 척도/지표

직원의 헌신과 만족에 관련된 성과척도로는 의사결정, 조직문화, 지식공유 방법의 개선이 포함된다. 직원의 만족도, 교육과 훈련에 대한 만족도 등과 같이 설문조사의 결과로 얻어진 성과척도와 현금보상 횟수 및 금액 등의 자료를 예로 들 수 있다. 여기서 주된 관심은 효과성이나 성과를 보여주는 자료에 있다. 이러한 성과자료의 예로는 동료 칭찬 프로그램의 신설로 인해 상승된 직원유지율과 조직의 리더십 개발 프로그램의 결과로 얻어진 승진 횟수 등을 들 수 있다.

(2) 인적자원의 학습·개발 성과의 척도/지표

인적자원의 학습·개발에 관한 주요 척도/지표로는 학습·개발의 PDCA관련 성과가 포함된다. 예를 들어 1인당 연간 훈련시간, 1인당 훈련비용, 학습성과, 내부승진 등에 관한 내용이 포함될 수 있다.

(3) 인적자원의 잠재력과 수용능력 성과의 척도/지표

직원의 잠재력과 수용능력의 지표로는 전 조직에 걸쳐 충원한 충원수준과 필요한 기능을 충족시키기 위한 자격증 수 등이 있다. 추가적인 요소로는 전략방향이나 고객 요구조건을 충족시키기 위한 직무순환이나 조직의 재구축 등이 있다.

이러한 성과의 기술에는 일반적인 조직요소나 조직 특유의 요소를 모두 기술할 수 있다. 일반적인 요소로는 안전, 근태, 이직률, 만족 및 불만(고정) 등이 있다. 근태나 이직률은 지역의 다른 조직이나 같은 산업 내의 다른 조직과의 비교가 바람직하다. 조직 특유의 요소로는 직원의 헌신과 업무분위기를 결정하는데 평가하는 요소가 있다. 예를 들어 잠재력과 수용능력의 요구를 충족시키기 위한 훈련, 재훈련 혹은 교차훈련의 정도, 자율 관리의 정도 및 성취도, 프로세스 및 프로그램 활동에의 자발적 참여 정도 등을 들 수 있다.

(4) 인적자원의 근무환경 성과의 척도/지표

근무환경 관련 성과로는 작업의 안전관련 성과, 사고 등으로 인한 작업손실 시간, 손실금액 등이 있다. 또한 여기에 직원의 복리후생 만족도 등도 포함될 수 있다.

2. (주)명왕성 낚시 사례

회사는 직원 핵심 요구사항 〈표 1-7〉과 관련된 프로세스 척도를 활용하여 인적자원의 헌신과 만족도를 측정한다. 이러한 직원 핵심 요구사항인 직원만족도는 회사목표에 연결된다.

(1) 인적자원의 헌신과 만족에 관한 척도/지표의 결과

1) (핵심지표) 인적자원 헌신과 만족도

인적자원 헌신과 만족도는 두 번째 회사목표이자 핵심지표이다. 또한 이는 (제1장 제5절 (3) 경쟁환경 2) 경쟁성공요인)에서 언급된 것과 같이 조직의 성공에 매우 중요한 요소이다. 질문문항들은 직원 핵심 요구사항과 맞춰져 있다. 인적자원 헌신과 만족도의 연례 설문조사의 결과는 2009년 이후 긍정적인 추세를 보이고 있다. 2015년의 성과는 벤치마크를 추월하였다. 2014년의 성과는 목표보다 낮았는데 원인을 분석한 결과 감독자 대 참모의 비율과 성과와 개발에 대한 피드백에서 문제가 들어났다. 2015년에 선발과 프로세스 개선 실행계획을 통해 이러한 원인들이 수정되었다. 〈그림 8-28〉을 참조하라.

2) 부서별 직원만족도

부서별 직원만족도는 회사 핵심지표(〈표 1-9〉의 #7 '직원만족 및 열성')의 세분화된 만족도를 제공한다. 〈그림 8-29〉와 같이 2009년 이후 회사는 인적자원 헌신과 만족도를 부서별로 세분화하고 있다. 각 세분화된 범주에서 긍정적인 성과를 볼 수 있다. 회사가 성장함에 따라 회사는 새로운 부서를 추가하였는데 2015년도에는 마케팅 부서가 추가되었다. 마케팅 부서의 추세자료는 과거 연도의 상품구매 부서를 관찰함으로써 얻을 수 있다.

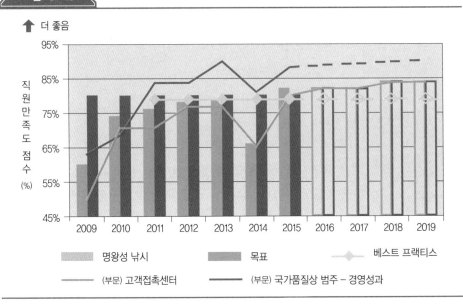

그림 8-28 연례 인적자원 헌신과 만족도 설문조사 결과

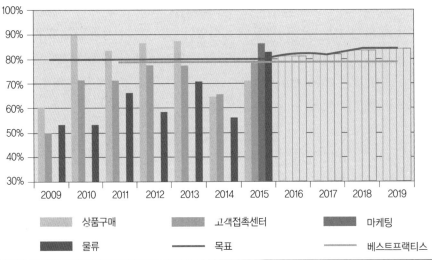

그림 8-29 연례 인적자원 헌신과 만족도 부서별 설문조사 결과

3) 자발적 이직

자발적 이직은 인적자원 헌신과 만족의 지표이며 자발적으로 조직을 떠나는

그림 8-30   자발적 이직

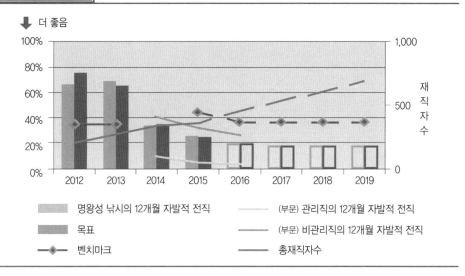

직원의 비율을 나타낸다. 〈그림 8-30〉의 결과는 직원 수의 증가(오른쪽의 수직축에 나타나 있음)에 비해 더 큰 비율로 개선되고 있으며 전국 산업 비교자료보다 월등하게 좋은 성과를 보이고 있다.

(2) 인적자원의 학습 · 개발에 관한 척도/지표의 결과

1) 급여의 비율로 본 직접 훈련비용

급여의 비율로 본 직접 훈련비용은 직원 핵심 요구사항인 '교육, 훈련 및 개발', '승진 기회' 및 회사가치인 '조직과 개인의 학습'을 지원한다. 추가적으로 고성과 직원을 인적자원으로 갖게 되면 회사의 미션달성과 지속가능성에 도움이 된다. 이는 직접 훈련비용의 목표비율인 2.23%에 대한 달성정도로 측정한다. 2015년의 경우에는 경제상황 때문에 벤치마크 수준이 하락하였다. 〈그림 8-31〉을 참조하라.

2) 내부 승진

내부 승진은 직원 핵심 요구사항인 '승진 기회'와 '교육, 훈련 및 개발'을 지원한다. 이 척도는 회사의 직원개발 성과를 측정한다. 회사의 목표는 신입직원의 자리를 제외한 모든 공석의 75%를 내부 지원자로 채우는 것이다. 〈그림 8-32〉에서처럼 2012년, 2014년, 2015년의 성과는 목표를 상회하였다. 2013년의 결과는 확

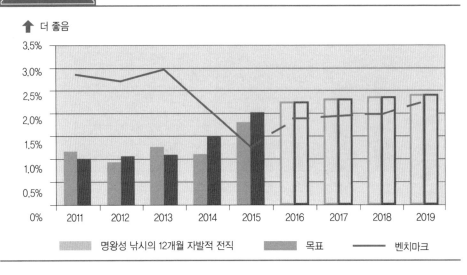

그림 8-31   급여의 비율로 본 직접 훈련비용

↑ 더 좋음

명왕성 낚시의 12개월 자발적 전직   목표   벤치마크

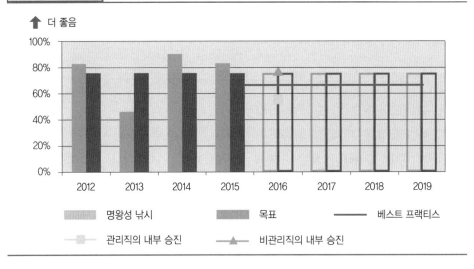

그림 8-32   내부 승진

↑ 더 좋음

명왕성 낚시   목표   베스트 프랙티스

관리직의 내부 승진   비관리직의 내부 승진

장되는 부서의 공석은 신입직원이 제외되는 자리이었기 때문이다. 그럼에도 불구하고 이 척도는 긍정적인 추세를 유지하고 있다.

그림 8-33   훈련된 국가품질상 내부심사원 수

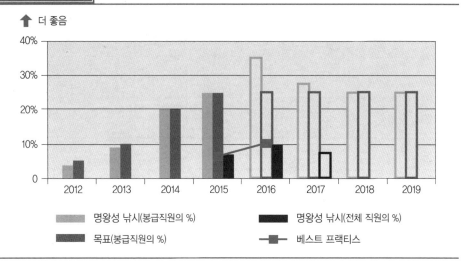

↑ 더 좋음

범례:
- 명왕성 낚시(봉급직원의 %)
- 명왕성 낚시(전체 직원의 %)
- 목표(봉급직원의 %)
- 베스트 프랙티스

3) 훈련된 국가품질상 내부심사원 수

훈련된 국가품질상 내부심사원 수는 회사의 현대적 경영관행, 회사목표, 직원 핵심 요구사항인 '교육, 훈련 및 개발'과 회사가치인 '조직과 개인의 학습'을 지원한다. 국가품질상 내부심사원으로 훈련된 인원은 정규직 직원의 35%이다. 이렇게 많은 수의 직원을 훈련시키는 이유는 이들이 조직 내에서 국가품질상 기준을 전개하는데 꼭 필요하기 때문이다. 이는 또한 '전 세계 최고의 낚시용품 유통회사가 되는 것'이라는 비전을 달성해 나가는데 도움을 준다. 〈그림 8-33〉은 훈련된 국가품질상 내부심사원 수를 봉급직원과 전체 직원의 %로 나타낸 것이다.

(3) 인적자원의 잠재력과 수용능력에 관한 척도/지표의 결과

1) 총근무시간의 %로 본 초과근무시간

총근무시간의 %로 본 초과근무시간은 직원 핵심 요구사항인 '업무 시스템의 지속적 개선'과 주주 핵심 요구사항인 '재무성과'와 연계된 지표이다. 어느 정도의 초과근무는 이롭지만 너무 많은 초과근무는 기획능력이 모자란다는 것을 보여주기에 이는 잠재력과 수용능력에 관한 기획능력을 측정한다. 이 지표의 목표는 1%에서 4% 사이에 있는 것이다. 〈그림 8-34〉에서 처럼 실제 성과는 늘 이 범위에 머물렀으며 매년 벤치마크 수준을 초과하였다. 비교 데이터는 고용노동부의 전국

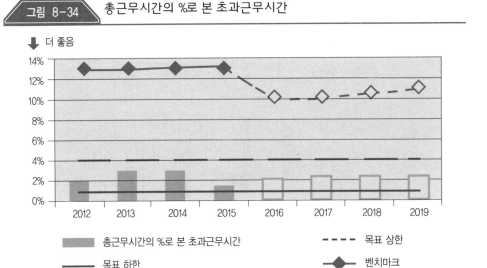

그림 8-34　총근무시간의 %로 본 초과근무시간

산업 평균을 나타낸다.

2) 노동비용 수입 퍼센트

노동비용 수입 퍼센트는 주주 핵심 요구사항인 '재무성과'와 연계된 지표이며 수입 대비 노동비용을 측정한다. 이 값은 낮을수록 높은 성과를 나타내며 잠재력과 수용능력이 적절하게 관리되고 있음을 의미한다. 이는 또한 현대적 경영혁신기법을 통해 얻어진 효율성의 척도이기도 하다. 〈그림 8-35〉에서 벤치마크 수준은 전국에서 가장 우수한 성과이며 비교 데이터는 산업 평균 성과이다.

(4) 인적자원의 근무환경에 관한 척도/지표의 결과

1) 재해율

재해율은 직원 핵심 요구사항인 '안전하고 편안한 업무환경'의 성과척도이며 고용노동부령에서 규정한 모든 재해의 발생빈도를 측정한다. 이는 어느 기간 동안에 발생한 중대 재해의 수×200,000÷같은 기간 동안의 직원 총노동시간으로 측정한다. 이 척도는 모든 재해발생의 총빈도를 평가함으로써 회사의 안전 프로그램의 성과를 측정한다. 〈그림 8-36〉과 같이 추세는 매년 개선되고 있으며 전국 벤치마크 수준보다 지속적으로 더 높은 성과를 보이고 있다.

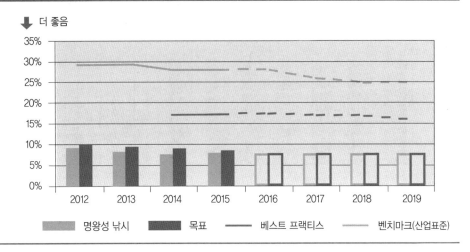

그림 8-35 노동비용 수입 퍼센트

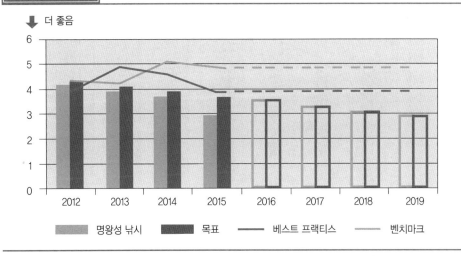

그림 8-36 재해율

2) 직원신뢰도

직원신뢰도는 회사목표인 인적자원 헌신과 만족도의 지표이며 모든 직원의 출석률을 측정한다. 목표는 97.4%로 1년에 53시간의 예고되지 않은 병가 및 지각을 허용하는 정도이다. 〈그림 8-37〉을 보면 회사는 2009년 이래 지속적으로 벤치마크 수준을 초과하였다. 2014년 결과는 당해 연도의 인적자원 헌신과 만족도, 실

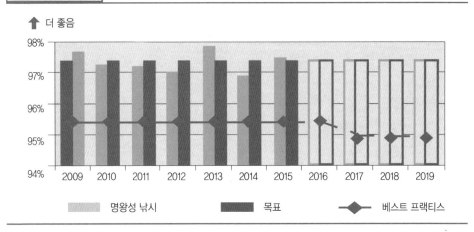

그림 8-37   직원신뢰도

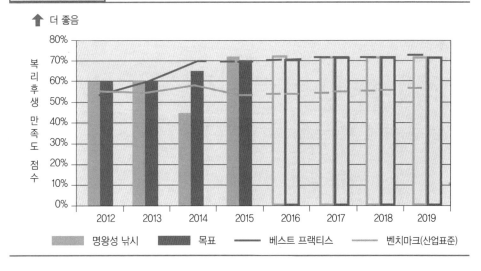

그림 8-38   직원 복리후생 만족도

행계획을 통해 수정된 성과에 연계되어 있으며 직원 커뮤니케이션과 보상 및 인정에 대한 프로세스 개선과도 연계되어 있다.

3) 직원 복리후생 만족도

직원 복리후생 만족도는 직원 핵심 요구사항인 '적정한 급여와 복리후생'의 성과지표이며 서비스와 복리후생에 대한 만족수준을 인적자원 헌신과 만족도 설문조

사를 통해 측정한다. 〈그림 8-38〉과 같이 긍정적인 추세가 계속되면서 2015년에 목
표를 초과달성하였다. 2014년 성과 검토 결과는 직원 커뮤니케이션 프로세스가 개
선되었다.

제 5 절   프로세스 성과

이 범주에서는 경영목표를 설정하고 이 목표를 효과적, 효율적으로 달성하기
위해 실행한 업무 시스템의 운영성과를 제시한다.

운영성과의 제시에는 전략기획 과정에서 결정된 경영목표 달성을 위한 핵심
지표에 대한 성과분석이 필요하다. 핵심지표에는 일반적으로 고객만족, 직원만
족, 벤더만족, 주주만족, 내·외부 평가성과, 경영검토 성과, 경영혁신의 성과 등
이 포함될 수 있다. 이 내용은 제5장의 측정, 분석과 지식경영, 제7장의 프로세스
관리, 제8장의 상품과 서비스 성과, 고객중시 성과, 재무와 시장성과, 인적자원
중시성과와 연계성을 갖도록 한다.

1. 프로세스 성과의 수준과 경향

(1) 업무 시스템의 운영성과의 지표/척도

운영성과에는 핵심지표 성과에 부가하여 업무 시스템 측정지표에 대한 성과
도 포함된다. 내·외부 측정 및 평가, 경영검토, 경영혁신 등의 결과로 개선된 운
영근거 성과 등이 제시될 수 있다. 즉, 조직성과 검토에 핵심정보를 제공할 수 있
는 것이 제시되도록 한다. 또한 업무 시스템의 지속적 운영보장을 위한 긴급사태
에 대비한 훈련, 학습, 우발사고 대책 성과 등이 제시되도록 한다.

실례로 전체 업무 시스템의 개선에 의해 사이클 타임의 단축, 생산성 향상,
원가절감, 재고 감소, 품질코스트 감소 등이 포함될 수 있다. 즉, 상품 및 서비스
성과, 고객중시 성과, 재무와 시장성과의 운영근거를 제공할 수 있도록 한다.

또한 업무 시스템의 지속적 운영보장을 위한 긴급사태에 대비한 훈련, 학습,

우발사고 대책 성과 등이 제시되도록 한다.

(2) 업무 프로세스 운영성과의 지표/척도

업무 프로세스 운영성과는 핵심 프로세스, 지원 프로세스, 협력사 프로세스에 관련된 운영성과이다. 이 성과 역시 설정된 지표 및 척도에 대한 성과로 제시될 수 있으며 내·외부 측정 및 평가, 경영검토, 경영혁신 등의 결과로 개선된 운영근거 성과 등으로 제시될 수 있다.

예를 들면 내·외부 측정 및 평가, 경영검토, 경영혁신 등을 통해 관련 프로세스의 상품 개발 인도 사이클 타임 절감, 1인당 생산성 향상, 총마진율, 재고회전율, 주문당 전자상거래 비용, 웹사이트 매출 비중, 통화당 비용, 송장당 배송비용, 물품 인수처리율, 적시배달률, 정확한 배달률, 시간당 수거율, 공급업체, 협력업체와의 성과 등 조직특성에 따라 다양하게 설정될 수 있다.

이 자료 역시 효율성, 효과성을 제시하기 위해서는 비교자료나 목표치와의 비교가 필요하다. 자료는 보다 용이한 파악과 분석을 위해 도표 등을 활용하고 지표 혹은 척도로 제시되도록 하는 것이 바람직하다.

다른 성과자료와 마찬가지로 추세나 경향이 분석되기 위해서는 가능하면 최소 3개년 이상의 성과자료가 제시되어야 하나 자료제시가 불가능한 경우 다른 보충자료가 설명되는 것이 좋다. 만약 추세나 경향이 불규칙한 변동이 보일 경우는 이에 대한 원인규명과 함께 대응책도 포함시키는 것이 합리적이다.

2. (주)명왕성 낚시 사례

(1) 업무 시스템 운영에 관한 척도/지표의 결과

1) (핵심지표) 회사목표에 대한 성과

회사 핵심지표 〈표 1-9〉는 회사목표에 대한 모든 성과를 보여준다. 모든 프로세스가 회사목표와 관련된 주주의 핵심 요구사항을 충족시키도록 설계되어 있기 때문에 업무 시스템의 운영성과를 측정하는 것이 회사목표 성과를 측정하는 것과 연결된다.

고객만족, 직원만족 및 벤더만족은 설문조사의 결과로써 그래프에 표시되어 있다. 주주만족과 현대적 경영혁신기법은 이 회사만이 가지고 있는 독특한 부분이어서 비교 데이터는 구할 수 없다.

2) 회사목표에 대한 성과검토

회사목표에 대한 성과는 성과검토회의에서 검토된다. 〈표 8-3〉은 회사목표에 대한 전반적인 성과를 보여준다. 〈표 8-2〉는 성과검토회의에서 성과 결과를 자세하게 검토하는 예를 보여주고 있다. 여기서 고객만족 설문조사의 결과를 고객 핵심 요구사항별로 분류하여 분석하고 있다.

〈표 8-3〉은 고객 핵심 요구사항에 대한 설문조사 문항별 상세 결과를 회사 목표인 '고객만족'과 관련된 프로세스 척도와 함께 보여주고 있다. 고객만족 설문조사 문항별 결과는 다음에 자세히 나타나 있다. 프로세스 척도는 밑줄이 쳐져 있으며 고객 핵심 요구사항은 옅은 음영으로 처리되어 있다. 프로세스 결과는 색으로 나타나 있는데 목표 대비 85% 이하인 짙은 음영으로 표시된 결과는 검토대상이 된다. (〈표 8-1〉, 〈표 8-2〉, 〈표 8-3〉 참조)

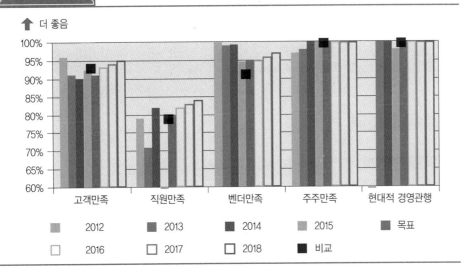

그림 8-39 회사목표에 대한 성과

| 표 8-1 | 고객만족 성과 | | | | | | (단위: %) |

척도 \ 연도	2013	2014	2015		1분기		BP
			실제	목표	실제	목표	2015
전체 고객만족도	91	91	93	92	93	91	–
8.1.1 고객존중 서비스	93	93	94	94	94	93	92
8.1.2 접근용이성	91	91	89.8	91.2	89.9	91.5	94
8.1.3 탁월한 커뮤니케이션	98	102	100	100	100	100	–
8.1.4 상품 구색	91	91	90	92	89	92	90
8.1.5 상품가용성	92	91	86	91	85	91	86
8.1.6 신속한 배송	94	94	94	94	94.1	94.2	94
8.1.7 정확하고 완벽한 배송*	99	100	100	100	100	100	–
8.1.8 가격경쟁력	82	81	79.8	82	79	82	85
8.1.9 지식	91	91	91	92	90.7	92	89

각주 1: 고객존중 서비스란 '우호적이며 정중하고 공손하며 윤리적인 서비스'를 의미한다.
각주 2: 접근용이성이란 '함께 사업하기 쉬운' 상태를 의미한다.
각주 3: 탁월한 커뮤니케이션이란 '적시에, 유의미하며, 양질의, 마케팅 커뮤니케이션'을 의미한다.
각주 4: *는 프로세스 척도이다. 프로세스 성과는 목표의 %로 표시된다.

| 표 8-2 | 상세 고객만족 | | | | | | (단위: %) |

척도 \ 연도	2013	2014	2015		1분기		BP
			실제	목표	실제	목표	2015
전체 고객만족도 설문2: 전체 평가	91	91	93	92	93	91	
8.1.1 고객존중서비스 설문1: 재구매? (충성도)	93	93	94	94	94	93	92
8.1.2 접근용이성	91	91	89.8	91.2	89.9	91.5	94
설문3: 쉽게 상품 찾기	88	88	85	88	85	89	
설문7: 사이트의 전체 디자인	88	88	87	89	87	89	
설문9: 배송방법 다양성	90	89	89	90	88	90	
설문10: 명확한 배송료	94	94	93.6	94	93.3	94	
설문12: 주문추적	93	93	92.7	93	93	93	
설문15: 고객지원	94	93	92	93	92	94	

연도 척도	2013	2014	2015		1분기		BP
			실제	목표	실제	목표	2015
시간 서비스 요인 내 전화응대율	77.31	73.68	54	80	58	80	
전화 미응대율	2.68	2.71	4.61	2~3	3.26	2~3	
웹 가동시간	100	100	99	100	100	100	
사이트 접속속도	2.64	2.19	1.99	1.50	1.99	1.50	
상품반품률	1.20	1.12	1.05	1.25	1.28	1.25	
총고객유지율	46	43	47	46	47	46	
연인원 고객수	260만	315만	330만	320만	330만	320만	
8.1.3 탁월한 커뮤니케이션	97	102	100	100	100	100	
팜플렛 반응률	11	12	12	12	13	12	
주 카탈로그 반응률	52	57	57	58	58	58	
8.1.4 상품구색 설문 4: 상품의 구색	91	91	90	92	89	92	90
8.1.5 상품가용성 설문11: 상품가용성	92	91	86	91	85	91	86
재고보유율	83	81	79	80	78	80	
8.1.6 신속한 배송 설문 13: 적시배송	94	94	94	94	94.1	94.2	94
당일발송	88.90	98.29	97.92	99.00	98.73	99	
8.1.7 정확하고 완벽한 배송*	99	99.96	100.1	100	100	100	
배송포장품질	98.68	99.63	99.62	99.50	99.76	99.5	
배송정확도	96.37	96.79	97.15	97.00	97.29	97	
8.1.8 가격경쟁력	82	81	79.8	82	79	82	85
설문 6: 타 온라인 상 점 대비 가격	88	87	85	88	85	88	
설문 8: 배송료	76	76	75	76	74	76	
가격경쟁력	87	87	89	90	91	90	
8.1.9 지식	91	91	91	92	90.7	92	89

연도 척도	2013	2014	2015		1분기		BP
			실제	목표	실제	목표	2015
설문 5: 상품정보의 명확성	89	89	89	90	89	89	
설문14: 상품의 기대충족	94	93	92	94	92	94	

*BP: 베스트 프랙티스

표 8-3 회사목표에 대한 성과 (단위: %)

연도 목표	2013	2014	2015		1/4분기	
			성과	목표	성과	목표
8.1 고객만족	91.1	91.3	92.5	91.7	92.7	90.8
8.2 직원 만족	71	82	–	–	–	–
8.3 벤더만족	98	100	100	100	83.3	95
8.4 주주만족	98	100	100	100	100	100
8.6 현대적 경영관행	–	100	98	100	98	100

3) (핵심지표) 벤더만족

벤더만족은 회사 핵심지표이며 회사목표인 '벤더만족'을 달성하기 위해 회사가 벤더의 핵심 요구사항을 얼마나 잘 충족시키고 있는지를 보여주는 지표이다. 회사는 회사가치인 '직원과 벤더의 가치존중'을 추구하여 상품 벤더와 매우 동반자적 관계를 형성하고 있다. 이는 고객의 특정한 요구조건을 충족시키는 독특한 상품관련 요소를 제공하는데 도움이 된다. 이와 더불어 벤더와의 강한 유대가 상품에 대한 좋은 거래를 하는데 도움을 주기 때문에 '인기상품의 집중광고 전략'이라는 전략적 우위전략을 실행하는데 매우 중요하다.

회사의 벤더만족은 경쟁사에 비해 지속적으로 우위에 있다. 회사는 벤더의 요구사항을 중점적으로 다루는 설문조사를 이용하여 벤더가 경쟁사와 비교하여 회사를 어떻게 평가하는지를 측정한다.

회사는 이 설문조사를 분기별로 실시한다. 결과는 성과검토회의에서 검토되며 발견된 개선사항은 전략기획 프로세스에 전달된다. 제6장에서 언급된 대로 벤더만족은 벤더 핵심 요구사항 중 한 가지만을 측정하곤 하였으나 이제는 모든 벤더 핵심 요구사항을 측정한다. 〈그림 8-40〉을 참조하라.

그림 8-40 벤더만족

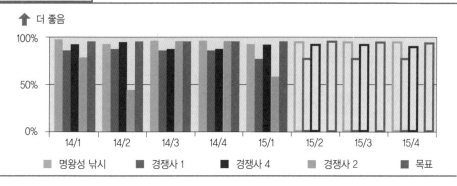

그림 8-41 동반상생 점수

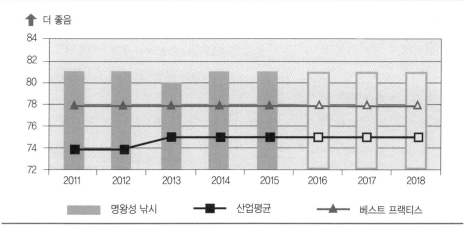

4) 동반상생 점수

동반상생 점수는 공급업자와 벤더에게 적시에 결제하고 있는지를 나타내는 점수이다. 이 척도는 벤더 핵심 요구사항인 '적시결제'에 대한 성과를 측정하며 회사목표인 벤더만족을 측정하는 벤더만족 설문조사로 얻어진다. 〈그림 8-41〉과 같이 회사는 산업 평균과 베스트 프랙티스보다 더 좋은 성과를 보이고 있다.

5) (핵심지표) 국가품질상 자가진단 점수

국가품질상 자가진단 점수는 회사 핵심지표이며 현대적 경영혁신기법이라는 회사목표에 대한 성과를 측정한다. 국가품질상을 회사의 비즈니스 모형으로 활용

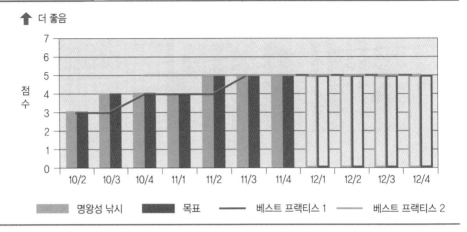

그림 8-42   국가품질상 자가진단 점수

더 좋음

하는 것에 대한 성과를 측정하기 위해 내부 심사위원이 분기별 국가품질상 자기진단을 실시하여 범주 1부터 7까지 채점하여 점수를 얻는다. (그림 8-42 참조)

6) ISO 이정표 척도

ISO 이정표 척도는 현대적 경영혁신기법이라는 회사목표와 직접적으로 관계가 있다. ISO가 프로세스와 프로세스 척도 관리에 대한 체계적인 접근법을 활용하고 있지만 회사는 프로세스 관리 프로세스의 필수불가결한 부분으로써 ISO 그 자체의 효과성을 분석한다. 이 분석은 이정표대로 잘 진행되도록 하는데 예를 들어 감사가 제때에 수행되고 모든 교정활동이 현재 이루어지도록 하는 것 등이 이에 포함된다. ISO 9001 : 2008을 2011년 10월에 인증받은 이후 이 척도를 모니터하고 있다. 〈그림 8-43〉을 참조하라.

7) 위기상황 훈련/재난 준비준수율

위기상황 훈련/재난 준비준수율은 직원 핵심 요구사항인 '안전하고 편안한 업무환경'과 관련된다. 성과는 지속적으로 비교대상을 초과하고 있다. 왼쪽 열의 프로세스는 직원 핵심 요구사항인 '안전하고 편안한 업무환경'에 대한 만족을 나타내며(표 1-7 참조) 궁극적으로 회사의 연례 인적자원 헌신과 만족도 조사를 통해 측정된 '직원만족'의 회사목표를 충족시키는 것이다.

| 그림 8-43 | ISO 이정표 척도 |

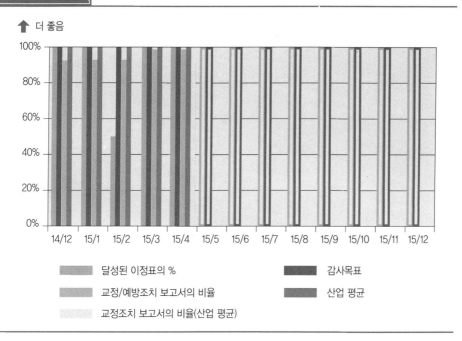

기존의 국가품질상 수상기업을 벤치마크로 삼아 비교한 결과 벤치마크 수준과 비슷하거나 상회하였다. 2018년에 회사는 응급훈련을 분기별로 실시할 계획이어서 훈련수준이 직원의 규모에 적합하게 될 것으로 예상된다.

8) 핵심 프로세스 균형성과표(BSC)

핵심 프로세스 균형성과표(BSC)는 업무 시스템의 성과를 설명한다. 이 균형성과표는 모든 핵심 프로세스의 누적성과를 나타낸다. (주)명왕성 낚시의 핵심 프로세스 균형성과표는 〈표 8-4〉에 나타나 있다.

회사의 핵심 프로세스는 이해관계자의 요구사항을 전달하기 때문에 회사는 이해관계자 핵심 요구사항에 대한 성과지표로 프로세스 균형성과표를 개발하여 왔다. 이는 프로세스 관리회의에서 검토되며 회사는 반복된 학습으로 수정된다.

2013년에 낚시붐이 분 이후에 상당한 수요 급증이 있었다. 이러한 수요 급증은 주문처리 영역의 여러 가지 프로세스 척도에 영향을 미쳤으나 2008년 전 세계 경기위기 때문에 이러한 수요 급증이 얼마나 오래 계속될지는 확실하지 않았다.

표 8-4			명왕성 낚시주식회사 핵심 프로세스 균형성과표 (KP BSC)		(단위: %)
핵심 프로세스	2014년	2015년	영역 프로세스 척도	2015년	2016년 1분기
상품구매	92	90	벤더 관리	100	98
			상품구색 관리	99	99
			가격 관리	99	99
			구매 관리	91	94
			판촉상품 관리	76	77
			훈련 및 개발	99.7	99.8
			성과 관리	100	100
마케팅	97	98.8	전자상거래	91	92
			출판물	100	100
			고객관계 관리	100	100
			광고	100	100
			홍보	100	100
			훈련 및 개발	100	100
			성과 관리	100	100
주문 처리	96	77	현장운영	100	79
			주문입력	100	66
			훈련 및 개발	100	100
			성과관리	100	94
물류	97	93.9	저장	81.3	100
			재포장	100	100
			검수	100	95
			배송	99.8	95
			창고	100	100
			반품	71	81
			훈련 및 개발	100	100
			성과 관리	99.3	97

＊결과는 목표에 대한 %로 표시되어 있음

그러므로 상위 경영진은 현 상황을 수별로 재검토하여 2015년 1월 이 수요가 적어도 한해 동안은 계속될 것으로 판단하고 이러한 수요 급증을 지원할 추가충원을 승인하였다. 그러나 요청된 충원수준에 도달할 때까지 주문처리 영역의 프로세스 목표를 충족시키는 것이 도전과제였다.

〈그림 8-9〉의 주별 시간 서비스 요인에서 나타난 것과 같이 충원수준이 높아짐에 따라 프로세스 목표를 충족시키는 능력이 많이 향상되었다. 반품 영역 프로세스의 목표미달 성과는 성과검토회의와 프로세스 관리회의에서 검토되었다. 이는 전략기회 프로세스에 전달되어 반품 프로세스의 효율성 개선을 목적으로 린 프로젝트를 실시하도록 하는 2015년 실행계획을 수립하였다. 상품구매 부서에서는 판촉상품 관리 프로세스의 목표미달 성과로 인해 이를 개선하기 위한 2016년 실행계획을 수립하게 되었다.

(2) 업무 프로세스 운영에 관한 척도/지표의 결과

1) 총마진율

총마진율은 주주 핵심 요구사항인 '재무성과'의 척도이며 〈그림 8-44〉와 같이 2010년 이래 꾸준히 증가하였다. 이는 산업의 벤치마크 수준에 접근하는 추세를 보이는 반면에 경쟁자 1의 마진은 감소세를 보이고 있다. 이 척도의 꾸준한 개선은 가격결정 프로세스(고객 핵심 요구사항인 '가격경쟁력')에 기인한 것이다. 또한 이는 벤더가 제공하는 내년 비용에 근거하여 미래 마진의 추정치를 제공할 수 있는 가격결정 모형의 개발 때문이기도 하다. 가격결정 모형은 실행계획을 통해 개발한 것이다.

그림 8-44 총마진율

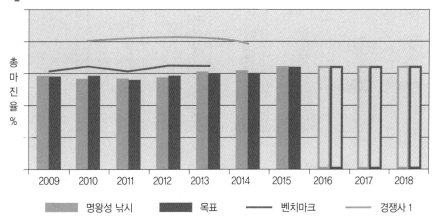

2) 전체 매출 대비 웹사이트 매출의 비중

전체 매출 대비 웹사이트 매출의 비중은 매일 24시간 동안 웹사이트에서 많은 서비스를 제공하고 있기에 고객 핵심 요구사항인 '협업용이성'을 지원한다. 이때 '협업용이성'이란 '같이 비즈니스하기 쉬운' 상태를 의미한다. 이 척도는 고객접촉센터를 통해 주문을 받는 것보다 훨씬 더 비용이 효과적이기 때문에 주주 핵심 요구사항인 '재무성과'를 충족시키는 능력을 의미한다.

〈그림 8-45〉와 같이 이 척도는 2009년 이후 지속적으로 증가하였다. 회사는 경쟁자의 성과를 상당한 수준으로 능가하고 있으며 회사목표를 달성하고 있다. 여기서 경쟁자 1의 자료는 인터넷과 카탈로그에서 얻어진 직접 매출에 대한 웹 매출의 퍼센트를 말한다. 회사는 더 많은 고객을 웹으로 유도하기 위해 웹사이트를 개선하려는 전략목표와 실행계획을 가지고 있다.

3) 재고회전율(그림 8-25 재고회전 참조)

재고회전은 물류 프로세스 내의 재고관리 프로세스의 유효성을 측정하는 척도이다. 이는 주주만족을 달성하는데 매우 중요한 '재무성과'라는 주주 핵심 요구사항을 직접적으로 충족시킨다.

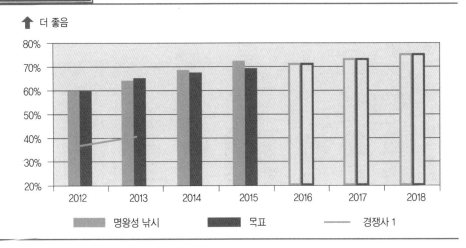

그림 8-45 전체 매출 대비 웹사이트 매출의 비중

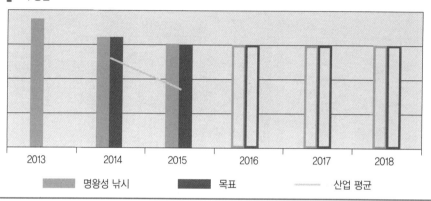

그림 8-46 웹사이트 전환율

↑ 더 좋음

2013　2014　2015　2016　2017　2018

■ 명왕성 낚시　■ 목표　⋯ 산업 평균

4) 웹사이트 전환

웹사이트 전환이란 웹을 통해 모든 고객 핵심 요구사항을 충족시키는 것과 관련된 복합적인 성과 척도이다. 이는 웹 사이트 방문 후 E-커머스 거래를 하는 퍼센트를 의미한다. 〈그림 8-46〉처럼 회사는 벤치마크 수준보다 월등히 높은 성과를 보이며 목표를 달성하고 있다.

5) 주문당 전자상거래 비용

주문당 전자상거래 비용은 주주 핵심 요구사항인 '재무성과'에 기여하며 전체 성과의 효율성 척도이다. 이는 매 주문에 대한 비용을 측정한다. 회사는 주문당 전자상거래 비용을 추적하여 웹과 전화 등 소스별로 주문을 분류한다.

주문당 웹사이트 비용은 전자상거래 분야의 전체 비용을 전자상거래로 들어온 주문의 수로 나눈 것이다. 회사가 고객에게 제공하는 웹사이트의 질을 높이기 위해 관련 부서를 확대하고 있기 때문에 비용은 증가할 것으로 예상된다. 〈그림 8-47〉을 참조하라.

6) 검색엔진 최적화

검색엔진 최적화는 인터넷에서 회사의 상품을 얼마나 쉽게 찾을 수 있는지를 측정하기 때문에 고객 핵심 요구사항인 '협업용이성'과 관련된 척도이다. 이때 '협업용이성'이란 '같이 비즈니스하기 쉬운' 상태를 의미한다.

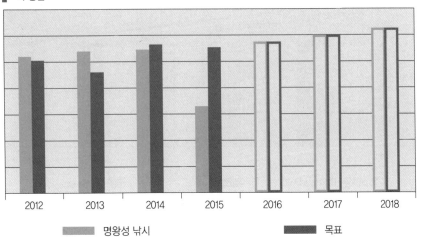

그림 8-47 | 주문당 전자상거래 비용

이 척도는 마케팅 부서의 유효성을 측정하는 척도이기도 하다. 구글 검색에서 첫 번째나 두 번째 소매상에게 검색 결과를 연계시키는 검색 키워드의 수를 모든 키워드 수로 나눈 것이다.

2013년에 검색엔진 최적화 기법을 웹사이트에 실행하기 시작하였으며 그 결과 검색엔진 최적화의 성과가 개선되었다. 2014년 6월 이후 전담직원이 없었지만 결과는 상대적으로 안정적이다. 2015년 5월에 전담직원을 충원하였고 2017년에는 이 핵심지표가 개선될 것이다. 〈그림 8-48〉를 참조하라.

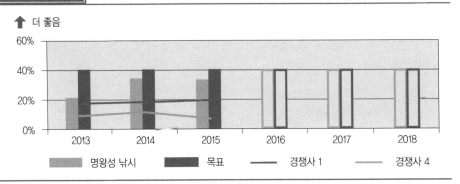

그림 8-48 | 검색엔진 최적화

* 〈그림 8-3〉의 시간 서비스 요인 참조

7) 통화당 비용

통화당 비용은 주주 핵심 요구사항인 '재무성과'의 척도이며 고객접촉센터에 들어오는 한 통화에 대한 모든 비용을 말한다. 한 통화당 비용 또한 효율성의 척도이다. 〈그림 8-49〉와 같이 이 척도는 지난 4년 동안 전반적으로 긍정적인 추세를 보이고 있다.

8) 당일 인수

당일 인수는 고객 핵심 요구사항인 '신속한 배송'과 관계가 있으며 인수 프로세스의 사이클 타임의 척도이다. 〈그림 8-50〉과 같이 성과는 2011년 이래 지속적으로 향상되고 있다.

 그림 8-49   **통화당 비용**

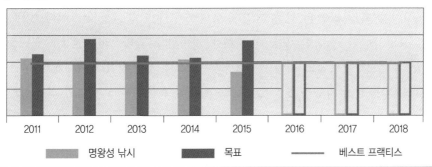

⬇ 더 좋음

명왕성 낚시   목표   베스트 프랙티스

그림 8-50   **당일 인수**

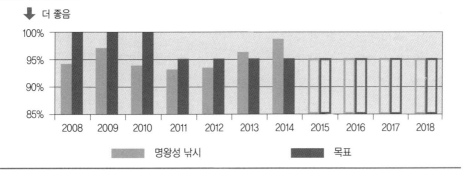

⬇ 더 좋음

명왕성 낚시   목표

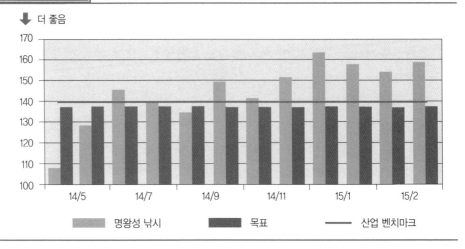

그림 8-51 　시간당 피킹 라인

⬇ 더 좋음

명왕성 낚시　　목표　　산업 벤치마크

9) 시간당 피킹 라인

시간당 피킹 라인은 상품 피킹 프로세스에 대한 생산성 척도이다. 이는 고객 핵심 요구사항인 '신속한 배송'과 관계에 기여하고 있다. 2014년 5월에 프로세스 개선으로 무선 핸드헬드 기술이 피킹 프로세스에 적용되었다. 그 결과 시간당 피킹 라인의 측정이 가능하게 되었고 프로세스의 효율성과 효과성이 크게 향상되었다. 〈그림 8-51〉을 참조하라.

10) 송장당 배송비용

송장당 배송비용은 주주 핵심 요구사항인 '재무성과'에 기여하며 생산성과 효율성의 척도이다. 〈그림 8-52〉에서 보는 것처럼 회사는 지난 2010년부터 2012년 사이에 양호한 성과 추세를 보였지만 2013년과 2014년에는 목표에 미달하였는데 그 이유는 서비스 수준을 개선하기 위해 지속적으로 충원하였기 때문이다.

직원 수의 증가는 송장당 비용에 부정적인 영향을 미쳤다. 배송 영역 프로세스에서 무선 핸드헬드 기술을 현장에 도입하기 위한 린 분석 및 실행계획은 송장당 총비용을 크게 감소시켰다. 린 분석은 주문 처리시간 요구사항에 근거한 충원 프로세스를 가능하게 하였다. 한편 무선 핸드헬드 기술을 현장에 도입하기 위한 실행계획은 분류 프로세스의 정확도를 개선하여 결함이 있는 패키지가 선적되지 못하도록 하였다.

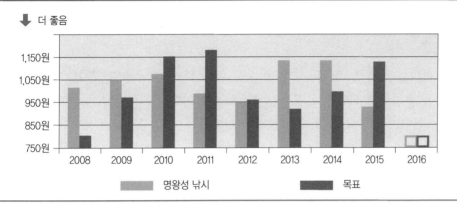

그림 8-52 송장당 배송비용

11) 종합적 혁신

종합적 혁신은 직원 핵심 요구사항인 '안전하고 편안한 업무환경'과 직접적으로 관련이 있다. 이는 미션달성에 도움이 되는 고성과 직원에 대한 의존도를 나타내는 척도이며 회사가치인 '직원과 벤더의 가치존중' 및 '혁신지향'을 추구한다. 회사는 업무 시스템을 개선하고 벤치마크 기업의 혁신 아이디어의 실행비율을 능가하기 위해 상당한 수의 지속적 개선 프로젝트 아이디어를 실행한다. 〈그림 8-53〉을 참조하라.

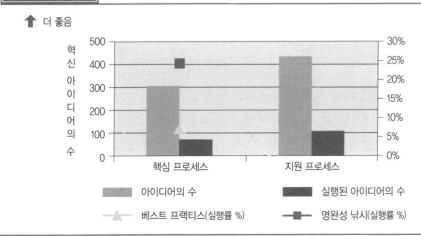

그림 8-53 종합적 혁신

제6절 리더십 성과

리더십 성과는 조직의 주요 경영진 리더십과 지배구조의 결과를 말한다. 여기서는 재무상 건전하고 윤리적인 조직임을 보여주기 위해 조직의 리더십과 지배구조, 전략계획의 달성, 사회적 책임의 영역에서 주요 성과를 제시한다. 전략계획 달성의 증거, 윤리적 사업수행, 재무에 관한 책무, 법 준수, 사회공헌 등을 포함하고 비교자료를 제시한다.

1. 리더십 성과의 수준과 경향

(1) 조직의 전략과 실행계획의 달성 성과의 척도/지표

많은 조직은 전략목표 달성의 진척도를 측정하는 적절한 척도/지표를 결정하는데 어려움을 겪는다. 흔히 이 진척도의 척도는 전략의 최종목표 달성을 나타내는 결과를 정의함으로써 식별할 수 있다. 즉, 최종목표를 이용하여 중간단계의 척도를 정의할 수 있다.

전략과 실행계획의 달성에 관한 주요 척도/지표는 제3장 전략기획에서의 전략목표와 세부목표를 다루어야 한다. 실행계획 성과지표는 제3장에서의 실행계획의 진도관리를 위한 주요 성과 척도/지표와 연관되며, 예상성과는 제3장에서의 성과추정과 관련된다.

(2) 윤리적 사업수행 성과의 척도/지표

윤리적 사업수행의 척도/지표로는 독립적인 이사회 멤버의 비율, 윤리적 사업수행 위배 및 대응 사례, 조직윤리에 대한 직원 인식조사 결과, 윤리 핫라인 사용, 윤리검토 및 감사의 결과 등을 제시할 수 있다. 또한 방침, 직원훈련 빛 모니터링 시스템이 이해상충 및 자금의 적절한 사용에 관해서 제대로 구축되어 있다는 증거를 포함할 수 있다. 윤리적 사업수행의 위반에 관한 핵심척도/지표를 포함할 수도 있다.

(3) 대내외적 재무에 대한 책무 성과의 척도/지표

대내외적 재무에 대한 책무의 주요 척도/지표로는 재무제표, 주요 내외 감사 소견서, 이에 대한 경영진의 대응 등을 제시할 수 있다.

(4) 규제 및 법 준수 성과의 척도/지표

규제 및 법 준수 결과는 제2장 리더십에서의 '합법적 및 윤리적 사업수행'의 요구사항을 다루어야 한다. 직원의 직무상 건강과 안전 결과는 제4절 인적자원 중시 성과의 인적자원의 건강, 안전, 복지 및 기타 서비스 등 근무환경에 대한 주요 척도/지표에서 제시된다.

만약 과거 3년 동안 조직이 규제, 법 혹은 계약을 위반하여 제재나 불리한 조치를 받았다면 그 사건과 현재 상태를 요약해야 한다.

규제 및 법 준수에 관한 척도/지표로는 직원의 윤리교육 이수율과 시간, 비윤리적 사건의 적발 건수, 1인당 수강 윤리교육 시간, 허위·과대·과장광고 적발 건수, 부당 내부거래 적발 건수, 협력사에 대한 재정적 지원 실적, 협력사의 고충처리 요청 건수 등을 제시할 수 있다.

(5) 사회공헌 성과의 척도/지표

사회공헌 결과는 제2장 리더십에서의 '지역사회와 사회공동체에 대한 지원'을 다루어야 한다. 사회공헌에 관한 척도/지표로는 참여 지역사회와 사회공동체 수, 직원의 사회봉사참여율, 직원의 사회참여 지원 프로그램 운영실적, 매출액 대비 지역사회 및 사회공동체 기부금액 등을 제시할 수 있다.

2. (주)명왕성 낚시 사례

(1) 전략과 실행계획의 달성에 관한 척도/지표의 결과

1) (핵심지표) 전략과 실행계획의 달성

회사의 전략과 실행계획의 달성에 관한 주요 척도/지표의 결과는 다음과 같다. 〈표 8-5〉의 전략계획 실행은 회사 핵심지표 〈표 1-9〉를 보여주며, 이해관계자의 핵심 요구사항을 충족시키기 위해 프로세스를 개선시키는 회사의 능력을 나

표 8-5	전략계획 실행			

| 전략목표와 실행계획 | | 전략계획 진도율(%) | 21% | |
| | | 목 표 | 21% | |

세부 전략목표	실행계획의 수	완료 수	목표	진도율(%)
1. 사업 성장	1	1	1	100
2. 웹사이트 성과, 고객접촉 및 전반적 가치 향상	7	1	1	14
3. 고객만족 및 충성도 향상	9	3	3	33
4. 핵심영역의 효율성 향상	13	3	3	23
5. 데이터와 정보의 가용성 향상	4	0	0	0
6. 핵심영역의 품질 향상	5	1	1	20

타내는 지표이다. 추가적으로 매년 수행하는 수많은 실행계획은 모든 회사가치 특히 '미래강조'와 '혁신지향'을 실현하고 있다. 이 모든 것은 회사의 미션과 비전을 달성하는데 기여하고 있다.

회사가 전략계획의 달성도를 추적하는 척도를 개발한 2015년 초에 데이터와 정보를 추적하는 프로세스를 개선하였다. 1분기 월례전략기획회의에서 회사는 전략계획의 전반적 진도율을 결정하는데 차이가 있다는 것을 알았다. 비록 회사는 특정한 실행계획의 이정표를 추적했지만 그해 내내 전략계획의 전반적 진도율을 추적하지는 못했다. 회사는 전략계획의 진도율(%)을 실시간으로 인트라넷을 통해 보여주는 척도를 개발함으로써 이 문제를 혁신적으로 해결했다. 현재 회사는 언제든지 전략계획의 진도율을 파악하고 있으며, 모든 전략계획회의에서 진척도를 모니터하고 필요시 자원을 수정하거나 할당하는데 그 정보를 활용한다. 이는 (주)명왕성 낚시의 독특한 전략계획의 척도이기 때문에 비교가 불가능하다.

2) 품질활동과 매출액

품질활동과 매출액은 회사목표, 현대적 경영혁신기법 및 주주 핵심 요구사항인 '재무성과'에 대한 결과를 나타낸다. 회사의 미션선언문에 나와 있듯이 주된 회사전략 중 하나는 고성과 직원과 현대적 경영혁신기법에 의지하는 것이다. 이 척도는 품질활동이 회사성장에 어떻게 기여하는가를 설명해준다. 또한 이 척도는 회사가치인

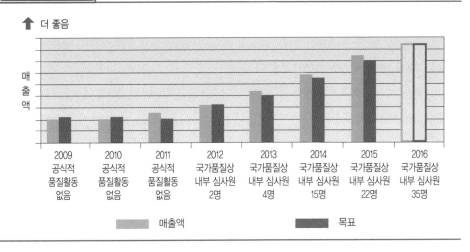

그림 8-54 품질활동과 매출액

'예지력이 있는 리더십', '조직과 개인의 학습' 및 '미래강조'에 대한 몰입 정도를 나타내기도 한다. 〈그림 8-54〉는 연도별 품질활동과 매출액을 보여주고 있다.

(2) 윤리적 사업수행에 관한 척도/지표의 결과

〈표 8-6〉 법·윤리·규제 준수 보고서의 5~6번째 줄에 나타난 항목은 직원 행동강령의 위반과 회사에 대한 공식적 불평을 보여준다. 결과는 2012년 이래 13분기 동안 오직 한 건의 위반으로 96.2% 준수를 보여준다. 5번째 줄에 나타난 위반은 다른 직원을 위협하여 해고된 직원 건이다.

(3) 대내외적 재무에 대한 책무의 척도/지표

〈표 8-6〉 법·윤리·규제 준수 보고서의 11~21번째 줄에 나타난 항목은 외부 재무서비스 감사로부터 확인된 지배구조와 재무에 대한 책무를 위한 표준을 충족시키지 못한 조직 내 프로세스를 파악하는 커뮤니케이션 도구로 이용된다. 이사회와 상위 리더십 팀은 이 정보를 분기별로 검토한다. 결과는 2012년 이래 한건의 위반도 없어 100% 준수를 보여주고 있다. 'R'로 표시된 사건보고는 상위 리더십 팀과 이사회가 검토한 정보를 뜻한다.

(4) 규제 및 법 준수에 관한 척도/지표

〈표 8-6〉법·윤리·규제 준수 보고서의 1~32번째 줄에 나타난 항목은 규제 및 법 준수를 위한 표준을 충족시키지 못한 프로세스를 파악하는 커뮤니케이션 도구로 이용된다. 결과는 2012년 이래 99% 준수를 보여주고 있다. 13분기 동안 4건의 위반이 있었다. 9번째 줄에 나타난 위반은 2014년 10월에 공표되었으나 실제로 2015년 3월 23일에 문서화된 신 PCI 준수 표준을 준수하지 못한 건이다. 2015년 전략계획에 이 이슈를 중점적으로 다루는 실행계획이 포함되었다. 28번째 줄에 나타난 위반은 상품 절도로 해고된 두 명의 직원 건이다.

표 8-6 법·윤리·규제 준수 보고서

연 도		2012				2013				2014				2015			
부서(보고책임자)	분기	1	2	3	4	1	2	3	4	1	2	3	4	1	2	3	4
상품구매 (상품구매 담당 부사장)																	
1. 낚시관리 및 육성법 준수		√	√	√	√	√	√	√	√	√	√	√	√	√ R(28)			
2. 기초단체장별 규제 준수		√	√	√	√	√	√	√	√	√	√	√	√	√			
3. 농림수산식품부 자원환경과		√	√	√	√	√	√	√	√	√	√	√	√				
인적자원 (인적자원 담당부사장)																	
4. 소송		√	√	√	√	√	√	√	√	√	√	√	√ R(21)	√ R(21)			
5. 직원 행동강령 위반		√	√	√	√	√	√	√	√	√	√	√	NR (23)	√			
6. 회사에 대한 공식적 불평		√	√	√	√	√	√	√	√	√ R(15)	√ R(15)	√ R(15)	√ R(15)				
7. 이해갈등		√	√	√	√	√	√	√	√	√	√	√	√				
정보 시스템 (정보 시스템 담당부사장)																	
8. 신용카드 보안		N/A	N/A	√	√	√	√	√	√ (R8)	√	√	√	√	N (25)			
9. 웹 보안		N/A	√	√	√	√	√	√	√	√	√	√	√	√			
10. 소프트웨어 라이센싱		√	√	√	√	√	√	√	√	√	√	√	√				

재무(재무 담당부사장)																
11. 재무감사 보고서	√	√	√	√	√	√	√	√	√	√	√	√	√			
12. 직원혜택 플랜	√	√	√	√	√	√	√	√	√	√	√	√	√			
13. 종합소득세 환급	√	√	√	√	√	√	√	√	√	√	√	√	√			
14. 급여소득세 환급	√	√	√	√	√	√	√	√	√	√	√	√	√			
15. 부가가치세 환급	√	√	√	√	√	√	√	√	√	√	√	√	√			
16. 특별소비세 환급	√	√	√	√	√	√	√	√	√	√	√	√	√			
17. 면허세											N/A	√	√			
18. 종합부동산세	√	√	√	√	√	√	√	√	√	√	√	√	√			
19. 대출계약서	√	√	√	√	√	√	√	√	√	√	√	√ R(22)	√			
20. 보험	√	√	√	√	√	√	√	√	√	√	√	√				
21. 제품소송	√ R(1)	√ R(2)	√ R(2)	√ R(2)	√	√ R(4)	√ R(4)	√ R(9)	√ R(9)	√ R(9)	√ R(9)	√ R(9)	√ R(9)			
안전 및 보안 (인적자원 담당부사장)																
22. OSHA	√	√	√	√	√	√	√	√	√	√	√	√	√			
23. OSHA 위반	√	√	√	√	√	√	√	√	√	√	√	√	√			
24. 지방자치단체 규제 준수	√	√	√	√	√	√	√	√	√	√	√	√	√			
25. 지방자치단체 규제 위반	√	√	√	√	√	√	√	√	√	√	√	√	√			
26. 유해물질 규제	√	√	√	√	√	√	√	√	√	√	√	√	√			
27. 보안	√	√	√	√	√	√	√	√	√	√	√ R(16)	√ R(19)	√			
운영 (물류 담당부사장)																
28. 손망실 (일백만원 이상)											NR (20)	NR (24)	NR (27)			
29. 국토해양부	√	√	√	√ R(3)	√	√	√	√	√	√	√	√	√			
30. 수입	√	√	√	√	√	√	√	√	√	√	√	√	√			
31. 수출	√	√	√	√	√ R(6)	√	√	√	√	√	√	√	√			
32. 국제운영	√	√	√	√	√ R(6)	√	√	√	√	√	√	√	√			
준수 이슈의 수	0	0	0	0	0	0	0	0	0	0	1	2	1	0	0	0
R: 사건보고 / 총 법·윤리·규제 준수 범주	34	34	34	34	34	34	34	34	34	34	36	36	36	00	00	0
√: 준수 / 준수율(%)	100	100	100	100	100	100	100	100	100	100	97	94	97			
N: 미준수 / 연평균(%)				100				100				98				99

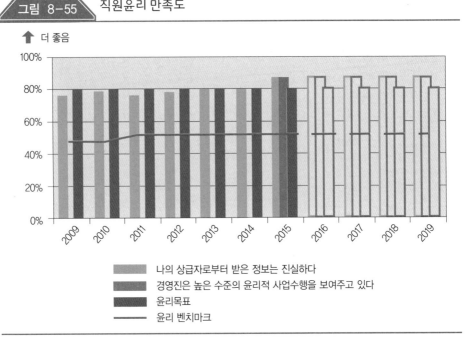

그림 8-55   직원윤리 만족도

↑ 더 좋음

범례:
- 나의 상급자로부터 받은 정보는 진실하다
- 경영진은 높은 수준의 윤리적 사업수행을 보여주고 있다
- 윤리목표
- 윤리 벤치마크

1) 직원윤리 만족도

직원의 윤리만족도는 다음의 두 가지 설문문항에 대한 직원의 응답으로 측정한다. 첫째, 나의 상급자로부터 받은 정보는 진실하다. 둘째, 경영진은 높은 수준의 윤리적 사업수행을 보여주고 있다. 이 척도는 고객 핵심 요구사항인 '고객존중 서비스'를 지원한다. 〈그림 8-55〉처럼 회사의 성과는 2011년 이래 꾸준히 향상되고 있으며, 목표 및 벤치마크를 초과달성하고 있다.

(5) 사회공헌에 관한 척도/지표의 결과

회사와 임직원이 참여하거나 후원하고 있는 주요 지역사회 및 사회공동체는 한국프로낚시연맹(KPFA), 주요 낚시단체, 한국낚시채널(FTV), 각종 낚시대회, 해당 지역사회 및 각 광역자치단체 등이다.

1) 한국프로낚시연맹(KPFA) 멤버십

부서별 KPFA 멤버십은 회사목표 뿐만 아니라 주주 및 고객 핵심 요구사항인 '관련 산업 지원'에 관련된다. 〈표 8-7〉과 같이 전 직원의 55% 이상이 KPFA 회원이

표 8-7	부서별 KPFA 멤버십 가입 현황
부서	가입 비율(%)
임원	100
상품구매	100
마케팅	94
접촉센터	48
물류	56
재무	64
인적자원	100
정보 시스템	92
기술	100
품질경영	80

며, 모든 상위 리더십 팀원은 KPFA 영구회원이다. 추가적으로 상품관련 요소를 선택하고 관리하는 일을 수행하는 상품구매 부서는 100% KPFA 회원을 고용하고 있다. KPFA 회원가입은 전적으로 사적인 의사결정이며 회비는 개인이 납부한다.

2) (핵심지표) 주요 사회공동체 기부금

주요 사회공동체별 기부금은 회사 핵심지표이며, 회사목표 뿐만 아니라 주주 및 고객 핵심 요구사항인 '관련 산업 지원'과 관련된 중추적인 척도이다. (주)명왕성 낚시의 주요 지역사회 및 사회공동체는 한국프로낚시연맹(KPFA), 주요 낚시단

그림 8-56	주요 사회공동체 기부금

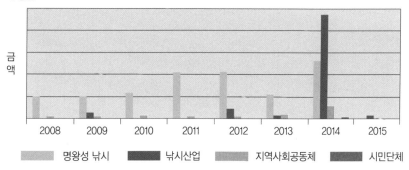

↑ 더 좋음

금액

2008 2009 2010 2011 2012 2013 2014 2015

▨ 명왕성 낚시   ■ 낚시산업   ▨ 지역사회공동체   ■ 시민단체

체, 한국낚시채널(FTV), 각종 낚시대회, 해당 지역사회 및 각 광역자치단체 등이다. 이 척도는 오직 현금 기부금만을 나타낸다. 〈그림 8-56〉과 같이 회사는 KPFA와 낚시산업에 대한 지원에 있어서 산업계에서 리더역할을 하고 있다.

토의 문제

(주)명왕성 낚시 사례의 다음 사항에 대한 강점과 약점은 무엇인가?

1. 상품과 서비스 성과의 수준과 경향

2. 고객중시 성과의 수준과 경향

3. 재무와 시장 성과의 수준과 경향

4. 인적자원 중시 성과의 수준과 경향

5. 프로세스 성과의 수준과 경향

6. 리더십 성과의 수준과 경향

Introduction to Management Quality

Chapter **9**

경영품질
자가진단

제 1 절   경영품질 자가진단의 개요

제 2 절   경영품질 자가진단 모델

제 3 절   경영품질 자가진단 채점 가이드라인

제 4 절   경영품질 자가진단 체크리스트

제 5 절   경영품질 수준의 분포

Chapter 9 경영품질 자가진단

제1절   경영품질 자가진단의 개요

"측정이나 평가 없이는 개선도 없다"는 말은 조직의 분야나 규모를 막론하고 누구나 공감할 것이다. 그러나 각종 수상제도 등 다양한 용도로 설계되어 운영된 각종의 평가 모형이 이해관계자로부터 신뢰를 받아왔다고 보기는 어렵다. 그 이유는 다음과 같다.

- 첫째, 충분한 자원과 시간의 투입 없이 성급하게 급조되었기 때문이다.
- 둘째, 평가기준의 확정 전에 학계, 관련업계, 소비자단체, 이해관계자와의 충분한 토론과 논의를 하는 검증절차를 거치지 않았기 때문이다.
- 셋째, 대다수의 정성적인 평가기준은 주관적으로 평가가 이루어지기 때문이다.
- 넷째, 환경변화에 따라 평가기준이 지속적으로 개선되지 못했기 때문이다.
- 마지막으로, 자의적인 판단에 따른 평가로 인하여 평가위원간 점수의 편차가 크기 때문이다.

이러한 원인에 기인하여 정부주관 국가상이나, 각 민간기관 및 언론사에서 주관하는 시상에 대해 대다수 국민과 고객이 신뢰를 하지 않고 있다. 본래 평가제도는 우수한 성과를 격려하고 평가 결과에 따른 동기부여를 위한 인센티브를 제공하며 업무개선의 수단으로 인식되어야 한다. 그러나 일부에서는 수상 및 평가제도가 주관기관의 비즈니스 영역확대를 위한 도구로 인식되고 있다.

글로벌 평가 모델로 권위를 인정받고 있는 미국의 볼드리지 평가기준은 1980년대 처음 설계되어 운영되는 동안 검증되고, 환경변화에 따라 개정되어 왔다.

1993년부터 우리나라 국가품질상의 심사기준도 볼드리지 평가기준에 근거하고 있다.

본장에서는 각 기업의 경영혁신 담당자가 실무에 적용할 수 있도록 볼드리지 모델에 기초하여 〈그림 9-1〉과 같이 경영품질 자가진단 모델을 제시한다. 자가진단 모델은 볼드리지 평가 모델과 동일하게 과정과 결과의 부분으로 구성된다. 과정 범주에는 리더십, 전략기획, 고객중시, 측정, 분석 및 지식경영, 인적자원 중시 및 프로세스 관리가 포함된다.

결과 범주에는 경영성과를 체크하도록 한다.

점수는 항목에 따라 가중치를 부여하여 1,000점 만점 기준에 진단점수를 부여하도록 하였다. 또한, 다음 절에서 자가진단 시스템에 대한 설명을 덧 부쳤고, 자가진단시에 점수를 부여하는데 도움을 주기위해 점수부여 가이드라인에 대해

그림 9-1 경영품질 자가진단 모델

설명하였으며, 경영품질 자가진단 체크리스트 양식을 제시하여 독자로 하여금 해당 조직의 각 항목별 점수를 집계하여 수준을 파악할 수 있도록 하였다. 경영품질 자가진단 모델은 〈그림 9-1〉과 같다.

제 2 절 경영품질 자가진단 모델

1. 과정

과정은 리더십, 전략기획, 고객중시, 측정, 분석 및 지식경영, 인적자원 중시 및 프로세스 관리에 관한 항목을 포함한다. 자가진단 시스템은 이들 항목에 대한 수준을 진단하여 기업의 개선활동에 활용하고자 하는 것이다. 이에 사용되는 요소는 접근법(Approach), 전개(Deployment), 학습(Learning) 및 통합(Integration)이며, 이를 ADLI로 칭한다.

자가진단시스템에서는 과정의 항목에 대해서 접근법, 전개, 학습 및 통합의 네 가지 요소에 근거하여 평가한다.

접근법

'접근법'은 자가진단 항목의 요구조건을 다루기 위해서 조직이 사용하는 방법을 의미한다. 접근법에는 요구조건에 대한 방법의 적절성과 유효성이 포함된다.

'접근법'은 다음의 네 가지를 의미한다.
① 프로세스를 완성하기 위해서 사용되는 방법
② 항목의 요구조건을 충족시키는 방법의 적절성
③ 방법사용의 유효성
④ 접근법이 반복가능하고, 믿을 만한 데이터와 정보에 근거하고(즉, 체계적) 있는 정도

전개

'전개'는 자가진단의 요구조건을 다루는 데에 있어서 접근법이 적용되는 정도를 말한다. 전개는 조직을 통해 적절한 업무단위에 적용시키는 폭과 깊이에 근거하여 평가한다.

'전개'는 다음의 세 가지를 의미한다.

① 조직에서 적절하고 중요한 항목의 요구조건을 다루는 데 있어서 조직의 접근법이 적용되는 정도

② 조직의 접근법이 시종일관되게 적용되는 정도

③ 모든 적절한 업무단위에서 조직의 접근법이 사용되는 정도

학습

'학습'은 평가, 공부, 경험 및 혁신을 통해서 얻어진 새로운 지식이나 기술을 의미한다. 자가진단 항목은 조직의 학습과 개인의 학습을 포함한다. 조직의 학습은 연구개발, 평가와 개선 사이클, 동료 및 이해관계자의 아이디어와 투입, 베스트 프랙티스의 공유 및 벤치마크 등을 통해서 습득된다. 개인의 학습은 교육, 훈련 및 개인의 성장을 촉진하는 개발기회 등을 통해서 성취된다.

'학습'은 다음의 세 가지를 의미한다.

① 평가와 개선의 사이클을 통해 조직의 접근법을 더욱 세련되게 하기

② 혁신을 통해 조직의 접근법에 대한 획기적인 변화를 장려하기

③ 조직의 다른 업무단위와 프로세스의 개선과 혁신을 공유하기

통합

'통합'은 전사적 주요 목표를 지원하기 위해 계획, 프로세스, 정보, 자원 결정, 활동, 결과 및 분석을 조화롭게 하는 것을 의미한다. 효과적인 통합은 정렬(alignment)을 넘어서며 성과관리 시스템의 개별적인 구성요소가 완벽하게 상호 연결된 하나의 단위로서 운영될 때 성취된다.

'통합'은 다음의 세 가지를 의미한다.

① 조직의 접근법이 조직의 개요 및 프로세스 항목에서 파악된 조직의 필요성과 정렬되어 있는 정도

② 조직의 척도, 정보 및 개선 시스템이 프로세스와 업무단위에 걸쳐서 서로 보완적인 정도

③ 조직의 계획, 프로세스, 결과, 분석, 하습 및 활동이 조직의 목표를 지원하기 위해서 프로세스와 업무단위를 조화롭게 하는 정도

2. 결과

결과는 과정항목의 요구조건을 달성하는데 있어서 조직의 결과물과 성과를 의미하며, 현재 성과, 적절한 자료와 비교된 성과, 성과개선의 비율, 폭 및 중요성, 주요 조직성과 요건에 대한 결과 척도의 관계 등에 근거하여 진단된다. 결과를 평가하는데 사용되는 네 가지 요소에는 수준(Level), 경향(Trend), 비교(Comparison) 및 통합(Integration)이며 이를 LeTCI로 칭한다.

수준
'수준'은 조직성과의 현재 수준을 말한다.

경향
'경향'은 조직의 결과에 대한 변화율이나 변화의 방향을 보여주는 숫자 데이터를 의미한다. 경향은 조직성과의 시간적 순서를 제공한다. 경향을 확인하기 위해서는 최소한 세 개의 과거자료가 필요하다.

'경향'은 다음의 두 가지를 의미한다.
① 성과개선율이나 우수한 성과의 유지가능성(즉, 경향을 나타내는 데이터의 기울기)
② 성과 결과의 폭(전개의 정도)

비교
'비교'는 다음의 두 가지를 의미한다.
① 적절한 비교대상과 상대적으로 비교한 기업의 성과
② 벤치마크나 업계의 선두주자와 상대적으로 비교한 기업의 성과

통합
'통합'은 다음의 세 가지를 의미한다.
① 성과 척도가 조직의 개요 및 프로세스 항목에서 파악된 주요 고객, 상품과 서비스, 시장, 프로세스 및 실행계획의 성과관련 요구조건을 다루고 있는 정도
② 성과 척도가 타당한 미래성과의 척도를 포함하고 있는 정도
③ 성과 척도가 조직의 목표를 지원하기 위해서 프로세스와 업무단위가 조화를 이루는 정도

제 3 절   경영품질 자가진단 채점 가이드라인

자가진단 항목에 대한 수준을 파악하여 채점하는 데에는 다음과 같은 가이드라인이 도움될 것이다.

첫째, 다루어야 할 모든 영역은 항목에 대한 응답에 포함되어야 한다. 또한 응답에는 조직에 중요한 것이 모두 반영되어야 한다.

둘째, 항목에 대한 자가진단을 할 때 우선 어떤 점수 범위(예를 들어 50~65%)가 해당 항목에 대한 자가진단에 나타난 조직의 성취수준을 잘 표현하고 있는지를 결정하여야 한다. "조직의 성취수준을 가장 잘 표현한다"는 것은 선택된 점수수준에 대한 ADLI(과정)나 LeTCI(결과)의 요소 중 하나 혹은 그 이상의 요소에 있어서 약간의 차이를 포함할 수 있다. 조직의 성취수준은 네 가지의 과정요소이거나 네 가지의 결과요소에 대한 총체적인 관점에 근거한 것이지 네 가지의 요소의 각각에 대한 개별적인 평가의 평균에 근거한 것이 아니다.

셋째, 과정항목에서 50%라는 점수는 항목의 전체적인 요구조건을 충족하며, 시종일관 전개되고, 대부분의 업무단위에서 개선과 학습 사이클이 이루어지며, 주요 조직 요구조건을 다루는 접근법을 의미한다. 더 높은 점수는 더욱 우수한 성취, 더 넓은 전개, 주요한 조직적 학습과 더욱 완성된 통합을 반영한다.

넷째, 결과항목에서 50%라는 점수는 양호한 수준의 성취, 유효한 추세, 조직의 사업과 미션에 대한 중요한 결과영역에 있어서의 적절한 비교 데이터가 명확하게 제시되었다는 것을 의미한다. 더 높은 점수는 더욱 우수한 추세와 성취수준, 경쟁사 또는 벤치마킹과 비교해서 더욱 우수한 성취, 더욱 폭 넓은 적용범위, 사업과 미션의 요구조건과의 통합을 반영한다. 〈표 9-1〉과 〈표 9-2〉는 각각 과정과 결과영역의 채점 가이드라인을 보여 주고 있다.

표 9-1 채점 가이드라인(과정영역)

부여점수	과 정
0% 또는 5%	• 제시항목에서의 요구에 체계적인 접근이 없다. 정보가 일화적 수준이다. (A) • 체계적인 접근방법이 거의 적용되지 못했다. (D) • 개선을 할 태도가 되어 있지 않다. 문제가 생기면 그때서야 개선을 한다. (L) • 조직적인 정렬이 없다. 각 분야와 업무 단위가 따로 독립적으로 운영된다. (I)
10%, 15%, 20% 또는 25%	• 제시항목의 기본적인 요구에 체계적인 접근을 시작한다. (A) • 제시항목의 기본적인 요구를 만족시키는 프로세스를 실행하지 못함으로써 접근이 대부분의 업무단위에서 초기단계에 머물러 있다. (D) • 문제에 단순히 대응하는 것에서 일반적 개선의 지향으로의 초기적 전환이다. (L) • 대부분 통합적 문제해결을 통하여 접근이 다른 분야 또는 업무단위와 정렬된다. (I)
30%, 35%, 40% 또는 45%	• 제시항목의 기본적인 요구에 따른 효율적이고, 체계적인 접근방법이 있다. (A) • 비록 어떤 분야나 업무단위는 실행의 초기단계에 있지만 이러한 접근이 실행된다. (D) • 핵심프로세스에 대한 평가와 개선에 대한 체계적 접근이 시작된다. (L) • 접근이 조직의 프로파일과 다른 프로세스 항목에 부응하여 확인된 기본적 조직의 요구에 맞추어 초기적 상태의 정렬이 되어 있다. (I)
50%, 55%, 60% 또는 65%	• 제시항목의 전반적인 요구사항에 부응하여 효율적이고 체계적인 접근방법이 있다. (A) • 비록 실행이 업무단위에 따라 다르게 적용되었지만 접근방법이 잘 실행되었다. (D) • 핵심프로세스의 효율성과 효과성을 개선시키기 위해서 사실을 기반으로 하는 체계적 평가와 개선의 프로세스와 혁신을 포함한 조직의 학습이 만들어져야 한다. (L) • 접근방법은 조직의 프로파일과 다른 프로세스 항목에 부응하여 파악된 조직의 요구와 정렬이 되어야 한다. (I)
70%, 75%, 80% 또는 85%	• 제시항목이 요구하는 다수의 요구사항에 부응하여 효율적이고 체계적인 접근방법이 있다. (A) • 이러한 접근방법이 큰 차질 없이 잘 실행되고 있다. (D) • 사실을 기반으로 하는 체계적 평가와 개선 프로세스와 혁신을 포함한 조직의 학습은 핵심관리 도구이다. 조직차원에의 분석과 공유의 결과로 뚜렷한 개선이 있다. (L) • 접근방법이 조직의 프로파일과 다른 프로세스 항목에 부응하여 파악된 조직의 욕구와 통합되어 있다.
90%, 95% 또는 100%	• 제시항목이 요구하는 다수의 요구사항에 부응하여 효율적이고 체계적인 접근방법이 있다. (A) • 접근방법이 어떠한 분야 또는 업무 단위에서도 중요한 약점이나 갭이 없이 잘 실행되고 있다. (D) • 사실을 기반으로 하는 체계적 평가와 개선 프로세스와 혁신을 포함한 조직의 학습은 중요한 조직 전반의 도구이다. 분석과 공유에 의해 지원받는 개선과 혁신이 조직 전반에 걸쳐 확실히 존재한다. (L) • 접근방법이 조직의 프로파일과 다른 프로세스 항목에 부응하여 파악된 조직의 욕구와 아주 잘 통합되어 있다. (I)

표 9-2	채점 가이드라인(결과영역)
부여점수	**결 과**
0% 또는 5%	• 보고된 분야에 조직의 성과 결과물이 없거나 또는 빈약한 결과물이 제시된다. (Le) • 경향 데이터가 보고되지 않거나 주로 반대의 경향을 보여주는 경우이다. (T) • 비교정보가 보고되지 않는 경우이다. (C) • 조직의 미션달성에 중요한 어느 분야의 결과가 보고되지 않는 경우이다. (I)
10%, 15%, 20% 또는 25%	• 아주 약간의 조직성과 결과가 보고되며 초기의 바람직한 성과수준을 일부 분야에서만 알고 있다. (Le) • 어떤 경향 데이터는 다른 반대의 경향과 함께 보고된다. (T) • 비교정보가 아주 적거나 보고되지 않았다. (C) • 조직의 미션을 달성하는 데에 중요한 몇 분야에 관해서만 결과가 보고된다. (I)
30%, 35%, 40% 또는 45%	• 바람직한 조직성과 수준이 제시항목이 요구하는 일부의 중요한 분야에 관해서만 보고된다. (Le) • 어떤 경향은 보고되며 제시된 대부분의 경향은 유용하다. (T) • 성과정보 획득의 초기단계에 와 있다. (C) • 조직의 미션을 달성하는 데에 중요한 많은 분야에 관해서 결과가 보고된다. (I)
50%, 55%, 60% 또는 65%	• 우수한 조직성과 수준이 제시항목이 요구하는 대부분의 중요한 분야에 관해서 보고된다. (Le) • 조직의 미션을 달성하는 데에 중요한 분야에서 유효한 경향이 분명하다. (T) • 어떠한 현재의 성과수준은 연관된 비교 및 벤치마킹과 관련되어 평가되며 상대적으로 우수한 성과를 내는 분야를 보여준다. (C) • 대부분의 핵심고객, 시장 및 프로세스 요구사항에 관한 조직의 성과 결과가 보고된다. (I)
70%, 75%, 80% 또는 85%	• 우수하거나 아주 우수한 조직성과 수준이 제시항목이 요구하는 대부분의 중요한 분야에 관해서 보고된다. (Le) • 조직의 미션을 달성하는 데에 중요한 대부분의 분야에서의 유용한 경향이 상당시간에 걸쳐 유지되었다. (T) • 많은 대부분의 경향과 현재 성과수준이 관련된 비교 또는 벤치마킹과 관련하여 평가되며 리더십이 있는 분야와 아주 좋은 상대적 성과를 보여준다. (C) • 대부분의 핵심고객, 시장, 프로세스 및 실행계획에 있어서의 요구사항에 관한 조직의 성과 결과가 보고되며 이것은 또한 조직의 미래성과의 예상을 포함한다. (I)
90%, 95% 또는 100%	• 아주 우수한 조직성과 수준이 제시항목이 요구하는 대부분의 중요한 분야에 관해서 보고된다. (Le) • 조직의 미션을 달성하는 데에 중요한 모든 분야에서의 유용한 경향이 상당시간에 걸쳐 유지되었다. (T) • 산업 내에서 벤치마킹의 대상이 되는 근거가 많은 분야에서 보인다. (C) • 조직의 성과 결과가 대부분의 핵심고객, 시장, 프로세스 및 실행계획에 있어서의 요구사항을 충분히 언급하며 이것은 또한 조직의 미래성과의 예상을 포함한다. (I)

제 **4** 절   **경영품질 자가진단 체크리스트**

1. 약식 진단 체크리스트

볼드리지 평가 모델은 7개 범주, 18개 심사항목, 32개 소항목으로 구성된 방대한 체크리스트이다. 평가자가 개략적으로 자사의 경영품질 수준을 보다 용이하게 진단해 볼 수 있도록 〈표 9-3〉과 같이 경영품질의 약식 자가진단 체크리스트

표 9-3   경영품질 약식 진단 체크리스트

범 주	MQ CSF	진단내용	활동방안
리더십	1. 방향설정	경영진의 방향설정 능력이 우수하며 구성원 모두 발전방향을 공유하고 있다.	0 2 5 8 10
	2. 변화관리	경영진은 회사에 대한 정보를 공유하며 학습과 역량개발을 적극 권장한다.	0 2 5 8 10
	3. 성과검토	경영진은 조직성과 검토를 적절히 실시하며 신속하게 피드백한다.	0 2 5 8 10
	4. 사회적 책임	회사가 지원하는 지역사회에 대한 정의가 분명하며 지원 우선순위가 합리적으로 정해진다.	0 2 5 8 10
전략 계획	5. 전략개발	전략개발 프로세스가 우수하며 효과적으로 이행되고 있다.	0 2 5 8 10
	6. 전략목표 타당성	전략이 분명하며 전략목표도 타당하다.	0 2 5 8 10
	7. 전략전개(실행)	전략이 모든 부서에게 적절하게 전파되고 있다.	0 2 5 8 10
고객 /시장	8. 고객과 시장지식	고객과 시장의 세분화가 분명하고 각 집단별 정보파악 수준이 우수하다.	0 2 5 8 10
	9. 고객관계	고객과 좋은 관계를 유지하는 접근방식이 체계적이다.	0 2 5 8 10
	10. 고객만족도	고객만족도를 주기적으로 측정하고 있으며 올바르게 측정되고 있다.	0 2 5 8 10
	11. 고객만족 활동	고객만족 활동에 구성원이 능동적으로 참여하고 있다.	0 2 5 8 10
정보 /분석	12. 성과측정	핵심척도와 지표가 설정되어 있으며 올바르게 측정되고 있다.	0 2 5 8 10
	13. 성과분석	척도와 지표에 대한 분석수준이 우수하며 업무개선에 적절하게 활용되고 있다.	0 2 5 8 10
정보 /분석	14. 정보지식 시스템	정보/지식 시스템이 우수하며 지식공유가 원활하게 이루어지고 있다.	0 2 5 8 10

인적 자원	15. 업무 시스템	업무성과를 높이기 위해서 업무방식을 자유롭게 변경시킬 수 있다.	0 2 5 8 10
	16. 교육 및 훈련	업무관련 새로운 기술과 기법을 습득할 기회가 충분하다.	0 2 5 8 10
	17. 사기진작	보상과 포상제도가 효과적으로 운영되고 있다.	0 2 5 8 10
	18. 직원만족도	직원만족도를 측정하고 있으며 측정수단이 정확하다.	0 2 5 8 10
프로 세스	19. 설계 프로세스	신상품/서비스 설계 프로세스가 효과적이며 지속적으로 개선되고 있다.	0 2 5 8 10
	20. 생산/ 인도 프로세스	상품생산과 인도, 서비스 개발과 제공 프로세스가 효과적이며 지속적으로 개선되고 있다.	0 2 5 8 10
	21. 지원 프로세스	업무지원 프로세스가 효과적이며 지속적으로 개선되고 있다.	0 2 5 8 10
경영 성과	22. 재무성과	최근 3년간 재무성과지표의 실적이 (경쟁사 대비) 우수하며 계속 향상되고 있다.	0 2 5 8 10
	23. 고객성과	최근 3년간 고객만족지표의 실적이 (경쟁사 대비) 우수하며 계속 향상되고 있다.	0 2 5 8 10
	24. 인적자원 성과	최근 3년간 직원만족지표의 실적이 (경쟁사 대비) 우수하며 계속 향상되고 있다.	0 2 5 8 10
	25. 조직의 이미지	최근 3년간 조직의 이미지가 (경쟁사 대비) 우수하며 계속 향상되고 있다.	0 2 5 8 10

를 제시한다. 이 약식 자가진단 체크리스트는 본 진단을 실시하기 전에 범주별 수준과 전체 수준을 개략적으로 파악하고, 진단의 연습에 활용할 수 있다. 약식 자가진단 체크리스트의 각 항목의 점수부여는 〈표 9-1〉과 〈표 9-2〉의 채점가이드라인에 따른다. 범주별 점수는 범주별 배점에 범주별 부여점수 비율(=각 항목의 합 부여점수/각 항목 최대 점수의 합)을 곱한 값이 된다.

경영품질의 총점수는 각 범주별 부여점수의 합계이다. 만점은 총 1,000점이다.

2. 경영품질 자가진단 체크리스트

〈표 9-5〉의 자가진단 체크리스트는 조직수준을 볼드리지 평가기준에 근거하여 쉽게 진단을 하여 자사의 개선활동, KPI(핵심성과지표)적용, 정부시상이나 인증 등 다양한 목적으로 활용할 수 있도록 문항을 구성하였다. 각 범주별 제시된 진단항목의 각각의 질문을 읽어 보고 해당 수준에 체크(√)하여 그 결과를 집계하면 자사의 조직수준을 파악하여 의도하는 용도로 활용할 수 있다.

자가진단 체크리스트의 각 항목은 〈표 9-4〉와 같이 리커트 5점 척도로 구성한다.

채점방식은 다음과 같다.

$$총점 = 1 \times \sum(문항\ 1 \sim 110의\ 점수) + 5 \times \sum(문항\ 111 \sim 114의\ 점수)$$
$$+ 2 \times \sum(문항\ 115 \sim 149의\ 점수)$$

표 9-4 항목의 5점 척도

점 수	5점	4점	3점	2점	1점
수준	아주 만족한 수준으로 실행 (매우 그렇다)	만족한 수준으로 실행 (그렇다)	보통 수준으로 실행 (보통이다)	미흡한 수준으로 실행 (그렇지않다)	미실행 (매우 그렇지 않다)

표 9-5 경영품질 자가진단 체크리스트

범 주	매우 그렇지 않다 ← → 매우 그렇다
Ⅰ. 리더십	
1. 경영진이 회사의 비전, 미션, 방침, 목표설정 과정에 적극적으로 참여한다.	①----②----③----④----⑤
2. 경영진은 회사의 비전과 가치를 모든 임직원에게 효과적인 방법으로 전달한다.	①----②----③----④----⑤
3. 경영진은 설문조사, 사내정보망, 대화, 전자우편 등을 통해서 조직비전과 가치에 대한 임직원의 수용상태를 모니터링 한다.	①----②----③----④----⑤
4. 경영진은 비즈니스 윤리의 중요성을 인식하고 솔선수범하며 구성원이 스스로 윤리적으로 행동하게끔 여건을 만들어 준다.	①----②----③----④----⑤
5. 회사는 비즈니스 윤리를 다룰 윤리위원회 같은 조직을 운영하고 있다.	①----②----③----④----⑤
6. 윤리강령 및 실천매뉴얼을 마련하고 전구성원이 윤리강령과 매뉴얼을 이해하고 실행할 수 있도록 교육하고 있다.	①----②----③----④----⑤
7. 미래의 사회적 요구와 상품과 서비스시장 환경에 대해 분석하고 있다.	①----②----③----④----⑤
8. 지식경영 시스템과 같이 특정 혁신활동의 결과/학습을 관련 부문에 체계적으로 전파/실행하는 시스템을 구축하고 있다.	①----②----③----④----⑤
9. 경영진이 미래 리더의 리더십 개발과정에 적극적으로 참여한다.	①----②----③----④----⑤

10. 경영진과 전임직원간의 쌍방향 커뮤니케이션을 위해 다양한 채널을 설정하여 운영하고 있다.	①----②----③----④----⑤
11. 보상·인정·포상은 내부고객만족·혁신·성과 개선을 포함한 주요 사업활동 결과의 달성과 연계된다.	①----②----③----④----⑤
12. 경영진은 인정과 보상 시스템의 개발에 참여하고 나아가서 그것을 실시하고 체계적으로 개선하기 위하여 모니터링하는 것을 돕는다.	①----②----③----④----⑤
13. 경영진이 각 부서의 업무계획과 경영방침 연계수준을 검토한다.	①----②----③----④----⑤
14. 주요 사업성과와 지표는 항목별 지표값 산출방식, 관리주기, 보고사항 등을 종합 정리하여 관리한다.	①----②----③----④----⑤
15. 정기적인 감사 결과를 정기적으로 공표하고 있다.	①----②----③----④----⑤
16. 회계의 투명성 확보를 위한 다양한 제도를 운영하고 있다.	①----②----③----④----⑤
17. 리더십 평가 결과를 교육훈련계획 수립에 반영하여 교육훈련을 통한 역량강화에 지속적인 관심을 보인다.	①----②----③----④----⑤
18. 경영진이 임직원으로부터 피드백을 받는 등으로 그들의 리더십 활동의 유효성을 체계적이고 주기적으로 점검하고 개선 조치를 한다.	①----②----③----④----⑤
19. 각종 환경 척도가 지속적으로 측정 관리된다.	①----②----③----④----⑤
20. 사고예방/안전교육을 주기적으로 실시한다.	①----②----③----④----⑤
21. 지속적으로 임직원에게 윤리강령 준수교육을 시행하고 있다.	①----②----③----④----⑤
22. 납품·공급업체 등 협력사와 가격을 결정하기 위한 합리적인 방법을 채택하고 있다.	①----②----③----④----⑤
23. 임직원의 사회봉사 참여지원 프로그램이 다양하다.	①----②----③----④----⑤
24. 임직원의 사회봉사참여율이 높은 편이다.	①----②----③----④----⑤

Ⅱ. 전략기획

25. 전략수립 프로세스에 대한 업무흐름도를 작성한다.	①----②----③----④----⑤
26. 계획 수립시에 고객/시장 요구사항과 기대수준, 경쟁력과 경쟁환경, 사회적/기술적 변동사항, 요구되는 인적자원의 미래확보계획, 협력업체 역량 등의 정보를 수집하고 분석한다.	①----②----③----④----⑤
27. 전략개발을 위해 필요한 정보는 조직 전체를 통해서 수집한다.	①----②----③----④----⑤
28. 임직원·주요 고객의 요구사항을 정확히 파악하고 목표설정과 계획 수립에 활용한다.	①----②----③----④----⑤
29. 각 주요 성과측정치에 대해 설정된 연간 목표와 각 주요 성과측정치를 전략에 연계시키고 있다.	①----②----③----④----⑤
30. 임의로 선정된 것이 아니라 벤치마킹이나 다른 방법에 의하여 체계적으로 전략목표를 수립하고 있다.	①----②----③----④----⑤

31. 세계적 수준의 성과를 유발하는 목표를 세우고 있다.	①----②----③----④----⑤
32. 전체 임직원이 조직의 사업목표를 인지하고 있으며 각 구성원의 목표수행이 전체 목표달성에 어떻게 기여하는지를 알고 있다.	①----②----③----④----⑤
33. 장단기 실행계획의 전개를 위한 체계적인 프로세스가 존재한다.	①----②----③----④----⑤
34. 각 실행계획에 대한 구체적인 자원배분 계획을 수립한다.	①----②----③----④----⑤
35. 각 실행계획에 따른 재무적 위험과 기타 위험의 크기와 그 실현가능성을 파악하고 있다.	①----②----③----④----⑤
36. 실행계획 변경을 위한 체계를 가지고 있다.	①----②----③----④----⑤
37. 장단기 실행계획은 시작과 종료시점, 진도검토시점 등이 명확하게 표시되어 있다.	①----②----③----④----⑤
38. 장단기 실행계획에 관련된 인적자원계획을 가지고 있다.	①----②----③----④----⑤
39. 실행계획의 진도관리를 위한 주요 성과 척도·지표를 설정하여 관리하고 있다.	①----②----③----④----⑤
40. 성과에 대한 추정이 주요 재무적 영역과 비재무적 영역을 포함하고 있다.	①----②----③----④----⑤
41. 성과에 대한 추정은 구체적이며 철저한 분석에 의한다.	①----②----③----④----⑤

Ⅲ. 고객중시

42. 고객을 분류하고 이 분류에 맞추어 전략을 수립한다.	①----②----③----④----⑤
43. 목표고객과 목표시장을 선정하는 구체적인 프로세스를 가지고 있다.	①----②----③----④----⑤
44. 고객의 소리를 청취하고 분석하는 다양한 청취채널을 운영한다.	①----②----③----④----⑤
45. 고객의 소리는 상품과 서비스 설계에 반영되고 업무 시스템과 프로세스의 개선에 활용된다.	①----②----③----④----⑤
46. 고객의 소리를 통해 얻어진 자료가 관련된 부서에 유용하게 사용될 수 있도록 한다.	①----②----③----④----⑤
47. 고객의 소리 중에서 고객의 니즈와 욕구의 변화와 관련된 지식을 추출한다.	①----②----③----④----⑤
48. 고객의 니즈와 욕구의 변화와 관련된 지식을 신규 교육 프로그램과 상품과 서비스 개발에 활용한다.	①----②----③----④----⑤
49. 시장환경의 변화나 사업의 요구조건의 변화를 추적하고 분석하는 시스템을 운영한다.	①----②----③----④----⑤
50. 고객과의 관계를 구축하기 위한 시스템을 운영한다.	①----②----③----④----⑤
51. 고객과의 접촉 메커니즘을 여러 가지 운영한다.	①----②----③----④----⑤
52. 고객집단별, 세분시장별 고객의 불만을 파악하고 있다.	①----②----③----④----⑤
53. 고객관계 구축 및 접근방법도 주기적으로 그 유효성을 검토한다.	①----②----③----④----⑤
54. 고객만족도 조사 및 충성도 조사를 주기적으로 행하고 있다.	①----②----③----④----⑤

질문	
55. 얻어진 정보 및 시사점이 조직내외의 관련 부서에 적절히 전파된다.	①----②----③----④----⑤
56. 서베이, 무작위 고객인터뷰, 포커스 그룹 인터뷰 등의 방법을 통해서 제공되는 상품과 서비스의 품질에 대한 고객의 반응을 주기적으로 조사한다.	①----②----③----④----⑤
57. 서베이, 무작위 고객인터뷰, 포커스 그룹 인터뷰 등의 방법을 통해서 귀사 및 경쟁사의 고객만족도를 비교 분석한다.	①----②----③----④----⑤
58. 고객만족 관리에 관한 접근법을 주기적으로 그 유효성을 검토하여 접근법을 변화시킨다.	①----②----③----④----⑤

Ⅳ. 측정, 분석 및 지식경영

질문	
59. 척도와 지표는 계량화되어 있는 것을 원칙으로 하나 일부 정성적인 척도나 지표도 추세 분석 혹은 비교 분석이 가능한 것을 사용하고 있다.	①----②----③----④----⑤
60. 회사 전체가 측정할 수 있는 전체적인 척도나 지표를 사용하고 있다.	①----②----③----④----⑤
61. 경쟁회사의 정량적인 척도와 지표에 대한 정보를 항상 파악하고 있다.	①----②----③----④----⑤
62. 성과측정 시스템에 대한 지속적인 모니터링을 진행하고 있다.	①----②----③----④----⑤
63. 주기적으로 성과검토 및 분석을 하고 있다.	①----②----③----④----⑤
64. 성과검토 및 분석을 통해 얻어진 결과는 활동계획의 수립 혹은 수정에 중요한 투입요소로 활용된다.	①----②----③----④----⑤
65. 성과정보의 결과로 만들어진 개선목록을 전략목표와 연관시켜 우선순위를 작성하고 있다.	①----②----③----④----⑤
66. 개선목록상의 활동을 완성하기 위한 실행계획을 작성하고 이를 실행에 옮긴다.	①----②----③----④----⑤
67. 성과와 프로세스 평가 사이의 상관관계를 분석하고 이를 활용하여 성과를 향상시키기 위한 프로세스의 개선방안을 모색하고 있다.	①----②----③----④----⑤
68. 정보 시스템의 설계와 운용에 있어서 정보의 가용성과 접근성을 최우선으로 고려한다.	①----②----③----④----⑤
69. 신뢰성을 위해서 활용되는 정보의 원천을 파악하고 이를 정보에 명기하도록 한다.	①----②----③----④----⑤
70. 보안성을 강화하기 위해서 해킹방지 방화벽을 늘 최첨단으로 유지하도록 한다.	①----②----③----④----⑤
71. 사용자 편리성을 위해서 온라인 헬프(고객서비스) 데스크를 설치하여 운영하고 있다.	①----②----③----④----⑤
72. 비상시에도 하드웨어 시스템, 소프트웨어 시스템, 데이터 및 정보의 연속성과 가용성을 확보할 대책을 마련해 놓고 있다.	①----②----③----④----⑤
73. 소프트웨어와 하드웨어를 기술변화에 맞춰 적절하게 업데이트하고 있다.	①----②----③----④----⑤
74. 데이터, 정보 및 지식의 정확성, 무결성, 신뢰성, 적시성, 보안성, 기밀성 등을 확보하는 방안을 적절히 시행하고 있다.	①----②----③----④----⑤

75. 임직원, 고객, 공급자, 파트너 및 협력업체로부터 획득한 관련 지식을 수집하여 전파하고 있다.	①----②----③----④----⑤
76. 임직원, 고객, 공급자, 파트너 및 협력업체로 부터 획득한 관련 지식을 잘 활용하고 있다.	①----②----③----④----⑤

V. 인적자원 중시

77. 내부고객(직원) 만족도를 결정하는 요인이 무엇인지 잘 알고 있다.	①----②----③----④----⑤
78. 수평적·수직적 커뮤니케이션이 활성화되어 있다.	①----②----③----④----⑤
79. 성과관리 시스템과 인사체계(보상, 승진, 직무배치 등)가 적절히 연계되어 있다.	①----②----③----④----⑤
80. 교육훈련 필요성 및 교육요구를 분석한다.	①----②----③----④----⑤
81. 관리자 및 임원에 대한 체계적인 리더십 교육을 실시하고 있다.	①----②----③----④----⑤
82. 임직원의 교육훈련 성과평가체계를 운영하고 있다.	①----②----③----④----⑤
83. 임직원 경력관리 전략 및 방침, 그리고 경력개발 프로그램을 운영하고 있다.	①----②----③----④----⑤
84. 체계적인 근무평가 시스템을 갖추고 있다.	①----②----③----④----⑤
85. 근무평가점수 및 근무평가 관리체계가 업무성과와 연계되어 있다.	①----②----③----④----⑤
86. 회사조직 성과 향상에 기여할 수 있는 인적자원의 직무수행능력 및 자격요건을 규정하고 관리한다.	①----②----③----④----⑤
87. 임직원 수요·공급에 대해 예측하고 관리한다.	①----②----③----④----⑤
88. 우수임직원을 확보하기 위한 채용방식을 가지고 있다.	①----②----③----④----⑤
89. 역량과 성과중심의 임직원 관리 시스템을 가지고 있거나, 시행 경험을 토대로 개선된 형태의 임직원 관리 시스템을 운영하고 있다.	①----②----③----④----⑤
90. '변화하는 임직원의 잠재력과 수용능력 요구'에 적절히 대응하기 위해서 교육훈련, 커뮤니케이션, 인력수요예측, 전보, 전직지원(outplacement)과 기타 인사서비스를 갖추고 있다.	①----②----③----④----⑤
91. 임직원의 건강관리를 위한 근무환경 개선 및 건강관리 지원 프로그램을 실시한다.	①----②----③----④----⑤
92. 근무환경 개선과 관련한 계획·실행·평가의 관리 시스템을 갖추고 있다.	①----②----③----④----⑤
93. 타 경쟁사보다 다양하고 높은 수준의 복리후생제도를 시행하고 있다.	①----②----③----④----⑤

VI. 프로세스 관리

94. 핵심역량을 발굴, 육성, 응용하려고 검토하는 위원회가 있어 주기적인 회합을 한다.	①----②----③----④----⑤
95. 핵심역량을 육성하기 위한 장단기 계획이 존재한다.	①----②----③----④----⑤
96. 업무 시스템의 새로운 설계 및 개선이 적절하게 이루어지고 있다.	①----②----③----④----⑤
97. 주요 업무 프로세스의 성과측정을 위해서 여러 지표를 선정하여 모니터링하고 있다.	①----②----③----④----⑤

98. 주요 업무 프로세스의 요구사항 파악을 위해서 이해관계자와 적극적인 커뮤니케이션을 실시하고 있다.	①----②----③----④----⑤
99. 고객의 개별 특성을 파악하여 활용하기 위해 고객모니터링센터를 운영하고 있으며 이런 요인을 분석하고 있다.	①----②----③----④----⑤
100. 고객의 주요 요구사항을 충족시키기 위해 업무 프로세스 설계를 위한 위원회를 운영하고 있다.	①----②----③----④----⑤
101. 재해 및 긴급상황에 대비하여 대응매뉴얼을 갖추고 주기적으로 검토하여 개선하고 있다.	①----②----③----④----⑤
102. 고객, 공급자, 파트너, 협력업체의 요구사항을 업무 프로세스에 피드백할 수 있는 프로세스가 존재한다.	①----②----③----④----⑤
103. 업무 프로세스와 관련된 주요 성과지표와 프로세스 지표를 활용하여 업무 프로세스를 관리하고 개선한다.	①----②----③----④----⑤
104. 업무 프로세스의 성과가 목표한 것과 차이가 날 때 차이분석을 통해서 목표와의 차이를 줄이고 있다.	①----②----③----④----⑤
105. 업무 프로세스 개선을 위한 공통적인 접근법을 가지고 있다.	①----②----③----④----⑤
106. 경영성과를 향상시키기 위해 업무 프로세스를 개선하고 있다.	①----②----③----④----⑤
107. 경영성과를 평가하기 위한 관련 지표를 지속적으로 개발하고 있다.	①----②----③----④----⑤
108. 이러한 지표의 타당성을 주기적으로 검토하여 타당성이 떨어지는 지표의 일몰제를 실시하고 있다.	①----②----③----④----⑤
109. 업무 프로세스 개선 결과를 기록하고 있다.	①----②----③----④----⑤
110. 업무 프로세스 개선 결과를 여러 채널을 통해서 조직의 모든 구성원에게 전파한다.	①----②----③----④----⑤

Ⅶ. 경영성과

111. 상품과 서비스품질에 대한 주요 척도·지표는 경쟁사에 비해 높은 수준이다.	①----②----③----④----⑤
112. 상품과 서비스품질에 대한 주요 척도·지표는 최근 3년간 지속적으로 증가추세에 있다.	①----②----③----④----⑤
113. 상품과 서비스실패(클레임 등)에 대한 주요 척도·지표는 경쟁사에 비해 높은 수준이다.	①----②----③----④----⑤
114. 상품과 서비스실패(클레임 등)에 대한 주요 척도·지표는 최근 3년간 지속적으로 증가추세에 있다.	①----②----③----④----⑤
115. 주요 고객만족에 관한 척도·지표는 경쟁사에 비해 높은 수준이다.	①----②----③----④----⑤
116. 주요 고객만족에 관한 척도·지표의 수준이 최근 3년간 지속적으로 증가추세에 있다.	① ---②----③----④----⑤
117. 주요 고객불만족에 관한 척도·지표는 경쟁사에 비해 높은 수준이다.	①----②----③----④----⑤
118. 주요 고객불만족에 관한 척도·지표의 수준이 최근 3년간 지속적으로 증가추세에 있다.	①----②----③----④----⑤

119. 고객충성도가 경쟁사에 비해 높은 수준이다.	①----②----③----④----⑤
120. 고객유지율이 경쟁사에 비해 높은 수준이다.	①----②----③----④----⑤
121. 고객충성도 및 유지율이 최근 3년간 지속적으로 증가추세에 있다.	①----②----③----④----⑤
122. 자기자본이익률이 경쟁사에 비해 높은 수준이다.	①----②----③----④----⑤
123. 자기자본이익률이 최근 3년간 지속적으로 증가추세에 있다.	①----②----③----④----⑤
124. 매출액증가율이 경쟁사에 비해 높은 수준이다.	①----②----③----④----⑤
125. 매출액증가율이 최근 3년간 지속적으로 증가추세에 있다.	①----②----③----④----⑤
126. 시장점유율이 경쟁기업에 비해 높은 수준이다. .	①----②----③----④----⑤
127. 시장점유율이 최근 3년간 지속적으로 증가추세에 있다.	①----②----③----④----⑤
128. 새로운 시장개척(해외진출, 미래유망사업 등)으로부터의 수입이 최근 3년간 지속적으로 증가추세에 있다.	①----②----③----④----⑤
129. 내부고객(직원)만족도가 경쟁사에 비해 높은 수준이다.	①----②----③----④----⑤
130. 내부고객(직원)만족도가 최근 3년간 지속적으로 증가추세에 있다.	①----②----③----④----⑤
131. 임직원의 역량/기술수준 등 잠재력이 경쟁사에 비해 높은 수준이다.	①----②----③----④----⑤
132. 임직원의 역량/기술수준 등 잠재력이 최근 3년간 지속적으로 증가추세에 있다.	①----②----③----④----⑤
133. 위생, 안전, 보안서비스 등 근무현장 환경이 경쟁사에 비해 높은 수준이다.	①----②----③----④----⑤
134. 임직원 인당 복리후생비가 경쟁사에 비해 높은 수준이다.	①----②----③----④----⑤
135. 임직원 인당 복리후생비가 최근 3년간 지속적으로 증가추세에 있다.	①----②----③----④----⑤
136. 업무 시스템의 혁신비율과 성과가 경쟁사에 비해 높은 수준이다.	①----②----③----④----⑤
137. 업무 시스템의 혁신비율과 성과가 최근 3년간 지속적으로 증가추세에 있다.	①----②----③----④----⑤
138. 내부직무 및 직무분류의 단순화가 최근 3년간 지속적으로 이루어졌다.	①----②----③----④----⑤
139. 비용절감이 최근 3년간 지속적으로 이루어졌다.	①----②----③----④----⑤
140. 신상품과 신서비스 개발이 경쟁기업에 비해 높은 수준이다.	①----②----③----④----⑤
141. 직원 인당 생산성이 경쟁사에 비해 높은 수준이다.	①----②----③----④----⑤
142. 직원 인당 생산성이 최근 3년간 지속적으로 증가추세에 있다.	①----②----③----④----⑤
143. 조직의 전략과 실행계획의 달성에 관한 주요 척도·지표가 경쟁사에 비해 높은 수준이다.	①----②----③----④----⑤
144. 윤리검토 및 감사의 결과가 최근 3년간 지속적으로 개선되는 추세에 있다.	①----②----③----④----⑤

145. 부채비율 등 재무적 건전성에 관한 주요 척도·지표가 최근 3년간 지속적으로 개선되는 추세에 있다.	①----②----③----④----⑤
146. 규제, 안전, 인증, 및 법 준수에 관한 주요 척도·지표가 경쟁사에 비해 높은 수준이다.	①----②----③----④----⑤
147. 사회공동체 및 지역사회에의 기부금이 경쟁사에 비해 높은 수준이다.	①----②----③----④----⑤
148. 사회공동체 및 지역사회에의 기부금이 최근 3년간 지속적으로 증가하고 있는 추세에 있다.	①----②----③----④----⑤
149. 임직원의 사회봉사참여율이 최근 3년간 지속적으로 개선되는 추세에 있다.	①----②----③----④----⑤

범주별 득점과 총점은 〈표 9-6〉의 경영품질 자가진단 체크리스트의 집계표를 활용하여 정리할 수 있다.

표 9-6 경영품질 자가진단 체크리스트 집계표

자가진단 항목	문항수	문항당 배점	배 점	득 점
Ⅰ. 리더십	(24)		(120)	( )
1. 경영진의 리더십	14	5	70	−
2. 지배구조와 사회적 책임	10		50	−
Ⅱ. 전략기획	(17)		(85)	( )
1. 전략의 개발	8	5	40	−
2. 전략의 전개	9		45	−
Ⅲ. 고객중시	(17)		(85)	( )
1. 고객과 시장지식	8	5	40	−
2. 고객관계와 고객만족	9		45	−
Ⅳ. 측정, 분석 및 지식경영	(18)		(90)	( )
1. 측정, 분석 및 조직성과의 개선	9	5	45	−
2. 정보, 정보기술 및 지식의 관리	9		45	−
Ⅴ. 인적자원 중시	(17)		(85)	( )
1. 인적자원 관리체계	9	5	45	−
2. 인적자원 복지와 근무환경	8		40	−
Ⅵ. 프로세스 관리	(17)		(85)	( )
1. 업무 시스템 설계	8	5	40	−
2. 업무 프로세스 관리와 개선	9		45	−

VII. 경영성과	(39)		(450)	( )
1. 상품과 서비스 성과	4	25	100	—
2. 고객중시 성과	7	10	70	—
3. 재무와 마케팅 성과	7	10	70	—
4. 인적자원 중시 성과	7	10	70	—
5. 프로세스 성과	7	10	70	—
6. 리더십 성과	7	10	70	—
18개 항목	149		1,000	—

제 5 절 경영품질 수준의 분포

〈그림 9-2〉는 미국의 볼드리지 국가품질상 도전기업의 득점분포를 보여주고 있다. 경영품질 자가진단 체크리스트를 활용하여 자사의 점수가 나오면 그 수준을 비교해 볼 수 있다.

그림 9-2 볼드리지 국가품질상 도전기업의 점수분포

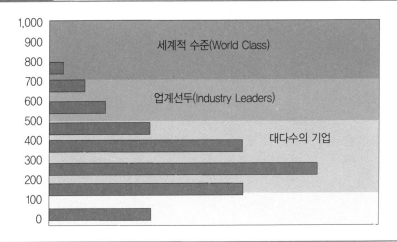

토의 문제

1. 자가진단 체크리스트를 활용하여 (주)명왕성 낚시 사례를 바탕으로 진단하시오.

2. 자가진단결과 배점을 바탕으로 (주)명왕성 낚시의 경영품질수준을 논하시오.

Introduction to Management Quality

Chapter **10**

소그룹
개선활동

제 1 절   소그룹 개선활동의 의의
제 2 절   소그룹 활동 단계별 추진방법

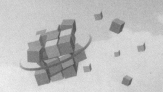

소그룹 개선활동

1. 의의

소그룹은 '같은 기업 내에서 개선활동을 자주적으로 수행하는 7명 내외의 그룹'을 말하며, 기업에 따라서는 품질분임조, 소집단, CoP 등의 형태로 활동을 하는데 여기서는 소그룹으로 정의하기로 한다.

'같은 기업 내에서'라는 것은 최고경영자, 임원, 관리자, 현장 근무자, 사무부문 직원 등 모두가 참여해야 한다는 의미이며, '개선활동'이란, 품질향상, 납기준수, 서비스 향상, 비용 절감, 생산성 향상, 고객만족 등과 관련된 현장 문제를 다루는 것이다. '자주적으로 수행한다'는 것은 소그룹이 주체가 되어 스스로 실시하되 규정된 직제에 의해 지원과 도움을 받는다는 것이며, '7명 내외의 그룹'이란 작은 그룹으로 1명의 리더의 통솔하에 전원이 참여하여 원활한 의사소통을 통해 소정의 목적을 달성할 수 있는 조직을 말한다.

2. 목적 및 필요성

앞에서 정의된 소그룹 개선활동은 왜 하는 것이며 어떤 절차를 거치는지를 살펴보면 다음과 같다. 아래에서 목적, 필요성 및 절차와 방법의 순서로 설명한다.

(1) 소그룹 개선활동의 목적

소그룹 개선활동의 목적을 다음과 같이 다섯 가지로 나누어 볼 수 있다. 우선 전사적 개선활동으로 상품과 서비스의 품질과 생산성을 향상시키기 위함이다. 둘째, 계층간 일체화 전략으로 조직의 체질을 강화하고 조직의 사기 앙양에 기여하는 효과가 있다. 셋째, 자발적·지속적 개선활동으로 조직 내 개개인의 잠재능력을 개발하기 위함이다. 넷째, 조직구성원의 의식을 전환하고 지속적인 개선 추구의 사고를 함양시키기 위함이다. 마지막으로 조직 내 개개인의 자기개발 실천의지를 관련 산업사회에 확산하려는 목적이다.

(2) 소그룹 개선활동의 필요성

소그룹 개선활동의 필요성도 다음과 같이 다섯 가지를 들 수 있다. 제일 먼저 소그룹 개선활동은 품질경영활동의 핵심적 기초로 업무개선을 통해 상품과 서비스의 품질과 생산성을 향상시키기 때문이다. 두 번째로는 품질보증체계를 실현하는 실천적 조직의 역할을 수행한다는 점을 들 수 있다. 세 번째로는 원만한 노사화합과 전사 및 전 계층의 개선 시스템을 확립시킬 수 있다는 점이다. 넷째, 업무의 질적 향상을 통해 업무의 본원적 특성을 제고시키기 때문이다. 마지막으로는 신바람 나는 업무환경을 조성하여 기업 체질강화에 크게 도움이 되기 때문이다.

(3) 소그룹 활동의 업무처리 절차 및 방법

각 회사(조직)의 전반적인 소그룹활동 운영은 추진사무국(이하 주관부서)에서 주관하여 추진하며, 소그룹 활동 운영처리 절차는 소그룹활동 체계도 〈그림 10-1〉과 같다. 소그룹 활동이 활성화되어 있는 대기업은 어려움이 없겠지만, 인력이나 시스템 등에서 열악한 환경에 처해있는 우리나라 중소기업의 실정 등을 감안할 때 최소한 ①~⑥의 표준과 양식은 구비하여야 소그룹 활동의 계획, 실시, 평가 등을 관리하는데 반드시 필요하다고 생각된다.

그림 10-1   소그룹 활동체계도

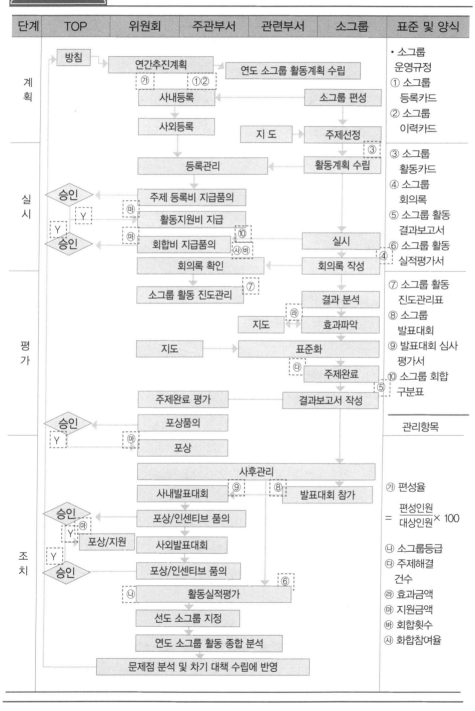

제 2 절 소그룹 활동 단계별 추진방법

앞에서 소그룹 활동의 의의, 목적, 필요성 및 절차에 대하여 알아보았다. 여기서는 소그룹 활동의 단계별 추진방법을 설명한다. 우선 단계별 추진방법을 설명하고, 중소기업에서 적용하기 쉽도록 2015년도 전국품질분임조경진대회에서 우수상을 수상한 중소기업의 사례를 제시하였다.

1. 주제설정

(1) 목적

주제를 설정하는 목적은 소그룹이 담당하는 업무와 직간접적으로 관련된 문제점이나 개선사항을 파악하여 이번에 해결할 과제를 선정하는데 있다.

(2) 추진 포인트

주제를 설정할 때 고려할 중요한 사항으로는 아래와 같은 사항을 들 수 있다.

우선 주변의 문제점, 후(後)공정의 요구사항, 상급자의 지시사항 등을 파악한다. 이후에 브레인스토밍 기법을 활용해 소그룹 구성원 전원이 발표해야 한다는 점이다. 이때 주관적이고 포괄적인 주제를 피하고 구체적인 주제를 선정하도록 한다. 이렇게 선정된 예비주제를 평가하되 평가항목으로는 경영방침 관련성, 시급성, 경제적 효과, 해결가능성, 전원참여도, 기타 등을 활용하고 필요시 평가항목별로 가중치를 설정해 평가한다. 평가 결과 평점과 순위를 산출하여 주제를 선정하고 주제선정 동기를 명시한다. 이때 필요한 경우에는 주제선정 전에 예비주제에 대해 간략하게 현상조사를 실시할 수 있다.

(3) 주요 활동기법

이때 활용할 수 있는 주요 활동기법에는 매트릭스도법, 브레인스토밍법, 브레인라이팅법 등을 들 수 있다.

주제선정을 위한 4단계 원칙

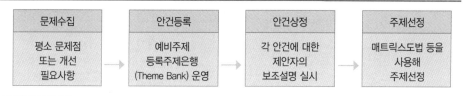

(4) 주제선정 방법

갑자기 소그룹 회합을 통해 주제를 선정하려면, 평소 생각해 두었던 아이디어도 떠오르지 않는다. 주제선정을 원활히 하기 위해서는 〈그림 10-2〉와 같이 4단계 원칙을 활용할 수 있을 것이다.

이러한 과정을 통해 취합된 예비주제 중에서 가장 적합한 주제를 선정하기 위해서는 '시급성', '전원참여도', '해결가능성', '원가절감 기여도', '회사방침과의 연관성' 등의 평가항목을 설정해 예비주제와 이들간의 연관성을 평가해 선정하는 것이 바람직할 것이다. 평가항목에 대한 착안사항 등은 〈표 10-1〉 주제선정시 검토사항을 참고하기 바란다.

주제선정에 대한 현장실시 사례는 2015년 전국품질분임조경진대회 개선 사례분야에서 금메달을 획득한 S전자 소그룹의 사례이다. 사례의 주요 내용은 〈그림 10-3〉과 같다.

1) 사무부문

사무부문에서의 소그룹 활동은 업무 프로세스 오류 최소화나 신속화에 초점을 맞춰 활동한다. 이를 위해서 평소에 업무를 수행하면서 문제점이나 개선이 필요하다고 생각되는 내용이나 아이디어를 빠짐없이 기록해두는 것이 매우 중요하다. 이렇게 기록한 내용은 소그룹 회합때 유용하게 활용된다. 사무부문에서 업무개선이 안 되는 가장 큰 이유는 현실에 안주하여 문제의식을 갖지 않기 때문이다. 무엇보다도 중요한 것은 항상 변화하고 개선하려는 적극적이고 긍정적인 개선의식이라고 할 수 있다. 사무부문 개선활동의 대상이 되는 사례를 정리하면 〈표 10-2〉와 같다.

표 10-1	주제선정시 검토사항		
검토항목	검토사항	참고자료	비 고
시급성	• 조속한 시일 내에 해결하지 않으면 회사(부서)에 중대한 손해를 끼치는가? • 고객불만이 크게 야기될 결함인가? • 신규 발생된 문제로 재발방지 대책 수립이 필요하지 않는가?	클레임 자료, 수입/중간/제품검사 성적서, 고객의 소리(VOC) 현황 등	검토항목은 업종이나 회사 사정에 따라 가감할 수 있다.
전원 참여도	• 각 소그룹원의 업무와 직접적으로 관련이 있는가? • 일부 또는 특정 소그룹원의 업무는 아닌가? • 소그룹원이 모두 주제해결과 관련된 지식을 가지고 있는가?	업무분장표, 업무표준, QC공정도 등	소그룹 추진방향(또는 회사의 추진방향)에 따라 검토항목에 가중치(Weight)를 부여할 수 있다.
해결 가능성	• 기술적으로 너무 난이도가 있지 않나? • 기간이 너무 장기간 소요될 수 있지 않나? • 타 부서와 적극적인 협조가 있어야 하지 않나? • 너무 많은 비용이 소요되지 않나?	과거 소그룹 활동 회의록, 회사 보유 기술 자료, 신기술 현황 등	
원가 절감 기여도	• 유형효과(금액)가 기대되는가? • 유형효과에 대한 산출근거를 확실히 제시할 수 있는가? • 원가절감이 많이 발생하는가?	BOM(자재명세서, Bill of Material), 원단위 자료, 계정과목표, 임률 테이블 등	
방침과 연관성	• 회사가 지향하는 방향의 주제인가? • 대표이사가 방침으로 언급한 사항인가? • 부서장이 평소에 강조하고 있는 사항인가?	연도 대표이사 방침서, 연도 부서장 방침서, 신년사, 혁신대회 기록 등	

그림 10-3 S사의 주제선정 사례

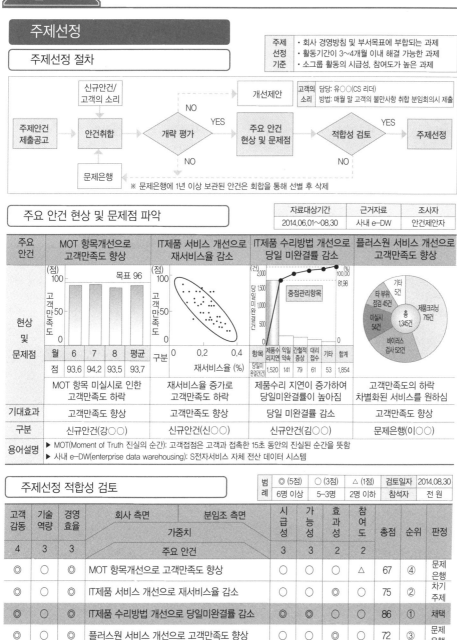

주제선정

주제선정 절차

| 주제
선정
기준 | • 회사 경영방침 및 부서목표에 부합되는 과제
• 활동기간이 3~4개월 이내 해결 가능한 과제
• 소그룹 활동의 시급성, 참여도가 높은 과제 |

주제안건 제출공고 → 안건취합 → 개략 평가 → (NO) 문제은행 / (YES) 주요 안건 현상 및 문제점 → 적합성 검토 → (YES) 주제선정

신규안건/고객의 소리 → 개략 평가 → (NO) 개선제안

| 고객의 소리 | 담당: 유○○(CS 리더)
방법: 매월 말 고객의 불만사항 취합 분임회의시 제출 |

※ 문제은행에 1년 이상 보관된 안건은 회합을 통해 선별 후 삭제

주요 안건 현상 및 문제점 파악

자료대상기간	근거자료	조사자
2014.06.01~08.30	사내 e-DW	안건제안자

주요 안건	MOT 항목개선으로 고객만족도 향상	IT제품 서비스 개선으로 재서비스율 감소	IT제품 수리방법 개선으로 당일 미완결률 감소	플러스원 서비스 개선으로 고객만족도 향상
현상 및 문제점	(점) 목표 96 / 고객만족도 월 6 7 8 평균 점 93.6 94.2 93.5 93.7	(점) 고객만족도 재서비스율(%) 0 0.2 0.4	(건) 당일미완결건 중점관리항목 항목: 제품수리지연 익일약속 간헐적층상 대리접수 기타 합계 당일미완결건: 1,520 141 79 61 53 1,854	(총 1,345건) 제품크리닝 719건 / 바이러스감사 521건 / 미설시 54건 / 타부위점검 45건 / 기타 5건
	MOT 항목 미실시로 인한 고객만족도 하락	재서비스율 증가로 고객만족도 하락	제품수리 지연이 증가하여 당일미완결률이 높아짐	고객만족도의 하락 차별화된 서비스를 원하심
기대효과	고객만족도 향상	고객만족도 향상	당일 미완결률 감소	고객만족도 향상
구분	신규안건(강○○)	신규안건(신○○)	신규안건(김○○)	문제은행(이○○)

용어설명
▶ MOT(Moment of Truth 진실의 순간): 고객접점은 고객과 접촉한 15초 동안의 진실된 순간을 뜻함
▶ 사내 e-DW(enterprise data warehousing): S전자서비스 자체 전산 데이터 시스템

주제선정 적합성 검토

| 범
례 | ◎ (5점)
6명 이상 | ○ (3점)
5~3명 | △ (1점)
2명 이하 | 검토일자 2014.08.30
참석자 전 원 |

고객 감동	기술 역량	경영 효율	회사 측면 가중치	분임조 측면 	시 급 성	가 능 성	효 과 성	참 여 도	총점	순위	판정
4	3	3	주요 안건		3	3	2	2			
◎	○	◎	MOT 항목개선으로 고객만족도 향상		○	○	○	△	67	④	문제 은행
◎	○	◎	IT제품 서비스 개선으로 재서비스율 감소		○	○	◎	○	75	②	차기 주제
◎	○	◎	IT제품 수리방법 개선으로 당일미완결률 감소		◎	◎	○	○	86	①	채택
◎	○	◎	플러스원 서비스 개선으로 고객만족도 향상		○	○	◎	○	72	③	문제 은행

주제선정 ▶ IT제품 수리방법 개선으로 당일미완결률 감소

| 표 10-2 | 사무부문의 개선활동 사례 |

구분	개선활동 주제	
총무	1) 전화 응대방법 개선	2) 전화 대기시간 단축
	3) 접수업무 간소화	4) 고객 응대방법 표준화
	5) 통신비 절감	6) 소모품류 입출고 업무 간소화
	7) 식당운영 만족도 조사 및 개선	
인사	1) 경력관리 프로그램 운영	2) 출퇴근 통계자료 신속화 및 간소화
	3) 고충처리제도 활성화	4) 인사파일 데이터 베이스 관리방법 개선
	5) 교육훈련실적 관리방법 개선	6) 채용방법 개선을 통한 우수인력 확보
재무 회계	1) 경리작성전표 실수 방지	2) 원가산출 시간 단축
	3) 직무분장 적정화에 의한 결산업무 일정 단축	
	4) 채권 회수기간 단축	5) 경리 계정과목 재조정
	6) 어음 지급방법 개선	
기획	1) 파일링 시스템 방법 개선	2) 품의 및 기안보고서 형식 간소화
	3) 전결권한 현실화를 통한 업무처리 시간 단축	
	4) 회의 실시방법 효율화	5) 방침관리 시스템 운영방법 변경
	6) 경영층회의 실시방법 개선	
정보	1) 정보보안 관리방법 개선	2) 경영자 정보 시스템(EIS) 개발 또는 보완
	3) 전산기록보존 관리방법 표준화	4) 바이러스 사전홍보제도 실시
	5) 시스템 분석 및 설계방식 개선	6) 전산 운용매뉴얼 작성방법 개선
	7) 지식경영 시스템(KMS) 운영 활성화	
구매 및 자재	1) 발주품의 납기 확보	2) 발주전표 실수 감소
	3) 구매 관리절차 간소화	4) 자재 재고회전율 향상
	5) 재고 조사방법 간소화 및 신속화	6) 적기발주를 통한 재고량 감축
	7) 자재 보관방법 개선	8) 불량품 보관방법 표준화
	9) 분류 실수와 배송 실수 감소	10) 발송방법 개선으로 발송 일정 단축
	11) 수송업무 합리화로 수송비 절감	12) 외주품 납품방법 및 일정 표준화

2) 서비스 부문

서비스 부문 소그룹 활동에서 가장 중요한 것은 주제선정 단계에서 고객접점 (MOT: Moment of Truth)에서 접수되는 고객의 소리(VOC: Voice of Customer)를 청취하여 활용하는 것이다. 대부분 서비스기업에는 고객센터와 콜센터가 있고, '고객의 소리 카드', '친절사원', '불친절 사원', '홈페이지' 등을 통해 업무 개선사항 이나 건의사항 등을 수집하고 있는데 이러한 것이 소집단 활동의 주제가 될 수 있 다. 서비스기업에 적합한 주제선정 흐름은 〈그림 10-4〉와 같다.

그림 10-4 서비스기업에서의 주제선정 흐름

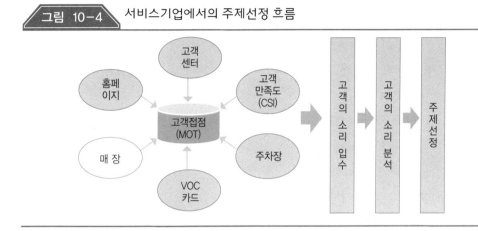

2. 활동계획 수립

(1) 목적

여기서는 활동단계별 일정계획을 수립한다. 이번에 설정한 주제를 언제까지 완료할 것인지를 예측해 계획을 세워 활동한 후, 실제 활동기간과 계획을 비교하여 활동기간의 적정성을 판단한다.

(2) 추진 포인트

활동계획 수립시 고려할 중요한 사항으로는 아래와 같은 사항을 들 수 있다.

첫째로는 현상파악 단계에서부터 반성 및 향후계획까지의 일정을 수립하는 것이 중요하다. 둘째로는 회합기준이 월 4회이면 주 단위로, 월 2회이면 격주 단위로 단계별 일정계획을 수립한다는 점이다. 셋째로 각 단계의 실행 후 완료된 실적은 각 단계별로 일정에 기입한다. 넷째로 일정에 기입할 때는 단계별 담당자, 추진기법, 추진내용 등도 기입하는 것이 좋다. 마지막으로 계획한 일정과 실제 일정을 참고하여 차기주제에 대한 일정계획 수립시 반영한다는 점이다.

(3) 주요활동 기법

활동계획 수립시 활용되는 주요 활동기법으로는 간트차트 기법, 애로우다이어그램 등이 있다. 이외에도 복잡한 활동계획이라면 간단한 PERT 기법도 활용가능하다.

(4) 추진방법

활동계획 수립시 성공적인 소그룹 활동을 통해 우수한 개선성과를 달성하기 위해서는 활동계획 수립의 의미를 추진사무국과 개별 소그룹에서 잘 이해하고 적용하는 것이 필요하다.

개별 소그룹 측면에서는 우선 전체 활동기간을 잘 예측하여 무리가 없는지 확인하고 둘째로는 각 단계의 계획을 진행하고 나서 실제일정을 기입함으로써 전체 일정이 지연되는 것을 사전에 방지할 수 있으며 마지막으로 소그룹의 일정관리 능력을 배양하는 것이 중요하다.

추진 사무국 측면에서는 첫째로 해당 회사의 평균 주제해결 소요시간을 산출한다. 둘째로는 각 연도 소그룹 활동 목표 수립시, 각 소그룹별 주제해결 건수 설정근거로 활동계획을 활용할 수 있다. 전반적으로 각 소그룹원의 1건당 주제해결 기간이 6개월 정도 소요되고 있다면 연간 목표해결 건수를 2~3건으로 설정하는 것이 바람직할 것이다. 셋째, 활동단계별 소요기간을 산출하여 소그룹에 대한 지도나 코멘트자료로 활용할 수 있다. 소그룹 활동 중 계획한 것보다 일정이 많이 지연되고 있는 단계가 있다면, 그 부분에 대해 교육이나 OJT 등을 통해 해당 단계의 문제해결이나 추진능력을 향상시킬 수 있다.

활동계획 수립시에는 〈표 10-3〉을 참고하면 도움이 될 것이다.

또한, 각 단계별 일정수립을 위해 검토해야할 사항과 일정 산출방법을 위해서는 〈표 10-4〉를 참고하면 도움이 된다.

표 10-3 활동계획 수립시 수행사항

구 분	내 용		유의사항
단계명	• 현상파악 • 목표설정 • 효과파악 • 사후관리	• 원인분석 • 대책수립 및 실시 • 표준화 • 반성 및 향후계획	현상파악 단계부터 기술
일정	• 추진단계별로 구분하여 목표는 점선으로, 실적은 실선으로 표기 • 주 또는 월 단위로 표기		일정구분원칙은 회합간격이 되도록 한다.

단계별 추진 담당자	• 전원이 참여해야 하는지, 한 명 또는 2명 정도가 실시해도 되는지를 표기	전원이 반드시 참여해야 할 단계: 원인 분석/ 대책 수립 및 실시/ 반성 및 향후계획
활용 기법	• 해당 단계에서 활용 예정인 QC기법 을 기술(주로 QC 7가지 기법이나 신 QC 7가지 기법)	
활동 기간	• 계획: 년 월 일 ~ 년 월 일 • 실시: 년 월 일 ~ 년 월 일	
단계 구분	P(계획) → D(실시) → C(확인) → A(조치)단계로 구분	

표 10-4 단계별 계획일정 수립방법 예시

단 계	검토내용	소요예상 회합수	누적 회합수	실시 시기
현상 파악	• 조사해야 할 데이터가 이미 관리되고 있는가? • 데이터 수집은 용이한가? • 데이터 발생주기(시간, 일, 주, 월 등)는 어떤가?	( )회	( )회	( )년 ( )월
원인 분석	• 처음으로 발생한 문제인가? • 전문가의 도움이 필요한가? • 유사 개선자료는 있는가?	( )회	( )회	( )년 ( )월
목표 설정	• 이미 제시된 목표가 있는가? • 목표설정 근거도출이 용이한가?	( )회	( )회	( )년 ( )월
대책 수립 및 실시	• 소그룹의 인원은 충분한가? • 모든 소그룹이 수행하는 업무인가? • 생산이나 업무가 바쁜 시기인가?	( )회	( )회	( )년 ( )월
효과 파악	• 조사해야 할 데이터가 이미 관리되고 있는가? • 데이터 수집은 용이한가? • 데이터 발생주기(시간, 일, 주, 월 등)는 어떤가? • 원가지식은 있는가? • 부품가격, 임률, 생산량 등의 데이터는 있는가?	( )회	( )회	( )년 ( )월

표준화	• 사내표준은 있는가? • 표준제정 및 개정기간은 평균 어느 정도인가?	( )회	( )회	( )년 ( )월
사후 관리	• 조사해야 할 데이터가 이미 관리되고 있는가? • 데이터 수집은 용이한가? • 데이터 발생주기(시간, 일 , 주, 월 등)는 어떤가? • 관리도를 사용해야 하는가? • 체크시트를 사용해야 하는가?	( )회	( )회	( )년 ( )월
반성 및 향후 계획	• 각 단계별 반성을 실시할 것인가? • 미흡했던 점에 대한 개선 대책도 수립할 것인가?	( )회	( )회	( )년 ( )월

그림 10-5 활동계획 수립

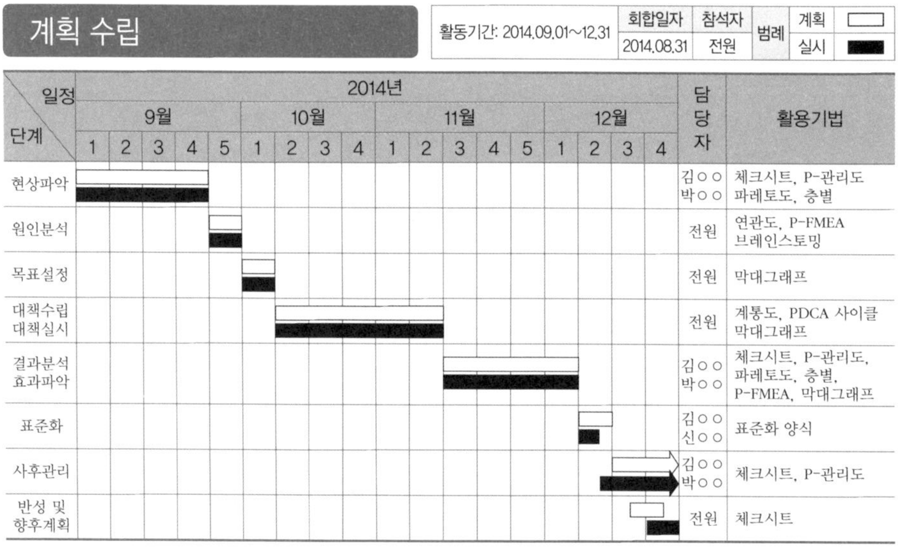

활동계획 수립 사례로는 〈그림 10-5〉의 S사의 활동계획 수립 사례를 참고한다.

3. 현상파악

(1) 목적

현상파악 단계의 목적은 문제점이나 개선하고자 하는 현상을 정량적으로 평가하여 현재의 상태를 정확히 인식하고, 앞으로 중점 개선항목을 찾아내는데 있다.

(2) 추진 포인트

현상파악시 고려할 중요한 사항으로는 다음과 같은 사항을 들 수 있다.

첫째, 모든 자료는 될 수 있는 한 정량화해야 한다는 점이다. 둘째, 여러 측면에서 층별 분석을 실시해 자료를 수집하는 것이 바람직하다. 셋째, 자료수집기간은 현상을 대표할 수 있는 기간으로 설정해야 한다(통상 1개월). 넷째, 사실에 근거한 자료를 수집한다. 현장관련 자료를 수집할 때는 '3현 원칙(현장, 현물, 현상)'과 '3W(When, Where, What)', '2H(How, How much)원칙', '그림 그리기 원칙' 등을 사용한다. 마지막으로 이렇게 수집된 자료에 대해 자료수집 근거를 명시해야 한다는 점이다.

(3) 주요 활용기법

현상파악시 사용되는 주요 활용기법에는 파레토도, 히스토그램, 관리도, 그래프 등이 있다.

(4) 추진방법

현상파악의 핵심은 문제 또는 개선하고자 하는 현상을 정량적으로 파악하여 현재 상태를 정확히 이해할 수 있도록 하는 것이다. 이를 위해서는 다음과 같은 점을 유념하여 현상을 파악하는 것이 성공적인 소그룹 활동에 도움이 될 것이다.

첫째, 모든 자료는 정량화하도록 노력한다. 현상파악에서는 문제점에 대한 현 상태를 가능한 수치로 표현해야 한다. 고객만족도, 불만율, 미완결률, 미처리율, 1인당 처리건수, 1인당 상담건수 등으로 지표로 표현해야 한다.

둘째, 여러 측면에서 층별로 분류하여 수집한 자료를 파악한다. 현재 자료를 불만유형별, 원인별, 상품이나 서비스별, 시간대별, 업무담당자별 등으로 구분하여 파레토도나 각종 그래프로 표현하여 문제의 발생정도를 알 수 있도록 한다.

셋째, 자료를 수집하여 현상을 파악하는 기간은 현상을 대표할 수 있는 기간으로 설정한다.

넷째, 사실에 근거한 자료를 수집한다. 이는 말콤 볼드리지 국가품질상의 핵심가치 중의 하나인 '사실에 근거한 경영(management by fact)'를 실행할 수 있도

번호	사용기법	활용방법
1	파레토도	현상파악 항목 중 어느 것이 가장 큰 문제인지를 파악하여 우선적으로 해결해야 할 항목 파악
2	그래프	현상파악 항목의 크기와 시계열적인 추이를 파악(꺾은선 그래프) 현상파악 항목의 점유율 파악(원그래프)
3	관리도	현상파악 항목의 시계열적 추이를 파악하거나 관리 상한과 하한을 통하여 업무수행 절차의 이상상태를 파악할 때
4	히스토그램	현상파악 항목(계량치 자료)에 대한 평균치 및 산포를 파악 공정능력지수(cp, cpk)산출을 통한 불량률(불만율) 예측

표 10-5 현상파악시 자주 사용되는 기법

록 한다.

마지막으로 자료수집 근거를 명확히 한다. 개선 전과 후의 명확한 차이를 비교하기 위해서는 현상파악 단계에서 자료수집 절차, 조사자, 기간 등을 기록해두어야 한다. 개선 후에도 가능하면 개선 전과 동일한 조건하에서 자료를 수집하여 개선 전과 비교한다.

현상파악은 개선하고자 하는 주제의 현재 상태가 어떠한지를 파악하는 것으로, 파레토도가 주로 사용된다. 〈표 10-5〉는 현상파악시 자주 사용되는 기법이다.

각종 기법을 적용하여 실시한 서비스기업의 현상파악 사례는 〈그림 10-6〉과 같다.

4. 원인 분석

(1) 목적

원인 분석의 목적은 현재 발생하고 있는 현상에 대한 추정원인을 모두 도출함으로써 향후 개선목표 설정과 대책방향을 수립하는데 있다.

(2) 추진 포인트

원인을 분석할 때 고려할 중요한 사항으로는 다음과 같은 사항을 들 수 있다.

첫째, 현상과 관련해 추정되는 모든 요인(원인)을 나열한다는 점이다. 그 후 둘째로는 이렇게 나열된 요인의 상하관계를 연결한다(1차, 2차, 3차… n차). 셋째로는 각 요인의 상관성을 검토하고 넷째로 주요 요인을 표기한 다음 마지막으로

그림 10-6 현상파악 사례

현상파악

당일미완결률 현황

작성일자	작성자	자료대상기간	근거자료
2014.09.24	김○○ 박○○	2014.09.01	사내 e-DW

일자\항목		2014년															합계 (건)	평균 (건)	당일 미완결률 (%)
		9/1	9/2	9/3	9/5	9/6	9/7	9/8	9/9	9/17	9/19	9/20	9/21	9/22	9/23	9/24			
총접수건		125	104	105	138	127	124	136	127	129	129	126	127	114	118	126	2,600	123.81	–
당일 미 완 결 건	제품수리지연	21	18	15	20	19	23	20	23	19	21	21	19	17	21	21	420	20.00	16.15
	익일약속	1	0	2	2	4	2	1	0	2	4	3	4	3	0	1	42	2.00	1.62
	간헐적증상	0	0	1	1	0	1	1	0	4	1	1	2	2	0	1	24	1.14	0.92
	대리접수	1	1	2	1	1	1	1	0	1	2	1	2	1	1	1	19	0.90	0.73
	기타	0	1	2	1	1	1	1	0	1	1	2	1	1	0	0	15	0.71	0.58
합계(건)		23	20	22	25	25	28	24	23	27	29	28	28	24	22	24	520	–	20.00

당일미완결률 파레토도

항목	당일미완결건 (건)	당일미완결률 (%)	점유율 (%)	누적점유율 (%)
제품수리지연	420	**16.15**	80.75	80.75
익일약속	42	1.62	8.10	88.75
간헐적증상	24	0.92	4.60	93.45
대리접수	19	0.73	3.65	97.10
기타	15	0.58	2.90	100.00
합계	520	**20.00**	100.00	–

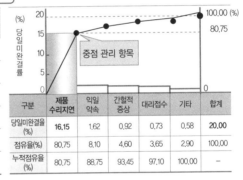

구분	제품 수리지연	익일 약속	간헐적 증상	대리접수	기타	합계
당일미완결율 (%)	16.15	1.62	0.92	0.73	0.58	20.00
점유율(%)	80.75	8.10	4.60	3.65	2.90	100.00
누적점유율 (%)	80.75	88.75	93.45	97.10	100.00	–

제품수리지연 세부항목 파레토도

항목	당일미완결건 (건)	당일미완결률 (%)	점유율 (%)	누적점유율 (%)
즉석미처리	123	**4.70**	29.10	29.10
부품미보유	112	**4.30**	26.62	55.72
난수리	107	**4.10**	25.38	81.10
연락처오입력	47	1.80	11.16	92.26
기타	31	1.25	7.74	100.00
합계	420	**16.15**	100.00	–

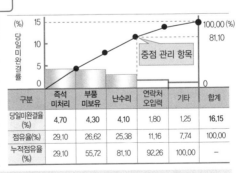

구분	즉석 미처리	부품 미보유	난수리	연락처 오입력	기타	합계
당일미완결율 (%)	4.70	4.30	4.10	1.80	1.25	16.15
점유율(%)	29.10	26.62	25.38	11.16	7.74	100.00
누적점유율 (%)	29.10	55.72	81.10	92.26	100.00	–

▶제품수리지연 세부항목 파레토도 분석 결과 즉석미처리, 부품미보유, 난수리에 의한 비중이 81.10%를 차지하고 있어 이를 중점관리 항목으로 선정함

용어설명

즉석 미처리	긴급 건 처리로 수리진행되면 30분 이내 수리완료 후 고객에게 전달되나 이를 완료 못하고 약속 건이나 익일 연락 건으로 되는 제품수리건	부품 미보유	수리제품 중 부품을 사용하여 수리진행해야 하나 센터부품실에 부품이 없는 경우 제조사 부품청구시 1~2일 정도 부품이동시간이 발생됨	난수리	제조사 표준수리가이드로 점검한 후 고장증상 파악 후 수리 완료되어야 하나 원인이나 수리방법이 파악 안 되고 1일 이상 소요되는 제품수리건

주요 요인을 계통도를 사용해 정리한다는 점이다.

(3) 주요 활용기법

원인을 분석할 때 사용되는 주요 활용기법에는 특성요인도, 연관도법 등이 있다.

(4) 추진방법

원인 분석은 현재 상태(주로 문제점)의 발생원인을 알아보는 것으로, 이 단계

그림 10-7 원인 분석 사례

원인 분석

연관도

작성일자	작성자	참석인원
2014.09.27	유○○	전원

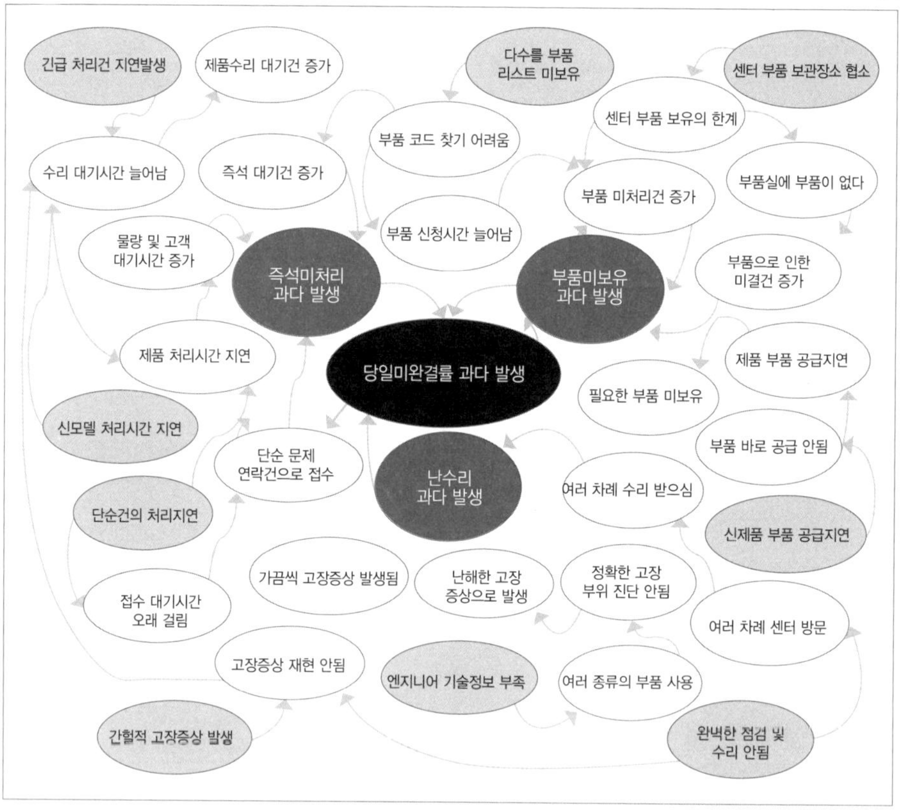

에서 가장 중요한 것은 소그룹 구성원 모두가 평소에 각자 느꼈던 문제점이나 개선을 요하는 사항을 도출한 다음 이들을 서로 연결시켜 계통도를 사용해 정리한다는 점이다.

원인 분석 사례는 〈그림 10-7〉과 같다.

5. 목표설정

(1) 목적

목표설정의 목적은 주요 원인에 대한 개선 대책을 실시했을 때 기대되는 개선효과를 추정하여 개선목표를 정하는 데 있다.

(2) 추진 포인트

목표설정시 고려할 중요한 사항으로는 다음과 같은 사항을 들 수 있다.

우선 현상파악 자료를 기준으로 개선목표를 설정한다는 점이다. 이후 두 번째로 개선 전과 개선 후에 대한 비교와 개선정도를 표시한다(주로 막대그래프 사용). 각 목표에 대한 설정근거를 기술하는 것이 마지막으로 고려할 점인데 다음과 같이 목표설정의 근거를 기술한다.

- 가형: 원인분석에서 나타난 요인을 제거했을 때 현상파악 자료가 어느 정도 개선(10%, 20%, 40%, 100%, 기타)되는지를 표시한다.
- 나형: 과거 활동실적을 참고한다.
- 다형: 회사방침을 적용한다.
- 라형: 소그룹의 개선의지를 표현한다(10%, 40%, 50% 등 정량적으로 기재).

(3) 주요 활용기법

목표설정 단계에서 활용되는 주요 활용기법으로는 막대그래프, 히스토그램, 관리도 등이 있다.

(4) 추진방법

목표설정시 고려해야 할 사항은 '무엇을?', '언제까지?', '얼마만큼?', 달성할 것인가이다. 미리 개선 결과를 예측한다든가, 개선의 정도를 수치로, 정량적으로 표현한다는 것은 어려운 일이지만, 너무 수치산출에 연연해하지 말아야 한다. 실제 목표를 설정할 때에는 다음 내용을 참고하여 작성한다.

우선 무엇을 개선할 것인가는 원인 분석을 통해 밝혀진 주요 요인 가운데 개선이 가능한 요인을 설정한다. 둘째로 언제까지 개선할 것인가는 주요 요인에 대한 개선방향을 참고하여 결정하되 기술적 해결가능성과, 과거 소그룹 활동 경험 및 의지를 감안한다. 또한 회사의 방침이나 상급자의 방침을 고려한다. 마지막으로 현상치에 대한 개선 전·후 상태를 감안하여 현상치를 분류한 세부적인 목표를 설정한다.

목표설정에 대한 사례로는 당일미완결률 감축을 개선목표로 설정한 사례를 〈그림 10-8〉에 제시하였다.

6. 대책 수립 및 실시

(1) 목적

대책수립 및 실시의 목적은 고객불만, 업무불합리 등의 원인(요인)에 대한 개선안을 수립하여 실행함으로써 현장 접점업무 적용이나 업무성과를 향상시키는 데 있다.

(2) 추진 포인트

1) 대책 수립

대책 수립시 고려할 중요 사항으로는 다음과 같은 다섯 가지의 절차 및 이에 관련된 내용이 포함된다.

우선 원인 분석에서 나타난 주요 요인을 해결(제거)하는 방안을 육하원칙에 의거 도출한다. 둘째로는 개선안에 대해 경제성, 기술성, 적용가능성 등을 바탕으로 사전 평가를 실시한다. 셋째로 개선안에 대한 채택기준을 설정한다. 이후에 불채택시 불채택 사유를 기재한다. 마지막으로 개선안별 업무분담을 정하고, 실행 우선순위를 정한다.

그림 10-8	목표설정 사례

목표 설정

개선목표

	작성일자	2014.10.04
	작성자	박○○

당일미완결률

구분	개선 전	목표
당일미완결률(%)	20.00	13.00

구분	항목		개선 전(%)	목표(%)	비고
당일미완결률과다발생	제품수리지원	16.5			
		즉석미처리	4.70	2.20	중점관리항목
		부품미보유	4.30	2.00	
		난수리	4.10	1.90	
		연락처오입력	1.80	1.80	
		기타	1.25	1.25	
	익일약속		1.62	1.62	비중점관리항목
	간헐적 증상		0.92	0.92	
	대리접수		0.73	0.73	
	기타		0.58	0.58	
	합계		20.00	13.00	–

목표설정 근거

구분	항목	주요 원인	개선방향	현상치(%)	목표치(%)	감소치(%)
중점관리항목	즉석미처리	• 긴급 처리건 지연발생 • 단순건의 처리지연	• 긴급건 처리 개선 • 단순건 처리 개선	4.70	2.20	2.50
	부품미보유	• 다수불 부품 리스트 미보유 • 센터 보관장소 협소	• 부품 보유 개선 • 부품 배송 개선	4.30	2.00	2.30
	난수리	• 엔지니어 기술정보 부족	• 정보 공유 개선	4.10	1.90	2.20
	합계(%)			13.10	6.10	7.00

목표설정 방법 (타 센터 벤치마킹 실시)

자료대상기간	2013.09.01~2014.08.30	참석인원	전원
대상소그룹	경기지사 72개 소그룹 중 상위 8개 소그룹	방법	출동일지 내용 및 센터 내방

1. 담당업무 및 구성인원 유사한 소그룹 대상(6~9명)
2. 부서목표 13.00% 달성 및 근접한 소그룹 대상
3. 우수 소그룹의 활동 사례 분석 소그룹원과 공유
   (소그룹 활동일지: 사무국협조, 사내 e-DW)
   ☞ 시나브로 소그룹 선정(동탄 센터)
   – 당일미완결률(13.6%)
   – 즉석미 처리(2.40%), 부품미보유(2.10%), 난수리(2.22%)
4. 당일미완결률 목표 시나브로 소그룹 보다 낮은 **부서목표 13.00%로 목표설정**

벤치마킹 센터

	자료대상기간	근거자료
	2013.09.01~2014.08.30	사내 e-DW

소그룹명	정동진	한마음	시나브로	베스트	에쿠스	불사조	이카루스	무지개
당일미완결률(%)	16.50	15.00	13.60	16.70	14.25	13.36	14.40	16.40
소그룹원수(명)	10	7	7	9	6	10	6	7
센터	남수원	서수원	동탄	성남	용인	안산	안양	분당

세부설정근거
▶ 중점관리항목 즉석미처리, 부품미보유, 난수리를 **13.10%**에서 **6.10%로 7.00%로** 감소하면 당일미완결률 **13.00%** 달성할 것으로 판단하여 소그룹원과 브레인스토밍을 실시하여 세부항목 개선목표 설정함
▶ 설정근거로는 벤치마킹을 실시 유사소그룹의 활동 사례를 근거로 하였으며 시나브로 소그룹의 13.60%보다 낮고 **회사 경영방침 관리목표에 부합되는 필단 부서목표 13.00%로 설정함**

2) 대책실시

대책 수립에 따른 대책실시에는 다음의 여섯 가지 중점 추진 포인트가 실행되도록 한다.

제일 먼저 필요 예산, 인원, 시간할애, 타부서 협조 등 소그룹 활동에 필요한 지원사항에 대해 부서장의 협조와 승인을 요청한다. 이후 대책 수립에 충분한 시간을 할애한 다음 필요할 경우 대책실시을 위한 일정계획을 수립한다. 수립된 개선안별로 관리의 사이클(PDCA)을 적용하고 개선 전·후 상태를 비교한다. 마지막으로 개선 결과를 검증한다.

(3) 주요 활용기법

소그룹 현장 개선 분석에 활용되는 기법은 QC 7가지 기법과 신QC 7가지 기법이 있으며 내용에 맞게 적정하게 사용되면 된다. 일반적으로 사용되는 기법에는 계통도법, 메트릭스도법, 막대그래프, 관리의 사이클 등 다양한 기법이 있다.

(4) 추진방법

1) 대책 수립

대책 수립은 일반적으로 다음 7가지 절차에 의해 실행된다.

① 목적기술: 목적은 원인단계에서 나타난 문제점을 '고객클레임률 3%를 0.3% 이하로 개선' 등의 문장형태로 기술되도록 한다.

② 항목선정: 항목선정은 일반적으로 원인 분석시 나타난 1차 요인(주로 4M에 해당)이 나열되도록 한다.

③ 주요 요인 기재: 주요 요인은 원인 분석 단계에서 표시한 주요 요인이나 주요 요인간의 연관관계를 모두 묶어서 문제점으로 표시되도록 한다.

④ 대책안 도출: 대책안 도출과정은 주요 요인이나 문제점을 해결(타파)할 수 있는 대책안을 도출하는 과정으로 브레인스토밍 등을 통해 소그룹원으로부터 획기적인 아이디어를 이끌어 낸다. 소그룹원의 아이디어를 모으기 위해서는 1차 수단에서 n차 수단까지를 반복하여 도출한다. 1차 수단을 통해 대책안을 도출하고 그것을 2차 수단으로 보고 다시 그것을 달성할 수 있는 방법인 3차 수단을 찾는다. 차수가 많아질수록 대책실시가 쉬워지기 때문에

더 이상의 아이디어를 찾을 수 없을 때까지 계속 반복하는 것이 좋다.

⑤ 대책안 평가: 대책안 평가는 다음 3가지 사항이 고려되도록 한다.

우선 경제성(효과성) 평가를 실시한다. 이는 투자비용 대비 회수금액이 적정한가에 대한 평가이며 대책안에 대한 효과성 평가이다.

두 번째로 기술성 평가를 실시한다. 이로서 소그룹 자체 기술능력으로 해결 가능한지를 평가한다.

마지막으로 업무적용가능성에 대한 평가를 실시한다. 이는 대책안 실시 후 개선내용이 업무를 수행하는데 불편함이 없는지를 평가하는 것이다. 효과는 좋으나 그것을 직접 현장업무에 적용할 때 업무표준화가 어렵다면 개선안이라 할 수 없기 때문이다.

⑥ 채택기준 설정: 대책안을 평가한 후에는 실시할 대책안을 선정한다. 대책안 선정방법은 평가점수의 합이 일정 점수 이상인 경우가 많이 활용된다.

⑦ 대책실시일정 작성: 대책안이 선정되면 채택한 대책안을 실행할 일정을 수립한다. 일정 수립에는 언제, 누가 실행할지가 포함되며 이렇게 함으로써 개선활동이 효율적으로 관리될 있도록 한다. 또한 소그룹원 모두가 균일하게 업무를 분담할 수 있는 장점이 있다.

대책 수립 사례는 〈그림 10-9〉와 같다.

2) 대책 실시

대책의 실시는 대책안 기술, 문제점 기술, 계획, 실시, 평가, 조치의 순서로 실시되며 대책실시에는 PDCA 사이클이 포함되어 있다. 이를 자세히 설명하면 아래와 같다.

① 대책안 기술: 채택된 대책안을 기술한다. 기술순서는 대책실시 일정을 근거로 하여 가장 먼저 실행될 대책안부터 순서대로 기술하는 것이 바람직하다.

② 문제점 기술: 채택된 대책안이 나오게 된 문제점을 다시 한번 기술함으로써 대책안 실시의 타당성과 명확성이 확보되도록 한다.

③ 계획: 계획은 채택된 대책안의 구체적 실행계획을 적는 것으로 육하원칙에 의거해 작성되도록 한다. 특히, 타 부서나 외부의 협조와 지원이 필요한 사항이 발생할 수 있으므로, 이러한 경우에는 사전에 해당 부서장에게 협조와 지원을 요청해 두는 것이 좋다

그림 10-9 대책 수립 사례

대책 수립

대책 수립 계통도

작성일자 2014.10.10 　참석인원 전원

범례: ◎(5점) / ○(3점) / △(1점) ｜ 6명 이상 / 5~3명 / 2명 이하 ｜ 14점 이상 채택

항목	주요 요인	1차 수단	2차 수단	3차 수단	시급성	가능성	효과성	참여성	합계	판정
즉석미처리감소	긴급 처리건 지연 발생	체계적인 수리과정 정립	개인별로 목표설정	리스트화된 개인목표 설정	◎	○	◎	△	14	즉개선
			체계적인 수리과정 정립	컴퓨터 고장 진단 표준교육	◎	○	◎	△	14	즉개선
	단순건의 처리지연	단순건 빠른 처리 방안	단순건 접수방법 변경	단순건의 접수 이관 방법 변경	◎	◎	◎	◎	18	채택1
			전달 수리 코너 마련		○	◎	○	△	10	불채택
부품미보유감소	다수불 부품 리스트 미보유	많이 사용하는 부품 파악	상비 부품 체크리스트 작성		◎	◎	○	◎	16	채택2
	센터 부품 보관장소 협소	센타간 부품 공유함	부품 창고 확충	자동 확보창고 운영	○	△	△	△	6	불채택
			센터간 긴급부품공유	인근센터 부품 배송 연계운행	◎	◎	○	◎	16	채택3
난수리감소	엔지니어 기술정보 부품	체계적인 제품교육	정기적 품질기술 교류회		◎	◎	○	◎	16	채택4
		기술정보 공유 및 습득	오류진단 확인장비	진단테스트 지그 제작	○	◎	△	◎	12	불채택
			제품 기술정보지 제작		○	△	◎	△	10	불채택

판정기준 부서관리 기준에 의거 평가 후 합계 점수가 **14점 이상 시 채택**
2주 이내에 간단히 처리될 수 있는 대책은 즉 개선 실시

대책실시 예상 문제점 파악 및 개선방향

작성일자 2014.10.10 　참석인원 소그룹장, 서기, 팀장, 부품실장, 지원실장

항목	문제발생 패턴	원인		대책 명칭	발생할 수 있는 문제점(기타)	문제점 발생에 대한 개선방향
대책 1	만성적→개선	단순건 접수처리 방법 불합리	응급	단순건 접수건 방법 변경	먼저 접수한 고객과 스케줄 중복 우려	엔지니어 스케줄 확인 점검
			항구	단순건의 접수이관 방법 변경		
대책 2	만성적→개선	상비 부품 보유 부족	응급	상비 부품 주기적 점검	오 청구시 부품 장기 보유 발생	월 사용량 확인 후 정확한 부품 확보
			항구	상비 부품 체크리스트 작성		
대책 3	만성적→개선	인근센터 부품 배송 불합리	응급	인근센터와 배송시간 조정	문제 없음	–
			항구	인근센터 부품 배송 연계운행		
대책 4	만성적→개선	기술교류회 체계 부족	응급	품질기술 교류회 일정 수립	타 센터와 교육일정 중복	매월 초 교육일정 수립
			항구	정기적 품질기술 교류회		
즉개선 1	만성적→개선	개인별 목표 없음	응급	개인목표 리스트 작성	근무외 시간 추가발생	퇴근시 같은 방향 배달 및 수당지급
			항구	리스트화된 개인목표 설정		
즉개선 2	만성적→개선	고장진단 표준 교육 없음	응급	고장진단 표준 교육 작성	문제 없음	–
			항구	컴퓨디 고장진단 표준교육		

대책실시 세부 활동계획

범례	
계획	
실시	

실시 순위	항목	대책 명칭	활동기간(2014.10.10~11.12)					담당자
			10월			11월		
			2	3	4	1	2	
대책 1	즉석미처리감소	단순건의 접수 이관방법 변경	10. 11 ~ 10. 26 / 10. 11 ~ 10. 26					신○○ 유○○
대책 2	부품미보유감소	상비 부품 체크리스트 작성	10. 11 ~ 10. 26 / 10. 11 ~ 10. 26					박○○
대책 3		인근센터 부품 배송 연계운행			10. 27 ~ 11. 12 / 10. 27 ~ 11. 12			강○○
대책 4	난수리감소	정기적 품질기술 교류회	10. 10 ~ 11. 12 / 10. 10 ~ 11. 12					김○○ 김○○
즉개선 1		리스트화된 개인목표 설정	10. 12 ~ 10. 22 / 10. 12 ~ 10. 22					김○○
즉개선 2		컴퓨터 고장진단 표준교육	10. 12 ~ 10. 22 / 10. 12 ~ 10. 22					박○○

④ 실시: 실시에서는 개선 전과 후의 내용을 명확하게 표현되도록 한다. 표현 방법은 사진, 도면, 스케치, 도표 등을 사용하는 것이 일반적이며, 특히 개선 전과 후가 명확히 파악될 수 있도록 어떤 사항을 어떻게 변경했는지, 그래서 어떤 효과가 기대되는지를 분명히 알 수 있도록 한다.

⑤ 평가: 평가에는 다음과 같은 점이 고려되어야 한다.
개선 전과 후의 효과에 대한 확실성이 검토되도록 하고 효과파악기간의 적절성이 검토되도록 하며 개선목표를 달성하지 못했을 때는 2차 대책을 추가실시한다.

⑥ 조치: 개선 결과가 유효할 경우에는 관련 표준을 제·개정하며 만약 개선 결과의 평가시, 새로운 대책실시가 필요하다고 판단되면 차기대책을 수립하는 단계이다.
대책실시 사례는 〈그림 10-10〉과 같다.

그림 10-10 대책실시 사례

대책실시 대책: 단순건의 접수이관 방법 변경

문제점	단순문제로 인한 대기시간 증가로 즉석미처리 및 연락건 발생				
P	단순수리건에 대한 접수이관 방법 변경 하자				
■ 누가	신○○, 유○○	■ 언제	2014.10.11~10.26	■ 어디서	번호표 뽑는 시점에서
■ 무엇을	단순한 문제로 인한 건	■ 어떻게	즉석 처리해 완료함	■ 왜	연락건으로 접수진행됨
개선목표	단순건의 접수이관 방식 4.70%에서 목표 2.20%(2.50%p 감소 목표)				

D

개선 전

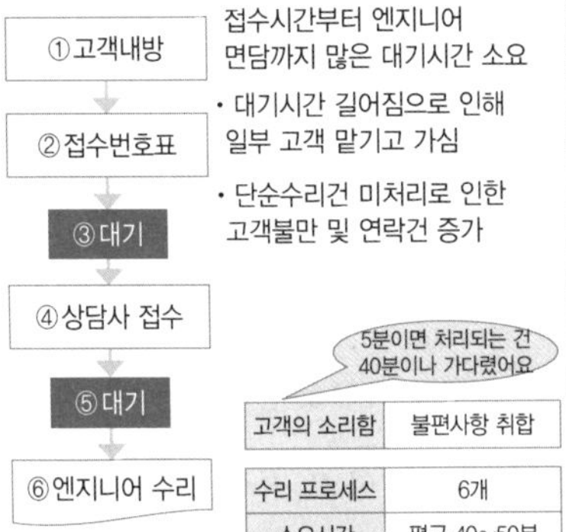

- ①고객내방
- ②접수번호표
- ③대기
- ④상담사 접수
- ⑤대기
- ⑥엔지니어 수리

- 단순한 문제로 인한 고객이 접수시간부터 엔지니어 면담까지 많은 대기시간 소요
- 대기시간 길어짐으로 인해 일부 고객 맡기고 가심
- 단순수리건 미처리로 인한 고객불만 및 연락건 증가

5분이면 처리되는 건 40분이나 가다렸어요

고객의 소리함	불편사항 취합
수리 프로세스	6개
소요시간	평균 40~50분

개선 후

- ①고객내방
- ②접수번호표
- ③플로우 매니저
- ④엔지니어 수리

- 집중시간때 플로우 매니저 운영 단순건을 엔지니어에게 연결
- 상담사 훈민메모 패드를 이용하여 즉석처리 가능한 엔지니어에게 접수 이관하여 바로 완료될 수 있도록 함
- **기대효과: 단순수리 고객의 즉석 처리로 기다리는 시간 및 연락건 최소화**

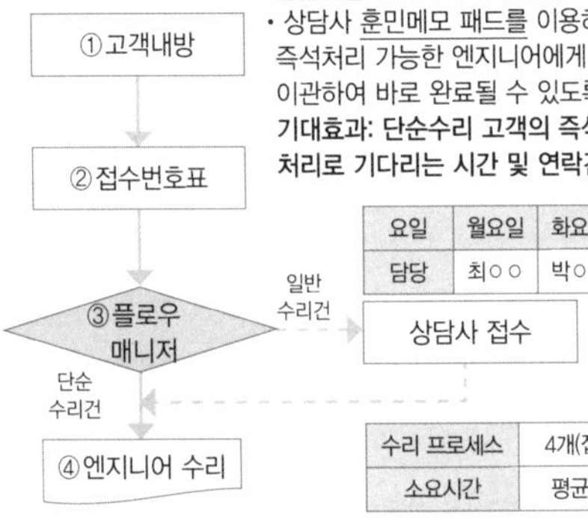

일반 수리건 → 상담사 접수
단순 수리건

요일	월요일	화요일	토요일
담당	최○○	박○○	이○○

수리 프로세스	4개(접수시 5개)
소요시간	평균 10~20분

세부실시사항

고객의 소리함	플로우매니저 운영	시범 운영	활동계획 확정	활동 계획표
• 고객의 소리함에서 고객 불편사항 취합 (단순문제에 대한 대기 사건 불만) • 대기과정 감소방안 토의	• 엔지니어, 상담사, 팀장 실장회의 실시 • 플로우메니저 활동 결정	• 활동요일 및 시간선정 • 월, 토요일 시범 운영 • 활동 중 도출된 문제점 으로 개선안 검토	• 매일 아침미팅실시 문 제점 보완활동 계획 확정 • 월, 화, 토요일 특정시간 (11시~15시 출장시간)활동	일반수리건과 단순수리건의 교육실시

C 즉석미처리 일별 현황

	작성일자	작성자
	2014. 10.26	신○○

구분	10/13	10/14	10/15	10/17	10/22	10/24	10/25	10/26	합계	평균
총접수(건)	125	122	127	124	127	126	124	127	1,500	125.00
즉석미처리(건)	2	3	4	3	3	3	2	3	32	2.67
당일미완결률(%)	1.60	2.46	3.15	2.42	2.36	2.38	1.61	2.36	–	2.13

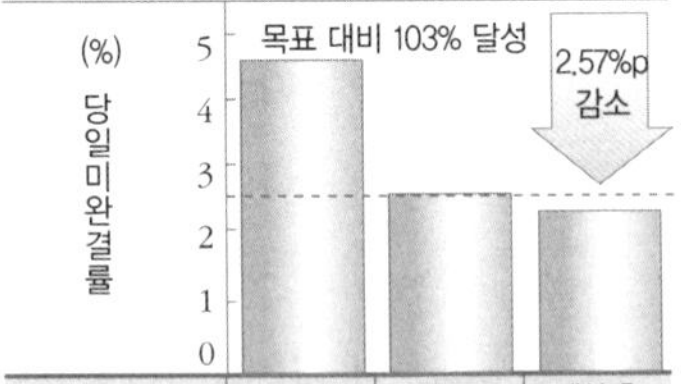

목표 대비 103% 달성 · 2.57%p 감소

(%) 당일미완결률

항목	개선 전	목표	개선 후
당일미완결률(%)	4.70	2.20	2.13

A

- 표준명: 단순건 접수이관 방법 지도서
- 표준번호: SDS-141104-P31

	표준관리대장		담당자
No.	표준번호	표준명	김○○, 신○○
			등록일
181	SDS-141104-P31	단순건 접수이관 방법 지도서	2014.11.04

용어설명	훈민메모 패드: 훈민정음에서 지원하는 메신저로 각종 문서 및 자료를 주고 받을 수 있는 프로그램

7. 결과분석 및 효과파악

(1) 목적

결과분석 및 효과파악 단계의 목적은 개선활동 결과에 대한 유형 및 무형효과를 산출하여 회사 경영활동에 대한 기여도를 정량적, 정성적으로 평가하는 것이다.

(2) 추진 포인트

결과분석 및 효과파악시 고려되는 중요한 사항은 첫째로 현상파악 때와 동일한 조건으로 실시한다는 점이다. 둘째로는 개선 전·후 상태를 그림으로 표현하여 비교한 다음 개선목표 대비 실적을 비교한다는 점이다. 마지막으로 유형효과와 무형효과를 파악한다는 점이다.

결과분석 및 효과파악 결과는 〈그림 10-11〉과 같다.

유형효과

유형효과는 효과의 크기를 금액이나 수치로 정량화하여 파악될 수 있도록 하는 것으로 이 효과를 제대로 파악하기 위해서는 원가에 대한 기초적인 개념을 이해하여 한다. 그래야만 소그룹에서 개선한 부분이 원가의 어느 부분에 해당하며, 어느 정도로 개선했는지를 표현할 수 있기 때문이다.

유형효과 산출 사례는 〈표 10-6〉과 같다.

무형효과

대부분 소그룹에서는 유형효과는 중시하면서 무형효과는 등한시하는 경향이 있다. 무형효과는 개선활동 결과, 회사차원에서 분명히 효과가 발생하고 있으나 이를 수치로 표현하기에 다소 정확성이 결여되어 정성적으로 표현한 것이다. 유형효과에 못지않게 무형효과도 개선활동의 성과로 대단히 중요하다. 산출 사례는 〈표 10-7〉과 같다.

8. 표준화

(1) 목적

표준화는 개선 결과를 사내표준으로 등록해 누구나 동일한 절차와 방법으로

그림 10-11 결과 분석 및 효과파악 사례

결과 분석 및 효과파악

개선 전, 후 당일미완결률 P-관리도(해석용)

작성일자	작성자	자료대상기간	근거자료
2014.12.10	김○○, 박○○	2014.11.14~12.10	사내 e-DW

	개선 전 (기간: 2014.09.01~09.24)										
일자 항목	9/1	9/2	9/3	9/5	9/21	9/22	9/23	9/24	합계 (건)	평균 (건)
총접수건	125	104	105	138	127	114	118	126	2,600	123.81
당일완결건	102	84	83	113	99	90	96	102	2,080	99.05
당일미완결건	23	20	22	25	28	24	22	24	520	24.76
당일미완결률 [%]	18.40	19.23	20.95	18.12	22.05	21.51	18.64	19.05	-	20.00

	개선 후 (기간: 2014.11.14~12.10)										
일자 항목	11/14	11/15	11/16	11/17	12/7	12/8	12/9	12/10	합계 (건)	평균 (건)
총접수건	127	131	118	132	123	114	120	133	3,001	125.04
당일완결건	110	114	103	115	108	99	105	116	2,618	109.08
당일미완결건	17	17	15	17	15	15	15	17	383	15.95
당일미완결률 [%]	13.39	12.98	12.71	12.88	12.20	13.16	12.50	12.78	-	12.76

개선 전, 후 당일미완결률 P-관리도(해석용)

개선 전 (기간: 2014.09.01~09.24)	개선 후 (기간: 2014.11.14~12.10)
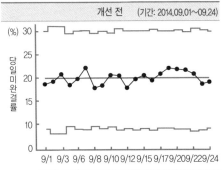	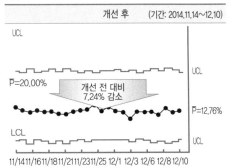

P-관리도 확인 결과 관리한계 안에서 안정적으로 관리되어 당일미완결률 7.24% 감소되어 12.76%로 부서목표 13.00% 미만 관리됨

개선 전, 후 당일미완결률 파레토도

개선 전 (기간: 2014.09.01~09.24)	개선 후 (기간: 2014.11.14~12.10)
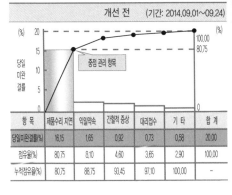	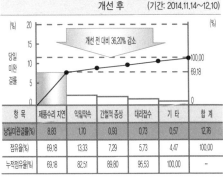

항 목	제품수리 지연	익일약속	간헐적 증상	대리접수	기 타	합 계
당일미완결률(%)	16.15	1.65	0.92	0.73	0.58	20.00
점유율(%)	80.75	8.10	4.60	3.65	2.90	100.00
누적점유율(%)	80.75	88.75	93.45	97.10	100.00	-

항 목	제품수리 지연	익일약속	간헐적 증상	대리접수	기 타	합 계
낭일미완결률(%)	8.83	1.70	0.93	0.73	0.57	12.76
점유율(%)	69.18	13.33	7.29	5.73	4.47	100.00
누적점유율(%)	69.18	82.51	89.80	95.53	100.00	-

개선 전, 후 제품수리지연 파레토도

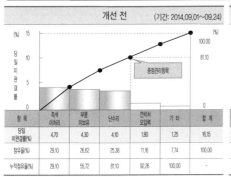

개선 전 (기간: 2014.09.01~09.24)

항 목	즉석 미처리	부품 미보유	난수리	연락처 오입력	기 타	합 계
당일 미완결률(%)	4,70	4,30	4,10	1,80	1,25	16,15
점유율(%)	29,10	26,62	25,38	11,16	7,74	100,00
누적점유율(%)	29,10	55,72	81,10	92,26	100,00	–

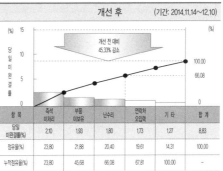

개선 후 (기간: 2014.11.14~12.10)

항 목	즉석 미처리	부품 미보유	난수리	연락처 오입력	기 타	합 계
당일 미완결률(%)	2,10	1,93	1,80	1,73	1,27	8,83
점유율(%)	23,80	21,88	20,40	19,61	14,31	100,00
누적점유율(%)	23,80	45,68	66,08	67,81	100,00	–

목표대비 개선 후 비교

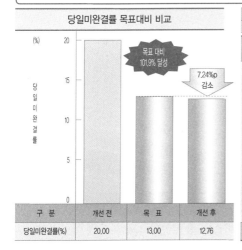

당일미완결률 목표대비 비교

구 분	개선 전	목 표	개선 후
당일미완결률(%)	20,00	13,00	12,76

작성일자	작성자	자료 대상 기간	근거자료
2014.12.10	김○○, 박○○	2014.11.14~12.10	사내 e-DW

구분	항목	개선 전(%)	목표(%)	개선후(%)	비고
당일미완결률감소	제품수리지연 16.15	즉석미처리	4,70	2,20	2,10	중점관리항목
		부품미보유	4,30	2,00	1,93	
		난수리	4,10	1,90	1,80	
		연락처오입력	1,80	1,80	1,73	
		기타	1,25	1,25	1,27	
	익일약속	1,62	1,62	1,70	–
	간헐적증상	0,92	0,92	0,93	
	대리접수	0,73	0,73	0,73	
	기타	0,58	0,58	0,57	
합계		20,00	13,00	12,76	–

각 항목 목표대비 비교

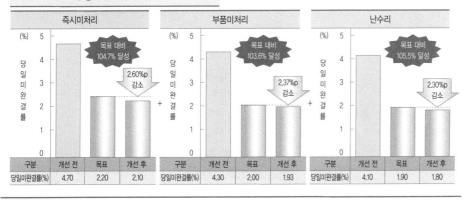

즉시미처리

구분	개선 전	목표	개선 후
당일미완결률(%)	4,70	2,20	2,10

부품미처리

구분	개선 전	목표	개선 후
당일미완결률(%)	4,30	2,00	1,93

난수리

구분	개선 전	목표	개선 후
당일미완결률(%)	4,10	1,90	1,80

표 10-6 유형효과 사례

구분		산출 근거	금액(원)
1	개선 이익금액	당일미완결률 감소로 인한 수리건수 증대 = 3건 (건수) × (건당 평균금액) × (인원) × (근무일수) × (년) 3건 × 10,000원 × 6명 × 23일(월) × 12월(년)	₩49,680,000
2	투자금액	목표달성 이벤트 시상(상품권 월 50,000원) × 12월(년) = 600,000 추가유류비(월 400,000원) × 12월(년) = 4,800,000 강사비(월 1,000,000원) × 12월(년) = 12,000,000	₩17,400,000
연간 개선효과 금액		49,680,000(개선이익 금액) − 17,400,000(투자금액) = 32,280,000	

소그룹 활동유형 효과확인서

소그룹명: TST
활동기간: 2014.9.1 ∼ 2014.12.31
효과금액: 32,280,000원
상기 소그룹은 활동을 통하여 유, 무형 효과를 확인하여 TST소그룹 수고 많으셨습니다.

총괄 팀장 최○○

표 10-7 무형효과 사례

고객 측면	고객감동 창출로 고객·회사 Win-Win	회사 측면
• 신속한 수리진행으로 고객이 원하는 서비스 제공 • 당일미완결 감소로 고객감동 창출 • 빠르고 정확한 서비스로 신뢰감 형성 • 고객중심의 활동으로 고객요구를 반영하는 서비스 제공		• 서비스의 품질향상으로 회사의 이미지 상승 • 개선활동으로 소그룹의 활동 활성화 • 경쟁지수 지속 향상으로 우위 확보 • 서비스 이미지로 고객 구매효과 증대의 기틀 마련
• 빠른 서비스로 업무효율 향상 • 주차장 및 대기실 혼잡 해소 • 엔지니어와 상담사간의 상호협조 체계확립		• 주제 해결하면서 협동심과 끈끈한 정 • 소그룹 활동 역할분담 및 팀파워 형성 • 생각하고 분석하는 소그룹 활동으로 능동적인 시고방식 • 목표를 달성하고 얻은 강한 자신감과 도전정신
운영 측면	엔지니어와 상담사의 업무공유 활성화로 즐거운 일터	소그룹 측면

업무를 수행할 수 있도록 하는 것이다.

(2) 추진 포인트

표준화 단계에서 고려할 점은 크게 세 가지 인데 우선 표준화 대상을 선정하여야 하고 개선 전·후 내용을 비교하여야 하며 마지막으로 표준 제·개정을 실시해야 한다는 점이다.

(3) 주요 활용기법

표준화에 대한 주요 활용기법은 특별한 것이 없으며 회사에 따라 자율적으로 사규를 만들고 이에 따라 등록 및 개정 등이 실행되도록 한다.

(4) 추진방법

추진은 PDCA 관리 사이클의 조치(Action) 부문으로 실시된 사항을 종합하여 관련 사내표준을 제·개정하고, 이후에 이와 관련한 모든 활동을 전임직원이 업무에 적용될 수 있도록 하는 것이다.

표준화 적용사례는 〈그림 10-12〉와 같다.

그림 10-12 표준화 적용사례

표준화			작성일자 2014.12.12	작성자 김○○, 신○○

No	항목	표준 명칭	표준명 및 번호	등록일
1	즉석 미처리	단순건의 접수 이관 방법 변경	표준명: 단순건 접수이관 방법 지도서 표준번호: SDS-141104-P31	2014.11.04
2	부품 미보유	상비 부품 체크리스트 작성	표준명: 상비 부품 체크리스트 지도서 표준번호: SDS-141104-P32	2014.11.04
3	부품 미보유	인근센터 부품 배송 연계운행	표준명: 인근센터 부품 배송 지도서 표준번호: SDS-141121-P33	2014.11.21
4	난수리	정기적 품질 기술 교류회	표준명: 정기적 품질기술 교육 지도서 표준번호: SDS-141121-S34	2014.11.21
5	즉석 미처리 (즉개선)	컴퓨터 고장진단 표준교육	표준명: 고장진단 표준교육 지도서 표준번호: SDS-141026-P30	2014.10.26

9. 사후관리

(1) 목적

사후관리의 목적은 개선 결과의 유효성을 검증하는 것이다.

(2) 추진 포인트

사후관리 단계에서 고려할 중요한 점을 살펴보면 우선 관리도를 활용하여야 한다는 점이다. 이를 위해서는 관리도 보는 법을 숙지하여야 하며 이상 원인이 나타났을 때, 이것이 제거되도록 한다. 두 번째로는 체크시트를 활용해야 한다는 점이다. 마지막으로 주기적으로 표준화 실행상태를 확인해야 한다는 점이다. 표준화 실행상태를 부서별로 자발적으로 확인하고, 전사차원에서 진단을 실시한다.

(3) 주요 활용기법

사후관리를 위한 주요 활용기법에는 관리도, 체크리스트 등이 있다.

(4) 추진방법(관리도)

일반적으로 많은 소그룹이 사후관리를 소홀히 하는 경향이 있다. 따라서 이 단계는 단기간에 실시한 개선효과의 유효성을 검증하는 단계로 실질적으로 이 사후관리 단계를 통과해야지만 개선효과가 있다고 판단되는 단계이다. 대개의 경우 효과적인 사후관리를 위해 관리도가 사용된다.

관리도를 사용할 때 우선 고려되어야 할 사항은 본인이 관리하고자 하는 데이터가 계량치 데이터인가, 계수치 데이터인지를 파악하는 것이다. 그 다음에 데이터의 특징에 적합하게 관리도를 선택되도록 한다.

〈그림 10-13〉은 사후관리 단계에서 관리도를 활용한 사례이다.

10. 반성 및 향후계획

(1) 목적

반성 및 향후계획의 목적은 그동안의 개선활동 과정과 결과를 소그룹 스스로가 평가하고, 개선이 필요한 사항에 대한 추진방향을 수립하는 데 있다.

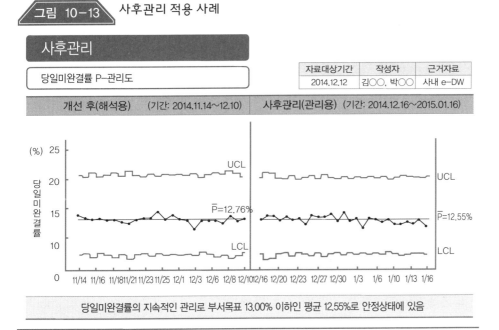

그림 10-13 사후관리 적용 사례

사후관리

당일미완결률 P-관리도	자료대상기간	작성자	근거자료
	2014.12.12	김○○, 박○○	사내 e-DW

개선 후(해석용) (기간: 2014.11.14~12.10)	사후관리(관리용) (기간: 2014.12.16~2015.01.16)

당일미완결률의 지속적인 관리로 부서목표 13.00% 이하인 평균 12.55%로 안정상태에 있음

(2) 추진 포인트

반성 및 향후계획시 중요하게 고려할 점은 다음과 같다.

우선 소그룹 자가진단 체크리스트를 사용하여 활동 전반을 평가한다. 둘째, 활동단계별 반성을 실시한다. 셋째, 즐거웠던 일과 어려웠던 일에 대해 각자의 소감을 나누어본다. 마지막으로 차기 주제, 교육실시 계획, 개인역량 강화계획 등 향후 추진방향을 수립한다는 점들을 들 수 있다.

(3) 주요 활용기법

주요 활용기법으로는 레이더차트, 칸트차트 등을 사용된다.

(4) 추진방법

1) 반성

소그룹 자체 평가

소그룹원의 회합과 문제해결 능력이 주제선정에서 사후관리까지 각 단계마다 개선 전과 후에 어떻게, 무엇이 달라졌는지를 스스로 평가한다. 좀 더 나은 발전을 위해서는 무엇을 어떻게 해야 하는지를 소그룹원과 함께 논의하도록 한다.

자체 평가시 사전에 준비해야할 사항은 다음과 같다.

- 첫째, 소그룹 활동능력을 평가할 수 있는 항목을 설정한다. QC기법 이해도, 기법응용능력, 아이디어 발상능력, 고유기술력, 일정관리능력 등 무수히 많은 평가요소가 활용될 수 있다.
- 둘째, 활동역량을 표시할 수 있는 방법을 찾는다. 일반적으로 5점 리커트 척도(매우우수, 우수, 보통, 미흡, 매우미흡)가 무난하게 활용될수 있다.
- 셋째, 소그룹 활동 시작시점과 완료시점의 평가를 소그룹원 각자가 실시한다.
- 넷째, 활동 전과 후의 역량변화를 알기 쉽게 그림으로 나타낸다.

활동단계별 반성

각 단계별로 잘한 점과 부족했던 점을 살펴보고 부족했던 점을 개선할 수 있는 방법을 찾는다. 향후 소그룹 활동 때에는 더욱 효과적으로 소그룹 활동을 할 수 있도록 한다.

활동소감

소그룹 활동을 하다보면, 여러 가지 사연이 발생하기 마련이다. 활동을 마무리하는 이 단계에서 그동안의 일을 돌이켜보는 이유는 좋았던 점이나 잘했던 점은 계속 유지 발전시키고, 어려웠던 일이나 아쉬웠던 일은 향후에 재발되지 않도록 하기 위함이다.

2) 향후계획

이 단계는 반성단계에서 나타난 사항을 고려하여 다음 소그룹 활동 전에 보완될 사항이나 앞으로 지속적으로 발전시켜야 될 사항을 정리하는 단계이다. 소그룹활동과 관련된 업무를 중심으로 기술하지만, 소그룹구성원 개인의 역량강화나 팀워크를 배양하는 부분에 대해서도 체크한다. 소그룹 활동계획은 자기계발과 함께 조직차원의 발전으로 이어질 수 있도록 체계적으로 수립되도록 한다.

이에 대한 사례는 〈표 10-8〉과 같다.

| 표 10-8 | 반성 및 향후계획 적용 사례 |

활동 중 어려웠던 일/ 보람되었던 일

어려웠던 일	보람되었던 일
• 업무종류 후 회합이나 모임시간이 일정하지 않았을 때 • 소그룹원 간 이해도 부족으로 의견이 대립되었을 때 • QC기법 활용이 서툴렀을 때 • 문제해결을 위해 늦은 시간까지 남아 있을 때	• 소그룹활동을 통하여 공동체의식을 느꼈을 때 • 소그룹활동 결과가 실적 향상으로 나타났을 때 • 단합회식을 하면서 서로 격려했을 때 • 실적 향상으로 분기단합 행사비용까지 마련했을 때

활동단계별 반성 및 개선방향

활동단계	반성할 점	개선방향
주제선정	주제선정시 다양한 문제점 발굴 및 데이터의 미흡	주제선정의 정확한 기준 마련 및 데이터의 정리
현상파악	현상파악의 미흡으로 불필요한 데이터 수집	문제점을 이해하고 정확한 데이터의 수집
원인분석	전 소그룹원의 적극적인 의견제시가 미흡	전소그룹원의 의견수렴 및 적극적인 발언 유도
목표설정	목표설정에 대한 확실한 근거제시가 미흡	우수소그룹 정보공유 및 벤치마킹의 확대
대책수립 및 실시	개개인의 수리습관으로 대책실시가 지연됨	소그룹원간의 지속적인 활동으로 결속력 강화
결과분석/ 효과파악	유형효과 분석시 건수로 산출기준 설정의 어려움	체계화된 산출기준 및 평가방법의 보완 필요
표준화 및 사후관리	담당자외 관심 부족 및 개선안에 대한 관리 부족	소그룹원간의 관심과 지속적인 유지 관리

향후 계획

자료기간	14.12.26~현재
참석자	소그룹 전원

범례	계획	○
	실시	●

구 분	추진 내용	방 법	목 표	2015년 1Q	2Q	3Q	4Q	활동방안
소그룹 활동	테마해결	소그룹 활동	3건/년		●	◑	○	고객의 소리 적극 주제에 반영
	품질제안	사내 전산 등록	62건/년	●	●	○	○	수리 노하우 및 품질개선 제안 등록
	대회참가	발표대회 참가	전국 금상	●	●	○		사내, 사외대회 참가

교육	QC기법	신 QC기법 활용	2회/년		●		○	QC기법 및 통계학습 교육
	기술교육	집합교육	2회/월	●	●	○	○	사내 및 사외품질 및 기술교육 참가
사회 활동	봉사활동	봉사 마일리지	1회/월	●	●	○	○	중앙 양로원 봉사활동 활성화
행사	단합행사	1박 2일 야유회	1회/분기	●	●	○	○	1Q 바다(안면도) 2Q 야유회(대부도) 3Q 래프팅(동강) 4Q 스키장(지산)
	동호회 활동	축구, 게임, 골프	1회/월	●	●	○	○	전원참여의 꾸준한 모임

2015년 2번째 테마 ▶ 플러스원 서비스 개선으로 고객만족도 향상

2015년 6월				7월				8월					9월			
1주	2주	3주	4주	1주	2주	3주	4주	1주	2주	3주	4주	5주	1주	2주	3주	4주
현상파악			원인 분석	목표 설정	대책 수립 및 실시					결과 분석 및 파악			표준화 사후관리		반성 및 향후 계획	

토의 문제

소그룹 개선활동에 관련된 다음 사항에 대하여 토의하라.

1. 주제설정 단계의 추진 포인트
2. 활동계획 수립단계에서 평균 주제해결 소요시간의 산출방법
3. 현상파악 단계의 목적
4. 원인 분석 단계에서 연관도법을 활용하는 이유
5. 목표설정 단계의 추진 포인트
6. 대책 수립 및 실시단계의 추진방법
7. 결과 분석 및 효과파악 단계에서 무형효과의 중요성
8. 표준화 단계에서 표준화가 잘 적용되지 않는 이유
9. 사후관리 단계에서 추진 포인트

가미사와 노보루(2009), 최문용 역, 「도쿄 디즈니랜드 스토리」, 한스미디어.

강경훈·임홍순(2008), 「프로세스 경영」, 성안당.

권혁인(2010), 「서비스모델」, 한경사.

김수욱 외 역(2006), 「서비스 운영관리」, 제2판, 메터스 외(원저), 한경사.

김영환 역(2002), 「경영전략」, 그로비스 매니즈먼트 인스티튜트(원저), 21세기북스.

노인성·서영호(2008), "경영품질이 기업성과에 미치는 영향: 정보기술(IT)효과를 중심으로,"「품질경영학회지」, 제36권, 제4호 , pp.56~64.

류명재 역(2009), 「BPM 방법, 프로세스 경영과 조직 성과개선」, Geary A. Rummler, Alan P. Brache (원저), 인터워크솔루션즈.

배종석(2006), 「인적자원관리」, 홍문사.

서창적 외(2008), 「국가품질상 경영시스템」, 한국표준협회미디어.

신완선 외(2009), 「말콤 볼드리지 MB 모델 워크북」, 고즈윈.

은종학 역(2001), 「초일류 서비스 기업의 조건」, 레오나드 L. 베리(원저), 김앤김북스.

이진규(2001), 「전략적 윤리적 인사관리」, 박영사.

이학종·양혁승(2010), 「전략적 인적자원관리」, 박영사.

임상규(2011), "소방방재청 자체평가체계의 개선에 관한 연구 - 말콤볼드리지 모델의 적용을 중심으로 -"「한국위기관리논집」, 제7권, 제1호, pp.43~60.

조택(2007), "공공기관의 경영평가지표 개편안에 관한 연구,"「한국거버넌스학회보」, 제14권, 제3호, pp.285~313.

조호현 외 역(2008), 「마케팅 관리」, 필립 코틀러, 케빈 레인 켈러(원저), 시그마프레스.

지식경제부 기술표준원, 한국표준협회(2012), 「국가품질상 포상운영계획」.

지식경제부 기술표준원, 한국표준협회(2012), 「전국품질품임조경진대회 서비스 개선사례 발표 문집」.

한국인사관리협회(2012), 「100 HR Best Practice」, 한국인사관리협회.

한국표준협회(1994), 「품질관리분임조 곤경에 처했을 때 Q&A」.

한국표준협회(1995), 「QC분임조를 위한 과제 달성형 QC스토리」.

한국표준협회(1996), 「과제 달성형 QC스토리 활용 사례집」.

한국표준협회(2000), 「QC입문강좌2 관리·개선 추진방법」.

한국표준협회(2007), 「현장혁신을 위한 분임조활동 ABC」, 한국표준협회미디어.

Armistead, Colin(1999) "Knowledge Management and Process Performance," *Journal of Knowledge Management*, Vol. 3, No 2, pp.143~157.

Behara, Ravi S. David E. Gundersen(2001) "Analysis of Quality Management Practices in Services," *International Journal of Quality and Reliability Management*, Vol. 18 No. 6, pp.584~604.

Benner, Mary J. and Michael L. Tushman(2003), "Exploitation, Exploration, and Process Management: The Productivity Dilemma Revisited," *The Academy of Management Review*, Vol. 28, No. 2, pp.238~256.

Blazey, Mark L.(2008), *Insights to Performance Excellence 2008: An Inside Look at the 2008 Baldrige Award Criteria*, Quality Press.

Brown, Mark G.(2008), *Baldrige Award Winning Quality: How to Interpret the Baldrige Criteria for Performance Excellence*, Productivity Press.

Davenport Thomas H. and Michael C. Beers(1995), "Managing Information about Processes," *Journal of Management Information Systems*, Vol. 12, No. 1, pp.57~80.

Ford, M. W. J. R. Evans(2000), "Conceptual Foundations of Strategic Planning in the Malcolm Baldrige Criteria for Performance," *Quality Management Journal*, Vol 7, No. 1, pp.8~26.

Garvin, David A.(1991), "How the Baldrige Award Really Works," *Harvard Business Review*, Nov.-Dec, pp.80~93.

Minkman, Mirella, Kees Ahaus and Robbert Huijsman(2007), "Performance Improvement Based on Integrated Quality Management Models: What Evidence Do We Have? A Systematic Literature Review," *International Journal for Quality in Health Care*, Vol. 19, No. 2, pp.90~104.

Rao, V., M. Tummala, C.L. Tang(1996), "Strategic Quality Management, Malcolm Baldrige and European Quality Awards and ISO 9000 Certification: Core Concepts and Comparative Analysis," *International Journal of Quality & Reliability Management*, Vol. 13 No. 4, pp.8~38.

찾아보기

ㄱ

가격경쟁력	353
가용성	236
가치(values)	38
가치사슬(value chain)	304
개선활동	439
개인정보 보호 대책	229
건수	363
결과분석 및 효과파악	463
경력개발계획(CDP)	263
경력개발계획 평가	258
경력개발 프로그램	269
경영검토 성과	385
경영전략	101
경영품질	6
경영품질 모델	8
경영품질 약식 진단 체크리스트	423
경영품질 자가진단 모델	416
경영혁신의 성과	385
경쟁 포지션(competitive position)	14
경제적인 가치의 증대	369
경향	352, 419
고객	144
고객 VOC 이상관리	317
고객가치 증진	310
고객과 시장의 의견(VOC: Voice of Customer)	299
고객관계	153
고객관계 관리	153
고객관련 서비스 등급	363
고객관리	305
고객만족	168, 169, 364, 385
고객만족 관련 상 수상경력	363
고객만족도	214, 363, 365
고객만족도 조사	310
고객만족 성과	388
고객문화	152
고객별 수익성	369

고객불만족도	363
고객불만 해결	305
고객 불평 횟수	363
고객열성	169
고객 요구사항	308
고객유지	364
고객유지율	366
고객의 소리	164
고객의 클레임 금액	363
고객이탈률	363
고객존중 서비스	360
고객중시 문화	152
고객집단	144
고객충성도	366
고객 핵심 요구사항	352
고객 핵심 요구사항별 고객만족	364
고객 핵심 요구사항별 고객만족도	365
고성과 조직	249
고정	250
공급체인	196
공통역량	263
관리지침	329
교차훈련의 정도	376
국가품질상	416
권한위임(empowerment)	52
권한이양	249
규제 및 법 준수	403, 406
균형성과표	254, 393
근무환경	281, 376
근태	376
글로벌 인증	211
기금총액 대비 모금비용	370
기능별 전략	103
기부금	409
기업의 지배구조(corporate governance)	77
긴급사태	312, 385
긴급사태 관리	317

ㄴ

내부 승진	376, 379, 380
내·외부 평가성과	385
노동비용	382

ㄷ

당일 가용 현금	369
당일 배송	357
대책수립 및 실시	456
데이터 모델링	234
도전목표(Stretch Goals)	113
동반상생	391

ㄹ

리더십	37
리더십 3요소	9
리더십 시스템	44

ㅁ

마스터 데이터	228
만성적 위기	313
만족 및 불만(고정)	376
말콤 볼드리지 국가품질상(Malcolm Boldrige National Quality Award)	5
매출액	404
메타 데이터	228
모니터링	217
목표설정	455
무결성	227
미션(mission)	38

ㅂ

반성 및 향후계획	468
배송비용	400
배송정확도	355, 356
배송포장품질	355
배치	280
백업 데이터	236
법과 규정의 준수	370
베스트 프랙티스	205, 209
벤더만족	385, 390, 391
벤치마크	199, 352
벤치마킹	205
벤치마킹 정보	208
보상 시스템	252
보안성	227
보안수준	234
보완급부(supplementary benefit)	281
복리후생(employee benefits)	281
복지(well-being)	281
볼드리지 평가기준	7
부가가치 기여도	302
부가급부(fringe benefit)	281
부서별 직원만족도	377
부채의 영향	369
부채·자산 비율	369
브레인 센터	196
비교	419
비교 분석	213, 215
비교자료	352
비교정보	197
비용절감	370
비전(vision)	38
비전과 미션	12
비즈니스 모델	324
비즈니스의 요구	211
비즈니스 파트너	336
비즈니스 파트너 업무 프로세스 측정지표	336
비즈니스 파트너 프로세스	297
비포 서비스(before service)	151

ㅅ

사고율	250
사기	250
사업전략	103
사이클 타임	214
사회공헌	408

사후관리	468
산업지원	362
상품가용성	354
상품관련 요소(product offerings)	12, 150
상품구색	355
상품반품률	367, 368
상품 · 서비스 품질	370
상품의 수	355
생산성	214, 385
서비스 만족도	363
서비스 패키지	151
서비스 품질지수	363
선도조직	208
성과 3요소	9
성과개선 시스템	63
성과검토	387
성과검토회의	218
성과자료	352
성과지표	128, 253
성과 추정	130
성과평가	250
성과평가 프로세스	218
세분시장	144
세분화된 시장	369
세전마진	370
세전 총자산이익률	374
소그룹	439
소그룹 활동	326, 299
소프트웨어	232
손실	369
손실금액	377
수용능력(capacity)	278, 376
수익	369
수익성	369
수준	419
순매출이익률	372
순자산	369
SMART 기법	205
SWOT 분석	109, 111
승계관리	263
시스템 안정화	234
시징	144
시장과 시장점유율의 성장률	370
시장분석	108
시장위치	370
시장점유율	214, 215, 370
6시그마	299
신뢰성	227
신속한 배송	357, 399
실행계획(action plan)	124, 403
실행계획 수정	127
CRM(Customer Relationship Management)	153
CRM(Customer Relationship Marketing)	154
CoP	336

ㅇ

아웃소싱	209, 300
ISO	392
안전	376
안전관련 성과	377
애프터 서비스(after service)	152
약식 진단 체크리스트	423
어플리케이션	228
업무매뉴얼	232, 315
업무성과 평가	258
업무 시스템의 설계	296
업무 프로세스	302
역량	263
역량 평가	258
연간 시간 서비스 요인	358, 359
연간 정보화 계획	238
연관성 분석	213
연속성	236
열성 고객(engaged customer)	144, 148
영향관계 분석	213
예비기금	369
예산	369
예산 대비 관리비 지출 비율	370
운영마진	370
운영수익	369
운전자본 활용	215
원가절감	385
월드 클래스	352
웨이팅 푸드 서비스	295
웹 가동시간	359, 360
웹과 전화 가동시간	359

웹 사이트 속도	358	잠재적 고객	145
위기상황	392	잠재적 맹점	106
유동성	369	잠재적 요구사항	312
유동성자산	369	재고보유율	354
유효성	227	재고회전	372, 373
윤리강령	82	재고회전율	386, 396
윤리경영	81	재무상 이익	369
윤리적 기업행위	370	재무운영효율성(회수, 어음, 수취금)	369
윤리적 사업수행(ethical behavior)	45, 402, 405	재해	281
e-비지니스	199	재해복구용 서버	236
ERP 시스템	298	재해율	382
이익	369	재훈련	376
이익률	369	적시배달률	386
이익배분	372, 373	적시성	227
이직률	250, 376	전개	417
이해관계자(stakeholder)	76	전략	103, 403
이해관계자 집단	197	전략개발	104
인과관계 분석	215	전략개발 프로세스	103
인적자원계획	127, 128	전략계획 수립 프로세스	104
인적자원의 열성	248	전략기획	101, 102
인적자원의 프로파일	12	전략기획 과정	351
인적자원 충실화	248	전략목표	112, 114, 115
인적자원 헌신	377	전략요인분석	109
인적장애	314	전략의 전개	124
인정과 보상 시스템	249	전략적 도전	106
인터넷	199	전략적 우위	106
인트라넷	230	전략적 제휴	302
일상적 운용지표	217	전사적 표준화	231
1인당 연간 훈련시간	376	전사전략	103
1인당 훈련비용	376	전사평가지표	204
		전사 핵심성과지표	198
		전자상거래	397
		전자적 수단	229
		전화 가동시간	360

ㅈ

자가진단 체크리스트	425, 432	점진적 위기	313
자발적 전직	378	접근법	417
자발적 참여 정도	376	접근용이성	358
자산의 활용	369	정량적 지표	204
자원배분분석	109	정량적 평가	254
자원역량	328	정량적 평가지표	254
자율 관리	376	정렬	202
작업손실시간	377	정성적 지표	204
잠재고객	167	정성적 평가	254
잠재력(capability)	277, 376	정성적 평가지표	255

제안 299
제안활동 326
제품분석 108
제품시장분석 109
제품포트폴리오분석 109
조직구조 13
조직문화 252
조직원의 만족도 250
조직의 개요 8
조직환경 11
주당이익 369, 370
주별 시간 서비스 요인 359
주식소유자(stockholder) 76
주제설정 442
주주만족 385
주 카탈로그 반응률 361, 362
즉각적 위기 313
지배구조 75
지속가능성(sustainability) 48
지식 361
지식경영 214, 326
지식관리 230
지식자산화 226, 298
지원 시스템 197
지원업무 프로세스 지표 336
지원정보 시스템 333
지원 프로세스 297
직무역량 263
직원만족 385
직원 만족도 조사 250
직원신뢰도 383, 384
직원윤리 408
직원의 동기부여와 사기 370
직원의 소리(VOE: Voice of Employee) 54

ㅊ

채용 280
채점 가이드라인(결과영역) 422
채점 가이드라인(과정영역) 421
초과근무시간 381
총마진율 386, 395
총매출액 371

총자산이익률 374
추세 352
추세 분석 213, 215, 217
충성 · 고객(loyal customer) 148
측정지표 197
측정지표의 조정(Fine-tuning) 202

ㅋ

커뮤니케이션 54
KPI System 205

ㅌ

타당성 검토 234
탁월한 커뮤니케이션 361
통합 202, 418, 419
통합 DB 200
통합 정보지원 시스템 333
퇴직 인터뷰 249
투자 대비 수익(ROI) 369
트래픽 패턴 분석 235
틈새시장 145

ㅍ

팜플렛 반응률 361
편리성 232
평균 구매액 367, 368
폭발적 위기(Exploding Crisis) 313
표준관리지표 315, 316
표준화 463
품질보증계획서 328
품질코스트 385
품질활동 404
프로세스 295
프로세스 오너 330
프로세스 중심조직 331
프로세스 측정지표 331
프로세스 혁신 333

ㅎ

하드웨어	232
학습	418
학습 · 개발	263
학습성과	376
핵심가치	8
핵심성과지표(KPI: Key Performance Indicators)	
	59, 124, 204
핵심성과 측정지표	197
핵심업무 프로세스 지표	336
핵심역량	296
핵심프로세스	218, 297
혁신	401
현금 상태	369

현금에서 현금으로의 순환시간	369
현금흐름	369
현상파악	450
현장 제언 시스템	337
협력업체관리 프로세스	335
협약	209
환경분석	108
활동계획 수립	447
활동적 고객	367
활동적 고객수 및 성장률	367
회사목표	387
훈련	376
훈련과 경력개발	249
훈련비용	379
휴먼인프라	230

저자소개

[서창적]

- 서강대학교 경영학부 · 경영전문대학원 교수
- 서강대학교 경영전문대학원장, 총무처장 역임
- 국가품질상 및 한국서비스대상 심사위원 역임
- 한국서비스경영학회 회장 및 한국생산관리학회 회장 역임

저서 「경영의 원론적 이슈와 경영학의 본질」, 「경영과 컴퓨터」 등

[김희탁]

- 상명대학교 경영대학 경영학부 교수
- 상명대학교 경영대학장, 대학원장 역임
- 한국생산관리학회 편집위원장 및 회장 역임
- 국가품질상 및 한국서비스대상 심사위원 역임
- 한국품질경영학회 이사
- 한국서비스 경영학회 부회장

저서 「통계학」, 「생산시스템운영관리」 등

[김재환]

- 나사렛대학교 경영학과 교수
- 미국 노스웨스트 나사렛대학교 비지팅 교수 및 나사렛대학교 기획처장 역임
- 국가품질상 및 한국서비스대상 심사위원 역임
- 한국서비스경영학회 회장 역임
- 한국생산관리학회 부회장
- 행정자치부 지방공기업평가위원

저서 「통계학 개론」, 「생산시스템과 SCM」 등

[곽영환]

- 한국소비자서비스뉴스 대표이사/발행인
- 상지영서대학교 (외래) 교수
- 한국창조경영학회 회장
- 한국생산관리학회 부회장
- 한국서비스경영학회 부회장
- 국립 한국교통대학교 교수 역임
- 한국표준협회 경기지역 본부장 역임
- 국가품질상 및 한국서비스대상 심사위원 역임

저서 「IFRS Smart 회계원리」 등

제2판
경영품질의 이해

초판발행	2013년 5월 25일
제2판 인쇄	2016년 11월 1일
제2판 발행	2016년 11월 10일

공저자	서창적 · 김희탁 · 김재환 · 곽영환
펴낸이	안종만

편 집	김효선
표지디자인	권효진
기획/마케팅	박선진
제 작	우인도 · 고철민

펴낸곳	(주) **박영사**
	서울특별시 종로구 새문안로3길 36, 1601
	등록 1959. 3. 11. 제300-1959-1호(倫)
전 화	02)733-6771
f a x	02)736-4818
e—mail	pys@pybook.co.kr
homepage	www.pybook.co.kr
ISBN	979-11-303-0329-1 93320

정 가   29,000원